北京市社会科学界联合会　北京市哲学社会科学规划办公室资助

新时期国家治理与经济发展

北京外国经济学说研究会　编
苏剑　主编
张冬梅　副主编

中国经济出版社
CHINA ECONOMIC PUBLISHING HOUSE
·北京·

图书在版编目（CIP）数据

新时期国家治理与经济发展 / 苏剑主编；北京外国经济学说研究会编．--北京：中国经济出版社，2022.12

ISBN 978－7－5136－7194－1

Ⅰ．①新… Ⅱ．①苏… ②北… Ⅲ．①中国经济－经济发展－研究 Ⅳ．①F124

中国版本图书馆 CIP 数据核字（2022）第 243801 号

责任编辑 严 莉
责任印制 马小宾
封面设计 任燕飞

出版发行 中国经济出版社
印 刷 者 北京建宏印刷有限公司
经 销 者 各地新华书店
开　　本 787mm×1092mm 1/16
印　　张 24
字　　数 479 千字
版　　次 2022 年 12 月第 1 版
印　　次 2022 年 12 月第 1 次
定　　价 128.00 元
广告经营许可证 京西工商广字第 8179 号

中国经济出版社 **网址** www.economyph.com **社址** 北京市东城区安定门外大街 58 号 **邮编** 100011
本版图书如存在印装质量问题，请与本社销售中心联系调换（联系电话：010－57512564）

绪 言

北京外国经济学说研究会（以下简称研究会）是一个历史悠久与积淀雄厚的学术团体，对加强西方经济学在中国的传播与应用起到了至关重要的作用。研究会积极开展对外国经济学说的研究，为中国现代化建设与改革开放事业做出了杰出贡献。

本论文集是在北京市社会科学界联合会、北京市哲学社会科学规划办公室的资助和指导下，在北京外国经济学说研究会成员的共同努力下完成的，由研究会会长、北京大学经济学院苏剑教授主编。本论文集的题目《新时期国家治理与经济发展》是研究会针对2021年北京市社会科学界联合会、北京市哲学社会科学规划办公室社会组织资助项目申报指南中“后疫情时期国家治理相关议题”，结合该会自身经济学专业特长、准确把握学术前沿与时代需求特点选取的。希望本论文集的出版能为研究会会员提供一个相互借鉴、相互学习、交流经验、讨论学术、成果展示的平台，对中国的经济学研究起到一定的推动作用，为解决中国经济问题的理论探索与政策建议提供一些思考与启迪。

在未来相当长的一个全新时期，我国经济社会发展环境面临着深刻复杂的变化，正经历百年未有之大变局，要坚定不移地贯彻新发展理念，以推动高质量发展为主题，以深化供给侧结构性改革为主线，加快构建以国内大循环为主体、国内国际双循环相互促进的新发展格局。

我们紧紧围绕论文集主题，精选一些具有重要理论意义与学术价值、具有重要现实意义与应用价值、具有前瞻性与探索性的经济政策相关的文章，分析新时期国家治理与经济发展的新特点、新问题，为新时期国家治理与经济发展提出新建议与新举措，加速我国推进国家治理体系与治理能力现代化，助力中国经济安全、健康、可持续高质量发展。论文集由四个篇章构成，内容分别为长期发展、国家治理、数字经济和产业战略。

长期发展篇主要介绍了经济发展任务面临的新挑战，既包括从单一公有制到公有制为主体的混合所有制的理论总结、“两个一百年”奋斗目标之间的发展方略与新发展格局解析，也包括要处理好“人”与“自然”和谐关系的“碳达峰”“碳中和”议题、人口老龄化等相关议题等。

国家治理篇侧重正确理解与妥善处理好政府与市场的关系。国家治理是一国范围内的所有治理，在新时期我国应该加速推进国家治理体系与治理能力现代化，加速建成现代化经济体系。早在党的十八届三中全会上就已经定义市场在资源配置中的决定性作用，更好地发挥政府作用，将有效市场和有为政府相结合。该篇围绕市场治理与政府治理展开，市场治理部分总结了中国市场一体化进程的趋势与成效，为中国市场经济发展理念和战略给出市场监管、激发市场活力、优化营商环境等方面的政策性建议；为营造公平正义的社会环境，政府治理部分对基层政府的县域财政治理现代化与中国社会保障支出分配效应进行分析，并对美国新冠肺炎疫情冲击下货币政策的特点进行分析。创造性地发挥“看不见的手”和“看得见的手”的紧密结合与良性互动，加速国家治理的现代化进程。

数字经济篇深入贯彻落实党的十九大精神，充分发挥信息化的创新引领作用，推动质量变革、效率变革、动力变革，建设网络强国、数字中国，推动互联网、大数据、人工智能和实体经济深度融合，发展数字经济，培育新增长点，形成新动能，实施创新驱动发展战略。该篇以加快发展数字经济、建设数字中国为主线，以突破传统资源要素约束为着力点，迎合数字经济的发展趋势，从人工智能、数字外交、助力产业升级、网络创新指数、地区数字经济等方面着力增强创新驱动发展数字经济新动力。

产业战略篇围绕“十四五”规划“加快发展现代化产业体系，巩固、壮大实体经济根基”的战略目标，聚焦经济转型升级、优化经济结构、转换增长动力和全面均衡发展等方面。为建立更加完善的现代化产业体系，该篇内容包括营商环境与产业生态、区域产业集群发展、出版业知识服务平台发展前景与创新运营、产业结构政策、京津冀协同发展及金融扶持乡村产业等方面，为全力营造良好的产业发展环境、区域产业结构优化、农业产业现代化等方面建设给出具有针对性与有效性的可操作性建议。

目 录

第一篇 长期发展

第二篇 国家治理

第三篇 数字经济

第四篇 产业战略

/第一篇/

长期发展

本篇由 7 篇文章构成。

《"两个一百年"奋斗目标之间的经济发展：任务、挑战与应对方略》指出新中国成立后尤其是改革开放以来，中国创造了举世瞩目的经济增长奇迹，全面建成小康社会的第一个百年奋斗目标完成在即。面对迈向第二个百年奋斗目标的新征程，中国需要明确经济发展的四大阶段性任务："十四五"末真正跨越"中等收入陷阱"，跻身高收入国家行列；到 2035 年人均实际 GDP 较 2020 年翻一番，达到中等发达国家水平；到 2050 年人均实际 GDP 较 2020 年翻两番，达到发达国家平均水平；持续扩大中等收入群体规模，基本实现全体人民共同富裕。不过在此过程中，中国将面临经济增长动力减弱、增长速度与增长质量之间存在矛盾、中等收入群体收入增速较快下滑以及外部环境趋于复杂四大挑战。为此，中国需要从充分发挥特色优势、合理规划发展路径、贯彻新发展理念与构建新发展格局，以及加快推进中国经济学理论体系建设四个维度构建迈向第二个百年奋斗目标的新方略。

《从单一公有制到公有制为主体的混合所有制》梳理与总结了中国生产资料所有制形式和结构的演变过程。中国共产党在建党之初的设想是国民革命胜利后建立单一的公有制。在战争年代，由于根据地和解放区主要在农村，党对所有制结构的探索与实践主要集中在土地问题上。新中国成立后的"一化三改造"建立了社会主义基本经济制度，其主要特征是单一的生产资料公有制和高度集中的计划经济。改革开放后，中国共产党对所有制形式和结构进行了大胆探索和大刀阔斧的改革，通过引进外资和发展个体经济、私营经济，逐步形成了公有制为主体、多种所有制经济共同发展的所有制格局。进入新时代，中国共产党对中国特色社会主义基本经济制度进行了新的概括，建立了公有制为主体的两个层次的混合所有制结构。这种公有制为主体的混合所有制的探索和成长过程正是改革开放以来中国经济活力和发展动力不断增强的过程。

《新发展格局解析》通过对构建新发展格局的理论地位、发展条件和战略部署进行解析，提出新发展格局理论是习近平新时代中国特色社会主义思想的最新经济理论成果，体现了中国共产党进行理论创新和战略调整的与时俱进精神。通过分析我国所处的发展阶段环境、条件变化，说明构建新发展格局战略是事关我国经济全局的战略决策与深层次变革。通过分析构建新发展格局的战略部署，说明这个理论和战略的根本目标是为中华民族谋复兴、为中国人民谋幸福，通过加快构建以国内大循环为主体、国内国际双循环相互促进的新发展格局，形成强大国内市场，以我国高质量、创新型发展的确定性，应对国际和外部发展日益增多的不确定性，为中国未来 15 年加快推进社会主义现代化奠定坚实基础，让中华民族以昂扬的姿态屹立在世界民族之林。

《人口老龄化与养老金的可持续性研究进展》指出随着"人口老龄化"问题日益严

重，各国如何维持养老金制度的可持续性是当前迫切需要研究的问题。养老金制度涉及的问题众多，本文聚焦经济增长和社会福利两个角度来研究养老金制度的可持续性问题。首先，本文总结出了养老金制度可持续性与经济增长的关系。其次，本文结合代际和代内公平问题，探究了养老金制度可持续性与社会福利的关系。再次，本文从人口老龄化的两个直接原因——预期寿命延长与生育率下降两方面，综述了对养老金制度可持续性的冲击。最后，本文总结分析了我国养老金制度的现状，提出了我国养老金制度改革的若干建议。

《从人口普查观察近年来我国人口流动的新变化》基于第七次全国人口普查数据，分析了我国人口流动最新变化、主要动因和影响。与第六次全国人口普查时相比，近年来，我国人口流向保持基本稳定，中西部省会城市吸引力增强；人口省内流动明显增加但出现分化；流动人口老龄化、从业人口向非生产性服务业转移；流动人口消费“本地化”趋势增强，代际消费模式差异明显。大规模流动人口在延续人口红利的同时，其新变化也将影响我国消费结构和产业投资方向，加剧大城市与中小城市房地产市场的分化，加大大城市公共服务供给的压力。对此，应加快制造业转型升级和科技创新，推进流动人口市民化进程，通过规划和政策，增大和优化公共产品供给。

《知识溢出、吸收能力与经济增长》基于罗默经济增长模型梳理了知识溢出、吸收能力与经济增长的数理逻辑，从理论上阐述知识溢出对经济增长的作用机理，并利用2006—2017年中国30个省（区、市）的面板数据，检验三者之间的数量关系。理论研究表明，知识溢出与吸收能力对经济增长有重要作用，且吸收能力在知识溢出与经济增长的关系中起重要的调节作用。实证研究发现，知识溢出与吸收能力均表现为对经济增长的正向促进作用；知识溢出与吸收能力的交互项显著为正，表明吸收能力在知识溢出与经济增长的关系中发挥正向调节作用。因此，为实现经济持续、平稳发展，应不断鼓励技术创新，提高区域自主创新水平，促进区域间的交流与合作，充分发挥知识溢出和吸收能力对经济增长的积极作用。

《实现碳达峰、碳中和要注重“三个统筹”》提出碳中和宣示具有重大战略价值和深远意义，实现碳中和远景目标要注重“三个统筹”：一是统筹好社会主义现代化国家建设“两步走”战略与碳达峰、碳中和承诺，把握好能源革命的节奏。在我国基本实现现代化之前，更加注重经济发展与能源转型的平衡，在2035年之后加速推进能源转型。二是统筹好风电、太阳能发电建设与灵活性电力资源供给，加快推进电力系统转型，搭建能源转型的另一重要支柱。避免可再生能源与火电“比翼齐飞”式的能源转型和只把注意力集中在风电、太阳能发电建设“瘸腿”式的能源转型。三是统筹好能源系统与能源体制的“双转型”，构建基于市场的机制，而不是单纯地依靠行政手段。

“两个一百年”奋斗目标之间的经济发展：任务、挑战与应对方略[①]

刘伟[②]　陈彦斌[③]

摘要： 新中国成立后尤其是改革开放以来，中国创造了举世瞩目的增长奇迹，全面建成小康社会的第一个百年奋斗目标完成在即。面对迈向第二个百年奋斗目标的新征程，中国需要明确经济发展的四大阶段性任务：“十四五”末真正跨越“中等收入陷阱”，跻身高收入国家行列；到2035年人均实际GDP较2020年翻一番，达到中等发达国家水平；到2050年人均实际GDP较2020年翻两番，达到发达国家平均水平；持续扩大中等收入群体规模，基本实现全体人民共同富裕。不过在此过程中，中国将面临经济增长动力减弱、增长速度与增长质量之间存在矛盾、中等收入群体收入增速较快下滑以及外部环境趋于复杂四大挑战。为此，中国需要从充分发挥特色优势、合理规划发展路径、贯彻新发展理念与构建新发展格局，以及加快推进中国经济学理论体系建设四个维度构建迈向第二个百年奋斗目标的新方略。

关键词：“两个一百年”奋斗目标；社会主义现代化；“中等收入陷阱”；高质量发展

新中国成立70多年来，中国从积贫积弱走向繁荣富强，创造了举世瞩目的增长奇迹，为第一个百年奋斗目标的实现打下了坚实基础。一是经济保持长达40余年的高增长，1978—2020年GDP平均增速高达9.3%[④]，使中国从贫困落后的低收入国家迅速跃升为世界第二大经济体，成为全球经济的“稳定器”与“发动机”。二是城乡居民生活水平大幅提高，从普遍绝对贫困到全面脱贫。改革开放以来，中国的减贫人口占同期全球减贫人口

---

① 本文为国家自然科学基金应急管理项目（项目编号：71850003）的阶段性成果。本文首发于《中国社会科学》2021年第3期。

② 刘伟，中国人民大学教授。

③ 陈彦斌，中国人民大学经济学院教授。

④ 如无特殊说明，本文的数据均来自国家统计局。

的 70% 以上，为全球减贫事业做出了卓越贡献。三是经济运行格局从“高增长、高波动”转向“高增长、低波动”，尤其是党的十八大以来，随着中国经济迈向高质量发展阶段，经济发展的稳健性与可持续性进一步增强。四是平稳实现了经济体制转轨，没有出现苏联与东欧国家在转轨阶段所经历的经济大幅衰退，为世界提供了罕见的经济转型成功范例。

中国之所以能够创造举世瞩目的增长奇迹，主要源于三个方面：一是对中国特色社会主义发展阶段的准确把握，形成了社会主义初级阶段理论，明确了以经济建设为中心并提出了适应中国国情的“三步走”发展战略，对中国创造经济增长奇迹起到了重要的指导作用。二是建立并不断完善社会主义市场经济体制，创造性地将社会主义制度与市场经济体制有机结合，既充分发挥了社会主义制度的优越性，又充分发挥了市场经济在资源配置方面的重要作用，为中国创造经济增长奇迹提供了制度优势。三是在有利的外部环境下，构建了供需双轮驱动的经济增长模式。高出口和高投资需求可以有效匹配资本快速积累带来的总供给增长，从而有效地释放了经济增长动能并且保证了经济运行的稳定，促进了中国经济增长奇迹的形成。

2020 年是中国实现第一个百年奋斗目标、全面建成小康社会的收官之年。虽然经历了新冠疫情的冲击，但得益于对形势的准确研判与政策的精准应对，中国再次交出了一份人民满意、举世瞩目的答卷，成为全球率先实现正增长的主要经济体。无论是从具体的量化指标来看还是从人民生活的改善程度与实际感受来看，全面建成小康社会的第一个百年奋斗目标完成在即，这是实现中华民族伟大复兴的重要基础与关键一步。站在“两个一百年”奋斗目标的交汇点上，中国既要巩固好第一个百年奋斗目标发展阶段所实现的伟大成就，又要按照党的十九届五中全会所提出的“乘势而上开启全面建设社会主义现代化国家新征程”，向着第二个百年奋斗目标进军。

然而，当今世界正处于百年未有之大变局之中，中国既面临历史性机遇，也面临前所未有的挑战，国内外形势严峻复杂。就国内形势而言，近年来中国经济增速下滑势头有所加剧，增长动力有待增强。系统性金融风险仍处高位，高债务、高房价等问题还没有得到较好的解决，总需求结构、产业结构与收入结构等结构性问题依然突出。就国际形势而言，全球经济尚未摆脱 2008 年全球金融危机的深刻影响，存在长期停滞风险。再叠加新冠疫情的冲击，全球经济增长进一步低迷。同时，逆全球化趋势愈演愈烈，中美之间的关系趋于紧张。以上问题都不可避免地会给中国迈向第二个百年奋斗目标的新征程带来新的困难与挑战，增加不确定性。在此情况下，中国需要增强风险意识，认清第二个百年奋斗目标在经济发展上的突出任务，预判在迈向第二个百年奋斗目标过程中将会遇到的挑战，从而在发展方略上做出针对性部署，以顺利实现第二个百年奋斗目标。

一、新征程：第二个百年奋斗目标的内涵与阶段性任务

党的十九大明确指出，“经过长期努力，中国特色社会主义进入了新时代，这是我国发展新的历史方位”，总任务是“实现社会主义现代化和中华民族伟大复兴”，在全面建成小康社会的基础上“又要乘势而上开启全面建设社会主义现代化国家新征程，向第二个百年奋斗目标进军”。在不同时期，中国经济所处的发展阶段不同，社会主义现代化内涵也有所差异。站在全面建成小康社会的新起点上，需要对社会主义现代化的内涵演变进行梳理，对新时代下社会主义现代化的内涵进行全面把握，从而明确建设社会主义现代化所需要完成的重要任务。

（一）社会主义现代化的内涵演变

新中国成立之初，虽然中国处于百废待兴、一穷二白的落后状态，但已经开始探索社会主义现代化的建设道路。1964 年第三届全国人民代表大会第一次会议上，“四个现代化”目标首次被正式提出，“在不太长的历史时期内，把我国建设成为一个具有现代农业、现代工业、现代国防和现代科学技术的社会主义强国”。改革开放之后，结合中国经济的实际情况，党的十三大报告提出要“把我国建设成为富强、民主、文明的社会主义现代化国家”，并相应制定了社会主义现代化建设的“三步走”战略，其中的第三步是到 21 世纪中叶人均国民生产总值达到中等发达国家水平，人民生活比较富裕，基本实现现代化。

党的十五大在“三步走”战略的基础上，首次明确提出了“两个一百年”奋斗目标，并将实现社会主义现代化作为第二个百年奋斗目标，“到世纪中叶建国一百年时，基本实现现代化，建成富强民主文明的社会主义国家”。党的十七大对社会主义现代化建设提出了新的要求，即“建设富强民主文明和谐的社会主义现代化国家”。与之前“富强民主文明”相比增加了“和谐”的要求，将社会建设内容纳入社会主义现代化的建设中。党的十八大提出了“全面落实经济建设、政治建设、文化建设、社会建设、生态文明建设”的“五位一体”总体布局，将生态文明建设进一步纳入社会主义现代化的内涵中。

党的十九大对实现第二个百年奋斗目标做出分两个阶段推进的战略安排，党的十九届五中全会进一步强调“到 2035 年基本实现社会主义现代化，到本世纪中叶把我国建成富强民主文明和谐美丽的社会主义现代化强国”。通过回顾社会主义现代化内涵的演变历程可以发现，党的十九大报告以及党的十九届五中全会提出的社会主义现代化内涵有以下三点重要变化：

第一，社会主义现代化的内涵更加丰富。党的十九大将社会主义现代化的内涵概括为“富强民主文明和谐美丽”，较以往的“富强民主文明和谐”有所拓展。新中国成立以来，

社会主义现代化的内涵一直在发生变化，从最早的“四个现代化”到党的十三大提出的“富强民主文明”，到党的十七大提出的“富强民主文明和谐”，再到党的十九大提出的“富强民主文明和谐美丽”。可以看到，社会主义现代化的内涵是在不断扩展的。从最早更加注重经济与政治建设，到对社会和谐与人民福祉改善重视程度的不断提高，再到“经济建设、政治建设、文化建设、社会建设、生态文明建设”的“五位一体”布局，这一系列变化深刻体现了中国共产党以人民为中心的发展思想，将增进民生福祉作为发展的根本目的。

第二，社会主义现代化的内涵更加具体。党的十九大首次从两个阶段对实现第二个百年奋斗目标的征程进行了战略安排，勾勒了到2035年基本实现社会主义现代化与到本世纪中叶实现社会主义现代化的蓝图。党的十九届五中全会发布了《中共中央关于制定国民经济和社会发展第十四个五年规划和二〇三五年远景目标的建议》（以下简称《建议》），对到2035年基本实现社会主义现代化的远景目标进一步细化。与党的十九大对基本实现社会主义现代化的表述相比，在经济发展层面增加了“经济总量和城乡居民人均收入将再迈上新的大台阶”“基本实现新型工业化、信息化、城镇化、农业现代化，建成现代化经济体系”“人均国内生产总值达到中等发达国家水平”与“全体人民共同富裕取得更为明显的实质性进展”等重要表述。在全面建成小康社会第一个百年奋斗目标的基础上，站在开启迈向第二个百年奋斗目标的新起点，社会主义现代化的内涵不断具体化，为迈向第二个百年奋斗目标提供了明确的行动指南。

第三，社会主义现代化的标准进一步提高。党的十九大报告明确提出要建设“社会主义现代化强国”，党的十九届五中全会再次强调这一宏伟目标，这与以往建设“社会主义现代化国家”的目标明显不同。伴随新中国成立以来所取得的伟大成就，中华民族已实现了从“站起来”到“富起来”的历史跨越。站在全面建成小康社会的新历史起点上，中华民族需要进一步实现从“富起来”到“强起来”的伟大飞跃，坚定道路自信、理论自信、制度自信、文化自信。这就需要切实解决新时代人民日益增长的美好生活需要和不平衡不充分的发展之间的社会主要矛盾，不断促进人的全面发展与全体人民的共同富裕，从而能够以社会主义现代化强国的发展经验为解决人类发展问题贡献中国智慧和中国方案，为发展中国家迈向现代化拓宽途径，为世界上那些既希望加快发展又希望保持自身独立性的国家和民族提供全新选择。

（二）建设社会主义现代化在经济发展层面的阶段性任务

虽然社会主义现代化的内涵是丰富的，而且在不断地演变和完善，但其背后的核心逻辑是不变的，就是要推动生产力与生产关系、经济基础与上层建筑之间的关系相适应、相协调，从而更好地解放和发展社会生产力，最终实现共同富裕。党的十九大明确指出，要“实现‘两个一百年’奋斗目标、实现中华民族伟大复兴的中国梦，不断提高人民生活水平，必须坚定不移把发展作为党执政兴国的第一要务，坚持解放和发展社会生产力，坚持社会主义市场经济改革方向，推动经济持续健康发展”。因此，经济发展是推进社会主义现代化建设最为核心的基础。要真正实现第二个百年奋斗目标，中国需要在未来的30年内完成以下阶段性任务：

第一，到“十四五”末真正跨越“中等收入陷阱”，跻身高收入国家行列。自2010年步入中高收入经济体行列以来，中国何时能跨越“中等收入陷阱”一直是各界高度关注的问题。2019年，中国的人均国民总收入首次迈上1万美元台阶，2020年人均国民总收入水平继续稳步上升，与世界银行划定的高收入国家标准只有不到20%的差距。根据刘哲希和陈彦斌的预测，中国人均国民总收入有望在2023年前后达到高收入国家标准。① 习近平总书记在《建议》的说明中也提到，到“十四五”末达到现行的高收入国家标准是完全有可能的。不过，对于是否跨越“中等收入陷阱”的判断不能简单地以一国人均国民收入是否达到或超越高收入国家门槛值为标准。这是因为近年来高收入国家的标准在不断放宽，高收入国家人均收入平均值与高收入国家的门槛值之比已经从1988年的2.8上升至2018年的3.7，由此容易掩盖一个国家与高收入国家的真实差距，从而低估“中等收入陷阱”带来的挑战。

“中等收入陷阱”对一个经济体的核心启示在于，在经济发展水平不断提升的过程中能否真正实现经济增长动力的转换与经济发展方式的转型。从国际经验来看，当一个经济体从低收入迈向中等收入或中高收入的发展阶段时，经济增长动力主要来源于资本与劳动力等要素投入。由于资本与劳动存在边际回报递减的特征，当经济发展到一定阶段时不可避免地会出现经济增速放缓的问题。此时，一个经济体要想进一步保持可持续发展从而跻身高收入国家行列，就需要显著提高技术进步、人力资本与资源配置效率对经济增长的贡献度。② 如果难以实现这一经济增长方式的转型，即使人均国民总收入能够达到高收入国家的标准，那么未来也可能会重新跌至高收入国家标准以下或者只是在标准附近徘徊，难以真正跨越“中等收入陷阱”，俄罗斯、巴西与阿根廷都是典型案例。③ 改革开放以来，中国的经济增长也主要是依靠资本和劳动驱动，两者对经济增长的贡献率高达80%以上。

① 参见刘哲希、陈彦斌:《“十四五”时期中国经济潜在增速测算——兼论跨越“中等收入陷阱”》,《改革》2020年第10期。

② 参见张平:《中等收入陷阱的经验特征、理论解释和政策选择》,《国际经济评论》2015年第6期。

③ 巴西、阿根廷在2013年人均国民总收入超过了高收入国家门槛值3%左右,但随后又回落至门槛值以下,重新陷入“中等收入陷阱”。俄罗斯在2013年人均国民总收入一度超过高收入国家门槛值20%左右,但此后受经济增长方式可持续性等因素影响,人均国民总收入再次回落至高收入国家的门槛值以下。

“十三五”时期，在人口老龄化的影响下劳动对经济增长的贡献率显著下降，但经济增长对资本的依赖度依然较高。因此，中国需要正视在“十四五”末真正跨越“中等收入陷阱”任务的重要性，切实推动经济增长动力有效转换。

第二，到2035年人均实际GDP水平较2020年翻一番，达到中等发达国家水平。2020—2035年是中国迈向第二个百年奋斗目标的第一阶段，党的十九届五中全会从经济建设、政治建设、文化建设、社会建设与生态文明建设等多个层面对该阶段提出了明确要求。在经济建设层面，与党的十九大报告相比，其重要变化是增加了“经济总量和城乡居民人均收入将再迈上新的大台阶”和“人均国内生产总值达到中等发达国家水平”两大新要求。从中国以往的“三步走”等发展战略来看，通常是将经济总量或城乡居民人均收入的翻一番作为迈上新台阶的标志。刘伟和陈彦斌根据党的十九大报告所提出的2035年经济发展设想与要求，通过系统论证后也发现，中国经济至少需要完成到2035年人均实际GDP翻一番的增长目标。① 习近平总书记在关于《建议》的说明中指出，“一些地方和部门建议，明确提出‘十四五’经济增长速度目标，明确提出到2035年实现经济总量或人均收入翻一番目标。文件起草组经过认真研究和测算，认为从经济发展能力和条件看，我国经济有希望、有潜力保持长期平稳发展，到‘十四五’末达到现行的高收入国家标准、到2035年实现经济总量或人均收入翻一番，是完全有可能的”，“编制规划《纲要》时可以在认真测算基础上提出相应的量化目标”。

人均实际GDP水平翻一番也与党的十九届五中全会提出的到2035年“人均国内生产总值达到中等发达国家水平”的要求相对应。“人均国内生产总值达到中等发达国家水平”的要求首次提出是在党的十三大报告中的“三步走”战略，第三步的目标就明确提出到21世纪中叶“人均国民生产总值达到中等发达国家水平，人民生活比较富裕，基本实现现代化”。与党的十三大“三步走”战略相比，党的十九届五中全会将“人均国内生产总值达到中等发达国家水平”的实现时点提前到2035年，这既是基于对中国经济发展长期向好、制度优势显著的判断，也对未来中国经济增长提出了更高要求。

需要注意的是，中等发达国家水平不等价于发达国家人均GDP的平均值或中位数，对这一概念的理解需要与“基本实现社会主义现代化”相结合。中等发达国家水平指的是中等发达程度或现代化水平与美国、日本、英国等高度现代化国家还有一定距离的发达国家人均GDP水平。尽管当前对中等发达国家的界定尚无明确的标准，但能够测算出中等发达国家人均GDP水平的大致范围。联合国根据人文发展指数将各个经济体的发展程度

---

① 参见刘伟、陈彦斌:《2020—2035年中国经济增长与基本实现社会主义现代化》,《中国人民大学学报》2020年第4期。

划分为“很高”“高”“中等”和“低”四类，其中，发展程度处于“中等”和“低”的均是欠发达和发展中经济体，发展程度“很高”的均为公认已实现高度现代化的发达经济体，如美国、日本、英国等。由此，可以将发展程度处于“很高”和“高”之间的发达国家视为中等发达国家。① 据此测算，2019 年中等发达国家的人均 GDP 水平约为 2.5 万美元。按照这一标准，中国到 2035 年人均实际 GDP 水平翻一番，在通胀率为 2%、汇率不变的基本假设下，中国人均 GDP 水平将达到 2.7 万美元左右。考虑到人民币汇率随着中国发展水平的提高而有所升值，届时中国人均 GDP 水平或将达到 3 万美元以上。由此可见，到 2035 年人均实际 GDP 水平翻一番能够较好地实现党的十九届五中全会提出的“人均国内生产总值达到中等发达国家水平”的目标。

第三，到 2050 年人均实际 GDP 水平较 2020 年翻两番，达到发达国家的平均水平，实现社会主义现代化强国的宏伟目标。到 21 世纪中叶，中国要建成富强民主文明和谐美丽的社会主义现代化强国，但要客观地看到，由于中国人口多的特征，即使届时实现社会主义现代化，人均 GDP 与美国、日本、英国等当前公认的高度现代化国家也会存在一定差距。因此，把到 2050 年人均 GDP 达到发达国家的平均水平作为中国经济增长的目标更加适宜。2019 年，剔除经济体量过小（以 GDP 规模在全球前 30 位为标准）的发达经济体，发达国家的人均 GDP 平均水平为 4.7 万美元。按此标准测算，在通胀率为 2%、汇率不变的基本假设下，中国如果到 2050 年实现人均实际 GDP 翻两番，那么人均 GDP 水平将达到 7.5 万美元左右。若发达国家按照名义 GDP 增速 2% 测算，届时人均 GDP 平均水平将在 8 万美元左右。② 考虑到未来 30 年中国高质量发展会推动汇率升值等因素，人均实际 GDP 翻两番将能够实现达到发达国家平均水平的目标。届时中国的经济体量将大幅超过美国等其他发达经济体，建成社会主义现代化强国。

第四，持续扩大中等收入群体规模，基本实现全体人民共同富裕。党的十九大报告指出“我国社会主要矛盾已经转化为人民日益增长的美好生活需要和不平衡不充分的发展之间的矛盾”，这一矛盾突出体现在中国经济的结构性问题上，如收入分配结构的失衡、总需求结构的失衡、产业结构的失衡、城乡与区域结构的失衡等。其中，收入分配结构的失衡是最关键的问题，也是造成其他结构性失衡的主要原因。比如，收入分配结构失衡会导致中等收入群体规模偏小、收入偏低，而中等收入群体是一个经济体中消费的核心力量，由此收入分配结构失衡会使得一个经济体的消费率偏低（消费支出总额/GDP），对服务业的需求较弱，从而导致总需求结构与产业结构失衡。

---

① 对于发达经济体的界定采用国际货币基金组织的分类。

② 2020 年发达经济体的增速采用国际货币基金组织在 2020 年 10 月的预测数值。

在迈向社会主义现代化国家的新征程中必须有效解决中国的收入结构失衡问题。如果说提高低收入群体收入（“提低”）是实现第一个百年奋斗目标过程中的核心任务，那么扩大中等收入群体规模（“扩中”）将成为实现第二个百年奋斗目标过程中的核心任务。从国际经验来看，扩大中等收入群体规模对实现现代化也尤为重要。根据瑞士信贷银行数据统计，成功跨越“中等收入陷阱”而迈向现代化的韩国与日本，其中产群体占比分别高达45%和60%。相比之下，巴西、俄罗斯等陷入“中等收入陷阱”而没有实现现代化的国家中产群体占比不超过10%。① 2019年，中国的中等收入群体已达4亿人以上，虽然规模相当大，但中等收入群体占比有待提高。李克强总理在十三届全国人大三次会议记者会上表示中国依然“有6亿中低收入及以下人群，他们平均每个月的收入也就1000元左右”。因此，在中国迈向社会主义现代化进程中，持续扩大中等收入群体规模是需要完成的重要任务，从而能够有效落实党的十九届五中全会提出的到2035年“全体人民共同富裕取得更为明显的实质性进展”以及党的十九大提出的到本世纪中叶“全体人民共同富裕基本实现”的目标。

二、新挑战：迈向第二个百年奋斗目标过程中将面临的四大发展障碍

改革开放以来中国经济取得了举世瞩目的伟大成就，但不容忽视的是，近年来国内外经济环境更趋复杂，给中国经济带来了显著的下行压力与严峻挑战。正如2020年《政府工作报告》所指出的“当前和今后一个时期，我国发展面临风险挑战前所未有”。针对实现社会主义现代化强国经济发展的核心任务，在未来迈向第二个百年奋斗目标过程中，特别是在起步阶段的“十四五”时期，中国将面临四个方面的严峻挑战。

（一）经济增长动力将有所减弱，按照当前的经济增长路径难以达到建设社会主义现代化强国的目标要求

要实现第二个百年奋斗目标，中国需要到2035年人均GDP达到中等发达国家水平，到本世纪中叶人均GDP达到发达经济体的平均水平，这意味着2020—2035年中国人均实际GDP要翻一番，2035—2050年中国人均实际GDP水平要再翻一番。由此测算可知，未来30年的年均实际GDP增速要达到4.6%左右。然而，2008年全球金融危机之后，中国经济增速在经历了反弹后开始呈现持续下滑的态势，2019年中国GDP增速降至6.0%，2020年受新冠疫情的影响，GDP增速进一步降至2.3%。中国经济之所以在经历了长达30余年10%左右的高增长之后经济增速开始出现持续下滑，主要原因在于支撑经济高速增长

① 参见：Credit Suisse, Global Wealth Databook 2015, Zurich: Credit Suisse AG, 2015, p. 124.

的动力显著减弱。

从经济增长核算框架来看，支撑经济增长的要素主要分为资本、劳动、人力资本与全要素生产率（Total Factor Productivity，TFP，主要衡量技术进步与资源配置效率）。改革开放以来，受益于人口红利、体制改革红利、全球化红利以及技术进步红利等红利的集中释放，四大生产要素均显著改善，推动中国经济快速增长。不过，最主要的贡献还是来源于资本和劳动，根据增长核算的测算结果，1979—2009 年，资本与劳动对中国经济增长的贡献率合计占到 85%，是推动经济增长的核心动力。

近年来，资本和劳动两大支撑经济增长的“老动力”开始减弱。就资本而言，一方面，全球金融危机之后主要经济体均陷入长期的低增长状态之中，导致中国的外部需求减少，“出口—投资”联动机制对投资的带动作用减弱，导致资本积累增速放缓。另一方面，受产能过剩、地方政府与企业债务问题以及民间投资积极性减弱等因素影响，国内投资需求较为疲软，拖累资本积累增速。就劳动而言，在人口老龄化进程不断深化的影响下，中国 16 ~ 59 岁的劳动年龄人口规模自 2012 年开始缩减，从而导致劳动供给增速下降。在支撑中国经济增长“老动力”减弱的同时，“新动力”还有所不足，在此情况下，近年来中国对“老动力”的依赖程度反而有所提高，增长核算结果表明，2010—2019 年资本对中国经济增长的贡献率提升至 90% 以上，相比之下，“新动力”对经济增长的贡献率没有显著提升，尤其是 TFP 的贡献率反而由正转负。究其原因，近年来中国经济过度依赖于投资的扩张与资本积累的增长，导致大量信贷资金配置于低回报的领域，加剧了资源错配，从而抑制了 TFP 的增长，也阻碍了经济增长动力的转换。

展望未来，在“老动力”继续减弱而“新动力”尚有所不足的情况下，如果其他条件不变，预计 2020—2050 年中国年均 GDP 增速将降至 3.5% 以下，从而难以完成人均实际 GDP 翻两番的任务。就“老动力”而言，根据经济增长理论，随着一个经济体的经济体量与发展水平的不断提升，其资本存量会逐步接近稳态水平，这就会导致资本积累速度不断放缓。再加上中国存在产能过剩、高债务与民间投资积极性不足等问题，会加剧资本积累速度下滑幅度。同时，中国人口老龄化的步伐在不断加快，即将步入深度老龄化社会。根据联合国的预测，2050 年中国 15 ~ 64 岁劳动适龄人口规模将比 2020 年减少约 20%，老龄化在长期内对中国经济增长的抑制作用将十分显著。就“新动力”而言，人力资本方面，中国经济的人力资本质量显著落后于发达国家，而且提升速度已逐渐放缓，已成为制约中国经济可持续发展的重要因素。① TFP 方面，随着中国逐步接近世界发展前沿，技术追赶效应对 TFP 增速的提升作用将显著减弱，产业、总需求与收入分配等方面的结构

① 参见刘伟、张立元：《经济发展潜能与人力资本质量》，《管理世界》2020 年第 1 期。

性问题尚未得到妥善解决，也将从资源配置效率层面影响 TFP 增长。未来 TFP 增长需要更多依靠自主创新能力的提升以及数字经济等新经济对经济增长的带动作用。① 综上可知，未来中国经济增长或将在较长时期内处于“老动力”减弱而“新动力”有所不足的动力转换期，潜在增速将呈现趋势性下降，难以保证 2020—2050 年完成人均实际 GDP 翻两番的任务，这也是中国面临的严峻挑战。

（二）经济结构的深层次问题会加大经济增长速度与增长质量之间的矛盾，加大经济发展风险

党的十九大报告做出了“我国经济已由高速增长阶段转向高质量发展阶段”的重要论断。高质量发展的核心是要追求经济增长与结构的协调，从而推动经济发展质量的提升。不过，当前中国经济存在一系列的深层次结构性问题，诸如实体产业内部供需结构失衡、实体经济与金融部门及虚拟经济之间的结构性失衡、房地产发展与国民经济各部门发展的结构性失衡等，都严重困扰经济发展。更为突出的问题在于，经济发展尚未摆脱对房地产与债务的依赖，从而导致增长速度与质量之间的矛盾难以破解，增加了经济发展的风险与不确定性，使得中国经济长期陷入“稳增长”和“防风险”的两难之中。

就对房地产的依赖而言，自 20 世纪 90 年代末推进住房市场化改革以来，房地产就成为带动与支撑中国经济增长的重要产业，其不仅能够直接推动 GDP 的增长，而且能够通过带动钢铁、水泥、家电等相关产业的发展从而间接推动 GDP 的增长。回顾过去二十多年中国经济运行与房地产调控历程可以看到，每当经济下行压力较大时，政府就会依托房地产来稳增长。② 虽然房地产能够在短期内带来 GDP 的增长，但是经济过度依赖于房地产会造成较为严重的后果。一方面会推高房价，催生房价泡沫化风险，国际经验表明，一旦房价泡沫破裂，很容易引发系统性金融风险，对经济造成巨大冲击。另一方面会挤出生产性资本并且抑制创新，从而不利于经济长期增长与增长质量的提升。因此，从经济增长质量的角度出发，需要抑制房地产市场的过度发展。但是，这就会以牺牲短期内的经济增速

① 近年来，以数字化和信息化为核心的新经济增长速度持续加快，数据成为重要的生产要素与核心资源，由此将对技术进步与资源配置效率起到显著的提升作用。2020 年 4 月中共中央、国务院印发的《关于构建更加完善的要素市场化配置体制机制的意见》，首次将数据纳入要素范围，这意味着数据与资本、劳动等传统要素拥有了相同的地位和角色，可以预见数字经济的快速发展将对 TFP 以及中国经济增长产生一定的支撑作用。

② 例如，1998 年亚洲金融危机之后，发布了《关于进一步深化城镇住房制度改革加快住房建设的通知》，强调要“进一步深化城镇住房制度改革”，并且“加快住房建设，促使住宅业成为新的经济增长点”。2008 年全球金融危机之后，国家出台了《关于促进房地产市场健康发展的若干意见》，提出了“鼓励普通商品住房消费”“支持房地产开发企业合理的融资需求”等一系列促进房地产市场健康发展的措施，旨在“进一步扩大内需、促进经济平稳较快增长”。

为代价，甚至带来经济增速的大幅下滑。[①] 可见，由于经济增长对房地产存在依赖，中国经济很容易陷入增长速度与增长质量之间的矛盾之中。

就对债务的依赖而言，目前各界重点关注的是高债务对经济增长的负面影响，但普遍忽略了中国的高债务问题恰恰是因为经济增长对债务的依赖所致。2008 年全球金融危机之后，中国成为杠杆率（债务总额/GDP）上升幅度最大的主要经济体之一。[②] 从结构上看，杠杆率的上升主要是由地方政府、国有企业部门和居民部门的杠杆率升高所致，中央政府和民营企业部门的杠杆率上升幅度并不大。之所以如此，主要是因为 2008 年全球金融危机之后，为应对内部和外部需求的显著萎缩，地方政府和国企部门承担了“扩内需”和“稳增长”的任务。特别是地方政府，在财政收入有限的情况下，主要是借助地方融资平台进行债务融资，从而导致债务规模的快速扩张。[③] 居民部门杠杆率的快速上升主要源于房价上涨背景下贷款购房行为的增加，这反过来也推动了房地产市场的发展，从而拉动了短期经济增长。因此，债务扩张对短期内中国经济增速起到了显著的支撑作用。但与房地产类似，长期内债务的过快增长将导致负债主体的偿债压力过重，不利于长期经济增长，甚至还可能触发大规模债务违约，引发经济与金融危机。

因此，房地产与债务均是当前中国经济增长的重要支撑要素。但正是对房地产与债务的依赖，导致中国经济陷入了增长速度与增长质量之间的矛盾之中。如果更注重增长质量，那么在短期内经济增长速度势必要遭受较大冲击。如果更注重增长速度，那么对房地产和债务的依赖不仅会导致经济增长的内在动力不足，还会加大系统性金融风险的爆发概率，不利于中国经济向高质量发展阶段迈进。因此，在迈向社会主义现代化的过程中，必须从根本上破除对房地产与债务的依赖，否则将加大经济发展风险，从而使中国面临较为严峻的挑战。

（三）贫富差距问题依然较为严峻，未来扩大中等收入群体规模还将面临新障碍

基本实现全体人民共同富裕，是建设社会主义现代化强国的核心任务与目标。然而，由于存在初次分配失衡和再分配逆向调节作用不足等一系列体制机制上的问题，中国的贫富差距问题一直难以得到妥善改善，居民可支配收入的基尼系数长期在 0.4 以上，财产基

---

① 参见许宪春、贾海、李皎、李俊波：《房地产经济对中国国民经济增长的作用研究》，《中国社会科学》2015 年第 1 期。

② 根据国际清算银行（BIS）的数据，截至 2020 年上半年，中国的杠杆率已经高达 280.3%，比 2008 年年末上升了 141.3 个百分点。

③ 参见毛捷、刘潘、吕冰洋：《地方公共债务增长的制度基础——兼顾财政和金融的视角》，《中国社会科学》2019 年第 9 期。

尼系数更是在0.7以上。[①] 贫富差距直接表现在中等收入群体占比偏小。根据国家统计局的数据测算，2019年中国的中等收入群体规模占总人口的比重在1/3左右，社会结构更趋向于“金字塔型”的失衡结构。[②]

而且值得注意的是，近年来中国的收入差距问题呈现新变化，即中等收入群体的收入增速出现了较快下滑的风险。改革开放以来特别是21世纪以来收入差距扩大主要是由高收入群体收入增速过快所致。在此期间，中低收入群体收入增长也较快，只不过增速低于高收入群体，从而导致收入差距逐步拉大。但是，从2015年开始，居民收入情况发生了明显变化，大多数居民的收入增速出现了不同程度的下滑，其中，中等收入群体收入增速的下滑速度更快。如图1所示，2015年以来，高收入群体（收入排在前20%）的收入增速基本保持稳中有升的态势，低收入群体的收入增速虽有波动但也保持了较快的增长态势。中等收入群体（排在中间20%）的人均可支配收入增速显著下滑，2018年已经降至3.1%的低位。2019年，中等收入群体人均可支配收入增速回升至8.0%，但依然低于低收入群体（14.6%）和高收入群体（8.2%）的人均可支配收入增速，也低于全国居民人均可支配收入增速水平（8.9%）。

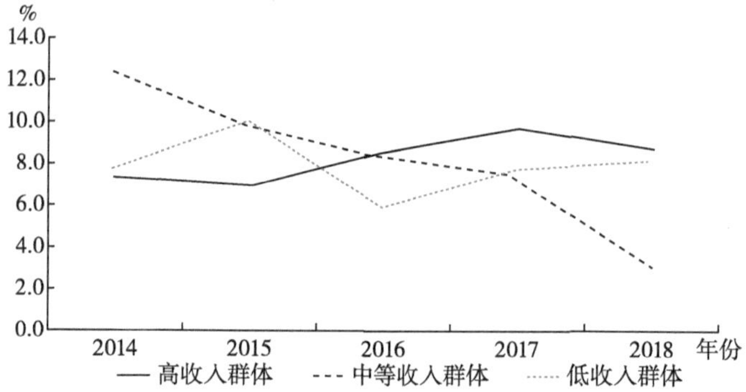

图1　2014—2018年各组群体人均可支配收入增速对比

资料来源：人均可支配收入数据来自国家统计局编的历年《中国统计年鉴》（北京，中国统计出版社），人均可支配收入增速由该数据计算而得。

未来要想扩大中等收入群体规模，中国还将面临如下阻碍：一是经济增速下滑将对中等收入群体产生更为显著的影响。众所周知，中低收入群体以工资性收入为主，而高收入群体拥有更多的财产性收入。工资增长速度与经济增速密切相关，但对于财产性收入而言，经济增速下行阶段由于资金“脱实向虚”倾向加剧，反而会推动部分房产与金融资产升值。因此，在经济增长速度下滑的背景下，受到影响最大的将会是中低收入群体，这会

① 参见Credit Suisse, Global Wealth Databook 2015, pp. 149, 152.

② “金字塔型”结构是指少数的富人群体占据了大部分的社会财富，中产阶层人数较少且占据的社会财富总量的份额较低，低收入群体占社会总人口的大多数但只占据少部分的社会财富总量。

逐渐拉开与高收入群体的差距，不利于中等收入群体规模的扩大。二是中低收入群体背负的债务压力持续攀升。近年来，中国居民部门杠杆率攀升速度较快，截至2020年上半年，居民部门杠杆率已达到59.1%，与2010年年末相比，近10年间杠杆率攀升了31.8个百分点，债务规模增长了4倍。从居民债务的分布来看，债务负担最重的是中低收入群体，[①]由此会使得偿债支出占据了中低收入群体可支配收入的较大比重，从而不利于中等收入群体规模的扩大。三是在人口老龄化不断加剧的背景下，未来养老与医疗等方面的支出负担将持续加重，从而相对降低中等收入群体的实际获得感与幸福感。总之，要扩大中等收入群体规模，既要破除长期以来导致贫富差距的体制机制问题，又要妥善应对新问题，这是中国迈向社会主义现代化过程中所面临的重要挑战。

（四）外部环境趋于复杂严峻，需要进一步避免落入"修昔底德陷阱"

改革开放以来，全球化红利的释放以及对世界先进技术的学习消化再吸收，对中国经济增长起到了重要的推动作用。不过自2008年全球金融危机以来，中国所面临的外部环境发生了显著变化。首先，2008年全球金融危机之后，全球经济尤其是发达经济体并未实现"V"形反弹，反而是进入了较为长期的低迷状态，由此导致中国外部需求显著萎缩，出口增速下滑，全球化红利消退。其次，以英国脱欧与中美贸易争端为标志性事件，贸易保护主义与逆全球化趋势开始显现并呈现加剧态势，全球贸易环境有所恶化，全球贸易规则进入重构阶段。各主要经济体之间的贸易摩擦或呈现进一步加剧的态势，外部环境更趋于复杂严峻，从而会给中国经济发展带来不小的挑战。

不仅如此，2020年中国的GDP规模已经接近于美国GDP规模的3/4。未来在社会主义现代化国家建设顺利推进的情况下，随着中国经济发展水平的不断提高，体量不断增大，中国的GDP规模将可能超越美国，成为全球第一大经济体。在超越过程中，美国必然会做出回应，甚至挑起争端以阻碍中国的超越，从而或使两国落入"修昔底德陷阱"。[②]中国或将面临改革开放以来从未遇到的复杂外部环境，如何在百年未有之大变局中增强中国经济的韧性与发展潜力，避免落入"修昔底德陷阱"，事关社会主义现代化建设成功与否，是亟待解决的重要问题。

三、新方略：迈向第二个百年奋斗目标的发展战略

中国在全面建设社会主义现代化国家进程中面临较为严峻的挑战，要想更好地完成建

---

① 参见 International Monetary Fund, Global Financial Stability Report: Is Growth at Risk? Washington, DC: International Monetary Fund, 2017, p. 73.

② "修昔底德陷阱"源自古希腊历史学家修昔底德，是指一个新崛起的大国必然要挑战现存大国，而现存大国也必然要回应这种威胁。

成社会主义现代化强国的核心任务，需要充分发挥中国经济的特色优势，制定好合理的规划与实施路径，确保中国向着社会主义现代化目标稳步迈进。为此，本文建议从以下四个维度构建迈向第二个百年奋斗目标的新方略。

（一）充分发挥中国经济的特色优势，进一步释放中国经济的增长动能

概括而言，中国经济的特色优势体现在以下几点：

一是集中力量办大事的体制优势。这一优势已经在新中国成立以来快速“补短板”“调结构”以及重大科技攻关、重大工程建设与重大灾害防治的过程中得到了充分的彰显，是社会主义市场经济制度优势的重要体现，需要在全面建设社会主义现代化国家的新征程中进一步充分发挥。

二是“中央集中＋地方竞争”的中国特色治理模式。一方面，中央作为地方政府的行政上级，集中掌握了地方的人事任免等权力，由此可以将国家的发展规划部署转化为地方政府发展的具体考核指标，从中央到各省再到各市县层层推进各项发展任务的有效落实。另一方面，各地方政府之间在晋升考核等方面因素的影响下，形成了相互竞争的关系，这使得地方政府往往能够充分发挥主观能动性从而超额完成发展任务。1994 年分税制改革的经验已经表明，通过合理的激励机制设计，能够使得中央与地方两者激励相容，“中央集中＋地方竞争”的中国特色治理模式将对经济增长产生巨大的推动力。①

三是中国市场的巨大发展空间。改革开放以来，中国经济的高增长主要依靠出口与投资需求的拉动，国内消费市场挖掘得相对不够。2019 年，中国居民消费占 GDP 比重仅为 38. 8%，低于全球平均水平 18. 9 个百分点，低于高收入国家平均水平 20. 2 个百分点。这既是现有的差距，也是未来的增长潜力，可以通过调节收入分配与完善社会保障体系等多种举措予以释放。如果中国的居民消费率能够在迈向社会主义现代化的过程中不断提高，将会形成巨大的国内市场，有效打通国内国际双循环，建立起“世界工厂＋世界市场”的新发展模式，② 这也将成为中国建成社会主义现代化强国的底气所在。

四是中国特色宏观调控体系对经济运行的强大调控能力。西方国家的宏观政策通常是以货币政策和财政政策等总需求政策为主，主要聚焦于短期内的经济稳定与金融稳定。与之不同的是，中国特色宏观调控体系不仅包含总需求政策，还可以使用供给侧结构性改革等手段对总供给进行调控；不仅包含短期政策，还可以通过“五年规划”等中长期政策促进经济的长期发展。③ 此外，中国特色宏观调控体系不仅具备常规时期对经济波动的平抑

---

① 参见张军、范子英：《再论中国经济改革》，《经济学动态》2018 年第 8 期。

② 参见陈彦斌：《中国构建“世界工厂＋世界市场”新模式的战略意义与关键举措》，《江海学刊》2020 年第 5 期。

③ 参见刘伟：《经济新常态与供给侧结构性改革》，《管理世界》2016 年第 7 期。

能力，在危机时期还拥有强大的反危机能力。例如，面对20世纪90年代末东亚金融危机的冲击，中国在1998年和1999年依然实现了9%以上的高增长，而韩国、日本等国家均出现了负增长。在2008年全球金融危机的冲击下，中国2009年第一季度GDP增速降至6.4%，但随后快速反弹，是全球主要经济体中第一个走出危机影响的国家。2020年在新冠疫情的巨大冲击下，中国更是全球主要经济体中唯一能够实现正增长的国家。中国特色宏观调控体系的不断完善将成为中国实现第二个百年奋斗目标的重要保障。

（二）针对迈向第二个百年奋斗目标的阶段性任务，制定合理的经济发展路径

党的十九大报告将迈向社会主义现代化的过程分为两个阶段：第一个阶段是从2020年到2035年，基本实现社会主义现代化；第二个阶段是从2035年到2050年，把中国建成富强民主文明和谐美丽的社会主义现代化强国。考虑到当前中国仍属于新兴经济体与中高收入国家，在全面建成小康社会的第一个百年奋斗目标完成之后，下一步可以先以跨越“中等收入陷阱”作为经济发展的战略目标，在此基础上再向2035年基本实现社会主义现代化目标迈进。

基于此，第一阶段（2020—2035年）可以进一步分为两步走。第一步是从2021年到2025年，即在“十四五”时期，利用5年左右的时间完成中国经济增长动力转换任务，处理好经济增长速度与增长质量之间的关系，有效缩小贫富差距并提高中等收入群体占比。“十四五”期间人均GDP水平争取达到高收入国家的门槛值的20%以上，从而确保跨越“中等收入陷阱”。第二步是从2026年到2035年，在“十五五”和“十六五”时期，进一步提升经济实力与科技实力，跻身创新型国家前列，使各方面制度更加完善，中等收入群体比例明显提高，城乡区域发展差距和居民生活水平差距显著缩小，人均实际GDP水平较2020年翻一番，达到中等发达国家水平，从而基本实现社会主义现代化。第二阶段（2035—2050年）是全面建设社会主义现代化国家的收官阶段，按照党的十九大要求，在基本实现现代化的基础上，再奋斗15年，人均GDP水平赶上发达国家平均水平，把中国建成富强民主文明和谐美丽的社会主义现代化强国。

（三）贯彻新发展理念，构建新发展格局

在迈向社会主义现代化的新征程中，党的十九届五中全会指出要“坚持和完善党领导经济社会发展的体制机制，坚持和完善中国特色社会主义制度，不断提高贯彻新发展理念、构建新发展格局能力和水平，为实现高质量发展提供根本保证”。

新发展理念集中体现为高质量发展，“高质量发展，就是能够很好满足人民日益增长

的美好生活需要的发展，是体现新发展理念的发展，是创新成为第一动力、协调成为内生特点、绿色成为普遍形态、开放成为必由之路、共享成为根本目的的发展”。① 在全面实现社会主义现代化的新发展阶段，贯彻新发展理念推动经济高质量发展的历史客观必然性更加鲜明。正如习近平总书记所总结的，这种历史必然性集中体现在三个方面：一是中国经济保持持续健康发展的必然要求；二是适应中国进入新时代社会主要矛盾变化的必然要求；三是遵循经济发展客观规律的必然要求。②

要实践新发展理念，核心是建设现代化经济体系。具体而言，现代化经济体系是由社会经济活动的各个环节、各个层面、各个领域的相互关系和内在联系构成的一个有机整体。习近平总书记将其概括为七个方面的内涵：建设创新引领、协同发展的产业体系，建设统一开放、竞争有序的现代市场体系，建设体现效率、促进公平的收入分配体系，建设彰显优势、协调联动的城乡区域发展体系，建设资源节约、环境友好的绿色发展体系，建设多元平衡、安全高效的全面开放体系，建设充分发挥市场作用、更好发挥政府作用的经济体制。上述七个方面是统一整体，需要一体建设、一体推进。③

新发展格局旨在重塑中国经济发展的新优势，即形成“以国内大循环为主体、国内国际双循环相互促进的新发展格局”。构建新发展格局应当突出强调以下要点：一是构建以供求良性互动为目标导向的国民经济循环，形成供给与需求之间的良性互动；二是构建以科技创新为动能推动的国民经济循环，提升自主创新能力，不断突破关键核心技术；三是构建以供给侧结构性改革为战略方向的国民经济循环，解决供给侧的结构性问题与质量偏低问题；四是构建以扩大内需为战略基点的国民经济循环，创造有利的市场条件扩大内需，形成战略基点；五是构建以“一带一路”为战略支撑的开放的国内国际双循环。“一带一路”沿线国家经济互补性强，可以达成政治互信、经济融合、文化包容的利益共同体，进而有利于构建新型互利互惠的国际循环体系，实现中国与国际经济双循环的优势互补。

（四）加快推进中国经济学理论体系建设，为社会主义现代化建设的新征程提供理论指导

新中国成立70多年特别是改革开放40多年来，中国共产党领导全国人民取得了举世瞩目的经济发展成就，积累了丰富的经济发展经验。经济学理论建设中也涌现出大量优秀研究成果，解决了一些困扰经济发展的重大理论和实践问题，取得了比较大的成就。但我

---

① 习近平：《习近平谈治国理政》（第三卷），北京，外文出版社2020年版，第238页。

② 参见习近平：《习近平谈治国理政》（第三卷），北京，外文出版社2020年版，第237－238页。

③ 参见习近平：《习近平谈治国理政》（第三卷），北京，外文出版社2020年版，第240－241页。

们要客观地看到，当前对中国实践的理论总结还不够，理论发展相对不足，还没有构建起中国经济学理论体系。建设社会主义现代化强国，实现中华民族伟大复兴的中国梦，必须增强“四个自信”，必须有与之相适应的中国经济学理论，必须用中国经济学理论指导新的伟大实践。

因此，需要加快推进中国经济学理论体系建设，为社会主义现代化建设的新征程提供理论指导。中国经济学应对新中国成立70多年来尤其是改革开放40多年来中国从落后国家建设成为小康社会的伟大成就进行系统性的理论总结，提炼中国的特有范畴，形成独创性中国经济理论，并且将其用来指导中国建设成为社会主义现代化国家的新征程。回顾经济学理论的发展历程可知，不管是英国古典经济学还是美国经验占主导地位的当代西方经济学，都不只是纯粹的国别概念，而是具有鲜明的历史感和时代感。与之类似，中国经济学也不是单纯的国别概念，而是具有特殊内涵的历史概念，并且同样应具有鲜明的时代感。中国经济发展的成功实践经验以及在此基础上提炼出的中国经济学理论，不仅要具有中国的根据和意义，还应具有世界意义，从而既能为中国全面建设社会主义现代化国家提供理论指导，也能为世界各国的经济发展提供中国智慧与中国方案。

从单一公有制到公有制为主体的混合所有制①

——中国共产党对生产资料所有制形式和结构的百年探索与实践

方福前②

摘要： 中国共产党的百年历程也是对生产资料所有制形式和结构不断探索与实践的过程。中国共产党在建党之初的设想是国民革命胜利后建立单一的公有制。在战争年代，由于根据地和解放区主要在农村，党对所有制结构的探索与实践主要集中在土地问题上。新中国成立后的“一化三改造”建立了社会主义基本经济制度，其主要特征是单一的生产资料公有制和高度集中的计划经济。改革开放后，中国共产党对所有制形式和结构进行了大胆探索和大刀阔斧的改革，通过引进外资和发展个体经济、私营经济，逐步形成了公有制为主体、多种所有制经济共存和发展的所有制格局。进入新时代，中国共产党对中国特色社会主义基本经济制度进行了新的概括，建立了公有制为主体的两个层次的混合所有制结构。这种公有制为主体的混合所有制的探索和成长过程正是改革开放以来中国经济活力和发展动力不断增强的过程。

关键词： 所有制结构；单一公有制；混合所有制；探索；实践

生产资料所有制是生产关系的基础，其形式和结构决定着整个生产关系以及经济制度的性质。中国共产党作为中国工人阶级先锋队，作为中国无产阶级政党，其目标是要推翻半殖民地半封建统治，铲除剥削和压迫，建立一个自由平等的社会主义社会，最终实现共产主义。但是一个半殖民地半封建并且生产力和经济发展水平相当落后的东方大国如何实现这一目标？具体路径如何？这是没有先例可循的，马克思恩格斯也只有原则性论述而无具体指引。如何结合中国实际，如何根据中国不同历史时期的生产力状况和经济发展要求

---

① 本文是国家社科基金重大项目“中国经济自发展能力研究”（批准号：15ZDB133）和国家社科基金重大研究专项“新时代中国特色经济学基本理论问题研究”（批准号：18VXK002）的研究成果。感谢我的同事谢富胜教授为本文写作提供了许多经典文献，感谢匿名评审专家和编辑部的宝贵意见。本文首发于《中国工业经济》2021 年第 8 期。

② 方福前，中国人民大学经济学院讲席教授。

来确立适当的所有制形式和结构，成为中国共产党百年来不断探索和实践的重大课题。

一、建党之初的设想：单一公有制

成立之初的中国共产党的理想目标是夺取全国政权后消灭资本主义私有制，建立单一的生产资料社会主义公有制。尽管中国共产党创始人团队在公有制取代私有制的过程长短、具体途径和步骤上，在公有制结构和实现形式上，意见不完全一致，但用生产资料公有制取代私有制则是共识。“相约建党”的“南陈北李”的观点最具有代表性。

陈独秀很早就接受了马克思的唯物史观，在建党之初就清楚地认识到经济制度在社会制度中的决定性地位和作用。1921年8月，他在写给蔡和森的信中指出：“历史上一切制度底变化是随着经济制度底变化而变化的。……我们改造社会应当首先从改造经济制度入手。”① 既然经济制度如此重要，那么中国共产党要建立的社会主义经济制度是个什么样的制度呢？陈独秀鲜明地指出：“社会主义制度，简单地说，就是（一）资本集中，（二）财产公有。”他认为，社会主义“只在资本主义立脚点的资本集中财产私有八个字里头把他们换掉过一个字，就变成社会主义的制度了。什么字呢？就是把他们的私字换为公字”；改了一个字，“资本主义的生产方法和分配方法便完全改变了。在财产公有制度即社会主义制度之下，在生产上，没有少数人占有生产工具的弊病，有了社会需要的统计，不至于陷入无政府状态，所有生产品都是为社会需要而生产，非为卖而生产”。② 可见，陈独秀对未来社会经济制度的设想是“公有制 + 计划经济”，而不是商品经济或市场经济。不过，陈独秀又认为，中国共产党夺取政权以后并不是马上就能够实现单一的生产资料公有制的社会主义经济制度，而是有一个过渡时期，他把这个过渡时期称作“行向社会主义社会”的过渡阶段，在这个过渡阶段多种经济成分并存和共同发展，“国民革命成功后，中国的经济制度自然是家庭的手工业与农业、小生产制、私人资本主义的大生产制、国家资本主义等四种并行。我们所谓采用何种经济制度，并不是说只采用哪一种而禁绝其余一切，而是说采用某一种为全社会中主要的生产制度。我们以为，中国国民革命以后的经济建设，在主观上在客观上，都不必采用私人资本主义为全社会主要的生产制度，而可以采用国家资本主义以过渡到非资本主义的国家工业，即是行向社会主义的社会”。③ 为什么要有一个过渡时期呢？陈独秀认为，这是由中国的经济落后并且受外国资本控制的实际情况决定的，“中国的经济状况，更不用说了——完完全全操纵在外国资产阶级国家的手里，

---

① 《陈独秀文章选编》（中），北京，生活·读书·新知三联书店1984年版，第157页。

② 同上书，第291－292页。

③ 《陈独秀文章选编》（下），北京，生活·读书·新知三联书店1984年版，第410页。

如关税、工商业、金融、交通、矿业等均是如此”。① 陈独秀进一步认为，在无产阶级夺取政权以后到进入共产主义社会以前，生产资料私有制都不能完全废除，“非到共产社会实现，私有财产是不能完全废绝的……不过照马克思共产党宣言所指示将大企业和土地收归国有罢了”。② 在陈独秀看来，这个过渡阶段可能是一个较长的时期，不会很短的。他说：“从革命发生起一直到私有财产实际归公，必然要经过长久的岁月，从私有财产在制度上消灭，一直到私有财产在人心上消灭，又必然要经过长久的岁月。”③

值得注意的是，在陈独秀设想的“行向社会主义社会”的过渡时期的所有制结构或经济成分中并没有社会主义性质的国营经济或国有制经济，因为他认为“所谓国家资本主义，其在经济上的性质如何，乃依政治上的构造如何而定……只有在工农及其他被压迫剥削阶级革命的国家而采用国家资本主义，才能够由此过渡到非资本主义的社会主义的经济建设”。④ 这表明他设想通过国家资本主义的形式或途径过渡到社会主义。从陈独秀的上述思想中可以看出，他似乎把社会主义和共产主义看作相同的、可以相互替换的概念，没有认识到社会主义和共产主义是两个不同的、前后继起的社会发展阶段，他认为社会主义和共产主义实行的都是生产资料公有制，不存在私有制。陈独秀设想的中国生产资料所有制形式发展的路线可以概括为：

资本集中、财产私有（旧中国）⟶国家资本主义等四种经济成分（过渡阶段）⟶资本集中、财产公有（社会主义和共产主义）

在五四运动前后，李大钊多次阐释资本主义私有制被社会主义公有制所取代的必然性。他认为“资本主义的破坏，就是私有财产制的破坏”，新社会将用新的“集产制度”（社会主义公有制——引者注）代替资本主义私有制。⑤ 那么，通过什么方式来建立社会主义经济制度和公有制呢？李大钊在建党初期提出的方案是“变革资本家的社会生产制度”，把一切重要的生产资料和生产交换机构收归国有，具体来说，“凡大资本的企业：铁路、矿山、轮船公司、承办运输事业、大规模的制造工业、大商店，收归国有”，“自国家银行以下所有的银行，均收归公有”，由国家经营；至于民族资产阶级工商业则应当区别对待，“小工商业及运输机关，亦渐次收归国有”。⑥ 李大钊清楚地认识到，新的“集产制

① 《陈独秀文章选编》（中），北京，生活·读书·新知三联书店1984年版，第299－300页。
② 同上书，第486页。
③ 同上书，第46页。
④ 《陈独秀文章选编》（下），北京，生活·读书·新知三联书店1984年版，第410页。
⑤ 《李大钊文集》（下卷），北京，人民出版社1984年版，第84－85页。
⑥ 同上书，第611－612页。

度”应当对资产阶级实现“赎买”政策，使他们和工人阶级合作，共同建设国家和发展经济。他认为，在新制度下，“工人虽执掌政权，但实际上不能指挥工师、技匠、实业家。此时阶级既废，好意的前资产阶级自当许与合作”，怎么与之合作呢？这就是向他们支付“年金赔金”。如何解决农村土地所有制和农民问题呢？李大钊的思路是“没收地主土地归国家所有”，实现“耕地农有”和大农场集约化生产。他提出，“除去有土农夫所有的土地以外，土地亦收归国有”。[①]“国民革命政府成立后，苟能按耕地农有的方针，建立一种新土地政策，使耕地尽归农民，使小农场渐相联结而为大农场，使经营方法渐由粗放的以向集约的，则耕地自敷而效率益增，历史上久久待决的农民问题，当能谋一解决”。[②]与陈独秀的观点相似，李大钊也主张在生产资料公有制基础上实现计划经济，他认为“社会主义是使生产品为有计划的增殖”。[③]

可见，“南陈北李”在建党前后明确主张社会主义社会要实现生产资料公有制。但是，陈独秀认为这种公有制的实现需要一个较长的过渡时期，而不是工人阶级夺取政权以后马上就可以实现的；李大钊则认为对大资本和民族资本应当区别对待，不能“一刀切”。

研读历史文献，不难发现，“南陈北李”的“过渡时期”和“区别对待”的设想似乎没有被中国共产党创始人团队完全采纳。党在幼年时期的设想似乎是无产阶级革命胜利后即实现生产资料的单一公有制，中国共产党前三次全国代表大会的决议或党的纲领表明了这个设想。

中国共产党第一次全国代表大会召开前的1920年11月拟定的《中国共产党宣言》的第一条“共产主义者的理想”中的第一款写道：“对于经济方面的见解共产主义者主张将生产工具——机器工厂，原料，土地，交通机关等——收归社会共有，社会共用。”[④]这里的“生产工具”（means of production）后来被通译为“生产资料”，这里的“社会共有，社会共用”在中国共产党第三次全国代表大会通过的《中国共产党党纲草案》中改为“生产资料社会公有”。中国共产党第一次全国代表大会通过的《中国共产党纲领》（党章）提出的党的纲领共有四条，其中第三条是“消灭资本家私有制，没收机器、土地、厂房和半成品等生产资料”。《中国共产党第二次全国代表大会宣言》写道：中国共产党的目的“是要组织无产阶级，用阶级斗争的手段，建立劳农专政的政治，铲除私有财产制度，渐次达到一个共产主义的社会”[⑤]。可见，前两次党代会都把实现包括土地在内的生

① 《李大钊文集》(下卷)，北京，人民出版社1984年版，第612页。

② 《李大钊文集》(下卷)，北京，人民出版社1984年版，第833页。

③ 《李大钊文集》(下卷)，北京，人民出版社1984年版，第670页。

④⑤ 中国共产党历次全国代表大会数据库，人民网，中国共产党新闻网，http://cpc.people.com.cn/img/17dadata/images/10.jpg.

产资料公有制作为党的奋斗目标和革命胜利后的任务。这个表述虽然使用了“渐次达到……”但是“铲除私有财产制度”是放在“渐次达到……”之前的。不难理解，党在幼年时期提出的建立全部生产资料单一公有制的设想主要是来自马克思和恩格斯1848年的《共产党宣言》中的思想。这个思想来源于《共产党宣言》中一句著名的口号：“共产党人可以把自己的理论概括为一句话：消灭私有制①。”殊不知，马克思恩格斯的这个思想是根据对当时西欧发达资本主义国家的生产力与生产关系的基本矛盾和阶级斗争日益尖锐化的分析得出来的，资本主义的充分发展和矛盾激化已经为社会主义（共产主义）制度取代资本主义制度准备了物质基础和阶级力量，而中国共产党建党初期的中国还是一个半殖民地半封建社会，资本主义还没有发展起来。更重要的是，马克思恩格斯的这句话的完整表述是：“从这个意义上说，共产党人可以把自己的理论概括为一句话：消灭私有制。”那么，“这个意义”是指什么呢？在这句话的前面两句话是：“共产主义的特征并不是要废除一般的所有制，而是要废除资产阶级的所有制。但是，现代的资产阶级私有制是建立在阶级对立上面、建立在一些人对另一些人的剥削上面的产品生产和占有的最后而又完备的表现。”② 可见，《共产党宣言》要消灭或废除的只是建立在资本雇用劳动、资本剥削劳动从而资本家阶级和工人阶级严重对立基础上的现代的资产阶级私有制，并不是一般的私有制，而在20世纪上半期，《共产党宣言》要废除的那个“现代的资产阶级私有制”在中国还没有成型。更何况我们对马克思主义基本原理的理解不能局限于某一句话或一段话，应当联系马克思恩格斯的相关论述以及马克思恩格斯论述这个观点的背景和这个观点适用的条件，来完整、正确地加以理解，否则就可能犯教条主义、本本主义和生搬硬套的错误。马克思和恩格斯在《共产党宣言》1872年德文版序言中告诫读者：“这些原理的实际运用，正如《宣言》所说的，随时随地都要以当时的历史条件为转移。”也就是说，《共产党宣言》所表达的思想和观点，如何理解、如何运用，需要结合当时当地的实际情况来处理，不能生搬硬套。《共产党宣言》说“消灭私有制”，但是并没有说无产阶级夺取政权后就要立即、彻底消灭一切私有制，更没有说需要通过什么样的过渡阶段、途径和形式用公有制来取代私有制。可见，建党初期，中国共产党创始人团队虽然掌握了许多马克思主义的基本原理，也在一定程度上认识到了当时中国的状况，但是如何把马克思主义的基本原理与中国实际相结合，如何恰当地把马克思恩格斯的思想转化为中国革命的具体实践，如何把马克思主义中国化，还只是初步探索。

---

①② 《马克思恩格斯选集》第2版第1卷，北京，人民出版社1995年版，第286页。

二、战争年代：围绕土地问题进行所有制探索

1927年八一南昌起义和秋收起义以后，中国共产党创建了自己的军队和根据地，这标志着中国共产党掀开了独立领导武装革命、用枪杆子推翻旧社会建设新政权的大幕。

在土地革命时期，中国共产党人的中心任务是不断发展自己的力量，扩大根据地，消灭敌人的有生力量，当时的主要经济工作都是服务于这个中心任务，这就是筹粮筹款、发展根据地生产。由于当时的根据地主要在农村，所以党对生产资料所有制的探索和实践主要集中在土地制度上。

1927年8月7日，中国共产党在汉口召开紧急会议，确定了土地革命和武装反抗国民党反动派的总方针。"八七会议"开启了中国共产党独立领导的没收地主的土地分配给无地和少地农民的土地革命新时期。

1928年12月，中国共产党在井冈山颁布实施了第一部《土地法》，规定："没收一切土地归苏维埃政府所有"，农民可以采用个人或集体的方式耕种土地，"一切土地，经苏维埃政府没收并分配后，禁止买卖"。① 今天看来，颁布这部《土地法》是缺乏经验的，对当时农村经济状况把握不准，主要条款是过激的，甚至是有错误的。因为它要没收一切土地，而不只是没收地主土地；土地归苏维埃政府所有，而不是归农民或农民集体所有，农民只有土地使用权（耕种权），它要建立的是土地的政府（苏维埃）所有制。显然这种土地所有制改革不利于调动广大农民、中农和富农的革命积极性。这些错误和过激措施后来逐渐得到改正。1928年6—7月在莫斯科召开的党的六大会议制定的《中国革命现阶段的十大政纲》提出"没收外国资本的企业和银行"和"没收一切地主阶级的土地，耕地归农民"，不再提"没收一切土地归苏维埃政府所有"②。

为了深入了解农民和农村现状，纠正主观主义和本本主义错误，毛泽东同志在1927年1—2月湖南农民运动调查的基础上，在井冈山时期，先后进行了寻乌调查、兴国调查、东塘调查、长冈乡调查、才溪乡调查以及1928年春天的宁冈、永新两县调查等一系列农村调查，1931年4月2日毛泽东还以中央革命军事委员会总政治部主任的名义发布"关于调查人口和土地状况的通知"，号召根据地党组织和军队开展农村人口和土地调查。这些调查旨在了解根据地的经济状况、群众基础和阶级力量，为改进和完善农村土地制度和发展经济提供依据，为党和党领导的革命武装力量的发展壮大奠定基础。

中央红军长征到达陕北不久，为了动员一切抗日力量，反对日本侵略者和反动派，

---

① 《毛泽东文集》(第一卷)，北京，人民出版社1993年版，第49页。

② 中国共产党历次全国代表大会数据库，人民网，中国共产党新闻网，http://cpc.people.com.cn/img/17dadata/images/10.jpg。

1935 年 12 月 15 日，中华苏维埃共和国中央执行委员会发布《关于改变对富农政策的命令》，规定："富农之土地，除以封建性之高度佃租出租于佃农者，应以地主论而全部没收之外，其余富农自耕及雇人经营之土地，不论其土地好坏，均一概不在没收之列。""富农之动产及牲畜耕具，除以封建性之高利贷出借以剥夺农民者外，均不应没收。""除统一累进税外，禁止地方政府对于富农之征发及特殊税捐。""富农在不违反苏维埃法律时，各级政府应保证其经营工商业及雇用劳动之自由。"① 1937 年 2 月，为了促成抗日民族统一战线的建立，中国共产党在《致国民党三中全会》电文中提出"在全国停止没收地主土地"的主张，并在陕甘宁边区率先停止了没收地主土地的运动。1937 年 8 月 25 日，中共中央政治局洛川会议通过《抗日救国十大纲领》，决定以减租减息作为解决农民土地问题的基本政策。1940 年 12 月，毛泽东在《抗日根据地应实行的各项政策》一文中提出：为了形成广泛的抗日统一战线，实行减租减息的同时，"保证地主有土地所有权，富农的经营原则上不变动"，并告诫全党现阶段在土地制度问题上不要犯过"左"的错误。② 1942 年 1 月 28 日，中共中央政治局在《关于抗日根据地土地政策的决定》中进一步提出了"奖励富农发展生产和联合富农"的原则。这个决定承认富农的生产方式带有资本主义性质，富农是农村中的资产阶级，同时指出：富农是抗日与生产的一个不可缺少的力量。富农不但有抗日要求，而且有民主要求，党的政策不是削弱富农阶级与富农生产，而是在适当地改善工人生活条件之下，同时奖励富农生产与联合富农。

随着抗日战争的胜利和解放战争的到来，国共两党的矛盾上升为主要矛盾，中国共产党的任务和目标发生了变化，党的土地政策也发生转变。1946 年 5 月 4 日，中共中央发布《关于土地问题的指示》（也称中共中央《关于清算减租及土地问题的指示》，简称《五四指示》），决定将减租减息政策改为没收地主土地分配给农民。《五四指示》揭开了解放区土地立法和土地制度革命的序幕。1947 年 9 月 13 日，中国共产党全国土地会议通过了《中国土地法大纲》，同年 10 月 10 日公布施行。《中国土地法大纲》规定废除封建半封建剥削的土地制度，实行耕者有其田。没收地主的土地财产，征收富农多余的土地财产；废除一切祠堂、庙宇、寺院、学校、机关团体的土地所有权和乡村在土地改革以前的一切债务；以乡或村为单位统一分配土地，数量上抽多补少，质量上抽肥补瘦，所有权归农户所有。土改前的土地契约、债约一律缴销；工商业者的财产及其他营业受法律保护，不受侵犯。《中国土地法大纲》是在总结中国共产党 20 多年土地革命基本经验教训，并根据国内外形势的发展变化和新政权的建设目标的基础上颁布实施的，它为在全国消灭封建半封建土地

① 《毛泽东文集》(第一卷),北京,人民出版社 1993 年版,第 374－375 页。

② 《毛泽东文集》(第二卷),北京,人民出版社 1993 年版,第 320 页。

所有制和剥削制度奠定了法律基础。在长期的革命斗争和经济实践中，以毛泽东同志为代表的中国共产党人逐渐认识到当时中国社会的半殖民地半封建性质，认识到中国人口多、底子薄、一穷二白的现状，认识到工人阶级团结广大农民、小资产阶级和民族资产阶级是夺取新民主主义革命胜利的关键所在；认识到生产关系必须适合生产力的状况，有利于促进生产力发展；认识到新的经济制度必须适合中国国情，必须满足广大人民的需要和促进经济发展。随着解放战争胜利的曙光越来越明，中国共产党人的目光由专注土地制度和土地政策转向对资本、劳动力、土地、企业家等全部生产要素所有制的关注，转向对不同经济成分的研究和分析，以便制定有针对性的和差异化的革命手段、改革方案和政策措施，在此基础上，着手对新政权将要建立的生产资料所有制形式和结构进行谋划设计。1947 年 12 月毛泽东同志在陕北米脂县杨家沟所作的《目前形势和我们的任务》报告中明确提出了新民主主义革命的三大经济纲领："没收封建阶级的土地归农民所有，没收蒋介石、宋子文、孔祥熙、陈立夫为首的垄断资本归新民主主义的国家所有，保护民族工商业。"① 该经济纲领与党的一大、二大提出的经济目标明显不同。这是对新中国的生产资料所有制和经济制度做了符合中国具体实际的重新设计。在 1949 年 3 月党的七届二中全会上，毛泽东同志进一步提出了国营经济、合作社经济、个体经济、私人资本主义经济、国家资本主义经济五种经济成分（所有制）并存的所有制结构（经济制度）的设想，并认为："国营经济是社会主义性质的，合作社经济是半社会主义性质的，加上私人资本主义，加上个体经济，加上国家和私人合作的国家资本主义经济，这些就是人民共和国的几种主要的经济成分，这些就构成新民主主义的经济形态。"② 不难看出，这种所有制结构中包含五种经济成分的设计与当年陈独秀的四种所有制经济的设想最大的不同之处在于，它包含了社会主义性质的国营经济和半社会主义性质的合作社经济。新中国成立前夕制定的《中国人民政治协商会议共同纲领》（实际上是临时宪法）再次明确了中华人民共和国的经济成分就是由这五种所有制经济构成。

由上可见，在战争年代，正式走上中国政治舞台的中国共产党对所有制问题的探索和实践是从土地问题开始的，在第二次国内革命战争时期、抗日战争时期和解放战争前期主要关注的是土地所有制和土地改革，在这三个时期我们党对土地制度的认识和实践是不同的，这主要是基于对不同时期的社会主要矛盾和潜在的革命力量的分析和判断，基于不同阶段政治斗争和军事斗争的目的和需要。在土地制度的探索过程中，我们党走过弯路，有过失误。随着对马克思主义理论的系统学习以及对当时苏联所有制改革经验教训的借鉴，特别是对当时

① 《毛泽东选集》（第四卷），北京，人民出版社 1991 年版，第 1253 页。
② 《毛泽东选集》（第四卷），北京，人民出版社 1991 年版，第 1433 页。

中国社会性质、国情和经济状况的将近 30 年（1921—1949 年）的持续研究，以毛泽东同志为代表的中国共产党人在实事求是、把马克思主义基本原理与中国具体实际相结合的思想指导下，逐步形成了对新中国成立初期生产资料所有制形式和结构的初步构想。

三、“一化三改造”：建立单一公有制

从 1949 年 10 月中华人民共和国成立到 1952 年底，是新中国国民经济恢复时期。在这个时期，我们党在生产资料所有制改革和建设上的主要举措是没收官僚资本，对国营企业进行改造和全面进行土地改革。此后进入向社会主义社会过渡的时期。1952 年下半年到 1953 年，毛泽东同志多次提出党在过渡时期的总路线和总任务是“要在一个相当长的时期内，逐步实现国家的社会主义工业化，并逐步实现国家对农业、对手工业和对资本主义工商业的社会主义改造。”① 对农业和手工业的社会主义改造，是把个体农业和个体手工业改造为合作社经济，使广大单干农民和手工业个体户走上合作化道路；对私人资本主义工商业的改造主要是采取国家资本主义的形式，包括加工、订货、统购包销、委托经销代销，以及实行公私合营，把资本主义工商业和金融业改造为社会主义全民所有制企业。“一化三改造”本质上是对生产资料所有制的公有化改造。经过“一化三改造”，中国的生产资料所有制变成了全民所有制和集体所有制这两种形式，私人资本所有制和个体所有制退出了中国经济舞台。到 1956 年中国基本建立了社会主义基本经济制度。中国建立生产资料公有制和社会主义基本制度的过程有自己的特色，例如对整个民族资本实行赎买政策，农业合作化和个体工商业走的是从自愿互利的互助组到初级生产合作社再到高级生产合作社的渐进式改造的道路等。但是，这个基本制度主要还是仿照“十月革命”后苏联的社会主义经济制度建立起来的，其主要特征是单一的生产资料公有制（包括全民所有制和集体所有制）和高度集中的计划经济。到 1956 年，中国农业和农村全部实现了土地和生产经营的集体所有制，在工业经济中，全民所有制工业、集体所有制工业和公私合营工业分别占 54.5%、17.1% 和 27.2%，私营工业和个体工业分别只占 0.04% 和 1.2%，而在 1949 年，这 5 个比重依次是 26.2%、0.5%、1.6%、48.7% 和 23.0%（见表 1）。

表 1　各种经济成分在工业总产值中的占比变化　（%）

年份	合计	全民所有制工业	集体所有制工业	公私合营工业	私营工业	个体工业
1949	100	26.2	0.5	1.6	48.7	23.0
1952	100	41.5	3.3	4.0	30.6	20.6

① 《毛泽东文集》（第六卷），北京，人民出版社 1999 年版，第 316 页。

续表

年份	合计	全民所有制工业	集体所有制工业	公私合营工业	私营工业	个体工业
1956	100	54.5	17.1	27.2	0.04	1.2
1957	100	53.8	19.0	26.3	0.1	0.8

资料来源：《中国统计年鉴》（1984）。

1956—1966 年，我们党在实践中意识到了苏联式的单一所有制结构以及高度集中的计划经济体制、管理体制的缺陷，并采取了一系列措施予以纠正和调整。例如，1956 年毛泽东同志在《论十大关系》中提出，要处理好国家、生产单位和生产者个人的关系，“把什么东西统统都集中在中央或省市，不给工厂一点权力，一点机动的余地，一点利益，恐怕不妥。……要有统一性，也要有独立性。……各个生产单位都要有一个与统一性相联系的独立性，才会发展得更加活泼”。[①] 陈云在党的八大会议上所作的《关于资本主义工商业改造高潮以后的新问题》报告中提出，“一化三改造”以后，中国的社会主义经济将是这样的：在工商业经营方面，国家经营和集体经营是工商业的主体，但是附有一定数量的个体经营。这种个体经营是国家经营和集体经营的补充。在生产计划方面，全国工农业产品的主要部分是按照计划生产的，但是同时有一部分产品是按照市场变化而在国家计划许可范围内自由生产的。计划生产是工农业生产的主体，按照市场变化而在国家计划许可范围内的自由生产是计划生产的补充。在社会主义的统一市场方面，国家市场是主体，但附有一定范围内国家领导的自由市场作为国家市场的补充，它是社会主义统一市场的组成部分。[②] 党的八大会议决议采纳了陈云同志提出的这个“三个主体、三个补充”的建议。不难看出，毛泽东的文章和陈云的报告已经在总结经验教训的基础上，从中国的实际情况出发，一定程度上触及单一所有制、高度集中的计划经济体制所产生的问题和矛盾，对社会主义生产资料所有制结构和经济制度如何改革和调整进行了初步探索，形成了初步思路。不过，当时在理论上还没有清楚地认识到单一所有制和计划经济体制与生产力状况的不适应性，在实践上也没有对“一化三改造”形成的单一所有制及其结构进行大的改革或调整。此后的“文化大革命”10 年，政治运动压倒一切，“宁要社会主义的草，不要资本主义的苗”的极“左”思潮盛行，对生产资料所有制形式和结构的探索基本上处于停滞状态。

“一化三改造”是对旧中国的生产资料所有制和经济制度进行的大刀阔斧的改革改造，在此基础上初步建立了生产资料公有制占绝对统治地位的中国特色社会主义基本经济制

① 《毛泽东文集》(第七卷)，北京，人民出版社 1999 年版，第 29 页。

② 参见中共中央文献编辑委员会编：《陈云文选》(第三卷)，北京，人民出版社 1995 年版。《陈云文选》第三卷将这个报告的题目改为“社会主义改造基本完成以后的新问题”。

度。“一化三改造”是一场经济制度革命和生产关系的根本变革，它确立了公有制的统治地位，消除了外国资本和旧中国四大家族垄断资本对中国经济的控制，消除了资本剥削工人、地主剥削农民的不平等制度，重塑了生产资料与劳动者的关系，在经济和政治上确立了广大劳动人民当家作主的地位，从而为此后中国经济和社会发展奠定了制度基础。

按照实践标准来看，中国社会主义改造的成就是伟大的，这场改造是一个旧生产关系革命和新生产关系建设的伟大创举。但是“一化三改造”存在一些不足。一是急于求成，用“速成”而不是逐渐过渡的方式建立生产资料公有制和社会主义基本经济制度。毛泽东同志本来设想是在一个相当长的时期内，逐步实现社会主义改造，我们党原计划经过2~4个“五年计划”时期完成向社会主义制度过渡，但是实际上只花了3~4年时间。用这种“短促突击”的办法建成的生产关系和经济制度很难保证符合生产力发展的需要和实际的经济情况。虽然政治或制度革命和科技革命可以极大地解放生产力和提高生产力，但生产力的发展是一个连续的过程，有其自身的规律，新生产关系需要和生产力有一个磨合过程才能相匹配相适应，才能促进生产力的发展。二是追求高纯度的生产资料公有制和单一的所有制结构。“一化三改造”以后，我国继续提高生产资料公有化水平，不断压缩非公经济的生存空间。到1965年，在中国工业经济中，全民所有制和集体所有制分别占90.1%和9.9%，私营工业和个体工业彻底消失了。在农业经济中则普遍实现了土地集体所有制，全国农村实现了人民公社化。这种“一公二纯”的生产资料公有制超越了生产力的发展状况和经济发展的需要。

回顾历史是为了总结经验汲取教训，以利发展，而不是要充当“事后诸葛亮”，不是要苛刻前人。“一化三改造”和追求所有制的“一公二纯”虽然有失误，但应当说这是在所难免的。因为在一个半殖民地半封建、生产力水平低下、经济发展落后的东方大国建设社会主义制度，是一项既无具体蓝图指引也无成功经验可用的史无前例的伟大工程，我们虽然有马克思主义作指导，但是马克思主义关于消灭私有制建立社会主义公有制的前提条件和物质基础与中国的实际情况不同；虽然当时有苏联建立社会主义制度的经验，但是苏联的“十月革命”几乎是一夜之间就大功告成的，并且“十月革命”时期苏联的国情与旧中国的国情也大不相同。后来的实践证明，苏联模式的社会主义公有制以及立于这种公有制之上的社会制度是有先天缺陷的，潜伏着失败的种子的。因此，新中国成立初期中国共产党人在建立生产资料所有制上的失误应当说是伟大探索中的失误，是经济制度创新中难以避免的曲折。

后来我们党在实践中逐渐认识到，这种“一公二纯”的生产资料所有制性质和结构不符合中国现阶段生产力的实际状况，不适应经济和社会发展的需要，从而为改革开放埋下了伏笔。

四、改革开放：对所有制结构的大胆探索

党的十一届三中全会拨乱反正，使我们党重新回归实事求是的思想路线，回归以经济建设和社会主义现代化建设为中心的正确轨道。内乱和极“左”思潮疯狂的年代结束以后，冷静地观察和思考国内国外的形势，我们吃惊地发现，10 年“文革”使中国与发达国家的经济发展差距进一步拉大了，中国经济在世界经济中的地位降低了，中国还有许多人没有解决吃饭穿衣问题。表 2 是 1965 年、1977 年中国与若干国家和地区人均 GDP 比较。

表 2　1965 年、1977 年中国与若干国家和地区人均 GDP 比较

单位：美元（当年美元价格）

国家和地区	1965 年	1977 年	1977 年/1965 年	增长倍数
美国	3827.53	9452.58	2.47	1.47
英国	1873.57	4681.44	2.50	1.50
日本	919.78	6335.79	6.89	5.89
新加坡	516.54	2846.34	5.51	4.51
OECD	1799.63	5784.58	3.21	2.21
韩国	108.72	1055.88	9.71	8.71
中国内地	98.49	185.42	1.88	0.88
中国香港	676.81	3429.42	5.07	4.07

资料来源：World Bank Open Data：World Development Indicators，2020－12－16.

表 2 的数据显示，1965—1977 年，中国内地的人均 GDP 连翻一番都没有达到，在这些国家和地区中增长速度最慢。“文革”10 年，使中国内地的人均收入与英国、美国等老牌资本主义发达国家的差距进一步拉大，与经济上后起的日本、新加坡、韩国和中国香港的差距拉得更大。更令人不安的是，1965—1977 年，世界平均的人均 GDP 由 591.72 美元增加到 1729.56 美元，增长了 1.92 倍，而中国内地只增长了 0.88 倍，不到全世界平均增长倍数的一半。1965 年中国 GDP 在全世界 GDP 中占比为 3.6%，而到 1977 年占比却下降到 2.4%，下降了 1.2 个百分点。

邓小平同志在 1978 年 3 月 18 日全国科学大会开幕式上的讲话对当时中国的生产力水平和经济状况有一个客观的描述：“我们现在的生产技术水平是什么状况？几亿人口搞饭吃，粮食问题还没有真正过关。我们钢铁工业的劳动生产率只有国外先进水平的几十分之一。新兴工业的差距就更大了。在这方面不用说落后一二十年，即使落后八年十年，甚至三年五年，都是很大的差距。”① 1978 年他在和外宾谈话中多次强调“我们中国还很穷”。

① 《邓小平文选》(第二卷)，北京，人民出版社 1995 年版，第 90 页。

穷了，落后了，怎么办？我们党的回答是：改革开放！特别是要改革与生产力发展水平不相适应的生产关系和上层建筑，同时打开国门，学习和引进外国的先进的科学技术、设备和管理经验以及有益的哲学社会科学成果，加快中国特色社会主义现代化建设和发展。这是我们党在正确审视中国的生产力发展状况和社会主义所处的发展阶段的基础上做出的正确选择。单一公有制和高度集中的计划经济体制造成了“大锅饭”、权责利分离和统得过死，无法发挥企业和个人的自主性，不利于调动各方面的积极性，压制了市场发育成长，市场机制无用武之地，导致经济缺乏活力，生产缺乏效率，经济增长乏力。

1978 年 12 月，在党的十一届三中全会召开前，邓小平同志就在中央工作会议上提出，全党要解放思想，实事求是，“正确地改革同生产力迅速发展不相适应的生产关系和上层建筑”。① 1979 年 3 月邓小平同志提出：“我们的生产力发展水平很低，远远不能满足人民和国家的需要，这就是我们目前时期的主要矛盾，解决这个主要矛盾是我们的中心任务。”② 1981 年 6 月党的十一届六中全会提出了中国还处在社会主义初级阶段的判断。党的十一届六中全会通过的《中共中央关于建国以来党的若干历史问题的决议》强调“社会主义生产关系的变革和完善必须适应于生产力的状况，有利于生产的发展”③。这一系列正确认识和判断统一了全党的思想，为后来的生产资料所有制改革和经济体制改革埋下了伏笔，提供了依据。并且，党的十一届六中全会《中共中央关于建国以来党的若干历史问题的决议》首次就中国所有制和经济体制如何改革进行了破题：“社会主义生产关系的发展并不存在一套固定的模式，我们的任务是要根据中国生产力发展的要求，在每一个阶段上创造出与之相适应和便于继续前进的生产关系的具体形式”；“要大力发展社会主义的商品生产和商品交换”；“一定范围的劳动者个体经济是公有制经济的必要补充”；“必须在公有制基础上实行计划经济，同时发挥市场调节的辅助作用”④。党的十三大系统地阐述了社会主义初级阶段理论。

在对中国所处的发展阶段正确认识的基础上，1979 年 10 月邓小平同志指出，对引进外资等经济活动统得过多、卡得过死“是上层建筑里面的问题，是制度、政策上的问题”，并提出无论如何要扩大企业自主权⑤。同年，邓小平同志进一步提出：“社会主义为什么不可以搞市场经济，这个不能说是资本主义。我们是计划经济为主，也结合市场经济，但这是社会主义的市场经济。”⑥ 笔者认为，这里邓小平同志所说的市场经济还不是 1992 年

① 《邓小平文选》(第二卷)，北京，人民出版社 1995 年版，第 141 页。
② 《邓小平文选》(第二卷)，北京，人民出版社 1995 年版，第 182 页。
③④ 中共中央文献研究室编：《改革开放三十年重要文献选编》(上)，北京，中央文献出版社 2008 年版，第 213 页。
⑤ 《邓小平文选》(第二卷)，北京，人民出版社 1995 年版，第 200 页。
⑥ 《邓小平文选》(第二卷)，北京，人民出版社 1995 年版，第 236 页。

他在南方谈话中所说的资源配置方式意义上的市场经济，还不是经济体制意义上的市场经济，这里的市场经济是指通过引进外资而引进的资本主义经济成分。由此可以看出，如果说对中国生产资料所有制及其结构的改革在农村和农业是肇始于安徽小岗村土地大包干的话，那么在城市和工业则是发端于引进外国资本。

如果说引进外资是通过外部嫁接的方式打破了中国单一公有制的所有制形式和结构，那么发展个体经济、私营经济和多种经济成分则是从中国经济制度内部培育了新的所有制经济成分或所有制形式，从而以内外结合的双重路径改写了生产资料所有制形式和结构。1984 年 10 月党的十二届三中全会通过的《中共中央关于经济体制改革的决定》突破了把计划经济和商品经济对立起来的传统观念，明确提出社会主义经济是在公有制基础上的有计划的商品经济，再次强调中国现阶段的个体经济是和社会主义公有制相联系的，不同于和资本主义私有制相联系的个体经济，是社会主义经济必要的有益的补充，正式确认了个体经济的合法性和发展多种经济形式的必要性。《中共中央关于经济体制改革的决定》指出："在国家政策和计划的指导下，实行国家、集体、个人一起上的方针，坚持发展多种经济形式和多种经营方式；在独立自主、自力更生、平等互利、互守信用的基础上，积极发展对外经济合作和技术交流。"① "中国现在的个体经济是和社会主义公有制相联系的，不同于和资本主义私有制相联系的个体经济，它对于发展社会生产、方便人民生活、扩大劳动就业具有不可代替的作用，是社会主义经济必要的有益的补充，是从属于社会主义经济的。"② 此后，民营经济不断成长壮大，不仅改写了中国的经济结构，也使中国的生产资料所有制形式和结构由单一性转向多元化，逐步形成以公有制为主体、多种所有制经济共同发展的中国特色社会主义经济制度。

党的十四大确立了建立社会主义市场经济体制的改革目标，并明确提出"一个主体多种补充"的所有制结构的改革方案："在所有制结构上，以公有制包括全民所有制和集体所有制经济为主体，个体经济、私营经济、外资经济为补充，多种经济成分长期共同发展，不同经济成分还可以自愿实行多种形式的联合经营"。③ 党的十四届三中全会通过的《中共中央关于建立社会主义市场经济体制若干问题的决定》进一步提出："在积极促进国有经济和集体经济发展的同时，鼓励个体、私营、外资经济发展，并依法加强管理。""国家要为各种所有制经济平等参与市场竞争创造条件，对各类企业一视同仁。"④ 1993 年，宪法修正案增加了非公有制经济的地位和作用的内容。1997 年 9 月，党的十五大报告把"公有制为主体、多种所有制经济共同发展"界定为社会主义基本经济制度。党的十五大

①② 《中共中央关于经济体制改革的决定》，载《人民日报》1984 年 10 月 21 日，第 2 版。

③ 中共中央文献研究室编：《十四大以来重要文献选编》（上），北京，中央文献出版社 2011 年版，第 17 页。

④ 中共中央文献研究室编：《十四大以来重要文献选编》（上），北京，中央文献出版社 2011 年版，第 458 页。

以后中国在国有企业改革上实施了“抓大放小”的改革战略，在做大做强关键性的和大型的国有企业的基础上，放开搞活一般性生产竞争领域里的国有企业，这实际上为民营经济成长发展开辟了更大的市场空间。2002 年 9 月，党的十六大提出“两个必须毫不动摇”，即必须毫不动摇巩固和发展公有制经济，发展壮大国有经济；必须毫不动摇鼓励、支持、引导非公有制经济发展，并确认“个体、私营等各种形式的非公有制经济是社会主义市场经济的重要组成部分”。党的十六届三中全会通过的《中共中央关于完善社会主义市场经济体制若干问题的决定》提出在进一步巩固和发展公有制经济的基础上“大力发展和积极引导非公有制经济”，并提出“个体、私营等非公有制经济是促进中国社会生产力发展的重要力量”，“保护私有财产权，促进非公有制经济发展”。由“鼓励非公有制经济发展”到“大力发展非公有制经济”，这是中国所有制形式和结构改革的进一步深化。2007 年 10 月，党的十七大报告在坚持“两个毫不动摇”的基础上又进一步提出“坚持平等保护物权，形成各种所有制经济平等竞争、相互促进新格局”。

党的十一届三中全会以来的改革开放本质上是一场生产关系和经济体制革命，改革开放过程实际上是对生产资料所有制形式和结构进行改革、创新和再造的过程，是非公经济成分不断成长壮大的过程，是以国有企业为微观主体的公有制经济不断提质增效的过程。随着市场化改革的推进，“大锅饭”和平均主义破除了，经济活动的权责利有机结合在一起了，每个人要求“改善境况”的愿望转化为从事经济活动的动力，各方面的积极性和创造性不断提高，生产力获得大解放、大发展，经济和社会面貌发生翻天覆地的变化。1978—2012 年，中国 GDP 增长了 23.5 倍，年均增长 9.94%，其中第二产业增加值增长了37.4 倍，第三产业增加值增长了31.9 倍。1978—2012 年，世界平均的人均 GDP 由 2005.15 美元增加到 10607.44 美元，增长了 4.3 倍，而同期中国人均 GDP 由 156.40 美元增加到 6316.92 美元，增长了 30.39 倍，同时大大超越了表 2 所列国家和地区人均 GDP 增长的倍数（见表 3）。2012 年中国 GDP 在全世界 GDP 中占比已经上升到 11.3%。

表 3　1978 年、2012 年中国与若干国家和地区人均 GDP 比较

单位：美元（当年美元价格）

国家和地区	1978 年	2012 年	2012 年/1978 年	增长倍数
美国	10564.95	51610.61	4.89	3.89
英国	5976.94	42462.77	7.10	6.10
日本	8821.84	48603.48	5.51	4.51
新加坡	3193.91	55546.49	17.39	16.39
OECD	6894.75	37190.15	5.39	4.39

续表

国家和地区	1978 年	2012 年	2012 年/1978 年	增长倍数
韩国	1405.82	25466.76	18.12	17.12
中国内地	156.40	6316.92	40.39	30.39
中国香港	3923.94	36730.88	9.36	8.36

资料来源：World Bank Open Data：World Development Indicators，2020－12－16.

五、迈进新时代：对所有制形式和结构的新探索

党的十八大以来，中国特色社会主义进入了新时代，中国的生产力发展水平、经济社会发展阶段、社会主要矛盾都发生了重大变化，中华民族迎来了从站起来、富起来到强起来的伟大飞跃。中国共产党人在新时代对所有制形式和结构又进行了新的探索。

党的十八大报告在强调“两个毫不动摇”的同时，进一步提出“保证各种所有制经济依法平等使用生产要素、公平参与市场竞争、同等受到法律保护”。这就把多种所有制形式、多种经济成分并存和共同发展由政策规定层面提升到法律制度层面。党的十八届三中全会通过的《中共中央关于全面深化改革若干重大问题的决定》把“公有制为主体、多种所有制经济共同发展”确定为中国的基本经济制度，第一次把非公有制经济与公有制经济放在同等重要的地位并列表述，强调“公有制经济和非公有制经济都是社会主义市场经济的重要组成部分，都是中国经济社会发展的重要基础”①。过去我们一直把私有制经济或非公经济看作资本主义性质的，是与社会主义经济不相容的，是“制度外”的所有制经济，党的十八届三中全会的《中共中央关于全面深化改革若干重大问题的决定》则把私有制经济或非公经济确认为社会主义基本经济制度的“制度内”组成部分，这是思想认识和理论概括上的重大转变。在党的十五大提出混合所有制概念的基础上，党的十八届三中全会《中共中央关于全面深化改革若干重大问题的决定》正式确认混合所有制是中国特色社会主义基本经济制度的重要实现形式，并提出要“积极发展混合所有制经济”：“国有资本、集体资本、非公有资本等交叉持股、相互融合的混合所有制经济，是基本经济制度的重要实现形式，有利于国有资本放大功能、保值增值、提高竞争力，有利于各种所有制资本取长补短、相互促进、共同发展。允许更多国有经济和其他所有制经济发展成为混合所有制经济。”② 这表明，我们党对社会主义现阶段的所有制形式和结构的认识上升到了一个新的高度。

党的十九大报告继续强调“两个毫不动摇”，并提出坚持“两个毫不动摇”，“使市场

① 《中共中央关于全面深化改革若干重大问题的决定》，北京，人民出版社 2013 年版，第 8 页。

② 同上，第 8－9 页。

在资源配置中起决定性的作用，更好发挥政府作用”。党的十九大把“两个毫不动摇”写入新时代坚持和发展中国特色社会主义的基本方略，作为党和国家一项大政方针进一步确定下来。

针对近几年社会上出现的“国进民退”“民营经济离场”，甚至少数人提出“消灭私有制”的不和谐言论以及民营企业家担忧发展前途的情况，习近平总书记于2018年11月1日专门召开了民营企业家座谈会，并强调“支持民营企业发展，是党中央的一贯方针，这一点丝毫不会动摇”①。他充分肯定了民营经济的重要地位和作用，并把民营经济的贡献概括为“56789”，即贡献了50%以上的税收，60%以上的国内生产总值，70%以上的技术创新成果，80%以上的城镇劳动就业，90%以上的企业数量②。习近平总书记进一步强调：“民营经济是中国经济制度的内在要素，民营企业和民营企业家是我们自己人。民营经济是社会主义市场经济发展的重要成果，是推动社会主义市场经济发展的重要力量，是推进供给侧结构性改革、推动高质量发展、建设现代化经济体系的重要主体，也是我们党长期执政、团结带领全国人民实现‘两个一百年’奋斗目标和中华民族伟大复兴中国梦的重要力量。在全面建成小康社会进而全面建设社会主义现代化国家的新征程中，中国民营经济只能壮大、不能弱化，不仅不能‘离场’，而且要走向更加广阔的舞台。”③ 把非公经济纳入中国经济制度的内在要素，把民营企业和民营企业家视同“自己人”，这就消除了长期以来对非公经济和从业人员的制度或体制歧视，为政治上、法律上平等确立公有制经济和非公有制经济的地位，平等处理公有制经济和非公有制经济的关系铺平了道路。习近平总书记的这个讲话，进一步坚定了全党全社会发展民营经济的信心，为民营经济发展指明了方向，明确了前途。

党的十八大以后农村土地制度市场化改革也进入了新阶段。2014年党中央和国务院正式确立农村土地“三权”分置制度，这就是坚持农村土地集体所有权，保障农户土地承包权和搞活土地经营权。“三权”分置的土地制度的建立和完善进一步调动了广大农民生产经营的积极性，有助于从制度上保障农业和农村的稳定和可持续发展，加快农业和农村迈向现代化的步伐。

党的十九届四中全会进一步把中国特色社会主义基本经济制度概括为“公有制为主体、多种所有制经济共同发展，按劳分配为主体、多种分配方式并存，社会主义市场经济体制等”，这个提法标志着中国所有制形式和结构以及社会主义基本经济制度更加成熟、更加完善。

概括起来，党的十八大以来，我们党对生产资料所有制形式和结构的新探索和新实践

---

①②③ 《习近平在民营企业座谈会上的讲话》,《人民日报》2018年11月2日,第2版。

主要表现在如表 4 所示的几个方面。

表 4　党的十八大以来对所有制的新探索

	党的十八大以来	改革开放到党的十八大以前
对民营经济的认识	“民营经济是中国经济制度的内在要素”（习近平，2018 年）	“允许个体经济在一定范围发展”，“个体经济是公有制经济的必要补充”（党的十一届六中全会），“个体经济是和社会主义公有制相联系的……是社会主义经济必要的有益的补充”（党的十二届三中全会）
对民营企业主的认识	“民营企业和民营企业家是我们自己人”（习近平，2018 年）	从事个体劳动“是光彩的”（胡耀邦，1983 年），私营企业主是“有中国特色的社会主义事业的建设者”（江泽民，2001 年）
对生产资料所有制结构的认识	“公有制经济和非公有制经济都是社会主义市场经济的重要组成部分”（党的十八届三中全会），中国特色社会主义基本经济制度是“公有制为主体、多种所有制经济共同发展……”（党的十九届四中全会）	“以公有制为主体，个体、私营、外资经济为补充，多种经济成分长期共同发展”（党的十四大），“个体、私营经济是我国社会主义市场经济的重要组成部分”（党的十五大、十六大）
对生产资料所有制形式的认识	“混合所有制是中国特色社会主义基本经济制度的重要实现形式”（党的十八届三中全会）	单一公有制（全民所有制和集体所有制），公有制为主体非公有制经济为补充

生产资料所有制改革和经济体制改革的目的是什么？对改革的这个终极之问的认识也在党的十八大以后达到了新的高度。

根据历史唯物主义基本原理，所有制、生产关系和经济制度改革是为了解放生产力，发展生产力。但是，解放生产力和发展生产力又为了什么呢？显然，解放生产力和发展生产力不是所有制改革和经济体制改革的最终目的。习近平总书记在党的十八届一中全会上提出“人民对美好生活的向往就是我们的奋斗目标”，党的十九届五中全会通过的《中共中央关于制定国民经济和社会发展第十四个五年规划和二〇三五年远景目标的建议》提出：发展为了人民、发展依靠人民、发展成果由人民共享；改革和发展的最终目的是造福广大人民群众，使全国人民共同富裕，让人人共享改革发展成果。也就是说，通过改革和发展，实现国富民强，实现中华民族伟大复兴的中国梦，实现人民对美好生活的向往，使人民过上好日子，这就是我们党对改革的终极之问的回答。

这些新探索和新认识的重要意义在于，生产资料所有制是生产关系的基础，其形式和结构决定着整个生产关系以及经济制度的性质；认识是实践的先导，认识指导实践，只有对生产资料所有制“为什么改革”和“如何改革”这些关键问题有了正确的认识，我们才能绘制出正确的改革路线图和实践施工图，才能确立正确的改革方向和改革路径。我们党对生产资料所有制形式和结构的认识提升到一个新的高度，我国的生产资料所有制和经济体制改革也就随之深化到一个新的阶段，我国的经济制度建设和经济发展随之进入一个新的发展时期。党的十八大以来，在新的认识指导下，我们党在把公有制经济和非公有制经济都看作中国特色社会主义市场经济制度的重要组成部分的基础上，进一步把非公经济看作中国特色社会主义基本经济制度的内在要素，确立了公有制经济和非公有制经济在政治上法律上同等重要、平等竞争和共同发展的地位，这为进一步发展和完善中国特色社会主义市场经济体制，进一步发展和完善中国特色社会主义基本经济制度奠定了理论基础和制度基础。党的十八大以来，中国特色社会主义市场经济体制在完善产权制度和现代企业制度，推进国有企业分类改革和混合所有制改革，实行农村土地“三权”分置制度，进行生产要素市场化改革，发挥市场在资源配置中的决定性作用和更好发挥政府作用，实现高水平对外开放，增强改革的系统性、协同性等方面均取得了重要成果；人均 GDP 突破 1 万美元，跨入中等收入国家行列；在一个 14 亿人口的大国历史性地解决了绝对贫困问题，全面建成了小康社会，成功实现了中国共产党第一个百年奋斗目标，中国特色社会主义市场经济体制正在迈向新的发展阶段和更高水平。

六、结束语

100 年来，我们党对社会主义生产资料所有制形式和结构、对中国特色社会主义基本经济制度构成的认识经历了一个漫长探索和不断深化的过程，其间出现过一些曲折、反复和失误。百年来我们党对社会主义生产资料所有制形式和结构的认识和实践的路线可以概括如下：

单一公有制→五种经济成分并存→单一公有制→公有制为主体、多种所有制经济共存发展→以公有制为主体的混合所有制

在这个百年探索与实践历程中，我们党逐步认识到中国还处在社会主义初级阶段，是世界上最大的发展中国家，中国的生产资料所有制和经济制度必须与社会主义初级阶段的社会生产力发展状况相适应，必须对社会主义经济制度中超越了初级阶段的部分进行改革；中国要脱贫致富，建成社会主义现代化强国，实现中华民族伟大复兴的中国梦，实现人民对美好生活的向往，必须发挥各方面的积极性，充分利用好国内、国外两个市场、两种资源；以公有制为主体、多种所有制经济共同发展是符合现阶段中国实际和发展需要、促进生产力不断提高的所有制结构。这种所有制结构的特征是公有制为主体基础上的两个层次的所有制混合：经济体制内部多种所有制并存、平等和共同发展，以及企业内部不同所有制性质的资本交叉持股、相互融合、共同发展。这种公有制为主体的混合所有制是中国共产党人的一个创造和创新，它奠定了中国特色社会主义基本经济制度的基础，丰富和发展了马克思主义的生产资料所有制理论和社会主义制度理论。这种公有制为主体的混合所有制的探索和成长过程正是改革开放以来中国经济活力和发展动力不断增强的过程，改革开放以来中国经济持续40多年高增长的生产关系源泉就是生产资料公有制为主体的混合所有制。

中国共产党对生产资料所有制形式和结构的百年探索与实践说明，凡是能够持续促进生产力发展和人民生活水平以及满足程度不断提高的生产资料所有制形式和结构就是好的所有制形式和结构。

改革和发展永远在路上，对生产资料所有制形式和结构的探索与实践也没有终点。随着全面深化改革的不断推进，我国社会主义现代化建设将达到更高的水平和更高的标准，对生产资料所有制形式和结构的探索与实践也将不断取得新的更多的成果。

参考文献

[1] 陈独秀文章选编(中)[M]. 北京:生活·读书·新知三联书店,1984.

[2] 陈独秀文章选编(下)[M]. 北京:生活·读书·新知三联书店,1984.

[3] 邓小平. 邓小平文选(第二卷)[M]. 北京:人民出版社,1994.

[4]胡耀邦. 什么叫光彩,什么叫不光彩? 胡耀邦会见全国集体经济和个体经济先进代表时就此发表重要讲话[N]. 人民日报,1983-08-31(1).

[5]江泽民. 在庆祝中国共产党成立80周年大会上的讲话[N]. 2001-07-02(2).

[6]李大钊文集(下卷)[M]. 北京:人民出版社,1984.

[7]中国共产党历次全国代表大会数据库[EB/OL]. 人民网,中国共产党新闻网,http://cpc.people.com.cn/img/17dadata/images/10.jpg.

[8] 马克思恩格斯选集(第2版第1卷)[M]. 北京:人民出版社,1995.

[9] 中共中央文献研究室. 毛泽东文集(第一卷)[M]. 北京:人民出版社,1993.

[10] 中共中央文献研究室. 毛泽东文集(第二卷)[M]. 北京:人民出版社,1993.

[11] 中共中央文献研究室. 毛泽东选集(第四卷)[M]. 北京:人民出版社,1991.

[12] 中共中央文献研究室. 毛泽东文集(第六卷)[M]. 北京:人民出版社,1999.

[13] 中共中央文献研究室. 毛泽东文集(第七卷)[M]. 北京:人民出版社,1999.

[14] 中共中央文献研究室. 陈云文选(第三卷)[M]. 北京:人民出版社,1995.

[15] 中共中央文献研究室. 邓小平文选(第二卷)[M]. 北京:人民出版社,1995.

[16] 中共中央文献研究室. 改革开放三十年重要文献选编(上)[M]. 北京:中央文献出版社,2008.

[17] 中共中央关于经济体制改革的决定[N]. 人民日报,1984-10-21(2).

[18] 中共中央文献研究室. 十四大以来重要文献选编(上)[M]. 北京:中央文献出版社,2011.

[19] 中共中央关于全面深化改革若干重大问题的决定[M]. 北京:人民出版社,2013.

[20] 习近平在民营企业座谈会上的讲话[N]. 人民日报,2018-11-02.

新发展格局解析①

林光彬②

摘要： 通过对构建新发展格局的理论地位、发展条件和战略部署进行解析，提出新发展格局理论是习近平新时代中国特色社会主义思想的最新经济理论成果，体现了我们党进行理论创新和战略调整的与时俱进精神。通过分析我国所处的发展阶段，以及环境、条件变化，说明构建新发展格局战略是事关我国经济全局的战略决策与深层次变革。通过分析构建新发展格局的战略部署，说明这个理论和战略的根本目标是为中华民族谋复兴、为中国人民谋幸福，通过加快构建以国内大循环为主体、国内国际双循环相互促进的新发展格局，形成强大国内市场，以我国高质量、创新型发展的确定性，应对国际和外部发展日益增多的不确定性，为中国未来15年加快推进社会主义现代化奠定坚实基础，让中华民族以昂扬的姿态屹立在世界民族之林。

关键词： 新发展格局；理论创新；环境变化；战略部署

一、新发展格局理论是习近平新时代中国特色社会主义思想的最新经济理论成果

党的十九届五中全会通过的《中共中央关于制定国民经济和社会发展第十四个五年规划和二〇三五年远景目标的建议》提出，要加快构建以国内大循环为主体、国内国际双循环相互促进的新发展格局。由此，正式标志着新发展格局理论和战略的形成。它是21世纪马克思主义理论的最新成果、中国特色社会主义思想的最新成果——习近平新时代中国

① 本文是国家社科基金重大招标项目“中国特色社会主义政治经济学理论体系中的国家理论”（项目编号：19ZDA057）的阶段性成果。本文首发于《高校马克思主义理论教育研究》2021年第2期。

② 林光彬，陕西绥德人，经济学博士，中央财经大学经济学院教授、博士生导师，财经研究院院长、北京财经研究基地首席专家。

特色社会主义思想的最新发展。这一经济理论是对我国面临的国内外发展环境变化与变革精准判断基础上的一个理论回应和战略调整，对于我国实现更高质量、更有效率、更加公平、更可持续、更为安全的发展，对于促进世界经济繁荣，都会产生重要而深远的影响。构建新发展格局是我国经济发展的纲举目张，目的是形成强大的国内市场，以国内大循环为主体，统筹发展与安全、筑牢高质量发展之基，以国内国际双循环相互促进为支撑，统筹国内国际两个大局、强化高质量发展的动力之源，最终目标是为中华民族谋复兴、为中国人民谋幸福。因此，可以说，构建新发展格局是我国“十四五”和未来较长一段时间我国经济发展的重大战略部署。对于这个理论，我们可以从下面几个方面来理解：

首先，新发展格局理论的提出是我国经济发展演进的必然要求。在党的十九届五中全会上，习近平总书记指出：“加快构建以国内大循环为主体、国内国际双循环相互促进的新发展格局，是根据我国发展阶段、环境、条件变化作出的战略决策，是事关全局的系统性深层次变革。”从我国经济发展历史演进看，新中国成立初期，20 世纪 50 年代受美国封锁，我国经济循环以国内为主，国际循环主要是和苏联及经济互助委员会。20 世纪 60 年代开始，受到美苏两个超级大国的封锁、制裁和打压，我国以国内循环为主。1972 年，中美关系破冰松动后，我国渐次加入西方世界的经济运转体系。改革开放后参与到美国为主导的世界经济体系。2001 年，我国加入世界贸易组织（WTO）后，国际经济循环加速发展，到 2010 年我国商品的出口市场逐渐饱和后，国内市场循环又开始占据主导地位。如果用国际贸易和国内贸易的比率这一指标衡量国际循环，1980 年以前，国际循环仅占我国经济规模的 10% 左右，1993 年才增长至 25. 7%，1994 年确立建设社会主义市场经济体制后，跃升至 35. 7%，2011 年加入 WTO 后继续跃升，2006 年达到 68% 以上的最高峰值；随后受 2008 年美国次贷危机引发的世界金融危机、美国实行亚太再平衡战略和贸易保护主义政策、中美贸易摩擦等影响，现在已经回落至 36. 7%。① 因此，从国际市场和世界政经格局来说，构建新发展格局这个理论、这个战略调整是我国经济发展历史演进的客观要求，是世界经济发展的必然结果，体现了中国共产党进行理论创新和战略调整的与时俱进精神。

其次，形成强大的国内市场是这个理论的核心要义。从人类经济史来看，大国经济，自身体量大，一般都实行国内循环为主的战略，不可能也不应该过分依赖国际需求和供给，尤其是关键的供应链必须相对独立自主，否则经济循环容易被打断，可持续发展极容易受损。因此，充分发展国内市场、在关键核心技术上以自主研发为生存策略是大国战略

① 以上数据参考了刘遵义：《论双循环》，《新华文摘》2021 年第 3 期，第 45 页。另外，我国对外贸易依存度已经从 2006 年的峰值 64. 2% 下降到 2019 年的 31. 8%。

的立国之本，也是人类社会的一般发展惯例。当前，构建新发展格局，是与时俱进提升我国经济发展水平的战略抉择，也是塑造我国国际经济合作和竞争新优势的战略抉择。这个认识和判断是基于我国改革开放经济动态发展的客观变化和基本经验的必然结果。改革开放以来，我国充分利用国际分工和发达国家产业转移的机会，形成市场和资源“两头在外”的经济发展样态，特别是加入 WTO 后，加速参与到国际大循环，造就了“世界工厂”发展模式，对我国快速提升经济实力、改善人民生活发挥了重要作用。但也形成了一些需要吸取的经验与教训。比如，从正面的经验来说，改革开放以来，我们遭遇过很多外部风险冲击，比如 1997 年东南亚金融危机冲击、2008 年美国次贷危机冲击，最终都能化险为夷，靠的就是办好自己的事、把发展立足点放在国内。从发展教训来看，一些地方政府实行“以市场换技术”发展方式，经过几十年的实践检验，市场是让出去了，但技术没有换回来。这就需要我们总结教训，提升自主开放发展策略。正反两方面的经验教训表明，只有立足以国内大循环为主体，国内国际循环才能相互促进；只有掌握全球生产链的关键生产技术、生产环节和价值链的关键环节，才能在国际分工和循环中不受制于人，立于不败之地。近几年，随着全球政治经济环境变化、逆全球化趋势加剧，尤其是美国大搞单边主义、保护主义，传统国际循环明显弱化，中国长期依赖国际经济大循环面临中断的威胁。在这种情况下，必须把发展立足点放在国内，更多地依靠国内市场实现经济发展。更主要的是，我国有 14 亿人口，人均国内生产总值已经突破 1 万亿美元，是全球最大的最具潜力的消费市场，具有巨大的增长空间。因此，形成强大自主的国内市场，是我国经济发展的立国之基，也是强国之路。这是我们党对经济发展格局的精准判断。

再次，新发展格局理论对马克思社会再生产理论有了新发展、新认识。经济循环一般指供给和需求的相互满足与综合平衡，具体来说，包括经济发展的生产、流通、分配、消费四个体系内部与之间的相互满足和综合平衡。按照马克思的理论，经济循环是社会再生产实现螺旋式上升发展的周而复始过程，核心是社会产品的实现，其中生产资料要优先增长。新发展格局理论对马克思社会再生产理论有了新发展，提出实行新型举国科技体制解决“卡脖子”关键技术问题，提出供给体系和需求的适配性、更高水平动态平衡等新认识新命题。就供求关系而言，提出构建新发展格局，要坚持扩大内需这个战略基点，使生产、分配、流通、消费更多地依托国内市场，形成国民经济良性循环；要坚持供给侧结构性改革的战略方向，提升供给体系对国内需求的适配性，打通经济循环堵点，提升产业链、供应链的完整性，使国内市场成为最终需求的主要来源，形成需求牵引供给、供给创造需求的更高水平动态平衡。

最后，新发展格局不是封闭的国内循环，而是开放的国内国际双循环。这是由我国产业链和需求市场已经深度融入全球经济体系决定的。目前，我国是 120 多个国家和地区的最大贸易伙伴。我国既是世界第一生产大国，又是世界第一贸易国。推动形成顺畅的国内国际经济双循环，就能更好地吸引全球资源要素，既满足国内需求，提升我国产业技术发展水平，又服务人类命运共同体向前、向上发展，进而形成参与国际经济合作和竞争新优势，更好地服务和引领世界经济发展。

可以说，新发展格局理论是对新时代坚持和发展什么样的中国特色社会主义经济、怎样坚持和发展中国特色社会主义经济这个重大时代课题给出了创造性的回答，并进行了战略战术的明确部署。同时，构建新发展格局理论是对“新发展理念”的继承和与时俱进的发展。创新发展、协调发展、绿色发展、开放发展、共享发展的新发展理念，回答了新形势下中国要实现什么样的发展、怎样实现发展的重大问题。新发展格局理论和战略回答了未来5年、15年，中国经济在“新发展理念”指引下具体怎么干、干什么的重大战略战术问题。所以，在今后很长一段时间内对我国发展具有重要的指导意义。

二、构建新发展格局面临的国内外条件变化

党的十九大报告指出，“经过长期努力，中国特色社会主义进入了新时代，这是我国发展新的历史方位”。党的十九届五中全会报告指出，“构建新发展格局战略是以习近平同志为核心的党中央根据我国发展阶段、环境、条件变化作出的战略决策，是事关全局的系统性深层次变革”。如何理解这个新时代、新方位、新战略、新变革就成为前进的关键。

1. 国内经济发展进入新阶段、新时代

当前，我国综合国力、经济实力达到了一个新水平和新起点，经济结构、发展水平、科教支撑、交通通信设施等都进入了新阶段，呈现出百年未有之大变局。

一是人民生活水平实现百年巨变，达到了中等发达国家偏上的水平。人均GDP超过1万美元，家庭消费恩格尔系数下降到30%以下，国家整体实现了全面小康，有4亿中等收入阶层，人们对生活品质的追求从有转向好、转向优。根据国家统计公报，2020年，预计全年人均国内生产总值72447元，全国居民人均可支配收入32189元。2020年，我国历史性地消除了绝对贫困，实现全面小康第一个百年奋斗目标。贫困地区农村居民人均可支配收入达到12588元，解决了不愁吃、不愁穿问题，义务教育、基本医疗、住房安全保障覆盖面超过了99%；贫困地区的生产生活基础设施达到了一个新的起点，硬化路、动力电、通信信息、广播电视信号、村级综合服务设施等覆盖面超过99%，公立医院医疗卫生和乡镇小学教育文化设施及服务覆盖率超过98%；① 建立起了覆盖城乡所有人口的世界最大社会保障体系。这些都是中国历史和人类历史上的发展奇迹，让我国未来的发展建立在

① 《国家脱贫攻坚普查公报》（第一、二、三、四号），《人民日报》2021年2月26日，第5版。

更高基础、更高的起点之上。

二是人口、教育、科技、经济组织等基本国力结构呈现新格局，发生百年巨变。首先是人口数量、结构、分布、质量的新格局。我国现有 14.5 亿人口，4 亿个家庭，其中中共党员超过 9000 万名。总体居民人均预期寿命 77.4 岁，已经接近发达国家水平。在人口的教育结构上，2020 年，全国共有在校生 2.89 亿人，专任教师 1792.18 万人，各种形式的高等教育在学总规模 4183 万人，毕业研究生 72.9 万人、毕业普通本专科生 797.2 万人，高等教育毛入学率从大众化（2002 年超过 15%）快速向普及化（2020 年 54.4%）发展，[①] 大学生存量超过 1.7 亿人。可以说，我国是世界超级教育大国，拥有发展所需的充裕人力资源。在人口分布结构上，我国从几千年来以农村、农民为主体的社会发展到现在以城市、市民为主体的社会，常住人口城镇化率超过 60%，这是千年巨变，也必然引致供求结构的系统性变革。在科技上，我国研发人员总量超过 420 万人年，已连续 8 年稳居世界第一位；R&D 经费投入一直稳居世界第二位，2020 年全年研究与试验发展（R&D）经费支出 24426 亿元，与国内生产总值之比为 2.40%，[②] 超过欧盟平均水平（2.13%）和 OECD 平均水平（2.37%）；我国每年申请的专利数量和增长速度多年位居世界第一，目前中国科技创新进入了跟跑、并跑、领跑“三跑并存”阶段，且领跑、并跑的比例越来越大，科技对经济的贡献率 2017 年已经达到 57.5%，诸多领域都取得了重大成就[③]；全年授予专利权 363.9 万件，预计每万人口发明专利拥有量 15.8 件。[④] 这表明我国正在成为一个充满活力的创新型国家。在经济组织上，2020 年我国有 1.23 亿户市场主体，其中企业 3858 万户、个体工商户 8261 万户，经济社会发展的组织化程度全面提高。过去几千年以家庭为基本经济单位的格局被以企业为基本经济单位所取代。这也是千年变化。这些基本国力结构的革命性变化，说明我国经济发展进入新的更高平台。

三是产业结构、供求结构和经济实力发生了历史性巨变。首先，我国已经由农业国变为工业国，成为一个以工商业为主的社会。根据国家统计公报，2020 年，第一产业增加值占国内生产总值比重为 7.7%，第二产业增加值比重为 37.8%，第三产业增加值比重为 54.5%。这也是千年变局。其次，我国由 40 年前的物质匮乏社会发展到了物质充裕的丰

---

① 数据来源：《2020 年全国教育事业统计主要结果》，教育部发展规划司，2021 年 3 月 1 日，http://www.moe.gov.cn/jyb_xwfb/gzdt_gzdt/s5987/202103/t20210301_516062.html；《中华人民共和国 2020 年国民经济和社会发展统计公报》，国家统计局网站，2021 年 2 月 28 日。

② 《中华人民共和国 2020 年国民经济和社会发展统计公报》。

③ 2020 年，“嫦娥五号”发射成功，首次完成我国月表采样返回。我国首次火星探测任务“天问一号”探测器成功发射。500 米口径球面射电望远镜（FAST）正式开放运行。“北斗三号”全球卫星导航系统正式开通。量子计算原型系统“九章”成功研制。全海深载人潜水器“奋斗者”号完成万米深潜。

④ 《中华人民共和国 2020 年国民经济和社会发展统计公报》。

裕社会。基本实现了工业化，形成了世界最全的工业生产体系①，经济整体由供给不足发展到局部供给过剩、结构性过剩，商品、资本由过去的短缺发展到今天的充裕，甚至局部过剩。2020 年，我国制造业产出占世界比重达到 28.1%，连续 11 年保持世界第一。工业实力处于世界前列。按国际产业分类，在 22 个工业大类中，我国钢铁、建材、纺织、服装等七大类行业规模名列全球第一，装备和电子信息产业规模位居全球第二，220 多种工业品产量位居世界第一。最后，经济体量稳居世界前列，发展态势良好。GDP 按现行汇率计算，中国 2010 年开始稳居世界第二。2020 年，GDP 经济总量达到 101.6 万亿元人民币，占世界经济比重预计超过 17%，相当于美国的 65% 以上。外汇储备保持在 3 万亿美元以上，连续 14 年位列世界第一。美国《财富》杂志公布的世界最大的 500 家企业排名中，我国数量持续增加，2020 年中国（含香港）公司数量达到 124 家，历史上第一次超过美国（121 家）。2020 年，在全球经济受到百年一遇的新冠疫情重创环境下，我国经济实现了 2.3% 的增长，是全球主要经济体中唯一实现经济正增长的国家。这些经济结构、经济实力的变化和发展态势表明，我国经济正在发生系统性变化，正在成为世界的主要引擎，正在创造新的历史辉煌。

上述我国经济发展基本面的变化，表明我国经济发展正在脱胎换骨，处于从量变、结构变化到质变的千年巨变之中，经济发展各方面进入新阶段、新格局，正在稳步向中华民族伟大复兴的全局迈进。

2. 国际经济发展环境与格局正在呈现新态势、新变革

2020 年开始的新冠百年之疫、世界之疫，给世界经济循环带来深刻变革，不仅让世界经济按下暂停键，而且加速了国际政治经济秩序的重组和变革，发达国家普遍收缩供应链、转移供应链，对我国经济循环形成外在压力和挑战。我国面临的风险挑战之严峻前所未有，既面临来自国内的香港问题、台湾问题和“疆独”“藏独”等问题，更面临来自美国的战略打压与遏制、对我国的孤立与排斥。“大气候”与“小气候”似乎正在相呼应，促使我国必须直面危机与挑战，在变局中开新局。下面，笔者从政治、经济、科技、金融、能源与气候、人口六个维度解析国际经济发展环境与格局正在呈现的深层次新态势、新变革对我国构建新发展格局的新挑战与新机遇。

一是政治维度上，“新冷战”已显露端倪。在欧洲，美国和欧盟已经实施对俄罗斯的全面制裁，欧洲的“新冷战”格局正在形成。在亚洲，西亚一直处于战争状态；东亚从奥巴马重返亚太战略遏制中国开始，到特朗普对华发起贸易战、金融战、科技战、人才战、

---

① 据统计，中国是全球唯一一个拥有联合国产业分类目录中所有工业门类的国家，包括 41 个大类、191 个中类和 525 个小类。

文化战等，中美两种制度、两种价值观、两种文化的较量和斗争已经开始。美国按照资本逻辑、市场丛林法则和赢者通吃的帝国主义做法，实行美国优先战略，在国际政治、经济、外交、军事、科技、教育、文化等领域对我国进行全面打压和遏制；对中国企业和产品实行全面施压、定点打击、孤立、封锁、制裁。例如，以举国之力，并施压相关国家，联合打压华为公司。2021 年 2 月，美国阿肯色州参议员汤姆·科顿办公室公布了《击败中国——有目标的脱钩和经济持久战》研究报告，提出与中国“有目标的脱钩”的具体方案，包括遏制中国的经济增长，撤销中国的“永久正常贸易关系”，强化对中国企业的制裁，扩大美国对中国投资限制的范围，禁止向中国实体销售由美国技术研发或制造的尖端半导体、半导体设备和软件设计工具，继续采取措施限制中国企业扩大其在全球 5G 技术和电信网络方面的领先地位，加强对华为公司的制裁力度等。拜登上任后出台的《临时国安战略报告》，延续了特朗普时期美国对华的强硬政策，把中国作为美国“21 世纪最大的地缘政治考验”。因此，中国的外部政治环境面临着历史性大转变、大挑战，一系列“卡脖子”突出问题，亟须以国家为主体，从战略战术上进行精准应对，需要我国在斗争中谋发展，在变局中谋新局、开新篇。

二是在经济维度上，国际格局呈现东升西降、南升北降的趋势。在 GDP 体量上，新兴国家和发展中国家上升，发达国家下降。2000 年，发展中国家和发达国家在世界经济格局中的占比为 18∶82，到 2020 年发展为 40∶60。在经济增量增速上，非发达国家占到 80%。世界经济重心呈现向亚太转移的明显态势，尤其是东亚正在成为世界生产中心。我国已经连续 11 年成为世界最大的制造业国家，220 多种工业品产量位居世界第一，对世界制造业贡献的比重接近 30%。中国工业的竞争力与价格正在改变世界经济发展的版图和格局。例如，通信行业的交换机的一块板，15 年前发达国家卖 20 万元，10 年前中国企业开始生产，5 年后价格降到 1 万元，欧美厂商大多倒闭不见。水泥厂的磨机用减速机，中国未生产之前，发达国家的减速机卖 1000 万元一台，中国国产化之后价格只要 300 万元。2004 年，15 英寸面板，市场价 260 美元，中国政府在液晶面板行业投入了 1000 亿元，现在 50 英寸超大面板价格只要 180 美元、15 寸的只要 60 美元。我们要充分认识到，世界生产与市场竞争的残酷性。在世界人口、消费相对不变的情况下，中国生产的物美价廉产品改变了世界市场的供给与消费结构，进而改变了世界的生产结构、就业结构、收入分配结构等。中国与帝国主义国家的竞争是“你死我活”的竞争。2019 年以来，全球产业链、价值链和供应链呈现结构性、空间性调整，越来越本地化、区域化。这是世界经济发展结构性的百年变局。尤其是我国国际经济循环在美国全面遏制战略下，面临中断等潜在风险和巨大的不确定性，这就要求我国首先必须搞好内循环，以内循环的确定性为基石，开创新的国际循环格局。

三是在科技维度上，科技革命正在引发新一轮产业发展浪潮。一方面是科技从孵化到应用时间缩短；另一方面是信息技术、生物技术、新材料技术等在各个领域的广泛应用，正在改变着世界的发展面貌。从历史看，四次工业革命改变了人类社会和国家间的发展格局，重构了生产关系、消费关系和供应链、价值链与购物链，创造了新的工商业结构。工业 1.0 实现了“大规模生产”（蒸汽机的发明），英国称霸世界；工业 2.0 实现了“电气化生产”（电力的广泛应用），德国、美国、俄国（苏联）崛起；工业 3.0 实现了“自动化生产”（产品的标准化），美国称霸世界；工业 4.0 正在向“智能化生产”（生产的定制化）发展，目前美国、中国、日本、德国等国家竞相争夺发展制高点。当前，人类正处于第四次工业革命浪潮的澎湃涌现阶段，生物技术、信息技术、新材料技术、3D 打印与模具革命等智能化生产正在催生生产方式的新革命，全面改变世界发展的面貌。谁能掌握新技术，谁就可能占领发展制高点。在这次科技革命中，我国处于追跑、并跑、领跑的态势。我国的科技研发投入强度 2020 年达到 2.40%，仅次于美国、日本、德国。可以说，我国正处于发展的上升阶段，在新型举国科技体制推动下，我国很有可能成为第四次工业革命的一个领航者，为我国经济发展开新局。制造业被定位成“立国之本、兴国之器、强国之基”，提出了建设制造业强国的“三步走”战略。制造强国建设的核心是实现战略先导产业领先，关键是利用中国超大规模人力资源和超级市场需求掌握原创技术和主导设计；制造强国建设的基础是产业链安全，关键是培育自主可控高效的完整产业链；制造强国建设的前提是高强度的创新驱动发展，关键是教育、科技、产业政策、财税金融政策以及组织等软硬环境协同配套，形成新型举国科技创新攻关体制，发挥好政府和企业两种作用，实施政企战略合作，形成整体创新链条激励相容，实现理论创新、技术研发与产业化、市场竞争良性循环、螺旋式上升。

四是在金融维度上，我国面临一系列潜在风险。金融是国民经济的血液系统。防控金融风险是我国三大攻坚任务之一。首先，世界面临全球性通货膨胀的挑战。新冠疫情以来，主要经济大国疯狂印钞，流动性泛滥。美国通过量化宽松政策累计放出近 7 万亿美元的流动资金，拜登上台后继续推出 1.9 万亿美元的巨量纾困计划，这必将形成全球流动性泛滥。我国也面临美元超级量化宽松驱动下的新一轮“剪羊毛”风险，需要精心组织应对。其次，美国控制世界经济往来的结算支付系统（SWIFT），给我国未来对外经济活动带来巨大的不稳定、不确定风险，需要我国加快建设自己的国际结算支付系统，加快发展亚洲基础设施投资银行、金砖国家银行等国际金融组织，维护我国的金融权益。最后，美国金融市场潜藏巨大风险，对世界经济构成潜在威胁。美国实体经济低迷，而美国股市却一片繁荣，股指屡创历史新高。美国经济呈现出实体经济与金融经济双周期、双循环，股市等金融市场长期背离实体经济。一旦美国股市崩盘引发金融危机，必将波及全球经济。

因此，我国亟须加快推进金融结构性供给侧改革，牢牢掌握金融主权和自主发展权，提高我国金融的抗风险能力。

五是在能源与气候维度上，世界能源的需求和供给出现历史性变化。随着页岩油技术、大数据科学的变革与应用，世界能源供求结构发生了历史性变化，美国成为净出口国，中国是最大的进口国。而且，我国石油、铁矿石等进口依存度超过60%，亟须调整能源结构，推进能源技术创新，保障能源与进口通道的安全。同时，包括我国在内的发展中国家还面临着气候和碳排放等现实挑战，治理空气、水、土地等环境污染面临着极其艰巨的任务和挑战，绿色发展需要技术、资金、制度、组织和观念等多方面的协同支撑。

六是在人口维度上，世界人口与工业中心正向亚洲转移。人口是第一资源，人口是慢变量。人口的分布决定大规模制造业的全球分布。21 世纪以来，世界制造业的中心已经转移到东亚、南亚。全世界 75.9 亿人，中国、印度、印度尼西亚、日本、巴基斯坦、孟加拉国、越南等东亚、南亚国家集中了世界 45% 以上的人口。我国有大学生存量 1.7 亿人，研发人员 420 万名，我国每年毕业的研究生、普通本（专）科生、中等职业教育学生和海外回国留学生合计超过 1400 万人。美国人担心拉美化、墨西哥化（修隔离墙）；排斥亚裔尤其是中国的留学生。所以，从人口数量、质量、结构和发展态势来说，东升西降的态势很明显。在经济下行、国际经济不景气的背景下，我国需要加快建设国内统一大市场，营造优良的创业环境，为青年人创造更多的就业岗位和创业机会。

总之，全球经济发展正在呈现结构性、系统性变革。今天，以美国为代表的少数发达资本主义国家，采用单边主义、保护主义以及长臂管辖、以邻为壑的国际经济贸易政策，逆平等、包容、普惠、共赢的全球化潮流而动。而中国倡导的全球化是美美与共，是人类命运共同体整体发展观的全球化。习近平总书记提出了“和平、发展、合作、共赢”的构建人类命运共同体的新全球化理念，提出“一带一路”国际合作倡议，以共商共建共享为基本原则，以深化“五通”（政策沟通、设施联通、贸易畅通、资金融通和民心相通）合作为关键支撑，致力于推进经济全球化朝着更加开放、包容、普惠、平衡、共赢的方向发展。党的十八大以来，“一带一路”建设得到 160 多个国家（地区）和国际组织的积极响应，倡议构建人类命运共同体获得了多数国家的认同，在全球治理体系变革中贡献了中国智慧，展现了大国担当。

三、构建新发展格局的战略部署

构建新发展格局战略要求我们立足当前国内外发展面临的一系列新情况、新格局、新趋势，从国内外发展的主要矛盾出发，加快推进高质量发展，解决国内发展的不平衡不充分与人民对美好生活的追求的新矛盾，解决国家经济和科技受制于人的一系列重大问题。

《中华人民共和国国民经济和社会发展第十四个五年规划和2035年远景目标纲要》设专题“形成强大国内市场构建新发展格局”，用三章内容进行战略部署。

一是畅通国内大循环。主要针对我国经济运行中生产、分配、流通、消费各环节还存在的各种堵点，尤其是体制机制障碍，建设高效规范、公平竞争、充分开放的国内统一大市场，降低全社会交易成本，形成需求牵引供给、供给创造需求的更高水平动态平衡，促进国民经济良性循环。第一，提升供给体系适配性。这主要是针对我国供给出现结构性过剩，居民收入提高、高等教育普及化后，人民的需求层次已经发展到从有到好到优的阶段，个性化、差异化、品质化消费需求成为全社会消费的主要趋势。因此，应继续深化供给侧结构性改革，优化提升供给结构，促进一二三产业协调发展，提高供给体系对国内需求的满足能力，提高供给适应引领创造新需求能力；推动生产模式和产业组织方式创新，持续扩大优质产品和服务供给，开展中国品牌创建行动，推动供需协调匹配。同时，要健全市场化、法治化化解过剩产能长效机制。第二，促进资源要素顺畅流动。主要针对虚拟经济与实体经济相背离、要素合理流动有各种堵点等导致的资源要素错配失衡，从源头上畅通国民经济循环。因此，提出提高金融服务实体经济能力，促进房地产与实体经济均衡发展，形成人力资本提升和产业转型升级良性循环，健全城乡要素自由流动机制，构建区域产业梯度转移格局，促进城乡区域良性互动。第三，强化流通体系支撑作用。主要针对流通领域环节多、标准不统一、耗时长、费用高等问题，深化流通体制改革，畅通商品服务流通渠道，提升流通效率。我国物流成本占GDP的比重是美国和日本的2倍左右，2017年占比达到14.6%，美国为7%～8%，日本占比不到5%①。中国农产品物流环节损耗平均为30%，美、日发达国家不超过3%。因此，首先要降低流通成本，缩短流通时间。通过建设现代物流体系，推进物流配送体系改革，完善国家物流基地设施条件，发展高铁货运、铁路货运、航空货运、海运网络协同能力建设，形成内外联通、安全高效的物流网络，健全物流配送体系，提高服务效率，缩短流通时间，降低各类收费标准。其次建立国内统一流通标准。重点是促进不同地区和行业标准、规则、政策协调统一，破除地方保护、行业垄断和市场分割，缩短流通领域审核时间，加快构建国内统一大市场；推动各类中介机构公开服务条件、流程、时限和收费标准。第四，完善促进国内大循环的政策体系。包括完善减税降费政策，进一步降低能源、交通、电信、电力、银行等基础性行业的各类收费标准；完善金融支持创新政策，推进货币供应量和金融更好地服务实体经济，发挥资本市场对推动科技、资本和实体经济高水平循环的枢纽作用，引导金融机构加大对重

---

① 龚六堂:《立足国内市场,实现经济国内循环为主体、国内国际双循环相互促进,经济高质量发展》,《经济研究》2020年第12期,第39页。

点领域和薄弱环节的支持力度；坚持“房子是用来住的、不是用来炒的”定位，促进房地产市场平稳发展；推动产业政策更多地支持技术创新和结构升级；健全与经济发展水平相适应的收入分配、社会保障和公共服务制度，促进居民内需稳步提升。

二是促进国内国际双循环。一方面，国际循环对我国经济发展具有重要作用。我国是世界上 120 多个国家和地区的最大贸易伙伴，外贸带动的就业人数达到 1.8 亿。另一方面，中美战略博弈呈现长期化和复杂化，美国对我国的全面遏制对我国的经济发展造成强烈冲击，全球贸易格局和产业链、价值链正处于分化重组的发展态势之中。因此，我国促进国内国际双循环首先要立足国内大循环，协同推进强大国内市场和贸易强国建设。把建设高层次、高质量的国内统一大市场、国内大循环作为发展的主导方向，关键是实现“五通”，让人流、物流、资本流、技术流、信用流充分流动共享，形成强大的国内市场。其次，以我为主，推进更高水平的对外开放，实现高质量“引进来”和高水平“走出去”。利用国内大市场和开放格局，吸引全球资源要素在中国汇聚，实现高质量“引进来”。营造市场化、法治化、国际化营商环境，促进内需和外需、进口和出口、引进外资和对外投资协调发展，加快培育参与国际合作与竞争新优势，推动进出口协同发展。最后，提高国际双向投资水平，实现高水平“走出去”，促进各国共享全球化发展机遇和成果。推进共建“一带一路”高质量发展，加快实施“走出去”战略和贸易平衡战略，利用亚投行等金融机构，将我国富余资本投向经济发展环境安全、当地人民需要、可持续盈利的国家，推进构建人类命运共同体，形成更加紧密的国际经济循环体系。

三是加快培育完整内需体系。主要针对供给结构不能适应需求结构变化，产品和服务的品种、质量难以满足多层次、多样化的市场需求，城乡消费差距较大、消费水平存在地区不平衡、高端消费外流等问题，深入实施扩大内需战略，增强消费对经济发展的基础性作用和投资对优化供给结构的关键性作用，建设消费和投资需求旺盛的强大国内市场。首先，全面促进消费。顺应居民消费升级趋势，提高供给水平，把扩大消费同改善人民生活品质结合起来，促进消费向绿色、健康、安全发展，采取增加居民收入与减负并举等措施，不断扩大中等收入群体，持续释放消费潜力。提升教育、医疗、文化等传统消费，培育旅游、体验性消费等新型消费，发展健康养老等服务消费，稳步提高居民消费水平。其次，提振内需是关键。从国际来看，中美关系面临的“新冷战”挑战需要提高内需来应对。因为中国除了与美国是贸易顺差，与世界其他国家绝大部分都是贸易逆差。现在，美国对我国实行全面的战略遏制与打压，中美关系形成断崖式下跌的可能和发展态势。这种发展格局和态势，导致巩固和维持外需（尤其是美国及其盟国的需求）面临极大的不确定性。而挖掘内需有很大潜力。满足居民消费需求升级成为现实需求，有真实的购买力作为支撑，完全可以成为推进发展的基本动力。关键要坚持共同富裕道路，坚持经济发展就业导向，改善收入和财富分配格局，扩大中等收入群体，努力提高居民收入。同时，通过降低关税，建设消费特区、自由贸易港等措施，把高端消费留在国内。再次，提高劳动生产率进而提高平均工资水平是根本举措。通过实施创新驱动战略，建设创新型国家，提高全社会劳动生产率，提高平均工资水平，增加劳动工资在 GDP 中所占的份额。同时，完善再分配机制，加大税收、社会保障、转移支付等调节精准度，为居民消费提供强力支撑。最后，以投资带动消费扩大和升级。投资在我国经济发展和增长中始终处于重要地位。优化投资结构，提高投资效率，保持投资合理增长，是“十四五”我国经济增长的重要保障。尤其要加快补齐基础设施与基本公共服务领域短板，推动企业设备更新和技术改造，扩大战略性新兴产业投资。通过投资一批强基础、增功能、利长远的重大战略建设项目，如川藏铁路、西部陆海新通道、国家水网、北斗产业化、送电输气、沿边沿江沿海交通等重大工程，完善综合运输大通道、综合交通枢纽和全国性物流网、信息网、信用网。这些工程既有利于引导资本投向国计民生的最关键、最需要的领域，提高投资效益，也有利于扩大就业，提高居民生活质量。此外，社会主义市场经济建设要始终以人民为中心，强化消费者权益保护，完善质量标准和评价体系，健全缺陷产品召回、产品伤害监测、产品质量担保等制度，完善多元化消费维权机制和纠纷解决机制。

总之，构建新发展格局是事关全局的系统性、战略性变革，需要付出长期艰苦的努力，要处理好五大关系。一是处理好继承与创新的关系，做好两个衔接，即“两个一百年”奋斗目标有机衔接、国内外市场循环承接关系的有效衔接。二是处理好政府和市场的关系。通过全面提升国家治理体系和治理能力，更好地发挥我国社会主义制度优势，与时俱进构建起新型举国体制，加快建设强大的国内市场和创新型国家，实现有为政府和有效市场在更高水平上有机融合。三是处理好自主和开放的关系。以国内大循环为主体，以我为主，依靠科技创新，更好统筹国内国际两个大局、两个市场、两种资源，把我国现代市场体系和经济体系提升到更高层次。四是统筹处理好经济发展和国家安全的辩证关系。确立国家利益至上、国家安全与战略利益高于纯粹的商业利益的国家整体发展观，把供应链安全、经济安全、国家安全统筹起来，在关系国家发展和安全的领域与节点构建自主可控、安全可靠的国内生产供应体系，在关键时候能够做到自我循环，有效防范和应对可能影响现代化进程的各类系统风险。五是处理好战略和战术的关系。把握好中华民族伟大复兴事业全局和世界政经格局百年变局的动态演进相互关系的复杂时局。继续执行“商战合一”的基本国家战略，以农业为基础、工商业为重点的国策，深化政企战略合一，建立起强大的生产体系，把科教兴国战略和创新驱动战略创造性地转化和融合为生产优势和竞争优势，把我国建设成为充满活力的现代化强国。

参考文献

[1]习近平. 决胜全面建成小康社会 夺取新时代中国特色社会主义伟大胜利——在中国共产党第十九次全国代表大会上的报告[M]. 北京:人民出版社,2017.

[2]中华人民共和国国民经济和社会发展第十四个五年规划和2035年远景目标纲要[EB/OL]. 中国政府网,http://www.gov.cn/xinwen/2021-03/13/content_5592681.htm.

[3]习近平. 关于《中共中央关于制定国民经济和社会发展第十四个五年规划和2035年远景目标的建议》的说明[M]//党的十九届五中全会《建议》学习辅导百问. 北京:党建读物出版社,学习出版社,2020:55-56.

[4]刘鹤. 加快构建以国内大循环为主体、国内国际双循环相互促进的新发展格局[M]//党的十九届五中全会《建议》学习辅导百问. 北京:党建读物出版社,学习出版社,2020:44-52.

[5]中华人民共和国2020年国民经济和社会发展统计公报[EB/OL]. 国家统计局网站,http://www.stats.gov.cn/tjsj/zxfb/202102/t20210227_1814154.html. 2021-02-28.

[6]政府工作报告(2021年)[EB/OL]. 中国政府网,http://www.gov.cn/premier/2021-03/12/content_5592671.htm.

[7]国家统计局. 国家脱贫攻坚普查公报(第一、二、三、四号)[N]. 人民日报,2021-02-26:(5).

[8]谢伏瞻,等. 奋进新时代、开启新征程——学习贯彻党的十九届五中全会精神笔谈[J]. 经济研究,2020(2).

人口老龄化与养老金可持续性研究进展[①]

张苏[②]　李泊宁[③]

摘要：随着“人口老龄化”问题日益严重，各国如何维持养老金制度可持续性是当前迫切需要研究的问题。养老金制度涉及的问题众多，本文聚焦经济增长和社会福利两个角度来研究养老金制度的可持续性问题。首先，本文总结出了养老金制度可持续性与经济增长的关系。其次，本文结合代际和代内公平问题，探究了养老金制度可持续性与社会福利的关系。再次，本文从人口老龄化的两个直接原因——预期寿命延长与生育率下降两方面，综述了对养老金制度可持续性的冲击。最后，本文总结分析了我国养老金制度的现状，提出了我国养老金制度改革的若干建议。

关键词：老龄化；养老金可持续性；经济增长；社会福利

一、引言

在人口老龄化压力下，全球各国的养老金制度改革一直在持续进行。由于各国的经济实力、人口结构和金融市场发展程度不尽相同，养老金制度的运行现状存在较大的差异。总体来看，大部分国家目前都遵循着世界银行所推荐的多支柱制度，因为多支柱制度能够在政府、企业和个人之间达到较好的平衡。虽然完全依赖单一支柱的养老金制度更容易产生收支失衡情况，如智利最初的现收现付制（pay - as - you - go）导致国家险些陷入破产危机；但是在预期寿命延长和生育率下降等因素影响下，多支柱制度下也可能出现养老金收支失衡的情况，比如法国最近的情况。近年来，养老金制度的可持续性问题受到政府和学界的密切关注。

---

① 本文首发于《经济学动态》2021 年第 2 期。感谢匿名审稿专家的宝贵建议，文责自负。

② 张苏，中央财经大学经济学院。

③ 李泊宁，中央财经大学经济学院。

养老金制度可持续性的衡量标准有多种。一些文献在研究现收现付制可持续性时使用缴款人数与领取养老金人数的比率来衡量（Shukarov et al.，2019）。Meneu（2018）使用养老金福利的实际内部收益率（IRR）和预期理论替代率（TRR）来衡量。Knoef 等（2016）在研究荷兰的情况时，使用人们实际积累的总资源来衡量。此外，还有学者从替代率角度对养老金制度的可持续性进行分析①。例如，Koval 等（2020）认为高替代率更容易引发养老金赤字。养老金制度可持续性对任何国家经济发展和福利分配都具有重要意义。从理论分析来看，Samuelson（1958）和 Diamond（1965）提出的世代交替模型（Overlapping Generations Model，OLG）是研究养老金制度问题的基本模型，该模型将养老金、经济增长和社会福利纳入统一框架下，结合生命周期假说研究养老金制度的可持续性。从实证研究来看，Blake 和 Mayhew（2006）、Honda（2012）、Kortleve（2013）、Ameh 等（2017）等结合数据的可获得性，从储蓄率变化、人力资本结构变化、养老金资产投资回报率等角度研究了养老金制度的可持续性。

本文从经济增长和社会福利两个视角对有关养老金制度可持续性的主流文献进行归纳。一方面，养老金制度会通过储蓄、金融市场和人力资本等途径给经济增长带来影响，而经济的不断增长也是养老金制度长期稳定运行的重要保证。提高劳动生产率是促进经济增长的重要动力，因此在人口老龄化背景下，各个国家养老金制度的制定对促进经济增长具有更加重要的意义。另一方面，养老金制度的政策初衷是实现收入再分配、提升社会总体福利水平，这既是欧洲福利国家养老金制度建立的理论基石，又是养老金制度得以持续运行的基础。最优的养老金制度不仅要服务于更高的就业和生产率目标，还要在寿命延长条件下保障老年人的福利水平。因为老年人的福利与养老金制度的可持续性是强相关的（Soll et al.，2018），所以探究养老金制度可持续性问题尤为重要。只有协调好代际关系和代内平等，才能保证养老金制度的可持续性。

改革开放以来，伴随经济 40 多年的高速增长，我国养老金制度也在不断改革和发展，成为世界上覆盖人数最多的养老金制度。在我国人口预期寿命延长趋势渐显、适龄人口生育意愿持续走低、经济发展速度长期回稳的情况下，养老金账户保值增值及养老金制度的可持续性成为关乎我国社会稳定和经济发展的焦点问题。中国作为世界上老年人口最多的国家，人口老龄化问题既具有群体性，又极具特殊性。因此，以我国国情为出发点，逐步探索和推进适合我国国情的养老金制度，并对养老金制度的可持续性进行深入探讨具有深刻意义。从整体层面来看，这关系到宏观经济的全局化发展、人口结构变动以及社会稳

① 养老金替代率是衡量劳动者退休前后生活水平差异的指标。基本的计算规则是用"退休人员的养老金"除以"在职时的工资收入"，可以根据具体的研究需要，将运算内容进行适当调整。

定；从个体层面来看，这关系到劳动者的退休利益和一系列民生问题。基于此，本文梳理了养老金制度改革的最新理论研究成果，这对我国养老金制度的深入研究具有一定的启发和借鉴意义。

二、经济增长与养老金制度的可持续性

养老金制度会给经济增长带来影响。一方面，养老金制度为退休人员提供资金保障，这会影响劳动力的积极性，进而影响经济增长；另一方面，养老金账户中的资金量巨大，这些资金会通过金融市场进入经济循环中，给生产活动带来重要影响，进而影响经济增长（Ruiz，2018）。此外，经济增长也是维持养老金可持续性的根基和源泉。一方面，高度依赖第一支柱即公共养老金的国家，公共财政负担较大。只有经济高质量可持续发展，个人才能分享国民经济增长成果，在保证生活质量的前提下足额缴纳养老金以确保养老金可持续发展。另一方面，经济波动会通过金融市场给养老金账户带来影响，金融市场的不稳定有可能会触发养老金制度的可持续性危机，带来社会福利的损失。尤其是在全球人口趋于老龄化的背景下，探究经济增长问题十分重要（Barr，2002；Acemoglu & Restrepo，2017）。只有保证经济稳定增长，才能确保养老金制度的可持续性，形成国强民富的良性循环。养老金制度的可持续性与经济增长之间的相互影响机制可以从以下三个角度来解释：

（1）私人储蓄。大量文献表明，如果养老金挤出了私人储蓄，势必会给经济增长带来负面影响，从而动摇养老金制度的可持续性。Feldstein（1974）、Kotlikoff（1979）研究指出，现收现付制对私人储蓄具有部分“挤出效应”，导致私人储蓄下降。其中，滋生于现收现付制的遗产捐赠动机（Barro，1974）、诱致退休效应（Feldstein，1974）和流动性约束（Judd，1987）都会部分抵消养老金制度对私人储蓄的挤出。当然，这种挤出效应对财务状况不同的家庭存在异质性影响，负债较轻的家庭会受到更明显的影响（Ahn & Lee，2016）。一些研究从公共养老金制度的“慷慨程度”对私人储蓄影响的角度进行探讨（Curtis et al.，2017）。Härtl 和 Leite（2018）发现养老金制度的存在会降低工作时期的个人储蓄，并影响到在职工人和退休人员的消费。Lachowska 和 Myck（2018）利用波兰 1999 年养老金制度改革这个准实验，采用双重差分方法对 1997—2003 年的波兰家庭进行研究发现，每单位公共养老金挤出了 0.24 单位储蓄，且这种影响在高学历家庭和老年家庭中最为强烈。受教育程度较低的家庭对养老金福利的变化并不敏感，这可能是由于家庭资产的流动性约束或对经济信息的处理能力较弱。Eugeni（2015）证明现收现付制的覆盖率越高，私人储蓄率和账户余额占 GDP 的百分比就越低。而东亚国家的居民因为现收现付制覆盖率低，需要储蓄更多资金来支付老年消费。并且，在人口预期寿命延长背景下，现收

现付制既挤出当代储蓄，又挤出后代储蓄（Beetsma & Oksanen，2008；Kaliciak et al.，2019）。私人储蓄的下降在减少人均资本的同时还会引发利率的降低，进而减低人力资本投资收益，对经济增长产生负面影响。Wang 等（2016）认为养老金制度对储蓄产生的影响还需要根据各国的经济发展条件进行分析。

在基金积累制（funded fully）下，个体在劳动时期进行个人账户储蓄，在退休时从账户中领取退休金，这种机制有利于形成长期性储蓄，从而维护了养老金制度的可持续性。私人储蓄是国民储蓄的组成部分，是物质资本的源泉，可以通过投资和创新给经济增长带来正面影响（Aghion et al.，2016）。此外，个体寿命延长增加了退休后的消费周期，且基金积累制的未来收益具有不确定性，这都将加强个体年轻时期的储蓄动机，从而提高下一代的赡养能力，使得老年一代更能分享经济发展成果，这正是对养老金制度可持续性的维护。需要注意的是，Amaglobeli 等（2019）研究发现，在没有调整税收的情况下，公共养老金支出增加可能会降低公共部门的储蓄。这与 Wilensky（1974）所发现的人均产出减少会降低劳动力储蓄的结论有着内在联系，因而，激励产出的税收计划以及增强储蓄动机的引导政策对维持养老金制度的可持续性有着更重要的作用。

（2）金融市场。2008 年的金融危机使全球养老金资产下降了 20% 以上（Pino & Yermo，2010），健康的金融市场更有利于保证养老金制度的可持续性。以 Goldsmith（1969）的研究为基础，一些研究发现养老金资金池会通过金融市场对经济增长产生深刻影响。养老金账户既是资本市场重要的参与者（Xuan，2016），又是直接融资的重要途径。Alda（2017）使用 1999—2014 年欧洲 13 个国家的面板数据，通过构建不同的模型来估算养老金资产对股票市场发展的影响，研究结果表明养老金资产对股票市场的发展具有积极影响。当人口老龄化问题加剧时，人口结构的变化会带来养老金储蓄的变化，促使深层次的资本市场变革，进而对经济结构和总量产生影响，这反过来会影响养老金制度的可持续性（Coletta & Zinni，2013）。首先，养老金制度可以降低资本成本（Walker & Lefort，2002）。一方面，养老金流入资本市场一般都进行长期投资，即使考虑到短期绩效评估（Davis & Steil，2001），养老金的预期投资期限也比个人和企业投资要长，从而降低了“期限溢价”。不仅在金融发展水平高的国家，养老金资产可改善市场资本和流动性，Hu（2012）还发现在经济不发达地区养老金对经济增长也会产生积极影响。另一方面，养老金的专业化管理降低了股权风险溢价，这都导致了平均资本成本的降低，进而会促进产业投资效率。其次，Obstfeld（1994）研究表明，养老金制度的风险分担功能将宏观经济风险方差减半，可以促进经济增长，从而维持养老金制度的可持续性。例如，养老金账户能通过降低政府信用对民众的风险来保证政府债务市场的稳定，还能通过减少证券价格的波动性促进资本市场的长期投资。显然，养老金机构与资本市场的影响是双向的。一方面使资本市场更加稳定；另一方面使养老金机构获得较为稳定的收益，进而保障养老金财政账户平衡（Beck & Levine，2004）。

还有研究发现，养老金机构还会通过持有股份给公司治理带来影响进而影响经济增长。Davis 和 Hu（2008）研究发现，当养老金机构持有公司总股本越高时，全要素生产率和研发投入就越高。大型机构投资者的存在可能会通过减少“搭便车”的激励措施来改善公司治理，这有效地提高了资本存量的生产率，并通过提高经济效益和优化资源配置来影响经济增长。养老金机构的投资者对金融市场的参与会随经济的发展而增加（Beck & Levine，2004；Chang et al.，2014），当经济发展稳定时，养老金参与金融市场可以获得较为稳定的收益，从而保证养老金财政账户平衡。因此，资本成本降低、风险降低和公司治理力度的提升对养老金制度的可持续性有积极的推进作用。

（3）人力资本。养老金制度会影响人力资本的结构与积累，其效应又会反过来影响养老金制度的可持续性。新增长理论表明人力资本是经济增长的内生动力，人力资本积累可以提高创新能力和劳动生产率，还能提高物质资本的利用效率，因此人力资本的外部效应会促使收益递增，从而推动经济的长期增长。据此可以从人力资本的数量和质量角度来考察养老金制度可持续性与经济增长的内在联系。首先，养老金制度会给生育率带来较大影响（Ehrlich & Kim，2007；Hirazawa et al.，2014）。Boldrin 和 Jones（2002）、Barro 和 Becker（1989）构建的生育选择模型都表明，养老金制度会通过影响经济一般均衡反过来影响生育率。Fenge 和 Scheubel（2016）构建了劳动力供给为内生的 OLG 模型，从理论上讨论了强制性养老金缴费对生育率的影响。他们认为当家庭中孩子的数量增加时，市场劳动力供给会减少，减少的劳动力的终生收入是抚养孩子的机会成本；较高的养老金缴费率会降低抚养孩子的机会成本，从而对生育率产生积极影响（价格效应）；但养老金制度相当于隐性税收，会降低终生收入，也会对生育率产生负面影响（收入效应）；养老金制度对生育率的最终影响取决于价格效应和收入效应的相对大小。例如，Boldrin 和 Jones（2002）的研究表明，养老金制度与抚养子女有替代效应，公共养老金的数量增长会抑制生育率。Boldrin 等（2015）认为，仅在过去的 50 年中，发达国家中多达 50% 的生育率下降可能由这个原因解释。Fenge 和 Scheubel（2016）研究发现，养老金制度解释了德国 1895—1907 年生育率下降 15% 的原因。当养老金制度降低了生育的积极性时，给经济增长带来的负面影响反过来会危害养老金制度的可持续性（Puhakka & Viren，2012）。

其次，养老金制度会影响人力资本质量，从而影响经济增长，并反过来影响自身的可持续性。例如，现收现付制的本质是强制子代为父代进行养老缴费，而子代的缴费水平会受到其人力资本水平的影响，因此现收现付制事实上能够激励父代对子代的人力资本投资，提高子代的人力资本水平（Cigno，2010）。儿童人力资本积累对未来收入的增长非常重要（Xiao et al.，2017），牺牲子代的人力资本投资来补贴老年人养老金可能是短视行为，反而应该降低老年人的养老金替代率，加大教育支出以促进经济增长，从而确保养老金制度的可持续性（Pecchenino et al.，2002）。配合养老金制度的隐性税收结构也会对人力资本产生影响：在劳动者工作生涯开始时实施高税率，而在其接近退出劳动力市场时实施低税率。这种隐性税收结构降低了人力资本投资的成本，既有助于人力资本的形成，又有助于经济增长和养老金积累（Kindermann，2015）。人力资本数量和质量都会对经济增长产生正向影响（Fleisher et al.，2010），进而才能使养老金收入稳定并保证其可持续性。当劳动力参与率和生产率降低时，经济增长速度会减慢，且子代向父母一代转移支付能力会变弱，在人口老龄化情况下的养老金制度的可持续性问题将面临更大的挑战。

三、社会福利与养老金制度的可持续性

养老金制度不仅影响着经济增长，而且是社会福利政策的重要组成部分。养老金制度通过再分配手段影响社会福利，进而影响自身的可持续性。一方面，很多国家在养老金制度改革中面临着巨大的转轨成本，在巨额转轨成本下如何维持代际公平是维持其可持续性的重要基础，要建立平衡稳定的养老金制度必须协调好代际关系和代内关系。另一方面，养老金制度是影响收入和消费的重要力量（Storesletten et al.，2004），能够在一定程度上将财富在代际和代内间重新分配，从而影响财富不平等状况。若养老金制度福利在代际或者代内分配不均，则会诱导各种社会矛盾的产生，这也会影响养老金制度的可持续性。

生命周期假说认为，在现收现付制中年轻一代的财富可以向老年一代转移，遵循着隐性社会契约。在没有养老金制度改革且不考虑货币时间价值的前提下，每代人的代际转移都是相等的。在现收现付制中，退休者领取的养老金来源于当代劳动者所缴纳的养老金，这种转移机制实现了从青年到退休的消费最佳路径。后来，这一理论遭受到了很多反对：养老金制度不一定能确保代际公平和代内平等，也就确保自身的可持续性。养老金制度可持续性与社会福利之间的相互影响机制可以从以下两个方面来解释：

（1）代际公平。"代际公平"是指在不同的社会保障和福利分配体系中不同代的人付出与收益的对等性。养老金制度具有对年轻一代和老年一代的代际再分配效应，是现代社会保障的重要环节，要建立可持续的养老金制度就必须协调好代际关系（Hindriks & De Donder，2003）。目前，考察养老金制度代际公平性的指标有很多，如养老金和供款现值的比值、总供款现值和养老金年值的比值、回报率、完全偿付能力、供款率稳定性等。Samuelson（1958）构建的世代交替一般均衡模型讨论了个人工作和退休时期及代际间的收入转移问题，这是最早对现收现付制再分配问题进行研究的经典文献。现收现付制中劳动者向退休者支付养老金，这会诱使老年劳动者退出劳动力市场。而老年劳动者退休会使

更有生产效率的年轻人进入工作岗位，这提高了整个经济的效率，也说明现收现付制是帕累托改进的。但实际上，在现收现付制中，老年人的养老金以及社会养老福利主要是由年轻人承担（Preston，1984），这容易产生代际不公平问题。首先，资金不足的养老金制度可能会引发政府的财务赤字，这样就需要借助更多的未来资源和公共借贷来保持偿付能力。为了维持财政稳定，政府对老年人的公共支出成本基本上挤出了年轻人的公共福利收益，容易引发不同年龄段的代际冲突问题。当预期寿命延长时，社会保障体系更容易趋于崩溃（Hsieh & Tung，2016）。其次，在进行养老金改革的过程中，年轻一代或几代人可能需要面临转轨时的双重缴费，由此会影响代际公平。Feldstein（2005）在研究美国养老金制度改革时发现，转轨的一代将承担额外的成本，他们不仅要为转轨时的退休一代付费，还要为退休后的自己付费，面临着福利损失。Kwon（2019）通过模拟韩国养老金制度的研究表明，在2060年之后进入劳动力市场工作的工人必须负担更多养老金缴费以维持养老金制度的可持续性，养老金缴纳率预计会从9%急剧上升至18.3%。

此外，公共养老金支出因人口结构变化而急剧增长也是引起代际不公平的一个重要因素，如日本目前就处于严重的代际不公平困境。一方面，抚养比不断提高导致养老金支出不断增长，体现为社会保障支出占国内生产总值的比例不断提高；另一方面，劳动者的实际税后工资下降，劳动者无法达到比父母更高的生活水平（Kotera & Okada，2017）。Kemnitz 和 Wigger（2000）认为通过对现收现付制参数的改进可以将人力资本投资的外溢性内生化，使不同代际可以共享经济增长成果。Le Garrec（2012）发现教育投资可以改变人力资本进而影响收入水平，加大教育投资力度也是保证代际公平的重要手段。Marini 和 Scaramozzino（1999）认为随着人口的负增长，养老金缴费率必须下降，并提出为了保持代际公平，可以更多地引入基金积累制的建议。美国、瑞典等国家已经引入基金积累制，多支柱养老金制度已在多个国家实施。但实施基金积累制也可能存在代际公平问题，新加坡在实施基金积累制后缴费率增加，但养老金收益率持续降低，在工资不断增长的情况下，其养老金替代率逐年下降，代际公平问题日益凸显。近年来，政府主动调整养老金支付指数的做法开始受到重视。例如，一些欧盟国家建立了养老金平衡机制，获得了立法支持，国家可以根据财务状况指标、福利水平立即实施不同的养老金支付指数（Gannon et al.，2014）。例如，瑞典在养老金超过资产负债表的要求时，名义回报率会被要求向下调整。加拿大、德国和日本等发达国家则设计了一套风险分担机制（risk - sharing mechanisms），通过对国家养老金制度的缴款人和领取养老金的人实施动态管理来维持养老金的可持续性并兼顾代际公平（Alonso García，2018）。还有一些国家加强了养老金和收入的联系。例如，爱沙尼亚、立陶宛和斯洛伐克已经转换为积分计划（劳动者根据其收入获得退休金积分，在退休时将总积分乘以每个积分对应的价值即可将其转换为常规退休金支付），退休待遇与终生收入成正比；法国也计划引入普遍适用的积分计划。

许多国家还针对代际不公平现象提出了其他改进方式，如延迟退休、限制提早退休、提高老年人劳动参与率、严格规定养老金领取条件等，使年轻一代和老年一代共同担负财政负担，从而缓解代际冲突。例如，为促进社会经济发展而采取的提早退休计划就会扭曲年轻人的就业水平。Schokkaert 和 Parijs（2003）认为，不仅即将退休一代需要工作更久来满足增长的养老金支出，他们的后代也同样需要承担低生育率的成本。保证代际公平是养老金可持续性的基础，当代际冲突产生时，养老金会出现断供，从而打破养老金制度的可持续性平衡。因此，只有当代劳动者调动劳动积极性，足额缴费才能使得退休人员有充足的养老金供应，以此解决养老金制度的可持续性问题。

（2）代内平等。养老金制度的代内平等性是其可持续性的社会基础，过去十多年来，老年人贫困和养老金不平等问题一直是养老金改革的重点方向之一（Meyer & Bridgen，2018）。养老金是老年人的重要收入来源，在发达经济体中养老金占老年人收入的60%以上。养老金也有助于减少贫困，Chen 等（2018）研究发现，在没有养老金的情况下，65岁以上人群的贫困率远高于其他任何群体。Smeeding 和 Willamson（2001）认为公共养老金政策可以有效缓解老年人的收入不平等现象。公共养老金是再分配过程中的重要组成部分（Wang et al.，2012），可能会减少社会收入差距，对于维持收入分配平等性有着重要的作用。

而养老金私有化则意味着个体劳动者和退休人员会承担更多的风险（Arza，2012），不利于社会的平等。例如，瑞典的私人养老金就几乎没有任何反贫困和减缓不平等性的效果（Anderson et al.，2000）。英国公共退休制度的私有化使福利院受益，却没有使收入最低的老年人受益（Williamson，2000）。引入私人养老金会加剧代内不平等现象，且当国家的养老金补贴是按照个人缴费比例增加时，现有的代内不平等现象会进一步加剧。私人养老金取决于工作时期的收入，在一般情况下，在职工资高的人会有更多的退休储蓄和投资积累，因此这些人会拥有更多的财富，导致不平等现象加剧。Jang（2019）利用经济合作与发展组织（OECD）社会福利数据研究发现，私人养老金的增加会加剧收入不平等现象，最终将使得相应的养老金制度失去群众基础，从而影响缴费率和资金池的扩大。Neugschwender（2014）利用6个欧洲国家的微观数据研究发现，年轻人群对私人养老金的高度依赖使得他们的收入不平等程度更高。因此，一个国家的养老金制度是否能够减缓收入不平等现象取决于各支柱的相对权重（Ebbinghaus，2011）。北欧福利国家会通过提供国家基本养老金来增强代内平等性（Bonoli，2000），而更重视市场经济的国家则通过私人养老金来补充最低水平的基本养老金，为代内不平等性留下了更大的空间（Warner，2016）。世界各国代内不平等状况的日益加剧阻碍了经济和社会发展，也使得养老金制度的可持续性面临更大的不确定性。

改进养老金制度的代内平等性问题需要考虑个体异质性的影响。很多文献证明，拥有更多财富、健康和人力资本的员工，可能会由于养老金制度而使退休储蓄和投资积累速度加快，使人们财富差距变得更大，这也被称为“优势累积”（cumulative advantage）效应。一些学者从预期寿命角度对养老金制度的平等性进行考察。预期寿命的本身差异就与社会不平等密切相关：高收入者比低收入者寿命更长，而养老金分配会加剧这种不平等现象。Pestieau 和 Ponthiere（2012）研究了养老金制度在不同预期寿命人群之间的再分配效应，通过使用具有两个时期、两种类型的代理人（长寿和短寿）的 OLG 模型证明，养老金制度会加剧不同寿命人群间的收入不平等现象。Ayuso 等（2016）讨论了寿命异质性对与收入相关的养老金的影响，验证了这个观察：对于长寿和受过良好教育的人，养老金福利明显高于短寿和受教育程度较低的人。此外，由社会经济地位差异导致的预期寿命异质性现象正在增加。例如在美国，受教育少于 12 年和超过 16 年的人的预期寿命差距从 1990 年的不到 3 岁增加到了 2008 年的 10 岁（Olshansky et al.，2012）。在此基础上，Sanchez - Romero 和 Prskawetz（2017）对美国的研究发现，由于社会经济地位而增加的预期寿命差距可能会加剧养老金制度的代内不平等性。尽管收入较高的人获得的退休金比例较低，但由于预期寿命较高，他们仍可以在较长的时间内领取养老金。Geri 等（2019）研究了 1994—2017 年阿根廷养老金制度的不平等状况与个人社会经济地位的关系，并评估了性别、年龄和受教育程度等变量是如何影响这种不平等的。结果表明，养老金会更多地覆盖教育水平较高的人。Riekhoff 和 Järnefelt（2018）利用多层次回归模型研究了芬兰养老金制度的再分配结果，分析了 57 ~ 66 岁芬兰雇员的收入和退休数据，结果发现养老金制度不会改变性别和工作部门之间的不平等现象。

Rattenhuber 和 Jouste（2019）对南非、坦桑尼亚和厄瓜多尔进行研究发现，养老金制度和代内平等性的关系与相应的税收福利制度有密切联系，一项激励创业、激励年轻人努力工作的税收制度有利于在养老金制度的普及过程中提高代内平等性。而 Pfarr 和 Schneider（2013）基于德国的储蓄面板数据研究发现，德国政府在引入政府补贴和税收抵免等激励措施后，私人养老金的发展在不同群体间的程度不同：拥有较高资产的个人更愿意对私人养老金进行投资；而对于低资产者，补贴对其个人养老储蓄并未产生明显的影响。因此，一项考虑到弱势群体的养老金制度对保证代内平等性具有重要意义。当公共养老金只覆盖有限的人口比例时，弱势群体可能会被排除在公共养老金制度之外，导致收入差距变大。在这种情况下，如果中产阶级和富裕阶层加入私人养老金制度，收入不平等会进一步加剧。世界银行养老金五支柱制度中的第零支柱（非缴费型养老金）正是基于这个原因而被设计出来的，这种养老金主要依靠政府的财政转移支付为最低收入人群提供最基本的保障。基本养老金覆盖可以减少代内不平等，但也会对总就业和总福利产生负面影响。更好的办法是保持个人劳动收入和养老金之间的紧密联系，同时大力提高低收入人群的替代率。此外，Sabbagh 和 Vanhuysse（2012）还从政治经济学视角进行了分析，认为公平的养老金制度可以缓解劳资矛盾，为生产活动提供稳定的环境，有利于解决养老金制度的可持续性问题。如果不能解决现存的代际公平和代内平等问题，理性劳动者预期到自己并不能领取到满意的养老金，可能会放弃缴费，这将导致退休者的社会福利降低并引发代际冲突危机，还会引发养老金可持续性危机。

四、人口老龄化对养老金制度可持续性的冲击

在过去几十年里，人口老龄化成为全球趋势，各个国家的人口结构都发生了重大变化。老年人口在总人口中的比例不断增加，主要受到预期寿命延长（Cipriani，2014）和生育水平大幅降低的影响（Bovenberg，2008；Hirazawa et al.，2014）。这种人口结构变化在发达国家比在发展中国家更为明显。世界银行 2019 年的数据显示，日本 65 岁以上人口比例达到 27%，成为全球人口老龄化最严重的国家；而意大利以 23%、德国以 21% 分别位居第二和第三。有着老年人口增加和劳动力人口缩减这种特点的人口结构导致经济生产率下降，社会养老支出增加不仅给劳动人口带来了养老压力，还拖慢了经济增长的进程。因此，为了应对人口老龄化给养老金制度可持续性带来的冲击，有必要对养老金制度进行一系列的改革（Jung & Cho，2019）。老龄化加剧对现收现付制的冲击更大一些，损害了许多发达国家养老金制度的偿付能力。因为当养老金支出在政府支出中占很大比例时，政府会面临严重的财政负担，如荷兰的人口老龄化就导致了养老金支出远高于税收收入，严重危及了公共财政的可持续性。Wahab 等（2017）发现当巴基斯坦的财政收入水平不能提供满足其转移支付所需的资金时，有限的财政收入和增加的财政支出会加剧财政赤字。在这种情况下，政府可以通过借贷（内部或外部债务）或征税为其财政支出（如养老金支出）提供资金。但如果这种转移超出其承受能力，则可能会导致严重的经济后果，如越来越重的财政负担将会转移到子孙后代身上，被迫增税或抑制政府开支的情况将会发生。所以，养老金制度改革与发展必须始终与人口结构相适应才能在保证财政收支平衡的基础上更好地保障老年人的各类需求。目前研究人口老龄化对养老金可持续性的冲击以及不同国家的政府如何制定养老金制度来应对人口结构变化问题的文献越来越多。结合已往文献，本文从预期寿命延长和生育率下降两方面探究人口老龄化对养老金制度可持续性的影响。

（一）预期寿命延长对养老金制度可持续性的影响

预期寿命延长使养老金制度的可持续性面临威胁（Poterba，2014）。Cipriani（2014）

在 Fanti 和 Gori（2012）模型的基础上通过内生化生育率因素发现，预期寿命的延长会导致生育率的下降，这将加剧养老金的支付压力。不过，当预期寿命延长时，人力资本投资可以在更长时间内发挥作用，这提高了人力资本投资的预期收益率，所以预期寿命延长也会促进人力资本投资（Cipriani & Makris，2006；Masson et al.，2016）。预期寿命延长虽然会使劳动力数量减少，但也会使人力资本水平提高，这种质量和数量间的替换可以一定程度上削弱预期寿命延长对养老金制度可持续性的不利影响（Ludwig et al.，2008；Heijdra & Reijnders，2012）。Stauvermann 和 Kumar（2016）使用了一个具有内生生育率、内生寿命和人力资本积累的世代交替模型，从理论上探讨了现收现付制在人口不断减少、退休一代人寿命不断延长的情况下是否可持续。研究发现，如果父母对人力资本的投资是有利的，那么养老金在未来会一直增加。此外，若养老金福利与年轻一代消费之间的比率达到一个正的极限值，则现收现付制不会因预期寿命延长和生育率下降而出现偿付能力不足的问题。

近年来，许多发达国家对养老金制度进行了改革，以应对预期寿命延长对养老金制度可持续性的不利影响。消除不利影响的第一项政策是延长退休年龄（Turner，2009；Andersen，2012）。延长退休年龄会从供给和需求两个方面给养老金制度可持续性带来影响。从供给方面来看，退休年龄延长会增加劳动力的养老金缴费年限，从而使养老金收入增加；从需求方面来看，退休年龄延长会缩短退休者的养老金领取年限，从而使养老金支出减少。这两方面的双重作用会使养老金制度的可持续性危机得到缓解。日本（Oshio，2018）、法国（Hairault，2010）、韩国（Hong & Kang，2015）、奥地利（Christl & Kucsera，2019）、马来西亚（Darmaraj & Narayanan，2019）等国别经验研究都证明了这一点。延迟退休可以促进老年人力资本的形成，使其与年轻人形成优势互补。这样一方面将减少企业财务压力，另一方面将缓解人口结构不平衡压力，从而解决养老金制度的可持续性危机。此外，若劳动者提早退休，就会形成劳动力市场的扭曲，导致总体福利损失，不利于解决养老金制度的可持续性问题。消除不利影响的第二项政策是取消养老金收入测试。收入测试是指当养老金领取者的劳动收入超过一定门槛时，养老金福利会减少，这既是对常规收入税的补充，又是高收入劳动者的隐含税率。它会扩大雇主的工资成本和工人的净工资之间的差距，使工作的社会价值远超过已获闲暇的私人价值。收入测试的取消可使超过提前退休年龄的工人保持强烈的工作欲望（Andersen et al.，2020）。Hernæs 等（2016）对挪威进行研究发现，取消收入测试使得 63 岁劳动者每周平均劳动供给增加了 7 小时（30%），64 岁劳动者增加了 8 小时（46%）。因此，取消收入测试会对有提前退休计划工人的就业率产生积极的影响，工人劳动意愿增强显然有利于提高养老金的可持续性。

此外，预期寿命延长和生育率下降的结合可能会形成短暂的人口红利期（Blake &

Mayhew，2006），在这一时期，劳动生产率会提高且劳动人数会增长（Bloom & Williamson，1998）。随着劳动人数供应相对于资本的下降，工资相对于利率会上升，这反过来会鼓励生产过程中资本对劳动力的替代。由此产生的资本创造（通过借贷或股票发行融资的投资）增加了每个工人的资本，从而提高了劳动生产率，更高的生产率反过来增加了对劳动力的需求。因此，这种人口红利会有更高的总产出和储蓄（Feyer，2002）以及更低的通货膨胀率和利率（Lindh & Malmberg，1999）。当红利持续时，更高的总产出可以支持更多的养老金领取者，使得养老金资金保持充足，满足可持续性。不过，这种人口红利是不可持续的，当预期寿命延长进一步加剧时，年轻人太少终会导致生产严重衰退，增大养老金发生短缺的可能性。此外，为应对预期寿命延长的养老金改革可能会给更晚的一代人的福利带来影响。Bonenkamp 等（2017）研究发现，一些国家的养老金改革是从固定福利转向固定缴款，改革的风险不仅要由当前退休人员和工人来承担，还要由未来一代或者几代人承担（取决于平滑期的长度），事实上，受损的可能是更远的下一代。Kitao（2017）利用 OLG 动态一般均衡模型研究了日本预期寿命延长对财政可持续性的影响，模拟了在 2020 年、2030 年和 2040 年启动改革的三种情况。研究结果表明，改革预计在 30 年内逐步将养老金替代率降低 20%，将退休年龄提高 3 年。这意味着后代人将面临更高的税收和更低的福利，且改革时间的拖延将导致后代人面临更高的税收负担，用以偿还预期寿命延长的累积成本。因此，预期寿命延长对养老金制度可持续性的冲击具有长期效应。

（二）生育率下降对养老金制度可持续性的影响

理论模型研究了生育率下降的三项主要影响：代际转移效应、资本稀释效应和子女质量效应。代际转移效应是指生育率下降会减少未来赡养养老金领取者的工人人数，导致养老金的可持续性受到威胁（Alders & Broer，2005）。资本稀释效应是指生育率下降减轻了上一代储蓄的稀释，增加了市场资本存量，从而减少了失业率并提高了人均产出和养老金支出（Marchand et al.，1996；Morimoto et al.，2018）。子女质量效应是指父母决定将儿童投资从注重数量转向注重质量，即投资于儿童的人力资本，从而有助于提高其未来的工资水平，缓解养老金缴纳压力（Cremer et al.，2011），这也被称为“积极的代际外部性”（Stauvermann & Wernitz，2019）。教育转移和现收现付制福利被视为代际间的隐性契约，可以同步实现对教育的有效投资和对养老金可持续性的维持。

当生育率下降时，降低替代率（Kitao，2015）和提高缴费率（McCarthy & Zheng，2010）都是有效的应对举措。Nam（2008）使用具有特殊冲击的 OLG 模型分析了韩国公共养老金对私人储蓄的影响。研究结果表明，如果实施一项养老金费率不断提高的改革方案，可以稳定养老金资金，从而增加整体储蓄以应对问题。Choi 和 Kim（2016）构建了一项新的养老金制度，将韩国的公共养老金制度与名义固定缴款计划（NDC）相结合，仿真模拟结果表明，新制度在保留收入再分配的前提下能够减少生育率下降引起的金融不稳定情况的发生。此外，提供儿童津贴或教育补贴可以直接刺激生育率的提升。在许多发达国家，如澳大利亚、日本和瑞典，儿童津贴是很普遍的。这项规定减少了抚养孩子的费用，使父母有更强的动机来生育更多的孩子。如果未来有更多劳动者可以供养老年人，就能减轻政府的预算负担，使养老金账户的平衡得以维持。Fenge 和 Meier（2005）、Van Groezen 和 Meijdam（2008）通过内生化生育率的 OLG 模型发现，儿童津贴可以提高生育率，进而对养老金财政账户平衡产生积极影响。Stauvermann 和 Wernitz（2019）提出，在儿童津贴使得子女数量增加后，要防止因为孩子受教育程度降低而收入降低的现象出现，从而防止对未来的现收现付制产生负面影响。Chen（2018）通过建立具有外生和内生退休年龄的 OLG 模型，讨论生育率和退休年龄的共同作用时发现，在退休年龄外生的情况下，当资本的产出弹性较低时，生育率的增加可能会增加养老金；当资本的产出弹性高时，如果税率足够高，则生育率（退休年龄）的增加将减少（提高）养老金。在具有内生退休年龄的情况下，如果生育率足够高，较高的生育率将减少养老金，但是如果资本的产出弹性和税率足够低，则这种变化将提高养老金。因此与发达国家相比，提高生育率可能使得发展中国家减少养老金支出，且政府还应考虑其他经济变量，如抚养子女的费用、资本的产出弹性及税率变化等。各国的历史、文化和体制框架不同，因此要选择不同的解决办法和改革路线来解决人口结构变化问题。在预期寿命延长和生育率下降条件下的养老金制度改革应该符合各国的国情，从经济增长和社会福利角度探索改革的最优方案，这才有助于减缓人口结构变化带来的冲击，并维持养老金财政账户的平衡。

此外，为了解决养老金的可持续性问题，研究劳动力市场与养老金制度之间的互动机制尤为重要（Ono，2010）。一方面，养老金制度显然会对劳动力市场产生影响。Borjas（2011）利用 1960—2000 年美国人口普查数据，研究了养老金制度对劳动力供给的影响。美国养老金领取必须符合的规则是：个人年满 62 岁且有 10 年的工作时长；美国鼓励在法定退休年龄之后退休，每延后 1 个月退休可增加 0.25% 的退休金。若 70 岁退休，退休金则增加 30%；雇员在年满 70.5 岁时，必须开始从个人账户中取款，否则将对应取款额征税 50%。由此可见，相关制度对劳动力的就业意愿产生了显著影响。另一方面，劳动力市场的劳动者结构、劳动力流动性都会对养老金制度产生重要影响。例如，Imrohoroglu（2016）研究发现，更多的女性劳动力就业有助于实现养老金财政账户平衡；Han（2013）采用误差修正模型对 1981—2009 年欧洲国家的跨国时间序列数据进行分析发现，劳动力的迁移减轻了公共养老金财政账户的平衡压力。养老金制度与劳动力市场具有内在联系，只有充分考虑各国劳动力市场结构特征，才能制定相应的最优养老金制度，解决养老金制度的可持续性问题。

五、中国养老金制度现状及启示

（一）中国养老金制度现状

我国虽已初步形成由国家、企业和个人组成的三支柱养老金制度，但各支柱发展不均衡问题突出。我国现行的养老金制度以现收现付制为基础，城镇职工基本养老保险作为第一支柱承担了主要职能，作为基金积累制的职业养老金及私人养老金（分别为第二支柱和第三支柱）发展缓慢。2018 年年末，城镇职工基本养老保险结余 5.09 万亿元，占当年 GDP 的 5.14%；而三个支柱的养老金总计结余 6.57 万亿元，仅占当年 GDP 的 7.3%。据统计，同时期经济与合作组织（OECD）的公共养老金和私人养老金的资产总额超过 42 万亿美元；其中，美国作为 OECD 成员国中养老金市场体量最大的国家，其资产规模达 27.5 万亿美元。并且，OECD 各成员的加权平均养老金资产与 GDP 的比值高达 82.3%①。相较而言，我国养老金仍面临较大缺口。《中国养老金精算报告 2019—2050》预测，在企业缴费率为 16% 的基准情境下，企业职工基本养老金将可能在 2028—2035 年出现收不抵支的情况②。

随着人口老龄化的不断加剧，我国退休人员日益增长的养老保障需求与当前多支柱养老金制度的矛盾日渐突出。国家统计局人口数据显示，2019 年年末，我国 60 周岁及以上人口达 25388 万人，占总人口的 18.1%，其中 65 周岁及以上人口达 17603 万人，占总人口的 12.6%③；国家卫生健康委发布的统计公报显示，2019 年我国居民人均预期寿命达到 77.3 岁④。与此同时，我国养老金待遇也逐年提高，自 2005 年以来，我国已经连续 16 年按照每年 5% 的标准提高退休人员的养老金待遇水平⑤。随着人口老龄化加剧和养老需求的进一步提升，我国养老金支付缺口将进一步扩大，现有养老金制度亟须改革。

此外，我国养老金结余主要依靠政府的财政补助，而政府对养老金的持续补助会挤占生产性支出，最终对经济增长产生负面影响。自 1997 年全国统一的统账结合城镇职工养老金制度正式建立以来，中央和地方政府就一直在提供财政补贴。1998 年至今，中央财政

---

① OECD：Pensions at a Glance 2019：OECD and G20 Indicators，http://www.oecd.org/publications/oecd－pensions－at－a－glance－19991363.htm.

② 中国社会科学院世界社保研究中心发布的《中国养老金精算报告 2019—2050》。

③ 国家统计局发布的《2019 年国民经济和社会发展统计公报》。

④ 国家卫生健康委员会发布的《2019 年我国卫生健康事业发展统计公报》。

⑤ 中华人民共和国人力资源和社会保障部发布的《人力资源社会保障部　财政部关于 2020 年调整退休人员基本养老金的通知》。

持续加大对养老金的补贴力度，并重点向养老金收支矛盾比较突出的中西部地区和老工业基地倾斜。虽然各级财政对养老金的补贴额度持续增加，但仍不足以弥补我国养老金缺口。由此看来，我国养老金制度存在的问题不能仅仅依靠政府财政补贴来解决，而是需要通过制度改革从根本上解决。

若养老金制度忽略个人责任，过度强调国家作用，则会导致养老金财政账户的不平衡，甚至落入福利陷阱。所以，发达国家在面临人口老龄化问题时，提出了促进私人养老金储蓄的政策，以期加强养老金基金管理公司在经济中的作用，这种不断增长的养老金储蓄可以预期对经济增长产生积极影响（Coletta & Zinni，2013）。多支柱养老金制度的优化改革不仅能满足人们高层次的养老储蓄需求，还能缓解政府的养老压力，同时也减轻了中小企业的财政负担，为提高公众福利、推动经济发展做出了重要贡献，这种政策方法值得我们借鉴。

（二）启示

通过对世界各国的养老金制度发展的梳理，笔者发现各个国家养老金发展的阶段各不相同。与欧美发达国家相比，中国养老金制度的推行时间较短，目前仍然处于发展阶段。具体而言，我国现行养老金制度存在参保人数不足、缴费率低、各个地区发展不平衡等问题。养老金制度作为社会保障的重要环节，关系着千家万户的福利。自 1986 年以来，我国养老金制度由“单位制”下的现收现付制向“统账结合式”转轨，这在一定程度上满足了养老金收支平衡的需要。但是，在实施过程中，养老金个人账户始终没有与社会统筹账户分离，个人账户空账问题一直无法解决。过去 20 年来，许多国家为减轻现收现付制的财政可持续性压力，已经逐步提高私人养老金在提供退休收入方面的作用（Bijlsma et al.，2014）。因此，参考欧美发达国家养老金制度改革的经验和教训，我国有必要继续推进养老金制度的统账分离。另外，还要切实将养老金的可持续性与经济增长和社会福利相结合，使经济增长成果和养老金制度所带来的社会福利惠及每一位公民。如此，养老金制度的可持续性问题才能得到根本解决。根据我国养老金制度的现状和发达国家的改革经验，本文提出以下建议：

首先，我国应该充分调动政府、社会和个人的积极性，大力发展第二、第三支柱养老金。第三支柱主要是私人商业养老保险，随着公民意识的提升和产品供给的不断丰富，私人养老金应成为保证养老金覆盖的重要力量。综观各国养老金制度的历史沿革和实践经验，不难发现：在人口老龄化加剧、产业结构变动和生产力水平变化的新常态时期，单一支柱的养老金制度已失去其适用性，只有建立政府、企业、个人责任共担的三支柱养老金制度，才能实现养老金制度的可持续性。健全完善养老金制度结构，需要大力推进第三支柱私人养老金发展，并为其提供政策层面的支持。只有提高制度吸引力和调动群众积极性双管齐下，才能保证养老金的来源充足，以促进养老金制度的可持续发展和推动经济高质量发展。这既是构建新时代可持续、多层次养老保障体系的重要举措，又是贯彻落实党的十九大精神的重要环节。

其次，我国应对养老金制度进行参数改革，增强养老金制度的收入分配调节功能。例如，可以适当减轻低收入者的缴费负担，对低收入者提供一定的补贴和税收减免，以此激励更多的公民加入养老金制度体系，从而提升养老金制度的社会福利作用。退休人员的收入水平较低以及老年人口贫困率较高等问题都会加剧社会不平等，在进行养老金制度改革的过程中需要加以平衡。此外，养老金制度对劳动力市场的扭曲作用在一定程度上导致了2012 年以来我国法定退休年龄以下人口的负增长趋势。因此，我国应严格规范退休时间和资格，协调平衡养老金制度下的代际关系。总而言之，保障养老金制度的代际公平和代内公平等，与兼具效率和公平的市场环境相辅相成，不仅可以使经济增长的成果惠及民生大众，还能为经济平稳可持续发展提供动力和保障，最终实现共同富裕的奋斗目标。

再次，公共和私人养老金机构进入金融市场后会面临风险问题，相关部门需做好监管工作。养老金体量庞大，需在有效的政策监管下投放进入金融市场。我国应审慎合理地选择养老金的投资方向，尤其注意应将养老金有效转化为经济增长所需的中长期资本，促进其在支柱产业、重点领域和核心部门的高效利用。一方面，养老金作为金融体系流动性来源的重要补充，对缓解我国金融市场的长期流动性不足和长短期错配等状况有重要作用，可以带动经济整体运行效率的提升。另一方面，监管机构作为养老金管理的主体，应保障养老金产品的资金安全，合理控制风险水平，为养老金储备提供持续的资金保障。只有在我国资本市场的监管逐步规范的前提下，养老金的投资外部环境才足够安全，才能使人民的利益得到保障。养老金的市场化和多元化投资运营是符合我国国情和发展形势的必要选择。随着人口老龄化加剧，养老金资金投资运营和保值增值任务的重要性更加突出，这既是机遇也是挑战。

最后，我国各个省（区、市）养老金制度发展不平衡的现象严重，需尽快建成全国统筹的养老金制度体系，解决发展中的不平衡不充分问题。一些省（区、市）的养老金账户长期处于赤字，需要国家和其他省（区、市）的持续补助，这不利于养老金制度的可持续性发展。只有在省级统筹的基础上加快推进全国统筹，才能均衡各个地区间的养老金财政负担。此外，单纯依靠中央调剂是不足以维持养老金制度可持续性的，各地区政府还要充分发挥主观能动性、释放经济增长潜能，才能为养老金制度提供源源不断的物质储备，从而实现我国养老金制度的可持续发展。这需要从产业规划、劳动力市场和收入分配机制等角度提出综合的改革方案。

参考文献

[1]Acemoglu D. ,Restrepo P. Secular stagnation? The effect of aging on economic growth in the age of automation[J]. American Economic Review,2017,107(5):174 - 179.

[2]Aghion P. et al. When does domestic savings matter for economic growth? [J]. IMF Economic Review,2016,64(3):381 - 407.

[3]Ahn J. ,Lee J. Effects of pension contribution on household saving and consumption under financial indebtedness[J]. Korea and the World Economy,2016,17(3):295 - 326.

[4]Alda M. The relationship between pension funds and the stock market: Does the aging population of Europe affect it? [J]. International Review of Financial Analysis,2017,49(1):83 - 97.

[5]Alders P. , Broer D. P. Ageing, fertility, and growth[J]. Journal of Public Economics, 2005,89(5 - 6):1075 - 1095.

[6]Alonso García J. et al. Adequacy, fairness and sustainability of pay as you go pension systems: Defined benefit versus defined contribution[J]. European Journal of Finance,2018,24(13): 1100 - 1122.

[7]Amaglobeli D. et al. The future of saving: The role of pension system design in an aging world[Z]. IMF Staff Discussion Notes from International Monetary Fund, No. 001,2019.

[8]Ameh O. E. et al. Impact of contributory pension scheme on economic growth in Nigeria: An empirical analysis[J]. International Journal of Research in Humanities and Social Studies, 2017,4(6):24 - 35.

[9]Andersen A. et al. Pension reform and the efficiency - equity trade - off: Impacts of removing an early retirement subsidy[EB/OL]. Available at SSRN: https://papers. ssrn. com/sol3/papers. cfm? abstract_id = 3525246,2020.

[10]Andersen T. M. Fiscal sustainability and demographics - Should we save or work more? [J]. Journal of Macroeconomics,2012,34(2):264 - 280.

[11]Anderson G. F. et al. Population aging: A comparison among industrialized countries [J]. Aging Male,2000,3(3):158.

[12]Arza C. Who gets what? Distributive principles and impacts of the argentine pension system[J]. Perspective of the World Review,2012,4(2):173 - 196.

[13]Ayuso M. et al. On the heterogeneity in longevity among socioeconomic groups: Scope, trends, and implications for earnings - related pension schemes[EB/OL]. Available at SSRN: https://papers. ssrn. com/sol3/papers. cfm? abstract_id = 2810471,2016.

[14] Barr N. Reforming pensions: Myths, truths, and policy choices[J]. International Social Security Review, 2022, 55(2): 3 – 36.

[15] Barro R. J., Becker G. S. Fertility choice in a model of economic growth[J]. Econometrica, 1989, 57(2): 481 – 501.

[16] Barro R. J. Are government bonds net wealth? [J]. Journal of Political Economy, 1974, 82(6): 1095 – 1117.

[17] Beck T., Levine R. Stock markets, banks, and growth: Panel evidence[J]. Journal of Banking & Finance, 2004, 28(3): 423 – 442.

[18] Beetsma R., Oksanen H. Pensions under ageing populations and the EU stability and growth pact[J]. CESifo Economic Studies, 2008, 54(4): 563 – 592.

[19] Bijlsma M. J. et al. Economic growth and funded pension systems[EB/OL]. Available at SSRN: https://papers.ssrn.com/sol3/papers.cfm? abstract_id = 2470544, 2014.

[20] Blake D., Mayhew L. On the sustainability of the UK state pension system in the light of population ageing and declining fertility[J]. Economic Journal, 2006, 116(512): 286 – 305.

[21] Bloom D. E., Williamson J. G. Demographic transitions and economic miracles in emerging Asia[J]. World Bank Economic Review, 1998, 12(3): 419 – 455.

[22] Boldrin M., Jones L. E. Mortality, fertility, and saving in a Malthusian economy [J]. Review of Economic Dynamics, 2002, 5(4): 775 – 814.

[23] Boldrin M., et al. Fertility and social security[J]. Journal of Demographic Economics, 2015, 81(3): 261 – 299.

[24] Bonenkamp J. et al. Ageing – driven pension reforms[J]. Journal of Population Economics, 2017, 30(3): 953 – 976.

[25] Bonoli G. The Politics of Pension Reform: Institutions and Policy Change in Western Europe[M]. London: Cambridge University Press, 2000.

[26] Borjas G. J. Social security eligibility and the labor supply of older immigrants [J]. Industrial & Labor Relations Review, 2011, 64(3): 485 – 501.

[27] Bovenberg A. L. The life – course perspective and social policies: An overview of the issues[J]. CESifo Economic Studies, 2008, 54(4): 593 – 641.

[28] Chang T. et al. Does insurance activity promote economic growth? Further evidence based on bootstrap panel Granger causality test[J]. European Journal of Finance, 2014, 20(12): 1187 – 1210.

[29] Chen H. J. Fertility, retirement age, and pay – as – you – go pensions[J]. Journal of

Public Economic Theory,2018,20(6):944 -961.

[30]Chen T. et al. Inequality and poverty across generations in the European Union [EB/OL]. Available at SSRN: https://papers. ssrn. com/sol3/papers. cfm? abstract_id =3127781,2018.

[31]Choi J. H. ,Kim J. T. Designing an alternative public pension scheme: A Korean case study[J]. Global Economic Review,2016,45(4):380 -404.

[32]Christl M. ,Kucsera D. Actuarial neutrality and financial incentives for early retirement in the Austrian pension system[J]. Danube: Law and Economics Review,2019,10(1):1 -22.

[33]Cigno A. How to avoid a pension crisis: A question of intelligent system design [J]. CESifo Economic Studies,2010(56):21 -37.

[34]Cipriani G. P. ,Makris M. A model with self - fulfilling prophecies of longevity [J]. Economics Letters,2006,91(1):122 -126.

[35]Cipriani G. P. Population aging and PAYG pensions in the OLG model[J]. Journal of Population Economics,2014(27):251 -256.

[36]Coletta M. ,Zinni B. Insurance corporations and pension funds in OECD countries[EB/OL]. Available at SSRN: https://papers. ssrn. com/sol3/papers. cfm? abstract_id =2283125,2013.

[37]Cremer H. et al. Fertility, human capital accumulation, and the pension system [J]. Journal of Public Economics,2011,95(11 -12):1272 -1279.

[38]Curtis C. et al. Demographics and aggregate household saving in Japan, China, and India[J]. Journal of Macroeconomics,2017(52):175 -191.

[39]Darmaraj S. R. ,Narayanan S. The long - term financial sustainability of the civil service pension scheme in Malaysia[J]. Asian Economic Papers,2019,18(1):155 -178.

[40]Davis E. P. ,Steil B. Institutional Investments[M]. Cambridge:MIT Press,2001.

[41]Davis E. P. ,Hu Y. W. Does funding of pensions stimulate economic growth? [J]. Journal of Pension Economics & Finance,2008,7(2):221 -249.

[42]Diamond P. A. National debt in a neoclassical growth model[J]. American Economic Review,1965,55(5):1126 -1150.

[43]Ebbinghaus B. The Varieties of Pension Governance: Pension Privatization in Europe [M]. Oxford:Oxford University Press,2011.

[44]Ehrlich I. ,Kim J. Social security and demographic trends: Theory and evidence from the international experience[J]. Review of Economic Dynamics,2007,10(1):55 -77.

[45]Eugeni S. An OLG model of global imbalances[J]. Journal of International Economics, 2015,95(1):83 -97.

[46] Fanti L. , Gori L. Fertility and PAYG pensions and in the overlapping generations model [J]. Journal of Population Economics, 2012, 25(3): 955 – 961.

[47] Feldstein M. Social security, induced retirement, and aggregate capital accumulation [J]. Journal of Political Economy, 1974, 82(5): 905 – 926.

[48] Feldstein M. Structural reform of social security [J]. Journal of Economic Perspectives, 2005, 19(2): 33 – 55.

[49] Fenge R. , Meier V. Pensions and fertility incentive [J]. Canadian Journal of Economics, 2005, 38(1): 28 – 48.

[50] Fenge R. , Scheubel B. Pensions and fertility: Back to the roots [J]. Journal of Population Economics, 2016, 30(1): 93 – 139.

[51] Fleisher B. et al. Human capital, economic growth, and regional inequality in China [J]. Journal of Development Economics, 2010, 92(2): 215 – 231.

[52] Gannon F. et al. Sustainability of the French first pillar pension scheme (CNAV): Assessing automatic balance mechanisms [J]. Australian Journal of Actuarial Practice, 2014, 2(11): 33 – 45.

[53] Geri M. et al. Inequity in access to the Argentinian pension system (1994 – 2017) [J]. International Social Security Review, 2019, 72(1): 83 – 105.

[54] Goldsmith R. W. Financial Structure and Development [M]. New Haven: Yale University Press, 1969.

[55] Hairault J. O. et al. Distance to retirement and older workers' employment: The case for delaying the retirement age [J]. Journal of the European Economic Association, 2010, 8(5): 1034 – 1076.

[56] Han K. J. Saving public pensions: Labor migration effects on pension systems in European countries [J]. Social Science Journal, 2013, 50(2): 152 – 161.

[57] Härtl K. , Leite D. N. The aging – inflation puzzle: On the interplay between aging, inflation and pension systems. VfS Annual Conference 2019 (Leipzig): 30 Years after the Fall of the Berlin Wall – Democracy and Market Economy [Z]. German Economic Association, 2018.

[58] Heijdra B. J. , Reijnders L. Human capital accumulation and the macroeconomy in an ageing society [J]. De Economist, 2012, 164(3): 297 – 334.

[59] Hernæs E. et al. Pension reform and labor supply [J]. Journal of Public Economics, 2016, 142(10): 39 – 55.

[60] Hindriks J. , De Donder P. The politics of redistributive social insurance [J]. Journal of Public Economics, 2003, 87(12): 2639 – 2660.

[61] Hirazawa M. et al. Fertility, intra – generational redistribution, and social security sustainability[J]. Canadian Journal of Economics, 2014, 47(1): 98 – 114.

[62] Honda T. Dynamic optimal pension fund portfolios when risk preferences are heterogeneous among pension participants[J]. International Review of Finance, 2012, 12(3): 329 – 355.

[63] Hong J. H., Kang T. S. Population aging and retirement extension study[J]. Economic Analysis, 2015, 22(2): 1 – 49.

[64] Hsieh Y. C., Tung A. C. Taiwan's national pension program: A remedy for rapid population aging? [J]. Journal of the Economics of Ageing, 2016(8): 52 – 66.

[65] Hu Y. Growth of Asian pension assets: Implications for financial and capital markets [R]. ADBI Working Paper Series, No. 360, 2012.

[66] Imrohoroglu S. et al. Achieving fiscal balance in Japan[J]. International Economic Review, 2016, 57(1): 117 – 154.

[67] Jang I. The distributive impact of private pensions in the context of the institutional designs of public pension systems across OECD countries[J]. International Journal of Social Welfare, 2019, 28(2): 152 – 166.

[68] Judd H. Social security and individual welfare: Precautionary saving, borrowing constraints, and the payroll tax[J]. American Economic Review, 1987, 77(4): 630 – 646.

[69] Jung J., Cho H. C. Analysis of the Korean pension system and alternatives using stochastic overlapping generation general equilibrium model[J]. Korea and the World Economy, 2019, 20(3): 219 – 258.

[70] Kaliciak A. et al. The importance of behavioural factors for pension savings decisions – cross – country evidence[J]. Acta Oeconomica: Periodical of the Hungarian Academy of Sciences, 2019, 69(3): 357 – 391.

[71] Kemnitz A., Wigger B. U. Growth and social security: The role of human capital [J]. European Journal of Political Economy, 2000, 16(4): 673 – 683.

[72] Kindermann F. Earnings related pension schemes and human capital formation [J]. Journal of Pension Economics & Finance, 2015, 14(1): 19 – 54.

[73] Kitao S. Pension reform and individual retirement accounts in Japan[J]. Journal of the Japanese and International Economies, 2015, 38(7): 111 – 126.

[74] Kitao S. When do we start? Pension reform in ageing Japan[J]. Japanese Economic Review, 2017, 68(1): 26 – 47.

[75] Knoef, M. et al. Measuring retirement savings adequacy: Developing a multi – pillar ap-

proach in the Netherlands[J]. Journal of Pension Economics & Finance,2016,15(1):55 –89.

[76]Kortleve N. The "defined ambition" pension plan: A Dutch interpretation[J]. Rotman International Journal of Pension Management,2013,6(1):6 –11.

[77]Kotera G. ,Okada K. How does democratization affect the composition of government expenditure? [J]. Journal of Economic Behavior & Organization,2017,137(5):145 –159.

[78]Kotlikoff L. J. Testing the theory of social security and life cycle accumulation [J]. American Economic Review,1979,69(3):396 –410.

[79]Koval N. et al. Analysis of economic –financial experience of the world countries in the system of pension insurance[J]. Baltic Journal of Economic Studies,2020,6(1):1 –8.

[80]Kwon K. Equity across generations and uncertainty within a generation: A welfare analysis of the national pension system[J]. KDI Journal of Economic Policy,2019,41(2):1 –39.

[81]Lachowska M. ,Myck M. The effect of public pension wealth on saving and expenditure [J]. American Economic Journal,2018,10(3):284 –308.

[82]Le Garrec G. Social security, income inequality and growth[J]. Journal of Pension Economics & Finance,2012,11(1):53 –70.

[83]Lindh T. ,Malmberg B. Age structure effects and growth in the OECD, 1950 –1990 [J]. Journal of Population Economics,1999,12(3):431 –449.

[84]Ludwig A. et al. Demographic change, human capital and welfare[J]. Social Science Electronic Publishing,2008,15(1):94 –107.

[85]Marchand M. et al. Intergenerational transfers in an endogenous growth model with fertility changes[J]. European Journal of Political Economy,1996,12(1):33 –48.

[86]Marini G. ,Scaramozzino P. Social security and intergenerational equity[J]. Journal of Economics,1999,70(1):17 –35.

[87]Masson A. et al. Demographic dividends, human capital, and saving[J]. Journal of the Economics of Ageing,2016,7(4):106 –122.

[88]McCarthy F. D. ,Zheng K. Population aging and pension systems: Reform options for China [EB/OL]. Available at SSRN: https://papers.ssrn.com/sol3/papers.cfm? abstract_id = 636131,2010.

[89]Meneu G. et al. The effects of recent Spanish pension reforms on sustainability and pension adequacy[J]. Applied Economics,2018(50):2459 –2468.

[90]Meyer T. ,Bridgen P. Individualisation reversed: The cross –class politics of social regulation in the UK's public/private pension mix[J]. Transfer,2018,24(1):25 –41.

[91] Morimoto T. et al. Population aging, labor market frictions, and PAYG pension [D]. Kwansei Gakuin University Discussion Paper, No. 172, 2018.

[92] Nam K. H. On the effects of public pension to private saving[J]. Journal of the Korean Economy, 2018(22): 29 - 51.

[93] Neugschwender J. Pension income inequality: A cohort study in six European countries [Z]. LIS Working Paper Series, No. 618, 2014.

[94] Obstfeld M. Evaluating risky consumption paths: The role of intertemporal substitutability[J]. European Economic Review, 1994, 38(7): 1471 - 1486.

[95] Olshansky S. J. et al. Differences in life expectancy due to race and educational differences are widening, and many may not catch up[J]. Health Affairs, 2012, 31(8): 1803 - 1813.

[96] Ono T. Growth and unemployment in an OLG economy with public pensions[J]. Journal of Population Economics, 2010, 23(2): 737 - 767.

[97] Oshio et al. Labor force participation of the elderly in Japan[R]. NBER Working Paper, No. 24614, 2018.

[98] Pecchenino R. A., Pollard P. S. Dependent children and aged parents: Funding education and social security in an aging economy[J]. Journal of Macroeconomics, 2002, 24(2): 145 - 169.

[99] Pestieau P., Ponthiere G. The public economics of increasing longevity[J]. Core Discussion Papers, 2012, 200(1): 35 - 68.

[100] Pfarr C., Schneider U. Choosing between subsidized or unsubsidized private pension schemes: Evidence from German panel data[J]. Journal of Pension Economics & Finance, 2013, 12(1): 62 - 91.

[101] Pino A., Yermo J. The impact of the 2007 - 2009 crisis on social security and private pension funds: A threat to their financial soundness? [J]. International Social Security Review, 2010, 63(2): 5 - 30.

[102] Poterba J. M. Retirement security in an aging population[J]. American Economic Review, 2014, 104(5): 1 - 30.

[103] Preston S. H. Children and the elderly: Divergent paths for America's dependents [J]. Demography, 1984, 21(4): 435 - 457.

[104] Puhakka M., Viren M. Social security, saving and fertility[J]. Finnish Economic Papers, 2012, 25(1): 28 - 42.

[105] Rattenhuber P., Jouste M. A role for universal pension? Simulating universal pensions in Ecuador, Ghana, Tanzania and South Africa[J]. International Journal of Microsimulation,

2019,12(1):13 -51.

[106]Riekhoff A. J. , Järnefelt N. Retirement trajectories and income redistribution through the pension system in Finland[J]. Social Forces,2018,97(1):27 -54.

[107]Ruiz J. L. Financial development, institutional investors, and economic growth [J]. International Review of Economics & Finance,2018,254(3):218 -224.

[108]Sabbagh C. ,Vanhuysse P. How do Israelis and Germans assess the justice of their pension system? [J]. Israel Studies Review,2012,27(2):207 -212.

[109]Samuelson P. A. An exact consumption -loan model of interest with or without the social contrivance of money[J]. Journal of Political Economy,1958,66(6):467 -482.

[110]Sanchez -Romero M. ,Prskawetz A. Redistributive effects of the US pension system among individuals with different life expectancy[J]. Journal of the Economics of Ageing,2017,10(3):51 -74.

[111]Schokkaert E. ,Van Parijs P. Debate on social justice and pension reform: Social justice and the reform of Europe's pension systems[J]. Journal of European Social Policy,2003,13(3):245 -263.

[112]Shukarov M. et al. Measuring sustainability of the "pay as you go" public pension system in the Republic of Macedonia[J]. Revija Za SocijalnuPolitiku,2019,26(1):55 -67.

[113]Smeeding T. M. ,Williamson J. Income maintenance in old age: What can be learned from cross -national comparisons[R]. Luxembourg Income Study Working Paper, No. 263,2001.

[114]Soll M. et al. Sustainability and adequacy of the Spanish pension system after the 2013 reform: A microsimulation analysis[J]. Review of Public Economics,2018,228(1): 109 -150.

[115]Stauvermann P. J. ,Wernitz F. Why child allowances fail to solve the pension problem of aging societies[J]. Economies,2019,7(4):1 -16.

[116]Stauvermann P. J. ,Kumar R. R. Sustainability of a pay -as -you -go pension system in a small open economy with ageing, human capital and endogenous fertility[J]. Metroeconomica,2016,67(1):2 -20.

[117]Storesletten K. et al. Consumption and risk sharing over the life cycle[J]. Journal of Monetary Economics,2004,51(3):609 -633.

[118]Turner A. Population ageing: What should we worry about? [J]. Biological Sciences,2009,364(1532):3009 -3021.

[119]Van Groezen B. ,Meijdam L. Growing old and staying young: Population policy in an ageing closed economy[J]. Journal of Population Economics,2008,21(3):573 -588.

[120]Wahab M. et al. The effects of population ageing on the public pension system in Pakistan[J]. Abasyn University Journal of Social Sciences,2017,10(2):252 - 269.

[121]Walker E. & Lefort F. Pension reform and capital markets: Are there any (hard) links [J]. Social Protection Discussion Paper, No. 201,2002.

[122]Wang C. et al. The redistributive effect of social transfer programmes and taxes: A decomposition across countries[J]. International Social Security Review,2012,65(3): 27 - 48.

[123]Wang H. et al. Retirement planning in the light of changing demographics [J]. Available at SSRN: https://papers. ssrn. com/sol3/papers. cfm? abstract_id = 2720939,2016.

[124]Warner D. F. The increasing heterogeneity of retirement in the USA: Interactions between state, firm, and individual determinants of later - life labor force withdrawal [J]. In: D. Hofäcker et al(eds), Delaying Retirement, Palgrave Macmillan,2016.

[125]Wilensky H. L. The Welfare State and Equality: Structural and Ideological Roots of Public Expenditures[M]. University of California Press,1974.

[126]Williamson J. B. Social security privatization: lessons from the United Kingdom. Available at SSRN: https://papers. ssrn. com/sol3/papers. cfm? abstract_id =251705,2000.

[127]Xiao Y. et al. Education on the cheap: The long - run effects of a free compulsory education reform in rural China[J]. Journal of Comparative Economics,2017,45(3):544 - 562.

[128]Xuan V. V. Does institutional ownership increase stock return volatility? Evidence from Vietnam[J]. International Review of Financial Analysis,2016,45(5):54 - 61.

从人口普查观察近年来我国人口流动的新变化

周景彤　王梅婷①

摘要： 基于第七次全国人口普查数据，本文分析了我国人口流动最新变化、主要动因和影响。与第六次全国人口普查时相比，近年来，我国人口流向保持基本稳定，中西部省会城市吸引力增强；人口省内流动明显增加但出现分化；流动人口老龄化、从业人口向非生产性服务业转移；流动人口消费“本地化”趋势增强，代际间消费模式差异明显。大规模流动人口在延续人口红利的同时，其新变化也将影响我国消费结构和产业投资方向，将加剧大城市与中小城市房地产市场的分化，加大大城市公共服务供给的压力。对此，应加快制造业转型升级和科技创新，推进流动人口市民化进程，通过规划和政策，增大和优化公共产品供给。

关键词： 人口普查；人口流动；老龄化；市民化

第七次全国人口普查（以下简称“七普”）显示，10 年来我国流动人口超预期增长，人口持续向大城市和都市圈聚集。2010 年以来，中国工业化、城镇化持续推进，带来了流动人口快速增长。截至 2020 年，人户分离的流动人口为 3.76 亿人，远高于国家统计局 2019 年公布的 2.36 亿人，较 2010 年人口普查时增长了 70%。大规模流动人口为流入地城市经济注入了活力，带动了城市消费和财政收入增长。但与此同时，人口流动方向、年龄结构、就业领域、消费水平等也发生了变化，对未来地区公共服务供给、产业结构等产生长期而重大的影响，值得高度关注。表 1 为“六普”“七普”人口流入前 20 名的城市。

① 周景彤、王梅婷，中国银行研究院高级经济师。

一、人口继续向东部地区和城市群集聚，流动人口年龄结构、流动方向出现分化

（一）人口继续向东部发达省份和城市群都市圈集聚，北方人口向南方迁移

“七普”数据显示，一是人口进一步向东部地区、核心城市群集聚，西北、东北地区人口净流出。与第六次全国人口普查（以下简称“六普”）相比，2020 年东部人口占比上升 2. 15 个百分点，中部、西部和东北地区人口占比分别下降 0. 79 个、0. 22 个和 1. 20 个百分点，同时，长三角、珠三角等主要城市群人口增长加快，集聚度增大。2010—2020 年，人口绝对数增长前四位的省份分别是广东、浙江、江苏、山东，而甘肃、内蒙古、山西、辽宁、吉林、黑龙江 6 省（区）出现人口萎缩，分别减少了 55. 5 万人、65. 7 万人、79. 6 万人、115. 5 万人、337. 9 万人、646. 4 万人（见图 1）。

地区	2020年GDP（亿元）	2020年人口普查（万人）	2020年人均GDP（元）	2010年GDP（亿元）	2010年人口普查（万人）	2010年人均GDP（元）	人口绝对数变化（万人）	人口相对变化（%）	人均GDP增长绝对额（元）
广东	110761	12601	87897	45945	10432	44042	2169	20.8%	43855
浙江	64613	6457	100071	27400	5443	50342	1014	18.6%	49728
江苏	102719	8475	121205	41384	7866	52610	609	7.7%	68595
山东	73129	10153	72029	33922	9579	35412	573	6.0%	36616
河南	54997	9937	55348	22655	9403	24093	534	5.7%	31255
福建	43904	4154	105690	15003	3689	40664	465	12.6%	65027
广西	22157	5013	44201	8552	4602	18583	410	8.9%	25619
新疆	13798	2585	53371	5437	2182	24924	404	18.5%	28466
贵州	17827	3856	46228	4519	3475	13005	381	11.0%	33223
四川	48599	8367	58080	17185	8042	21370	326	4.1%	36710
重庆	25003	3205	78002	8065	2885	27960	321	11.1%	50042
河北	36207	7461	48528	18004	7185	25056	276	3.8%	23472
北京	36103	2189	164904	14964	1961	76299	228	11.6%	88605
陕西	26182	3953	66235	9845	3733	26375	220	5.9%	39859
上海	38701	2487	155606	17915	2302	77828	185	8.0%	77778
安徽	38681	6103	63383	13250	5950	22268	153	2.6%	41114
海南	5532	1008	54878	2021	867	23301	141	16.3%	31577
云南	24522	4721	51943	7735	4597	16828	124	2.7%	35115
天津	14084	1387	101570	6831	1294	52794	93	7.2%	48777
宁夏	3921	720	54432	1572	630	24942	90	14.3%	29490
湖南	41781	6644	62881	15574	6570	23705	74	1.1%	39177
西藏	1903	365	52157	507	300	16903	65	21.5%	35254
江西	25692	4519	56854	9383	4457	21054	62	1.4%	35800
湖北	43443	5775	75223	16227	5724	28350	51	0.9%	46873
青海	3006	592	50742	1144	563	20335	30	5.3%	30407
甘肃	9017	2502	36038	3944	2558	15420	–56	–2.2%	20618
内蒙古	17360	2405	72185	8200	2471	33189	–66	–2.7%	38995
山西	17652	3492	50556	8904	3571	24932	–80	–2.2%	25624
辽宁	25115	4259	58967	13896	4375	31766	–115	–2.6%	27202
吉林	12311	2407	51141	6410	2745	23351	–338	–12.3%	27790
黑龙江	13699	3185	43009	8308	3831	21685	–646	–16.9%	21325
全国	1015986	141178	71965	412119	133281	30921	7897	5.9%	41044

图 1 2010—2020 年省级常住人口规模变化

资料来源：各地统计局、中国银行研究院。

二是中西部地区省会城市吸引力增强。2010 年人口净流入的前 20 名的城市主要为上海、深圳、北京等东部沿海城市；2020 年人口流入排名前 20 的城市中，成都、西安、郑

州、重庆、长沙等中西部地区省会城市的位置大幅上升（见表1）。

表1　“六普”“七普”人口流入前20名的城市　　单位：万人

排名	“六普”	流入规模	“七普”	流入规模
1	上海	890	深圳	713
2	深圳	776	广州	597
3	北京	700	成都	581
4	东莞	640	西安	448
5	广州	464	郑州	397
6	苏州	409	杭州	323
7	佛山	349	重庆	320
8	天津	304	长沙	300
9	成都	256	武汉	254
10	宁波	190	佛山	230
11	杭州	187	苏州	228.2
12	厦门	173	北京	228
13	无锡	171	东莞	224
14	南京	168	南宁	208
15	中山	163	昆明	202
16	武汉	142	合肥	191
17	温州	133	上海	185
18	泉州	128	宁波	180
19	惠州	122	金华	169
20	郑州	118	贵阳	166

资料来源：各地方统计局、中国银行研究院。

人口流动的基本逻辑在于人随产业走、人往高处走（就业机会多、收入高），同时户籍政策、房价高低也是影响人口流动的重要因素。

一是南方经济活力持续增强，南北方经济差距拉大。2003—2012年，北方经济总量在全国占比由42.6%上升到45.8%。但从2013年起，北方地区经济占比开始大幅下降，截至2020年，南方和北方的经济总量占比分别为65%和35%。这主要是由于广东、浙江、江苏等经济发达省份的制造业、服务业就业机会多，外贸活跃，市场经济活力充足，收入较高，对人口的吸引力增强。

二是城镇化发展叠加人才吸引政策，中西部地区强省会崛起。为实现区域均衡发展，近年来国家支持省会城市建设国家中心城市和国家自主创新示范区等，不少省份举全省之力打造强省会，促进了成都、武汉、长沙、郑州等省会城市经济快速发展。同时，西安、武汉等城市大力出台一系列人才引进政策，在落户、购房方面给予优惠政策，吸引了大量人才。

三是北京、上海等一线城市高房价和收紧落户政策，疏解产业和人口，为人口流向其他城市提供了推力。一线城市平均租金每月为 80 元/平方米，远高于二线、三线城市 20 ~ 30 元/平方米的水平。北京自 2015 年以来逐年压缩进京人才指标，上海收紧居住证转常住户口的政策。

（二）人口省内流动加快，省内人口流动分化，农民工回流加快

一是人口省内流动和跨省流动的规模都在显著增加，但省内流动占比进一步上升。2020 年，省内流动人口和跨省流动人口分别为 2.51 亿人和 1.25 亿人，分别比 2010 年增加 1.15 亿人和 0.39 亿人，分别增长了 84.5% 和 45.3%。同时省内流动人口占全部流动人口的比重由 2010 年的 61.2% 进一步提升至 2020 年的 66.8%，大约 2/3 的流动人口属于省内流动人口。

二是省内流动人口分布存在分化。比如，陕西省、四川省的省会城市人口大规模流入，而周边部分城市人口净流出，江西、山西、河南等省份也具有这种特点。

三是以农民工为主的流动人口加快回流。从 2013 年起，农民工回流已成为普遍现象，近 10 年来，农民工省内流动上升 8.1 个百分点（见图 2）。

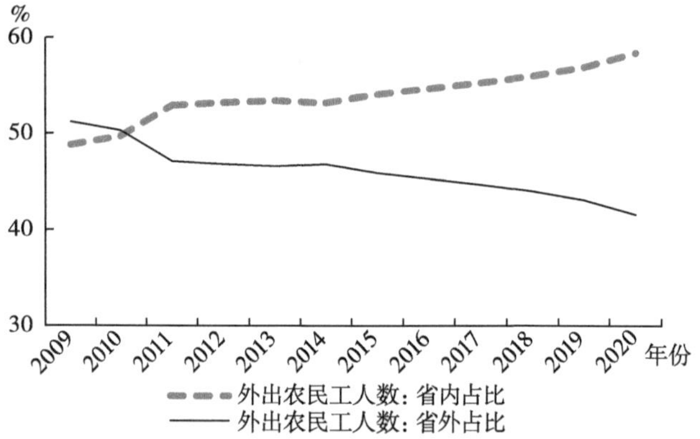

图 2　外出农民工省内流动和省外流动的占比

资料来源：Wind、中国银行研究院。

人口省内流动加快和占比上升主要原因在于，产业在区域间的转移、一线城市和新一线大城市生活成本上升、农民工老龄化和城乡产融结合。

一是省会城市和就近的城市群、城市圈快速发展，对本地劳动力的吸引力增强。近年来，除珠三角、长三角等城市群外，武汉、郑州等中部城市圈快速崛起，西部的成都、重庆、西安也快速发展，吸引了大量省域内人口的聚集。

二是随着国内制造业逐步向中西部迁移，农民工在本省、本地即可实现就业。中西部省份劳动力资源丰富、交通条件和营商环境不断提升，近年来政策支持中西部建设国家级

经济开发区、自由贸易区，带来传统制造业迁入。2006—2017 年，对外产业转移前五位的省份是上海、北京、天津、浙江、广东，承接产业转移前五位的均是中西部省份，包括江西、安徽、河南、湖北、广西等。

三是大城市生活成本快速上升，农民工省内务工与跨省务工的收入差距缩小。2018 年以来，城市房租经历了较大幅度的增长，而外出农民工居住成本占生活消费支出的 45% 左右，因此房租的上升无疑给其带来了不小的负担。尽管流动人口省内就业收入低于一线城市就业收入，但一线大城市的住房、生活成本更高，农民工省内、省外的就业差距在缩小。

四是老一代农民工就业竞争力下降叠加城乡产融结合，部分农民工返乡养老和再就业。“七普”显示，50 岁以上的农民工上升了 13.5 个百分点，按照农民工城市就业—农村养老的模式，老一代农民工年龄增大、体力衰退，逐步从城市返回家乡。同时城乡产融结合也带动了农民工返乡就业。在国家脱贫攻坚和乡村振兴政策下，城乡产业融合发展，农业产业化和农村基础设施投资带来大量就业机会，带动农民工就地就业和返乡就业。

（三）流动人口的年龄结构分化，职业分布从工业、制造业领域向非生产性服务业转移

“七普”数据显示流动人口有 3.76 亿人，同时《2020 年农民工监测调查报告》显示，农民工总量为 2.86 亿人，农民工占流动人口的比重为 76%，因而农民工群体的特征具有代表性。从农民工年龄、教育背景和职业分布来看：

一是年轻农民工占比明显下降，农民工老龄化加快。截至 2020 年，16～20 岁、21～30 岁的农民工占比分别较 2010 年下降 4.9 个和 14.8 个百分点。相比之下，31～40 岁、41～50 岁、50 岁以上的农民工占比分别较 2010 年上升 3.2 个、3 个、13.5 个百分点（见图 3）。

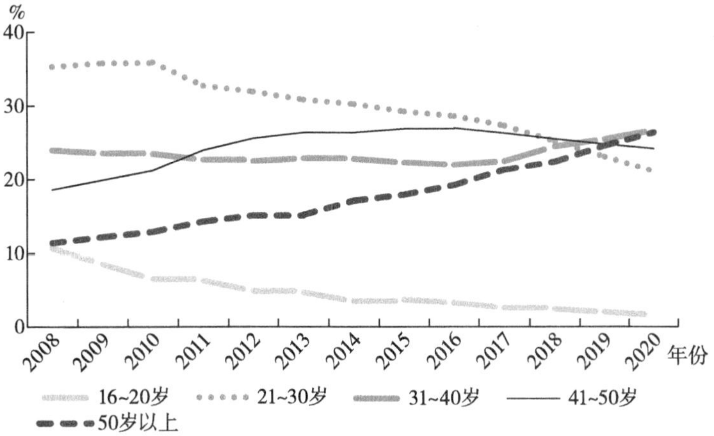

图 3　农民工年龄结构

二是农民工受教育程度进一步提升。10 年间，具有初中文化程度的农民工占比下降 5.8 个百分点，高中、大专及以上文化水平的农民工占比分别上升 1.7 个和 12.2 个百分点。

三是从事制造业的农民工比重降低，从事非生产服务业的农民工数量明显增加。2010—2020 年，从事制造业的农民工占比下降 9.4 个百分点；虽然建筑业农民工月收入从 2009 年的 1625 元上涨至 2020 年的 4699 元，但从事建筑业的农民工占比没有明显上升。从事建筑业的农民工人数在 2014 年达到峰值（6109.1 万人），之后从业人数和占比不断下滑至 2020 年的 5226.48 万人和 18.2%。同时，农民工从事第三产业的占比上升，从事批发零售业、住宿餐饮业的农民工占比分别上升 2.2 个和 0.5 个百分点（见图 4）。

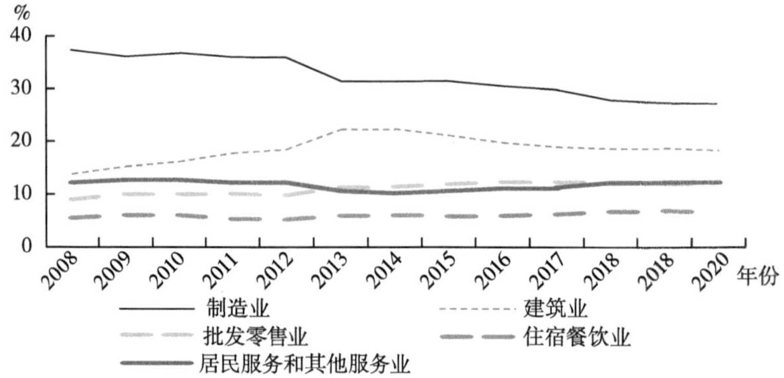

图 4　农民工从事行业分布

资料来源：Wind、中国银行研究院。

四是流动人口消费"本地化"趋势增强，不同代际间的消费模式差异明显。2010—2017 年，全国流动人口总体消费弹性为 0.67，2017 年提高到 0.72，流动人口在就业地的消费意愿和能力增强，流动人口不再是消费意愿低、向输出地"汇款"的"迁徙者"①。这主要是由于年轻人的"悦己"消费潜力释放，新生代农民工的消费方式有别于老一代农民工。2019 年，北京新生代农民工在衣着及其他日用品、教育文化娱乐上的支出分别较老一代农民工高 2.6 个和 5.7 个百分点（见表 2）。

表 2　2019 年北京市不同代际农民工生活消费比重　（%）

消费类别	新生代	老一代
食品烟酒	30.0	33.6
居住	25.1	29.0
衣着及其他日用品	12.1	9.5

① 中国社会科学院人口与劳动经济研究所:《人口与劳动绿皮书:中国人口与劳动问题报告 No. 20》,2020 年 1 月。

续表

消费类别	新生代	老一代
交通通信	10.2	10.3
大件物品	9.3	9.2
教育文化娱乐	9.9	4.2
医疗保健	3.3	4.2

资料来源：北京市统计局、中国银行研究院。

以农民工为主的流动人口年龄、教育、职业结构变化主要体现在以下方面：

一是20世纪90年代以来中国出生人口明显下降，新生代农民工的基数相对偏小。同时，年轻群体的受教育时间延长，2010—2020年，15岁及以上人口的平均受教育年限由9.08年提高至9.91年，带动农民工整体文化素质水平提升。

二是“互联网+新经济新业态”提供了大量服务性就业机会，大量新生代农民工选择成为网约车司机、外卖骑手和快递员，带动零售、住宿餐饮等行业的就业占比上升。

三是农民工代际之间的思想观念、择业偏好和消费习惯存在差异。新生代农民工对工作环境、社会保障、工作是否体面等需求更高，对建筑业、制造业等工作环境一般、体力消耗较多的工作相对排斥。同时，年轻人对生活质量的要求较高，对食品、文化娱乐的支出倾向较高。相比之下，老一代农民工肩负着脱贫、养家、建房、供养子女等负担，通常将收入汇到输出地进行消费。

二、人口流动新特点、新变化将带来产业投资方向调整和生活成本上升，亟须提高城市公共服务均等化水平

中国大规模流动人口在延续人口红利和带来巨大消费潜力的同时，也会给老龄化和流动特点带来诸多挑战。日益严重的流动人口老龄化将改变消费结构，影响扩大内需战略的实践效果；人口加速向大城市和都市圈聚集将加剧房地产市场分化，或增加区域房地产风险和债务风险；流动人口市民化将加重大城市公共服务供给压力。

（一）流动人口老龄化将影响制造业竞争力和产业投资方向调整

加剧制造业招工难、用工贵问题。流动人口老龄化带来制造业劳动力供给减少，2008—2018年，从事制造业的农民工年均下降2.84%，加重了招工难问题，迫使企业不断提高用工成本。2009—2020年，农民工从事制造业的收入增速为207.7%，高于服务业的135.4%。2021年第一季度，中国银行研究院调研发现，68.16%的企业表示人工成本上涨明显。流动人口老龄化将加剧制造业招工难、用工贵问题，冲击中国在制造业的成本优势。

带动制造业加大劳动替代性技术和设备投资。面对未来劳动力匮乏的状态，企业提高生产效率和产业优化升级是通行的办法，未来企业将增加自动化技术应用和投资，或带来机器人使用数量进一步上升和制造业改造升级。据国际机器人联合会统计，1996—2019年，中国工业机器人进口均价已经由4.76万美元/台下降到1.63万美元/台，工业机器人价格不断下降与制造业工人工资不断上升之间形成的“剪刀差”正在不断缩小。2015—2018年，中国的工业机器人安装量分别为6.85万台、9.65万台、15.62万台和15.40万台。

（二）大城市生活成本将继续上升，房地产市场进一步分化

各大城市的人才吸引政策带动了高素质的年轻群体从北京、上海等城市流入珠三角和重点省会城市，同时，农民工自2013年后不断从东部沿海向中西部城市回流，未来大城市人口和经济活力上升的同时也将面临生活成本上升压力。

高素质年轻人口向大城市聚集和安家落户，大城市房地产需求较大，房价易升难降，房价下行概率不大；在各省建设强省会举措下，发展较快的二线重点城市吸引力上升将带来楼市产销繁荣。2010—2020年，中国楼市实现了年销售17亿平方米，房市市值超过300亿元的规模，主要原因在于大量年轻流动人口在城市安家落户。对于北方地区的中小城市而言，年轻人口持续流出、农民工回流，对房地产市场拉动有限，小城市房地产市场供给过剩将更加突出。在对房地产融资的“三道红线”监管下，小城市房地产开发企业或面临流动性恶化、融资压力和债务风险。

（三）流动人口市民化增加大城市公共服务压力，城市面临公共投资计划调整

大规模流动人口将直接影响未来义务教育、医疗、住房、土地等软硬件供给的规划。

一方面，对于大城市和城市群来说，未来要加速推进流动人口市民化才能充分激发其消费潜力，带动发展本地产业和提升经济活力，但流动人口融入大城市面临高房价、收入低、文化融合难等难题，大城市在保障性住房、流动人口子女教育、医疗卫生服务和文化设施供给方面面临较大的财政支出压力。

另一方面，2020年流动人口规模超预期，意味着人口流出地的人口萎缩可能超预期，三、四线城市、乡村地区的公共服务投资和硬件投资规划或需要根据当前和未来人口迁出情况进行调整，避免低效投资和资源浪费。

三、对策建议

面对流动人口新特点、新变化带来的增长潜力和挑战，中国要加快推动制造业转型升级和科技创新，加快流动人口市民化的相关改革进程，积极应对流动人口老龄化，合理调整公共产品供给规划。

一是加快制造业自动化、数字化、智能化转型升级，提升制造业竞争力。①加强研发和使用劳动替代性技术，推动技术创新、提高产业附加值。应对流动人口增长放缓、老龄化和制造业招工难问题，中国既要促进企业加快自动化技术升级和采用工业机器人进行生产，减轻人工成本压力，也要建立劳动力综合调度平台，提高制造业劳动力调配效率。②推进制造业数字化转型。以生产要素数据化为依托，加快云计算、物联网、大数据和人工智能等新技术的应用融合，促进制造业转型和形成新的核心竞争力，适度减少依赖低成本劳动力所带来的竞争优势。③依靠科技创新推动制造业高质量发展。积极创新企业发展与经营模式，在产品研发设计、质量和管理方面进行创新，提高附加值和增强市场竞争力。

二是促进大城市流动人口市民化，提高公共服务均等化水平。①深化户籍制度改革，降低流动人口的城市落户难度。加快落实取消城区常住人口低于300万城市的落户限制，放松城区常住人口在300万～500万大城市的落户条件。完善大城市和特大城市积分落户，推动城市群之间的户籍准入年限累计互认。②提高对新市民和流动人口在教育、社会保险等方面的公共服务供给。通过政府、市场和社会协同投入，增加人口流入城市教育资源供给；深化社会保险制度改革，加快实现流动人口社保卡功能启用、补换等跨省通办，以及实现基本养老保险全国统筹。③坚持“房住不炒”，落实增加保障性租赁住房的政策，缓解新市民青年人等群体住房困难。落实城市政府主体责任，鼓励市场力量参与，加强金融支持，增加租金低于市场水平的小户型保障性租赁住房供给，推动租赁住房市场规范发展。

三是鼓励老龄流动人口回乡再就业，促进省内经济均衡发展，合理布局公共产品。①鼓励从事建筑业、制造业等重体力劳动的老年流动人口向服务业转移；发展老年流动人口教育培训，促进流动人口再就业，缓解流动人口老龄化带来的经济社会压力。②针对省内流动人口分布不均衡，地方政府在建设强省会的同时也要注重区域协调发展，落实乡村振兴、城乡产融结合，为农民工就地就业和返乡就业创造有利条件。③根据人口流动方向和分布特征，合理调整公共基础建设规划，使其与常住地人口规模相匹配。随着大城市规模扩容，未来要以常住人口规模来推进公共服务扩容，而对于东北、西北等人口大量迁出的小城市，要适当调整土地规划、财政投资规模等，避免过度建设公共设施和带来资源浪费。

知识溢出、吸收能力与经济增长[①]

——基于调节效应的检验

王军[②]　常红[③]

摘 要：本文基于罗默经济增长模型梳理了知识溢出、吸收能力与经济增长的数理逻辑，从理论上阐述知识溢出对经济增长的作用机理，并利用 2006—2017 年中国 30 个省（区、市）的面板数据，检验三者之间的数量关系。理论研究表明，知识溢出与吸收能力对经济增长有重要作用，且吸收能力在知识溢出与经济增长的关系中起重要的调节作用。实证研究发现，知识溢出与吸收能力均表现为对经济增长的正向促进作用；知识溢出与吸收能力的交互项显著为正，表明吸收能力在知识溢出与经济增长的关系中发挥正向调节作用。因此，为实现经济持续、平稳发展，应不断鼓励技术创新，提高区域自主创新水平，促进区域间交流合作，充分发挥知识溢出和吸收能力对经济增长的积极作用。

关键词：知识溢出；吸收能力；经济增长；调节效应

一、引言

全球化发展背景下，国家间竞争已进入新时期，而经济发展水平是衡量一个国家或地区综合实力和竞争力的重要指标。自熊彼特提出创新理论以来，技术创新对经济增长的影响受到了国内外专家、学者的广泛关注，创新水平不仅是促进经济增长的重要因素，还是决定经济增长的动力源泉。特别是进入 21 世纪以来，我国步入知识经济时代，自主创新对经济增长和社会发展作用不断提高，而中美贸易摩擦更体现出唯有技术进步才是国家强大之利器，因而在这一知识时代，经济长期稳定发展更需要依靠技术的不断创新。

---

① 基金项目：国家社科基金一般项目“高质量发展约束下中国进口贸易的微观收入分配机制和效应研究”(19BJY186)。本文首发于《经济与管理研究》2020 年第 10 期。

② 王军，首都经济贸易大学经济学院教授。

③ 常红，首都经济贸易大学经济学院博士研究生。

技术创新是经济发展的根本动力，但由于技术创新成本较高，并非所有企业和地区都能够进行开发研究，因而单纯依靠自身实力进行技术改革是无法实现长期稳定发展的。通过分析发现，知识溢出能够增加知识积累，有助于进行产品创新，知识溢出为创新提供了所需知识，成为创新的主要知识来源，依赖外部环境，积极搜寻、吸收、消化外部环境产生的知识溢出，能够提高自身竞争优势，保持发展态势。

知识具有公共物品的特点，一个区域进行技术创新产生新知识的同时，知识还会产生外溢现象，区域内知识通过人员流动、交流合作等途径进行传播，即知识溢出；外溢的知识被邻近区域接收、利用，即知识溢出效应，因此，一个区域内部的创新活动不仅有利于区域经济发展，还会通过知识溢出对相邻区域产生影响。通过知识溢出，区域更容易提高创新能力，然而，并不是所有的知识溢出都会被吸收，对于接收溢出知识的区域而言，需要一定的条件，才能实现知识溢出效应，根据自身情况对知识有选择地吸收、消化，最终才能用于创新。知识溢出能否转化为自身的知识积累与区域地理位置距离、承接区域自身的吸收能力、制度因素等有关，一般而言，知识溢出接收地的位置与知识溢出地越接近，知识溢出效应越明显，此外，知识接收地知识吸收能力越强，对外部知识吸收越充分，越有助于将外部知识转化为区域内部知识，并加以利用（陶锋等，2015），知识的积累对区域技术进一步创新与经济长期稳定增长具有重要意义。根据上述分析可知，技术创新对我国经济发展具有不可忽视的作用，而创新需要企业不断吸收区域的知识溢出，这一过程又与其自身吸收能力有关，显然，知识溢出、吸收能力对经济增长均有不可忽视的作用。

综上可知，技术创新是经济长期发展的根本动力，知识溢出和吸收能力是这种动力的实现力量。知识溢出是促进创新能力的重要因素，而吸收能力为区域或企业在多大程度上能够有效利用知识溢出提供衡量标准。基于此，本文通过罗默经济增长模型分析知识溢出、吸收能力与经济增长的数理关系；利用 2006—2017 年中国省级面板数据，运用普通面板数据模型和空间计量模型对三者之间的关系进行探究，以检验吸收能力在知识溢出与经济增长之间的调节作用，验证理论模型的逻辑关系。以往的对知识溢出的文献研究多关注知识溢出与技术创新或经济增长的关系，对知识溢出机制的分析较少，且对知识溢出、吸收能力与经济增长三种要素之间的作用机理研究较少，本文在解释知识溢出对经济增长的作用机制的基础上，将三种要素作为整体构建框架研究它们之间的关系；此外，本研究还在实证方面检验了吸收能力的调节作用，并在考虑空间地理位置因素的基础上，进一步对上述理论做出检验。

本文其余部分内容为：第二部分为文献综述，整理现有文献对知识溢出、吸收能力与经济增长关系的讨论；第三部分为理论模型，基于罗默经济增长模型，探究知识溢出、吸收能力与经济增长之间的数理关系；第四部分为计量模型的构建及数据说明，依据理论模型，构建计量模型用于检验实际情况，并对模型数据加以说明；第五部分为实证检验，选取2006—2017年中国各省份面板数据，基于调节效应模型，检验知识溢出、吸收能力与经济增长之间的数量关系；第六部分为研究结论与启示。

二、文献综述

关于知识溢出、吸收能力与经济增长之间关系的研究主要包括三个方面的内容：一是知识溢出与经济增长关系的研究。Woodward（2006）研究美国高校研发投入时发现，研发投入具有显著的知识溢出效应，会对区域经济产生重要影响。Li 和 Chen（2014）以高技术产业研究为例，通过构建高技术产业集聚发展能力的评价指标，发现产业集群对区域企业创新有明显的促进作用，同时对区域经济发展也有积极影响，这不仅与集群内技术创新有关，还与集群知识溢出效应的影响直接相关。Batabyal 和 Nijkamp（2014）基于 Grossman、Helpman 等的研究，考察当两个区域构成一个经济体时，区域经济在技术创新的知识溢出方式下获得增长。程水红（2016）以海峡西岸经济区为研究对象，依据新地理经济学理论，通过空间杜宾模型对知识溢出与经济增长之间的关系进行实证检验，结果表明，各区域间知识存在显著的正向溢出效应，即区域知识溢出对经济增长产生显著的促进作用。周灿、曾刚（2016）利用2000—2011年我国各省高技术产业不同行业的面板数据，通过对专业化、多样化知识溢出以及区域间溢出效应与集群创新的关系研究表明，知识溢出对不同行业均有正向影响，而多样化知识溢出对不同行业的影响也不同。陈丽娴（2017）通过构建中介效应模型，检验知识溢出对经济增长的作用机理，研究发现创新是知识溢出促进经济增长的重要中间环节，并通过构建门槛效应模型，检验得出不同知识产权制度下，知识溢出对经济增长的影响程度不同的结论。李晓飞等（2018）利用2006—2015年中国省级面板数据，通过空间杜宾模型和地理加权回归模型进行实证分析，检验结果显示，专利授权量和研发人员的增加投入均会对邻近区域经济增长产生正向促进作用，即对相邻地区产生正向知识溢出效应，其影响强度由东到西逐渐下降，但区域间效应差异随经济增长而减小。Luigi Aldieri 等（2018）利用2010—2014年85个俄罗斯地区样本数据，通过空间计量模型对生产力与创新之间的关系进行研究，结果显示，区域生产力不仅受研发投入的影响，区域外生产力外溢对区域生产力也起到了积极作用。Fritsch 和 Kublina（2018）以西德地区为研究对象，对知识溢出水平与经济增长的关系进行研究，结果显示，知识溢出程度越强，对经济增长的促进作用越大。

二是吸收能力与经济增长关系的研究。吸收能力是指企业对外部信息从认识到最终应用于商业终端的能力，最初由 Cohen 和 Levinthal（1990）提出。Nieto 和 Quevedo（2004）选用406家西班牙制造公司样本数据，研究发现吸收能力对企业创新绩效有积极作用，对企业发展起到了关键作用。林可全和周怀峰（2011）分时期考察广东省人力资本要素、吸收能力与区域经济增长之间的关系，他认为无论是否考虑政策转变，人力资本凸显的吸收能力均能够对经济增长产生重要贡献。曹裕和胡韩莉（2014）选用1997—2011年省级样本数据，通过面板VAR模型，实证检验技术创新、吸收能力与区域经济增长的相互作用关系，研究结果证实，三者之间存在长期稳定关系，技术创新仍是经济增长的关键因素，但需要提高消化吸收能力促进技术再创新；此外，研究还发现，技术创新与吸收能力对区域经济增长的影响作用逐渐加强，但对不同区域的影响程度不同。Lodefalk和Tang（2018）以匹配的雇主—员工为样本数据，通过研究分析顶级员工对中小企业生产力的影响，发现生产力对不同企业的影响程度，生产力对吸收能力较强的企业的贡献更明显，即吸收能力越强对企业发展越有利。孔群喜等（2018）利用2006—2016年中国省级区域面板数据，考察对外直接投资溢出行为下，吸收强度对经济增长的作用程度，研究表明，三项吸收能力代理指标所表征的ODI的吸收强度与经济增长呈正相关，即对经济增长产生正向促进作用。

三是吸收能力对知识溢出与经济增长关系的影响研究。Liu和Buck（2007）认为，知识溢出能否对经济增长产生积极作用，不仅取决于知识溢出强度，还会受到承接主体本身吸收能力的制约，外部知识溢出的实际效果不仅与溢出量有关，还取决于经济主体的吸收能力，通过实证研究检验国际直接投资（FDI）、进口及出口对技术创新绩效的影响时发现，技术创新绩效既取决于FDI、进口及出口的溢出强度，又与吸收能力的作用有关。靳娜和傅强（2011）采用工具变量分位数回归的方法检验外商直接投资对区域经济增长的影响，回归结果显示，区域吸收能力越强，越能够吸引外商直接投资，而地区经济增长会受益于外商直接投资的知识溢出，即表明区域吸收能力能够正向调节外商直接投资对经济增长的作用效果。何雄浪和张泽义（2014）基于罗默经济增长模型构建开放经济体下的三部门经济增长模型，并利用1998—2012年中国30个省（区、市）面板数据检验本国技术与国内技术、资本以及国外技术的数量关系，结果验证了研发投入、贸易中的技术溢出对经济增长的重要性，以及吸收能力在知识溢出效应中发挥的重要作用。

三、理论模型

（一）模型的基本假定

为了从理论上分析知识溢出、吸收能力与经济增长的逻辑关系，以Romer（1990）构建的经济增长模型为基础，并在Romer三部门模型基础上引入人力资本生产部门，本文假设经济系统由四个部门组成：最终产品生产部门、中间产品部门、研发部门和人力资本生产部门。经济系统中存在无数个同质个体，他们既提供劳动，又消费最终品。每个最终产品生产部门都存在无数个同质的最终品（Y）生产商，生产出的最终品用于消费（C）和投资（I）；中间产品部门具有一定的垄断权，该部门生产出最终品部门所使用的资本设备（Xi）；研发部门生产出本部门和中间产品部门所使用的新技术（A）；人力资本部门生产用于本部门、最终产品部门以及研发部门所使用的人力资本（H）。

为简化模型运算，做出如下假设：①最终产品生产部门使用一部分劳动和人力资本以及资本设备生产最终品。②中间产品部门使用购买到的新技术生产资本设备。③研发部门使用部分人力资本和技术用于新技术的生产。④人力资本生产部门使用部分劳动和人力资本生产新的人力资本。⑤不考虑人力资本、物质资本和研发资本的折旧。综合上述分析，经济体系运作过程如图 1 所示。

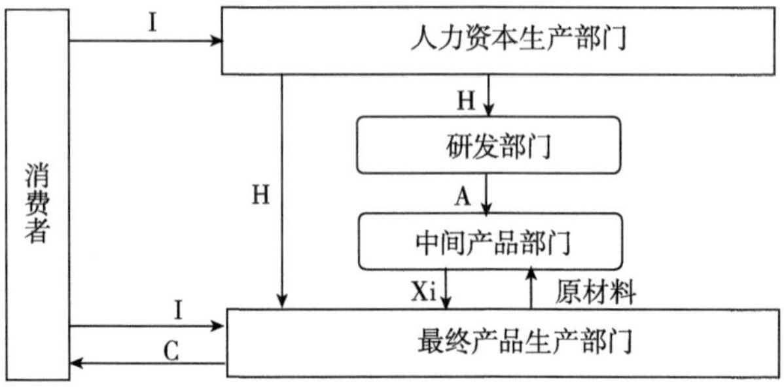

图 1　经济体系运作过程

基于各部门以及消费者之间的经济运转关系，笔者对各部门产出与消费者偏好进行讨论。

1. 最终产品生产部门

最终产品生产部门是一个完全竞争部门，代表性厂商面临的生产函数是

$$Y = (\lambda L)^{\alpha}[(1-\nu_1-\nu_2)H]^{\beta}\int_0^A x_i^{1-\alpha-\beta}di \tag{1}$$

其中，Y 表示最终产品产出数量，λ 表示用于最终产品生产的劳动比例，$(1-\nu_1-\nu_2)$ 表示用于最终产品生产的人力资本比例，Xi 表示中间产品资本设备的数量，α 和 β 表示劳动和人力资本的产出弹性。将最终品价格单位化为 1，根据利润最大化原则，厂商做出生产决策，即

$$\max\ (\lambda L)^{\alpha}[(1-\nu_1-\nu_2)H]^{\beta}\int_0^A x_i^{1-\alpha-\beta}di - w\lambda L - p_H[(1-\nu_1-\nu_2)H] - \int_0^A p_i x_i d_i \tag{2}$$

其中，w、p_H、p_i分别表示劳动工资、人力资本价格以及中间产品的价格。根据式（2），求解三种投入要素的一阶导数，得到要素价格分别为

$$w = \frac{\alpha Y}{\lambda L} \tag{3}$$

$$p_H = \frac{\beta Y}{(1 - \nu_1 - \nu_2)H} \tag{4}$$

$$p_i = (1 - \alpha - \beta)(\lambda L)^{\alpha}[(1 - \nu_1 - \nu_2)H]^{\beta} x_i^{-\alpha-\beta} \tag{5}$$

2. 中间产品部门

这一部门在区间［0，A］上存在无数个中间产品生产商，每个厂商生产不同的资本设备，即第 i 个厂商生产第 i 种资本设备，各厂商都是各自行业的垄断者，但只有购买了新技术的中间品厂商才具有生产垄断中间产品的能力，笔者已经假设资本折旧为0，因此，若用 K 表示物质资本存量，则有 $K = \int_0^A x_i di$。假定中间产品生产商 i 进行生产决策时，面临的生产成本为 rx_i，r 表示实际利率，根据利润最大化进行生产，生产条件可表示为

$$\max p_i(x_i)x_i - rx_i \tag{6}$$

求解式（6）的一阶导数，得到

$$p'_i(x_i) \cdot x_i + p_i(x_i) - r = 0 \tag{7}$$

结合式（5），解得资本设备的价格为

$$p_i = \frac{r}{1 - \alpha - \beta} \tag{8}$$

根据式（8）可知，每个中间产品的价格都是相同的，因此，在均衡状态下，最终产品部门使用的每种中间产品数量也是相同的，也就是说，对于任意的 $i \in [0,A]$ 和 $j \in [0,A]$，均有 $x_i = x_j = x$，结合式（8），可以得到中间产品部门的利润：

$$\pi_i = p_i \cdot x_i - r \cdot x_i = \frac{(\alpha + \beta)r}{1 - \alpha - \beta}x \tag{9}$$

根据式（9）可知，中间产品部门各个厂商所获得的利润均相等，记作 π。

3. 研发部门

基于罗默经济增长模型（1990），笔者将研发部门的生产函数设定为

$$\dot{A} = \delta(\nu_2 H)^{\varphi} A^{\mu\theta} \tag{10}$$

其中，δ 表示生产率参数，ν_2 表示用于研发部门的人力资本比例，此外，一家企业研发新技术的数量还与外界知识总量以及企业自身吸收能力有关，本文用 μ 表示外界知识溢出程度，μ 越大，知识流动障碍越小，知识溢出效应就越大，知识资本生产成本越小；θ 表示企业吸收外界知识的能力。同样，θ 越大，新知识生产成本越小。技术生产商将专利卖予资本设备生产企业，并获取一定的收益，专利的价格等于中间产品部门未来利润的折现值，用 p_A 表示专利品的价格，则有

$$r \cdot p_A = \pi + \dot{p}_A \tag{11}$$

其中，r 表示实际利率，$r \cdot p_A$ 表示 p_A 单位资本所带来的利息收益，$\dot{p}_A$ 表示专利价格的变动可能带来的资本收益或资本损失，均衡状态下，方程（11）成立。根据式（11），可以得到 $r = \pi/p_A + \dot{p}_A/p_A$，根据已有文献可知，$\dot{p}_A/p_A$ 这一比率已被证明等于人口增长率 n（王国栋，2009），因此，专利价格为

$$p_A = \frac{\pi}{r - n} \tag{12}$$

根据研发部门生产函数，利用人力资本边际产出等于人力资本边际收益的原则，求解人力资本价格，得到

$$p_H = \delta\varphi\nu_2^{\varphi} H^{\varphi-1} A^{\mu\theta} p_A \tag{13}$$

4. 人力资本生产部门

根据卢卡斯（1989）对人力资本生产函数的设定，本文假设人力资本生产与劳动力和人力资本存量有关：

$$\dot{H} = B(1 - \lambda) L\nu_1 H \tag{14}$$

其中，B 表示人力资本生产率参数，$(1 - \lambda)$ 和 ν_1 分别表示用于人力资本生产的劳动力比例和人力资本比例，人力资本存量与新的人力资本生产呈正相关，表明人力资本存量越大，新人力资本生产效率越高，因为人力资本存量代表了社会总体素质，人力资本存量越大，社会整体素质水平相对越高，从而在一定程度上减少了学习、交流等方面的障碍，进而提高整个社会的生产效率。此外，根据劳动的边际产出与边际收益相等的原则，求解出劳动的工资水平为

$$w = B(1 - \lambda)\nu_1 H p_H \tag{15}$$

5. 消费者偏好

假设每个消费者都具有相同的消费偏好，消费者的目标函数表示为

$$\int_0^{\infty} \frac{C^{1-\sigma} - 1}{1 - \sigma} e^{-\rho t} dt$$

其中，C 表示消费总量，$1/\sigma$ 表示跨期替代弹性，ρ 表示时间偏好，均衡状态下，根据公式推导，得到欧拉方程：

$$g_C = \frac{\dot{C}}{C} = \frac{r - \rho}{\sigma} \tag{16}$$

（二）长期均衡分析

综合上述分析，结合长期均衡所满足的条件，即消费者效用最大化、厂商利润最大化

以及市场出清，笔者求解平衡增长路径上的经济增长率。

根据社会总资本与中间品数量的关系，即 $K = Ax$，重新求解式（1）：

$$Y = (\lambda L)^{\alpha}[(1 - \nu_1 - \nu_2)H]^{\beta}A^{\alpha+\beta}K^{1-\alpha-\beta} \tag{17}$$

由式（17）可以求出资本产出比

$$\frac{K}{Y} = \frac{(1 - \alpha - \beta)^2}{r} \tag{18}$$

由上述方程可以看出，资本产出比是一个常数，因此在均衡状态下，资本与产出将会以相同比例增长，即 $g_Y = g_K$。最终产品生产部门的产出用于消费和投资，根据 $Y = C + \dot{K}$ 可知，消费增长率与资本增长率相同，即 $g_C = g_K$，此时有 $g_Y = g_K = g_C = g$，根据式（17），解得

$$g = \Lambda n + g_A + \mathrm{M}g_H \tag{19}$$

其中，$\Lambda = \frac{\alpha}{\alpha + \beta}$，$\mathrm{M} = \frac{\beta}{\alpha + \beta}$。由式（10）可知 $g_A = \varphi/1 - \mu\theta \cdot g_H$，由此得

$$g = \Lambda n + \left(\frac{\varphi}{1 - \mu\theta} + \mathrm{M}\right)g_H \tag{20}$$

结合式（3）、式（13）、式（15），得到

$$\frac{1}{B\nu_1\lambda(1 - \lambda)L} = \frac{\delta\varphi\nu_2^{\varphi}H^{\varphi}A^{\mu\theta-1}}{r - n}\Delta \tag{21}$$

其中，$\Delta = \frac{(\alpha + \beta)(1 - \alpha - \beta)}{\alpha}$。

根据式（10）和 g_A 与 g_H 的关系式得出 $\delta\varphi\nu_2^{\varphi}H^{\varphi}A^{\mu\theta-1} = \frac{\varphi^2}{1 - \mu\theta}g_H$，因此：

$$\frac{1}{B\nu_1\lambda(1 - \lambda)L} = \frac{\varphi^2\Delta g_H}{(1 - \mu\theta)(r - n)} \tag{22}$$

此外，由式（16）、式（20）可以求出实际利率的表达式：

$$r = \left[\Lambda n + \left(\frac{\varphi}{1 - \mu\theta} + \mathrm{M}\right)g_H\right]\sigma + \rho \tag{23}$$

由式（20）、式（22）、式（23）可以解出消费增长率为

$$g = \Lambda n + \frac{[\varphi + (1 - \mu\theta)\mathrm{M}] \cdot (\Lambda\sigma n + \rho - n)}{\mathrm{T} - \sigma\varphi - (1 - \mu\theta)\sigma\mathrm{M}} \tag{24}$$

其中，$\mathrm{T} = B\nu_1\lambda(1 - \lambda)L\varphi^2\Delta$，根据式（24），求解知识溢出的经济效率，即对 μ 求一阶导数：

$$g'_{\mu} = \frac{\mathrm{TM}(n - \rho - \Lambda\sigma n)\theta}{[\mathrm{T} - \sigma\varphi - (1 - \mu\theta)\sigma\mathrm{M}]^2} \tag{25}$$

由式（25）可以看出，经济增长率对知识溢出的导数与吸收能力有关，即 g'_{μ} 与 θ 相

关。这一结果表明，知识溢出的经济效率与企业的吸收能力有关，在其他因素不变的条件下，企业吸收能力的变化会对知识溢出的经济效率产生一定的影响，也就是说，吸收能力能够调节知识溢出对经济增长的影响程度，企业自身吸收能力不同，则对外界知识的利用程度不同，这就会影响知识溢出对企业经济效应的作用程度，进一步地，会影响社会整体的经济效益。一般而言，一定条件下，一个企业或地区的吸收能力越强，能够消化、利用的知识就越多，知识溢出对经济增长的促进作用也就越强；相反，企业或地区吸收能力越弱，没有能力吸收消化外来溢出的知识，则知识溢出产生的经济效益就越少。由此可见，较高的吸收能力是更好地实现知识溢出的经济效益的重要保障，存在知识溢出的条件下，拥有一定的吸收能力才能使知识得到有效利用。事实上，与知识溢出相适应的吸收能力也正是提高知识溢出的经济效益的关键，因此，企业吸收能力的大小对于知识溢出的经济效应有重要意义，提高自身吸收能力有其优越性与必然性。

四、计量模型的构建及数据说明

（一）研究设计

为进一步研究吸收能力是否真正在知识溢出与经济增长之间起调节作用，检验理论模型的基本结论是否与实际情况相符，判断吸收能力作用条件下知识溢出与经济增长的数量关系，根据调节效应模型的构建思路，建立以下计量模型：

第一步，构建经济增长（*gdp*）与所选取控制变量（*control*）之间的基础计量模型：

模型Ⅰ：$gdp_{it} = \alpha_0 + \alpha_i control_{it} + u_{it}$ （26）

第二步，构建主效应模型，即在模型Ⅰ的基础上引入知识溢出（*know*）和吸收能力（*abli*）：

模型Ⅱ：$gdp_{it} = \alpha_0 + \alpha_1 know_{it} + \alpha_2 abli_{it} + \alpha_i control_{it} + u_{it}$ （27）

第三步，检验吸收能力在知识溢出与经济增长之间的调节作用。将中心化处理后的知识溢出与吸收能力的交互项引入主效应模型，验证调节效应是否成立，若α_3显著，则吸收能力的调节作用成立，反之则不成立。具体模型如下：

模型Ⅲ：

$$gdp_{it} = \alpha_0 + \alpha_1 know_{it} + \alpha_2 abli_{it} + \alpha_3 know_{it} \times abli_{it} + \alpha_i control_{it} + u_{it} \quad (28)$$

上述模型中，α_0是常数项，μ是随机误差项，i表示地区，t表示年份。

（二）变量说明

（1）经济增长水平（*gdp*）：选用各地区实际国内生产总值来衡量。

（2）知识溢出水平（*know*）：关于知识溢出水平的衡量，现有文献主要从以下几个方面展开：一是单一指标法，即选用单个代理指标衡量研究变量，该指标往往能更好地体现变量的整体特征，如选用创新产出作为考量知识溢出水平的代理变量（姜磊和季民河，2011）；采用研发支出水平作为代理变量衡量知识溢出（齐玮娜等，2014；王春杨等，2018）；选取专业化知识溢出、多样化知识溢出以及市场竞争程度等变量度量知识溢出（李健旋等，2017）；此外，还有学者选用高校 R&D 投入等指标衡量知识溢出水平（顾芸等，2018）。二是综合指标法，如选用有关人员的需求相似度构建综合衡量指标（魏宝伟等，2018）。一个国家、地区或企业专利授权数越多，技术创新活动越频繁，产生的新知识越多，对外部产生的知识溢出就越多，相应地，知识溢出水平也就越高。本文选用专利授权数表征知识溢出程度，专利授权数越多，表示知识溢出水平越高。考虑到研究结果的可靠性，在稳健性检验中本文引入知识溢出的另一代理变量（研发人员投入）表征知识溢出水平。

（3）吸收能力（*abli*）：Cohen 和 Levinthal（1990）将企业知识吸收能力定义为企业对外部信息从认识到最终应用于商业终端的能力。最初的文献研究多选用 R&D 费用衡量吸收能力，随着吸收能力自身重要性的提升以及对吸收能力研究的深入发展，人们逐渐意识到吸收能力不应只从单一角度进行评价，它是一个多维度的概念，需要从不同方面进行考量。学者们已不再满足于采用单一变量的方法测度吸收能力，他们试图从多个角度采用综合合成指数的方法对吸收能力进行综合评价。本文参照 Zahra 和 George（2002）的度量方法，从知识获取、知识消化、知识转换和知识应用四个维度分析吸收能力，并根据广泛认可的科学框架，选取合适的基础指标，具体评价指标见表 1。

表 1　吸收能力评价指标

一级指标	二级指标	指标解释
吸收能力	知识获取	长途光缆的线路长度（万千米）
		局用交换机容量（万门）
		互联网宽带接入端口（万个）
		电信业务总量（亿元）
		邮政业就业人数（人）
	知识消化	普通高校在校生人数（万人）
		图书馆和博物馆总数（个）
		公共图书馆藏书量（万册）
		普通高校教职工人数（万人）
		普通高校毕业生人数（万人）

续表

一级指标	二级指标	指标解释
吸收能力	知识转换	出口总额（万美元）
		实际外商投资额（百万美元）
		管理水平（亿元）
		城镇居民家庭人均可支配收入（元）
		居民消费水平（元）
	知识应用	技术市场成交额（亿元）

为得到吸收能力的综合指数，笔者通过主成分分析法，按照特征值大于 1 的原则，对各省份的吸收能力值进行测算。根据 KMO 值和 Bartlett 值以及显著性水平显示的结果判断，该指标合成适合做因子分析，进一步地，通过最大方差分析法测算吸收能力得分情况。表 2 显示了 2006—2017 年各省份的吸收能力指数。

表 2　2006—2017 年各省份吸收能力水平评价结果

地区	2006 年	2007 年	2008 年	2009 年	2010 年	2011 年	2012 年	2013 年	2014 年	2015 年	2017 年
北京	2.59	2.49	2.41	2.34	2.3	2.53	2.35	2.28	2.11	2.46	2.29
天津	-0.55	-0.59	-0.39	-0.57	-0.61	-0.55	-0.57	-0.58	-0.52	-0.53	-0.48
河北	0.33	0.29	0.20	0.57	0.48	0.16	0.26	0.17	0.09	0.04	0.03
山西	-0.83	-0.76	-0.8	-0.85	-0.93	-0.93	-0.97	-0.98	-0.93	-1.01	-0.95
内蒙古	-1.35	-1.22	-1.18	-1.26	-1.30	-1.27	-1.23	-1.20	-1.08	-1.25	-1.01
辽宁	0.61	0.62	0.64	0.62	0.73	0.72	0.73	0.74	0.60	0.62	0.28
吉林	-0.79	-0.87	-0.93	-1.03	-1.14	-1.16	-1.14	-1.16	-1.13	-1.22	-1.09
黑龙江	-0.52	-0.55	-0.64	-0.62	-0.64	-0.71	-0.76	-0.8	-0.46	-0.79	-0.11
上海	2.96	2.88	2.81	2.77	2.65	2.50	2.19	2.11	1.97	2.10	2.09
江苏	3.68	3.72	3.73	3.89	4.23	4.26	4.20	4.10	3.65	3.55	3.05
浙江	2.30	2.25	2.14	2.23	2.34	2.35	2.41	2.17	1.89	1.97	2.10
安徽	-0.60	-0.49	-0.52	-0.38	-0.34	-0.36	-0.25	-0.39	-0.31	-0.29	-0.37
福建	0.19	0.24	0.19	0.14	0.21	0.28	0.31	0.17	0.10	0.14	-0.06
江西	-0.49	-0.54	-0.56	-0.68	-0.66	-0.74	-0.81	-0.69	-0.61	-0.53	-0.6
山东	2.05	2.01	2.13	2.30	2.20	2.07	2.11	2.14	1.87	1.85	1.70
河南	0.45	0.50	0.44	0.74	0.68	0.57	0.54	0.67	0.60	0.75	0.66
湖北	0.54	0.48	0.38	0.39	0.42	0.42	0.39	0.57	0.61	0.71	0.53
湖南	0.12	0.13	0.06	0.05	-0.01	0.02	0.06	0	0.05	0.06	-0.06
广东	4.77	4.78	4.71	4.85	4.93	4.90	5.14	4.98	4.26	4.61	3.65
广西	-0.99	-0.90	-0.86	-0.81	-0.74	-0.78	-0.86	-0.73	-0.75	-0.62	-0.62
海南	-2.26	-2.09	-2.03	-2.19	-2.30	-2.17	-2.18	-2.21	-2.01	-2.04	-1.76
重庆	-0.95	-1.00	-0.94	-1.06	-1.00	-0.88	-0.72	-0.85	-0.70	-0.82	-0.77

续表

地区	2006 年	2007 年	2008 年	2009 年	2010 年	2011 年	2012 年	2013 年	2014 年	2015 年	2017 年
四川	0.50	0.44	0.43	0.54	0.59	0.47	0.51	0.73	0.78	0.80	0.75
贵州	-1.81	-1.79	-1.77	-1.77	-1.76	-1.59	-1.62	-1.59	-1.45	-1.41	-1.32
云南	-1.27	-1.29	-1.19	-1.22	-1.22	-1.26	-1.2	-1.24	-1.11	-1.11	-0.92
陕西	-0.39	-0.43	-0.35	-0.35	-0.41	-0.38	-0.35	-0.14	-0.05	-0.09	-0.14
甘肃	-1.78	-1.79	-1.75	-1.87	-1.85	-1.77	-1.78	-1.72	-1.56	-1.65	-1.46
青海	-2.49	-2.48	-2.45	-2.57	-2.62	-2.58	-2.64	-2.53	-2.3	-2.43	-2.05
宁夏	-2.33	-2.34	-2.29	-2.47	-2.51	-2.39	-2.44	-2.32	-2.07	-2.16	-1.90
新疆	-1.68	-1.67	-1.61	-1.74	-1.73	-1.72	-1.70	-1.70	-1.56	-1.69	-1.49

（4）控制变量（*control*）：农业产出（*agri*）用来度量农业生产规模对经济增长的影响程度，用第一产业产值表示。服务业增长速度（*serv*）衡量我国第三产业产出变化情况对经济增长的贡献水平，考虑到近年来我国服务业的迅猛发展，特别是互联网等行业的普及与发展，对居民生活以及我国经济发展产生了重大冲击，因此，笔者选用服务业增长率来控制其对经济增长的影响，用第三产业产值增长率表示。城镇化率（*urban*），用来控制城镇化程度对经济增长的影响，用各省城镇人口数与总人口数的比值表示。交通基础设施（*inf*）衡量交通基础设施建设对经济增长的影响，用我国各省份的铁路运营里程数表示。市场开放度（*mark*），考虑到市场环境对经济增长产生影响，笔者选用进出口总额占国内生产总值的比例衡量。人口增长率（*pop*）和居民消费水平（*con*），分别反映人口增长速度和居民消费情况对经济增长的影响行为。

（三）数据来源

考虑到数据的可得性和有效性，本文研究样本为 2006—2017 年我国 30 个省（区、市）的面板数据，西藏地区由于数据缺失严重予以剔除。以 2006—2017 年为研究样本区间，选取的面板数据包含 30 个截面单位的 12 年间时间序列数据，共计 360 个样本数据，本文的数据主要来源有《中国统计年鉴》《中国经济与社会发展统计数据库》《中国工业经济统计年鉴》等。对于个别年份或省市的缺失数据采用移动平均法、线性插值等方法近似替代。

（四）描述性统计

表 3 是本文主要变量和控制变量的描述性统计结果。根据统计结果可以看出，我国 30 个省（区、市）的经济发展水平、知识溢出程度与吸收能力存在较大差异，服务业增长率均值为 15.51%，最大值为 33.67%，表明我国服务业整体发展水平呈良好态势，城市化

率均值为53.53%，居民消费水平均值为1.41万元，城市化率和居民消费水平的提高在一定程度上有利于经济的长期稳定发展。

表3　主要变量的描述性统计

变量	样本量	最大值	最小值	均值	标准差
gdp	360	89.71	0.65	17.80	15.65
know	360	33.27	0.01	3.15	5.21
abli	360	5.14	-2.64	-0.00006	1.73
agri	360	4977.18	67.44	1557.15	1158.42
serv	360	33.67	-13.50	15.51	5.27
urban	360	89.61	27.45	53.53	13.71
inf	360	1.27	0.02	0.33	0.20
mark	360	111.69	0.25	5.64	10.41
pop	360	11.78	-0.60	5.32	2.66
con	360	5.36	0.35	1.41	0.89

五、实证检验

本文将在计量模型的基础上，利用2006—2017年我国30个省（区、市）面板数据进行实证检验，分别采用总体和区域样本数据对模型Ⅰ、模型Ⅱ、模型Ⅲ进行估计，判断知识溢出、吸收能力与经济增长之间的数量关系。

（一）回归结果

1. 逐步回归

本文主要研究了知识溢出对经济增长的作用机理，以2006—2017年我国30个省（区、市）面板数据为样本，用各地区实际国内生产总值来衡量经济增长水平，专利授权数表示知识溢出程度，利用混合OLS对模型Ⅰ、模型Ⅱ、模型Ⅲ进行估计，检验知识溢出、吸收能力与经济增长之间的关系，具体结果见表4。

表4　全国面板数据模型回归结果

	模型Ⅰ	模型Ⅱ	模型Ⅲ
	GDP	GDP	GDP
know		1.257*** (20.69)	0.653*** (5.27)
abli		1.727*** (8.27)	1.926*** (9.45)

续表

	模型Ⅰ	模型Ⅱ	模型Ⅲ
	GDP	GDP	GDP
know × abli			0.157*** (5.53)
agri	0.011*** (30.84)	0.006*** (23.52)	0.007*** (24.88)
serv	0.211*** (2.80)	0.088** (2.20)	0.099** (2.56)
urban	0.179*** (3.22)	0.060* (1.84)	0.056* (1.81)
inf	-7.211*** (-3.26)	4.711*** (3.76)	3.314*** (2.70)
mark	0.096** (2.30)	0.002 (0.10)	-0.025 (-1.07)
pop	0.229 (1.48)	0.339*** (4.03)	0.269*** (3.29)
con	6.148*** (7.55)	2.895*** (5.92)	3.858*** (7.70)
R^2	0.827	0.951	0.955
N	360	360	360

注：*、**、***分别表示估计系数在0.1、0.05、0.01的水平下显著，系数为标准化系数，括号中数值为基于稳健性标准误计算的T值，常数项的估计结果略去。下同。

表4报告了全国层面上知识溢出、吸收能力与经济增长关系的估计结果。由回归结果可知，在模型Ⅰ中，检验控制变量与经济增长之间的关系，各变量对经济增长均有显著影响，这也表明，就本文研究需要而言，选取的控制变量较为合适。在模型Ⅱ中，笔者引入知识溢出与吸收能力变量，检验结果显示，知识溢出水平系数为正，且在1%的显著性水平下通过检验，即知识溢出与经济增长正向关系显著，表明知识溢出水平的提高会在一定程度上促进经济发展。这与笔者之前的分析也一致，技术创新需要源源不断的知识，知识溢出能够为技术创新提供知识积累，促进技术创新，有利于经济增长，知识溢出在经济增长中具有不可忽视的作用，因此，适当地拓宽知识溢出渠道，提高知识溢出水平，将对改善经济发展状况产生重要影响。在模型Ⅲ中，为了验证吸收能力的调节作用，笔者引入知识溢出与吸收能力的交互项，回归结果中，知识溢出与吸收能力交互项系数显著为正，即交互项与经济增长正向相关，这不仅说明吸收能力的调节作用是显著成立的，还表明吸收能力对知识溢出与经济增长间的关系具有正向调节作用，因此，实证结果证明了吸收能力

的调节作用，这与本文的理论模型结论也是一致的。知识溢出虽然能够为技术创新提供知识积累，成为技术创新所需知识来源，但并非所有的知识都能被吸收、消化、利用，这与知识接受方自身的吸收能力有关，吸收能力越强，对溢出知识的利用率就越高，知识溢出产生的经济效益就越大。

综合上述分析，知识溢出和吸收能力均能够对经济增长产生积极作用，此外，吸收能力还在知识溢出与经济增长的关系中起到重要的调节作用，也就是说，在知识溢出对经济增长产生积极作用的基础上，吸收能力能够强化知识溢出对经济增长的正向促进作用，吸收能力的增强有助于我国经济进一步健康发展，提高知识溢出水平和知识吸收能力对经济增长以及经济体长期稳定发展具有重要意义，这也为政策制定提供了一定的实践意义。

从控制变量的估计结果来看，农业产出（*agri*）的估计系数为正，表明农业产值与经济增长呈显著的正相关关系，农业产值的增加有利于我国经济的发展。我国作为一个农业大国，经济的持续稳定发展离不开传统农业部门的支持，农业的发展能够为经济增长提供一定的物质基础和基础保障，因而，经济的良好运行需要农业的良好发展。服务业增长速度（*serv*）的估计系数显著为正，这说明服务业的发展对经济增长具有积极作用。近年来，我国服务业发展速度不断加快，服务业的迅速发展不仅拉动了我国经济发展，还提高了我国经济发展质量，服务业的快速发展在一定程度上有利于经济的高速发展。交通基础设施（*inf*）在模型Ⅰ中的估计系数为负，在模型Ⅱ、模型Ⅲ中的估计系数显著为正，这表明，交通基础设施对经济增长的作用与知识溢出和吸收能力有一定的关系。市场开放度（*mark*）在模型Ⅰ中的系数显著为正，即市场开放度与经济增长呈正相关，市场开放程度越高，对我国经济发展就越有利，我国改革开放 40 多年的历程也证明了这一点。城镇化率（*urban*）、人口增长率（*pop*）和居民消费水平（*con*）的估计系数均显著为正，这也表明，城镇化率、人口增长率和居民消费水平的进一步提高均对经济增长有正向促进作用，有利于经济健康稳定发展。

2. 异质性检验

为了进一步分析知识溢出、吸收能力与经济增长关系的区域差异，本文将 30 个省份划分为东、中、西部三个区域，在区域样本下对模型Ⅰ、模型Ⅱ、模型Ⅲ进行检验，结果见表 5。

表5 东、中、西部面板数据模型回归结果

	东部			中部			西部		
	模型Ⅰ	模型Ⅱ	模型Ⅲ	模型Ⅰ	模型Ⅱ	模型Ⅲ	模型Ⅰ	模型Ⅱ	模型Ⅲ
	GDP	GDP	GDP	GDP	GDP	GDP	GDP	GDP	GDP
know		0.903*** (12.68)	0.447*** (3.14)		0.498 (1.39)	1.514*** (5.26)		1.827*** (13.70)	1.864*** (12.67)
abli		1.490*** (6.04)	1.656*** (6.92)		3.283*** (3.28)	7.125*** (8.29)		-0.105 (-0.37)	-0.319 (-0.70)
know × *abli*			0.123*** (3.65)			2.498*** (8.64)			-0.062 (-0.59)
agri	0.017*** (22.87)	0.010*** (18.31)	0.010*** (18.94)	0.007*** (19.24)	0.004*** (6.21)	0.003*** (6.60)	0.006*** (28.03)	0.004*** (15.57)	0.004*** (15.27)
serv	0.183 (1.42)	0.153** (2.26)	0.169** (2.61)	0.026 (0.31)	0.003 (0.04)	0.047 (0.83)	0.025 (0.87)	0.021 (1.20)	0.022 (1.21)
urban	0.332*** (3.48)	0.181*** (3.31)	0.143*** (2.70)	0.157** (2.12)	0.137* (1.80)	-0.019 (-0.33)	0.154*** (4.10)	0.064** (2.56)	0.066** (2.61)
inf	-27.243*** (-4.85)	-1.732 (-0.53)	-0.846 (-0.27)	4.343 (0.96)	5.344 (1.25)	6.464** (2.07)	-0.092 (-0.12)	4.626*** (7.98)	4.678*** (7.96)
mark	0.063 (1.44)	0.015 (0.62)	-0.009 (-0.37)	0.256 (1.51)	0.299* (1.82)	-0.190 (-1.42)	0.035 (0.42)	0.048 (0.91)	0.037 (0.66)
pop	0.065 (0.24)	0.349** (2.44)	0.308** (2.25)	0.915*** (5.19)	0.740*** (3.88)	0.513*** (3.61)	-0.543*** (-8.29)	-0.318*** (-5.37)	-0.315*** (-5.26)
con	5.308*** (5.06)	3.476*** (5.59)	4.535*** (6.88)	3.613*** (3.05)	5.214*** (4.03)	5.877*** (6.17)	1.511** (2.24)	1.075** (2.35)	0.962* (1.94)
R^2	0.896	0.971	0.974	0.907	0.918	0.956	0.950	0.980	0.980
N	132	132	132	96	96	96	132	132	132

对表5所示的回归结果进行分析。从知识溢出对经济增长影响的角度来看，主效应回归即模型Ⅱ的结果显示，东部和西部地区知识溢出估计系数显著为正，说明知识溢出对两个地区的区域经济增长均有正向促进作用，从影响程度来看，相较于东部发达地区而言，知识溢出对西部地区的影响更为显著，即知识溢出对西部区域经济增长的影响作用更为明显。这一结果表明，知识溢出对改善落后地区经济情况、促进经济包容性增长具有一定的意义，但对于中部地区而言，知识溢出还未表现出对经济增长的重要作用。模型Ⅲ中，知识溢出估计系数均显著为正，但相对于东部地区，中、西部地区知识溢出的估计系数较大，这也表明，在引入知识溢出与吸收能力的交互项后，知识溢出对中部地区的作用得以显现，这可能与吸收能力的调节作用有关。

从吸收能力对经济增长影响的角度来看，模型Ⅱ的估计结果显示，东部和中部地区的吸收能力估计系数显著为正，即吸收能力与两个区域的经济呈显著的正相关关系，吸收能力的提高对改善区域经济增长具有重要作用。但吸收能力对西部地区的作用还未显现出来，可能的原因是，西部地区经济发展程度、基础设施条件等相对落后，这在一定程度上会影响区域自身吸收外界知识的能力，因而，对于西部地区而言，吸收能力对区域经济增长的重要作用还未显现出来。模型Ⅲ中，引入知识溢出与吸收能力的交互项后，东部和中部地区的估计结果与模型Ⅱ的结果分析相同，西部地区的吸收能力的估计系数依然不显著，这也说明，对于西部地区而言，一方面，吸收能力对经济增长没有显著影响；另一方面，吸收能力在知识溢出与经济增长的关系中的调节作用可能也没有发挥出来。

从吸收能力的调节作用角度来看，模型Ⅲ的结果显示，东部和中部地区的知识溢出与吸收能力的交互项系数均显著为正，即交互项与经济增长呈正相关，表明知识吸收能力对知识溢出与经济增长之间的关系起到了一定的调节作用，但不同区域间吸收能力的调节作用有所不同，从结果来看，吸收能力对中部地区的调节作用较强，对东部地区影响作用相对较小；对于西部地区，交互项的估计系数不显著，即吸收能力的调节效应未得到验证。

从控制变量的估计结果来看，服务业（*serv*）对经济增长的影响存在显著的差异性，东部地区服务业估计系数显著为正，中、西部地区服务业估计系数不显著，表明服务业的发展对东部地区经济发展具有显著的促进作用，而对中、西部地区的经济发展并未产生影响。交通基础设施（*inf*）对东部地区有显著的抑制作用，而对中、西部地区有促进作用，这在一定程度上与区域经济发展水平有关。人口增长率（*pop*）对东部和中部地区具有促进作用，而对西部地区产生了明显的抑制作用。其他控制变量对东部、中部和西部地区的影响大致相同。

（二）内生性检验

上文的实证检验过程可能会存在一定的内生性问题，就本文研究对象而言，产生内生性的原因主要包括两个方面：①遗漏变量。在分析经济增长的影响因素时，模型Ⅰ、模型Ⅱ、模型Ⅲ中未把所有影响经济增长的变量考虑进去，这样就可能会遗漏某些影响经济增长的重要变量。②互为因果。知识溢出程度的加强能够影响经济增长，反之，经济发展水平也会影响知识溢出的程度和范围。此外，本文进一步利用 Hausman 方法对模型内生性进行检验，检验结果显示模型Ⅱ、模型Ⅲ中的 P 值均小于 0.1，因此，拒绝所有变量外生的原假设，即认为模型存在内生性问题。为了克服模型中可能存在的内生性问题，采用迭代 GMM 法对模型进行估计。迭代 GMM 估计方法中，工具变量的选择是关键，本文选择滞后一期的吸收能力与铁路营业里程数作为吸收能力的工具变量，并利用 Hansen 检验对选取的工具变量进行检验，检验结果表明工具变量的选取是合适的，采用迭代 GMM 法对模型Ⅰ、模型Ⅱ、模型Ⅲ进行内生性检验，结果见表 6。可以看出，模型Ⅰ、模型Ⅱ、模型Ⅲ中系数的显著性水平和方向均未发生较大变化，因此，本文的估计结果也是稳健的。

表 6　内生性检验

	模型Ⅰ	模型Ⅱ	模型Ⅲ
	GDP	GDP	GDP
know		1.307*** (11.27)	0.964*** (4.59)
abli		1.637*** (7.17)	1.716*** (7.69)
know × *abli*			0.091* (1.74)
agri	0.011*** (24.30)	0.006*** (17.54)	0.007*** (16.40)
serv	0.211*** (3.36)	0.103*** (2.94)	0.111*** (3.27)
urban	0.179*** (2.87)	0.077** (2.46)	0.076** (2.52)
inf	−7.211*** (−3.79)	5.112*** (5.18)	4.286*** (3.74)
mark	0.096 (1.12)	0.004 (0.19)	−0.012 (−0.60)
pop	0.229 (1.18)	0.334*** (2.78)	0.292** (2.32)
con	6.148*** (6.33)	2.725*** (4.29)	3.287*** (5.11)
R^2	0.827	0.950	0.953
N	360	330	330

（三）稳健性检验

考虑到本文研究结果的可靠性，需要进一步对模型进行稳健性检验，本文的主要做法是：首先，将知识溢出的另一代理变量研发人员投入引入模型，利用模型Ⅰ、模型Ⅱ、模型Ⅲ重复表 4 的检验，回归结果显示，各个变量的显著性与系数符号并未发生较大改变，因此可以说明上述模型回归结果具有稳定性。其次，考虑到模型内生性的稳健性检验也表明模型具有稳定性。

六、研究结论与启示

本文基于罗默经济增长模型梳理了知识溢出、吸收能力与经济增长的数理逻辑，从理论上阐述知识溢出的经济效益，探讨知识溢出对经济增长的作用机理。基于理论模型分析，利用2006—2017年中国30个省（区、市）的面板数据，通过空间面板数据模型分析三者之间的数量关系。实证研究结果表明，中国省域层面上，知识溢出对经济增长的正向促进作用显著，且西部地区知识溢出效应最为显著；此外，中国各地区经济空间依赖关系较强，区域知识积累不仅有助于本地区经济发展，还会通过知识溢出对邻近区域经济产生积极影响；知识溢出与吸收能力的交互项显著为正，表明吸收能力对知识溢出与经济增长的关系具有正向调节作用。

中小企业的创新与发展是我国持续健康发展的经济命脉，知识溢出为中小企业技术创新提供了良好的外部环境，在降低企业创新成本的基础上激励企业开发研究，为我国经济体发展注入活力。在这一利好条件下，我国近年来涌现出一批高技术产业群体，尽管如此，企业的发展并没有形成预期发展活力，企业竞争力仍没有大幅提高。这一现象可能与企业所处区域、企业间交流程度、企业自身吸收能力等有关，特别地，企业的消化吸收能力是企业创新的关键，吸收能力较差会导致企业创新产出低下，影响经济发展，因而如何利用好这一优势，加快企业创新的步伐成为我们关注的一个重要问题，本文通过理论和实证分析，验证了知识溢出与吸收能力对经济增长的重要性，研究结果为解决我国区域发展不平衡、实现经济长期平稳发展提供几点技术思路。

第一，鼓励技术创新，提高区域自主创新水平。技术创新是经济增长的持续动力，加强创新是发展经济的必由之路，此外，技术创新过程中还可以通过知识溢出对周围区域经济产生带动作用。政府需加强对技术创新水平高、污染程度低的企业给予政策上的扶持，特别是在传统高能耗、高污染、低产出产业发展模式已严重制约经济发展的情况下，鼓励自主创新，加快生产方式的转变，是实现经济可持续发展的关键。

第二，促进区域间的交流与合作。知识溢出对区域经济增长有显著的促进作用，因此，拓宽区域间知识流通渠道，促进区域知识流通，加强区域间特别是相邻区域的学习交流，实现资源、技术等的共享，为实现区域经济一体化发展提供技术保障。

第三，提高区域吸收、转化、利用外界知识的能力。知识溢出对区域经济发展具有一定的积极作用，但对于承接地而言，是否能够更好地利用溢出的知识，还取决于区域自身的吸收能力水平，吸收能力在知识溢出与经济增长的关系中起重要作用，吸收能力能够有效调节知识溢出对经济增长的潜在作用。应积极引进人才，加强技能培训，提升居民文化知识水平，进而提高区域吸收能力水平，更好地服务于区域经济增长。

第四，为促进区域平衡发展，落后地区应根据实际境况，因地制宜地选择邻近并与其发展水平相当的地区加强合作。知识溢出与吸收能力对区域经济增长均有重要作用，特别是对于中西部地区而言，作用更为明显，因此，加强中西部地区与邻近地区的交流与合作，充分利用知识溢出与吸收能力带来的经济效益，是缩小与发达区域经济发展水平差距、实现区域间均衡发展的重要途径。

参考文献

[1]Schumpeter J. A. The theory of economic development[J]. Public Opinion Quarterly, 1934(58).

[2]陶锋，韦锦祥，陈秀英．基于知识溢出过程的区域创业体系模型构建[J]．产经评论，2015，6(3):67－80.

[3]Woodward D. ,Octávio F. ,Guimarães P. Beyond the silicon valley: University R&D and high－technology location[J]. Journal of Urban Economics, 2006, 60(1):1－32.

[4]Li H. C. ,X. Chen J. Study on the evaluation of growth capability of high－tech enterprises in China's regional innovation system[M]// Proceedings of 2013 4th International Asia Conference on Industrial Engineering and Management Innovation (IEMI2013). Springer Berlin Heidelberg, 2014.

[5]Batabyal A. A. ,Nijkamp P. Positive and negative externalities in innovation, trade, and regional economic growth[J]. Geographical Analysis, 2014, 46(1).

[6]程水红，沈利生．海峡西岸经济区知识溢出与区域经济增长——基于空间面板杜宾模型的实证研究[J]．工业技术经济，2016，35(6):84－91.

[7]周灿，曾刚．知识溢出与中国高技术产业创新[J]．经济经纬，2016，33(3):78－83.

[8]陈丽娴．知识溢出、创新与区域经济增长——基于知识产权保护视角的门槛回归分析[J]．当代经济管理，2017，39(8):63－69.

[9]李晓飞，赵黎晨，侯璠，吕可文．空间知识溢出与区域经济增长——基于SDM及GWR模型的实证分析[J]．软科学，2018，32(4):16－19,30.

[10]Aldieri L. , Kotsemir M. N. , Vinci C. P. Knowledge spillover effects: Empirical evidence from Russian regions[J]. Quality & Quantity, 2017.

[11]Fritsch M. , Kublina S. Related variety, unrelated variety, and regional growth: The role of absorptive capacity and entrepreneurship[J]. Jena Economic Research Papers, 2016.

[12]Cohen W. M. ,Levinthal D. A. Absorptive capacity: A new perspective on learning

and innovation[J]. Administrative Science Quarterly, 1990(35).

[13]Nieto M., Quevedo P. Absorptive capacity, technological opportunity, knowledge spillovers, and innovative effort[J]. Technovation, 2005, 25(10):1 - 1157.

[14]林可全，周怀峰．人力资本结构差异、技术吸收能力与广东经济增长——基于转轨过程中外资政策转变的视角[J]. 中央财经大学学报, 2011(2):61 - 67.

[15]曹裕，胡韩莉．创新能力、吸收能力与区域经济增长关系研究[J]. 财经理论与实践, 2014, 35(6):123 - 127.

[16]Lodefalk M., Tang P. The impact of hiring top workers on productivity: What is the role of absorptive capacity? [J]. Applied Economics Letters, 2018:1 - 5.

[17]孔群喜，王紫绮，王晓颖．ODI 逆向技术溢出、吸收能力与经济增长质量——基于偏效应和门槛特征的实证研究[J]. 亚太经济, 2018(6):91 - 102,148.

[18]Liu X., Buck T. Innovation performance and channels for international technology spillovers: Evidence from Chinese high - tech industries[J]. Research Policy, 2007, 36(3):1 - 366.

[19]靳娜，傅强．基于技术吸收能力的 FDI 对经济增长的影响研究——IVQR 模型对中国大陆 28 省市的评价[J]. 研究与发展管理, 2011, 23(2):17 - 25.

[20]何雄浪，张泽义．国际进口贸易技术溢出效应、本国吸收能力与经济增长互动——理论及来自中国的证据[J]. 世界经济研究, 2014(11):36 - 41,48,88

[21]Romer P. Endogenous technological change[J]. Journal of Political Economy, 1990, 98 (5) :71 - 102.

[22]王国栋．罗默模型中资本对经济增长影响机制研究[J]. 现代商贸工业, 2009, 21(11):20 - 21.

[23]Lucas R. E. On the mechanics of economic development[J]. Journal of Monetary Economics, 1989, 22(1):3 - 42.

[24]姜磊，季民河．城市化、区域创新集群与空间知识溢出——基于空间计量经济学模型的实证[J]. 软科学, 2011, 25(12):86 - 90.

[25]齐玮娜，张耀辉．创业、知识溢出与区域经济增长差异——基于中国 30 个省市区面板数据的实证分析[J]. 经济与管理研究, 2014(9):23 - 31.

[26]王春杨，吴国誉．研发资源配置、溢出效应与中国省域创新空间格局[J]. 研究与发展管理, 2018, 30(1):106 - 114.

[27]李健旋，程中华．知识溢出对区域创新影响的空间计量分析[J]. 中国科技论坛, 2017(2):121 - 126.

[28]顾芸，董亚宁．知识溢出、高校创新投入与经济增长——基于包含创新部门的新

经济地理增长模型及检验[J]. 科技管理研究, 2018, 38(17):1－7.

[29]魏保伟, 余军合, 李兴森,战洪飞,严俊. 基于人员需求相似度的产业集群知识溢出测度研究[J]. 科技与经济, 2018, 31(6):66－70.

[30]George G. ,Zahra S. A. , Wood D. The effects of business－university alliances on innovative output and financial performance: A study of publicly traded biotechnology companies[J]. Journal of Business Venturing, 2002(17).

实现碳达峰、碳中和要注重“三个统筹”[①]

林卫斌[②]　朱彤[③]

摘 要： 碳中和宣示具有重大战略价值和深远意义，实现碳中和远景目标要注重“三个统筹”：一是统筹好社会主义现代化国家建设“两步走”战略与碳达峰、碳中和承诺，把握好能源革命的节奏。在我国基本实现现代化之前，更加注重经济发展与能源转型的平衡，在2035年之后加速推进能源转型。二是统筹好风电、太阳能发电建设与灵活性电力资源供给，加快推进电力系统转型，搭建能源转型的另一重要支柱。避免可再生能源与火电“比翼齐飞”式的能源转型和只把注意力集中在风电、太阳能发电建设“瘸腿”式的能源转型。三是统筹好能源系统与能源体制的“双转型”，构建基于市场的机制，而不是单纯地依靠行政手段。

关键词： 碳中和；能源革命；电力系统转型；“三个统筹”

2020年9月22日，国家主席习近平在第七十五届联合国大会上宣布，中国将提高国家自主贡献力度，采取更加有力的政策和措施，二氧化碳排放力争于2030年前达到峰值，努力争取2060年前实现碳中和。2020年12月12日，习近平主席在气候雄心峰会上再次进行碳中和宣示，并进一步宣布：到2030年，中国单位国内生产总值二氧化碳排放将比2005年下降65%以上，非化石能源占一次能源消费比重将达到25%左右，森林蓄积量将比2005年增加60亿立方米，风电、太阳能发电总装机容量将达到12亿千瓦以上。

碳中和宣示是习近平总书记统筹国内国外两个大局做出的重大战略决策，对于我国推进生态文明建设和提升国际影响力、领导力均具有深远意义。碳中和也为我国能源革命明确了战略目标，即最终要建成零碳能源体系，基本结束化石能源时代。这是全球能源转型

---

① 本文首发于《价格理论与实践》2021年第1期。

② 林卫斌，北京师范大学经济与资源管理研究院教授、博士生导师。

③ 朱彤，中国社会科学院工业经济研究所能源研究室主任。

的大势所趋，超前谋划和积极部署对于我国顺应并引领全球经济技术变革趋势、占领未来产业制高点、打造核心竞争力，具有重大的战略价值。但我们也应该充分认识到，“罗马不是一天建成的”，碳中和是远景目标，不能一蹴而就，更不能搞“大跃进”，我们要保持“热切的心情，冷静的头脑”。本文认为，实现碳达峰、碳中和要注重“三个统筹”。

一、统筹好社会主义现代化国家建设“两步走”战略与碳达峰、碳中和承诺，把握好能源革命的节奏

2021 年是我国全面建成小康社会、实现第一个百年奋斗目标之后，乘势而上开启全面建设社会主义现代化国家新征程、向第二个百年奋斗目标进军的元年，也是碳中和宣示加快推进能源革命的元年。按照党的十九大的战略部署，到 2035 年要基本实现社会主义现代化，到 2050 年要建成社会主义现代化强国；另外，按照我们对国际社会的承诺，力争 2030 年前二氧化碳排放达到峰值，努力争取 2060 年前实现碳中和。社会主义现代化国家建设“两步走”战略的实施和碳达峰、碳中和承诺的兑现要统筹考虑，二者交汇的核心是能源革命，把握好能源革命的节奏至关重要。

当前我国能源消费二氧化碳排放总量为 100 亿吨左右。按照 2030 年能源消费总量 60 亿吨标准煤的高值（意味着未来十年能源消费年均增量超过 1 亿吨），非化石能源消费比重提高到 25%，煤炭、石油和天然气的消费比重分别为 45%、15% 和 15% 计算，到 2030 年能源消费二氧化碳排放为 105 亿吨左右，比当前增加 5 亿吨左右，考虑到工业过程碳减排空间，可以实现 2030 年之前碳达峰的目标。如果能源消费总量控制在 57 亿吨标准煤以下，则 2030 年能源消费二氧化碳排放将减少到 100 亿吨以内，即使不考虑工业过程的碳减排，能源消费二氧化碳排放自身就可以在 2030 年之前实现碳达峰。由此可见，按照 2030 年 25% 的非化石能源消费比重目标可以在 2030 年之前实现碳达峰。

2030 年之后，随着能源消费总量逐步达峰，能源消费结构进一步低碳化，二氧化碳排放将显著减少。如果将非化石能源消费比重目标确定为 30%，按照能源消费总量 60 亿吨标准，煤炭、石油、天然气消费比重分别为 40%、14%、16% 测算，2035 年能源消费二氧化碳排放将降低到 97 亿吨；如果非化石能源消费比重目标确定为 35%，按照能源消费总量 60 亿吨标准，煤炭、石油、天然气消费比重分别为 35%、14%、16% 测算，则 2035 年能源消费二氧化碳排放将降低到 89 亿吨。如果加大节能提效力度，降低能源消费总量，则能源消费二氧化碳排放还有进一步降低的空间。上述测算表明，将 2035 年非化石能源消费比重目标确定在 30%～35%，即按照到 2035 年非化石能源占一次能源消费的 1/3 左右的战略目标来推进 2035 年之前的能源转型，可以保障 2030 年前碳达峰之后能源消费二氧化碳排放量显著下降，即在实现碳达峰之后逐步进入碳中和的轨道。在这样的情况下，

考虑到我国社会主义现代化国家建设“两步走”的战略，在我国基本实现现代化之前应该更加注重经济发展与能源转型的平衡，2035 年之前能源革命的目标不应再层层加码。

党的十九大报告强调：“发展是解决我国一切问题的基础和关键”，“必须坚定不移把发展作为党执政兴国的第一要务”。国际货币基金组织的数据显示，2019 年我国人均 GDP 略高于 1 万美元，接近世界平均水平的 90%，在全球排第 65 名。按照党的十九届五中全会确定的到 2035 年基本实现社会主义现代化远景目标，要求经济总量和城乡居民人均收入再迈上新的大台阶。根据当前发达国家的平均水平，总体上判断我国基本实现现代化要求人均 GDP 提高到 2 万 ~2. 5 万美元，在全球排名中升至 30 名左右，这要求保持 5% 左右的经济增长速度。由此可见，实现社会主义现代化，我们还有重要的发展任务。要高质量发展，需要推进能源转型，这毋庸置疑，但我们也应该充分认识到，能源转型是需要成本的。尤其是在短期内，在我国既成的规模庞大的能源生产基础设施和产能的格局下，在与低碳能源体系相耦合的新技术、新业态尚未成熟甚至尚未明朗的情况下，如果能源转型的步伐迈得太大，会给经济发展带来过大的成本压力。从长远的角度来看，随着一些传统能源基础设施的自然退役和产能退出，随着能源技术的进步和新业态的成长，能源转型的成本有望大幅度下降。基于此，在我国基本实现现代化之前，更加注重经济发展与能源转型的平衡，在 2035 年之后加速推进能源转型，可能比单调的、线性的思维更加合理。

二、统筹好风电、太阳能发电建设与灵活性电力资源供给，加快推进电力系统转型

风电、太阳能发电的大规模发展是推进能源革命、实现碳中和的必由之路，但也要充分认识到风电、太阳能发电等可再生能源的大规模发展是能源转型的支柱之一而不是唯一。杰里米·里夫金（Jeremy Rifkin）在《第三次工业革命》一书中勾画出了第三次工业革命的五大支柱：①可再生能源转型；②将全世界的每一栋建筑变成即时收集可再生能源资源的微型发电厂；③在每一栋建筑上采用氢能和其他存储技术，使建筑的每一部分都能存储间歇式能量；④用互联网技术把各大陆地的电网转变成一个能够实现能源共享的互联电网，其运行起来就像现在的互联网（当上百万栋建筑即时、就地生产出自己的一小部分能量时，它们可以将剩余的能量送回电网并与临近的陆地共享电力）；⑤逐步将交通车辆转为插入式电动和燃料电池汽车，这些车辆可以在一个智能的、陆地间的、互助运行的电网上买卖电力。这五大支柱实际上可以进一步归纳为两大方面：一是可再生能源的大规模利用，尤其是分散式利用；二是能源系统运行模式变革，尤其是电力系统重塑，分散式可再生能源、储能、新能源汽车、能源互联网等是新型电力系统的核心元素。因此，不能把推进能源革命简单地等同于做大风电、太阳能发电装机规模，只把注意力集中在风电、太

阳能发电建设是“瘸腿”式的能源转型，必然走不远。

在当前的能源电力系统下，风电、太阳能发电等间歇性、不稳定性电源建设必然要求配套以相应规模的灵活性电源备用容量建设，否则，当风电、太阳能发电因风、光资源约束无法提供出力时，电力供需平衡就可能会出现问题。2020年夏天，美国加利福尼亚州分区轮流停电的一个重要原因就是在大跨步开展能源转型（2018年9月，加利福尼亚州签署了名为《加利福尼亚州可再生能源组合标准方案：温室气体减排》，目标是：2026年可再生能源供电占全州供电的50%；2030年之前该比例提高到60%；到2045年年底，要实现全行业的100%可再生能源和零碳能源供电）的同时，没有实现正确的能源组合，缺乏充足的电力资源。“十三五”期间，我国风电、太阳能发电装机容量增加了3亿千瓦，与此同时，火电装机容量也增加了2亿多千瓦。那么，未来风电、太阳能发电机组更大规模、增速更快的建设是否需要继续扩大火电装机规模？这是我国当前电力规划中面临的重大难题。如果不配套建设相应规模的火电机组，“十四五”期间风电、太阳能发电比重高的地区在风、光出力不足的用电高峰时段就很有可能出现电力供需缺口。但是，继续扩大火电装机规模，无疑会增加“冗余”，大幅提高系统成本并最终体现为用电成本。而且，继续扩大高碳基础设施和产能规模并不符合能源转型的方向，容易形成锁定效应。

从短期供电安全角度来看，必然要求为可再生能源大规模发展配套充足的灵活性电源备用机组建设。但从长远角度来看，可再生能源与火电“比翼齐飞”式的能源转型之路显然是行不通的。解决这一两难问题的根本办法就是要加快推进电力系统转型，搭建能源转型的另一重要支柱。其中的核心要素：一是各种储能技术的部署和运用；二是需求侧响应机制的建立；三是微电网项目和智能配电网的建设；四是柔性和灵活可调度资源的充分发掘；五是能源互联网建设；等等。当然，电力系统转型的新技术、新业态需要一定的成长时间，也需要在体制机制方面首先理顺。在此之前，要合理把握好风电和太阳能发电的建设节奏，避免“一窝蜂”和“大跃进”。

三、统筹好能源系统与能源体制的“双转型”，构建基于市场的机制

能源系统转型要有相应的体制机制作为保障，既要发挥市场在资源配置中的决定性作用，又要更好地发挥政府作用。这要求构建基于市场的机制（market - based mechanism），而不是单纯地依靠行政手段。我国能源市场化改革起步较晚，市场机制尚不健全，市场体系尚不完善，面临着能源系统转型与能源体制改革叠加的独特问题。因此，需要统筹好能源系统与能源体制的“双转型”，统筹好能源转型政策设计与能源市场化改革，实现能源系统转型与能源体制改革的相互协调、相互促进，而不是相互掣肘。

以电力系统转型为例，由于风电与光伏发电具有间歇性和波动性特征，随着风、光发

电比重的上升，必然要求电力系统以更高的灵活性来应对这种波动性，包括挖掘既有的灵活性资源（如抽水蓄能、火电机组灵活性改造、需求侧集成等）和投资于其他新的灵活性资源（如储能）。那么，如何遵循系统成本最小化的路径实现电力转型？显然，单纯依靠“计划”和行政的力量是行不通的。比如，近期全国有十多个省份出台了光伏发电站必须配10%储能的规定，可能就是非成本最小化的一种转型路径。

目前，我国电力系统灵活性比较差，远不能满足波动性风光电并网规模快速增长的要求。我国电力系统灵活性差的一个重要原因是市场机制和相关激励机制缺失，灵活性资源价值无法实现，各类经济主体没有激励提供灵活性资源。因为没有市场，即使灵活性的提供有技术可行性，但灵活性资源由谁来提供、提供多少，仍然缺乏市场信号。强令某些经济主体提供灵活性，可能是高成本低效率的方式，且效果也有限。另外，原有一些政策和做法继续延续和强化，在相当程度上降低了电力系统的灵活性。比如，以降低发电煤耗为导向的煤电机组“关小上大”政策，未能充分考虑煤电机组在电力低碳转型中功能的变化：随着波动性风光电比例的日益提高，越来越多的煤电机组将从电量提供者转变为容量提供者和备用电源，越来越多的时间处于低负荷运行状态，成为灵活性电源。显然，机组规模越大，灵活性越差。而且，60万千瓦的超临界机组如果低负荷运行，煤耗和排放都会大幅度增加，节能减排的目的也无法实现。

因此，能源系统转型要求加快能源体制改革，特别是要切实推进电力体制市场化改革，设计合理的中长期电力市场、电力现货市场、辅助服务市场和可能的容量市场等，使各种电力资源都能在市场交易中实现其经济价值，充分发挥市场在资源配置中的决定性作用。当然，不可避免地需要通过配额制和绿证交易机制、碳排放权交易机制等来实现可再生能源的清洁低碳“溢价”。

四、结论和建议

实现碳中和远景目标要有理性思维，本文提出要注重“三个统筹”。第一，要统筹考虑我国社会主义现代化国家建设2035年、2050年“两步走”的战略实施和2030年前碳达峰、2060年前碳中和的目标实现，把握好能源革命的节奏。第二，要统筹考虑风电、太阳能发电等零碳能源项目建设和能源电力系统扁平化、智能化转型，不能顾此失彼。第三，要统筹考虑能源系统转型和能源体制改革，通过改革为能源转型提供体制机制保障。结合“三个统筹”，提出如下几点具体建议：

（1）以2035年为分界点，2035年以前按照非化石能源消费比重2030年25%、2035年30%～35%的目标稳步推进能源革命，不宜再层层加码；2035年之后能源革命加速推进。

（2）不能把推进能源革命简单地等同于做大风电、太阳能发电装机规模，要规避只把注意力集中在风电、太阳能发电建设上的“瘸腿”式的能源转型之路。

（3）从短期供电安全角度来看，要为可再生能源大规模发展配套充足的灵活性电源备用机组建设。但从长远角度来看，要规避可再生能源与火电“比翼齐飞”式的能源转型之路。

（4）加快建设中长期电力市场、电力现货市场、辅助服务市场和可能的容量市场等，使各种电力资源都能在市场交易中实现其经济价值，并通过配额制和绿证交易机制、碳排放权交易机制等来实现可再生能源的清洁低碳“溢价”。

参考文献

[1]杰里米·里夫金. 第三次工业革命[J]. 北京:中信出版社,2012.

[2]杜祥琬. 碳达峰与碳中和引领能源革命[N]. 中国科学报,2020-12-22.

[3]朱彤,王蕾. 国家能源转型:德、美实践与中国选择[M]. 杭州:浙江大学出版社,2015.

/第二篇/

国家治理

本篇由 7 篇文章构成。

《中国市场一体化进程：趋势、成效与建议》在当前中国推出双循环新发展格局的背景下，聚焦于国内市场一体化改革的评价分析，首先采用相对价格法测算了 2004 年至 2018 年 30 个省份的综合市场、商品市场、要素市场、资本品市场以及劳动力市场的分割指数。其次从全国层面、地区层面以及省级层面比较分析各类市场的分割程度和一体化改革成效。研究发现，中国整体市场分割程度确实呈现下降收敛的趋势，市场一体化改革进程取得了积极的成效，但整体市场分割程度的下降主要由商品市场拉动，要素市场一体化改革进程相对落后。最后基于研究结论提出了针对性的政策建议，为中国打通国内大循环，实现双循环发展理念和战略提供政策性参考。

《新一轮市场监管机构改革的特点、影响、挑战和建议》在党的十九大对深化机构和行政体制改革做出重要部署与统筹考虑各类机构设置的科学要求下，新一轮市场监管机构改革旨在打造一套适应新时代要求的统一市场监管综合执法的制度体系，以系统完备、科学规范、运行有效为原则，针对以往市场监管“多头管理”的弊端，从根本上瓦解部门利益固化的藩篱。分析新一轮市场监管机构改革的特点、影响和挑战，提出化解策略，对于改革市场监管体系，实行统一的市场监管，建立统一开放、竞争有序的现代体系具有重要意义。

《管制、监管与市场——以能源行业为例》基于 Djankov 和 Shleifer 等发展起来的新比较经济学理解管制和监管的共同性质，解决了“管制”“监管”和“规制”这一组对应于“regulation”的概念对中国产业经济学界的长期困扰，并从市场竞争缺失和市场竞争不完全两个维度区分管制和监管的不同内涵。管制是市场竞争缺失情况下对市场的替代，监管是市场竞争不完全情况下对市场的补充。以能源行业为例，管制主要针对输配电网、天然气管网等垄断性环节，监管主要针对竞争性环节的能源市场和能源行业。

《政府在创新驱动中角色的国外经验》指出政府需要创新思维，不应仅局限于创造正确的基础设施并设定规则，而应该是一个引领创新突破的带头机构，带动公司和经济增长。要理解这些，我们就需要重新思考：在我们今天所说的企业与政府关系中，政府能够做什么？本文主要讨论政府如何在不同的创新环境下发挥企业家角色作用来引领创新的问题，释放私人部门的创业和创新力量，以培育危机后的经济复苏，为我国发展提供重要的借鉴意义。

《中国县域财政治理现代化的困境与路径研究》强调县域治理是我国城乡融合发展的重要结合点，县域财政是县域治理的基础和重要支柱。在我国各县域类型差距显著且同类型县域内部分化加剧的趋势下，县域财政作为地方财政组织完整与功能齐全的基层，其治理现代化面临地方财政制度体系与县域财政能力等多重困境。为全面贯彻落实习近平总书记关于县域治理“三起来”，促进县域经济高质量发展，驱动县域财政治理现代化的路径选择包括寻求持久的“外驱动力”（地方财政体制机制改革创新）与“内驱动力”（县域财政能力赋能增效）的双向并举。前者具体为放权与分权的财政体制深层改革、现代预算制度构建与县域财政管理绩效差别评价体系创新，后者具体为县域财政能力系统即软实力与硬实力的同步提升。

《中国社会保障支出的收入分配效应研究》旨在研究不同社会保障支出对我国居民收入不平等的影响。基于中国家庭收入调查（CHIP）2013 年数据，研究了如下问题：社会保障支出转入居民家庭后，我国居民收入不平等程度是扩大还是缩小？在既有的社保支出分配状况下，社会保障支出投入的增加对居民收入分配的作用如何？研究显示，我国的社会保障支出具有改善居民收入分配的作用，但社会保障支出规模的整体扩大会使居民收入分配状况逐步恶化。分项社会保障支出中，行政事业单位离退休金和报销医疗费的分配扩大了居民收入差距，而最低生活保障和农村养老金具有改善收入分配的积极作用。

《COVID－19 疫情冲击下美联储货币政策的特点分析》指出 2020 年年初，因为 COVID－19 疫情的侵袭，美国经济不可避免地步入了衰退。应对衰退，美联储所采取的货币政策可以划分为两个阶段：快速反应阶段和政策加力阶段。相较于 2008 年金融危机时期，此次美联储货币政策的特点为反应更快、力度更大、新建立了 7 种便利工具、与财政政策的配合更紧密、救助范围更广、整套政策工具起到了不同的作用。之所以有这些特点，是由于 COVID－19 疫情对美国宏观经济的总需求和总供给两方面都产生了冲击，而且是一种外生的公共卫生危机，并针对货币政策如何应对类似的冲击，提出了几点思考。

中国市场一体化进程：趋势、成效与建议①

苏剑②　邵宇佳③　陈丽娜④

摘要：在当前中国推出双循环新发展格局的背景下，本文聚焦于国内市场一体化改革的评价分析，首先采用相对价格法测算了 2004 年至 2018 年 30 个省份的综合市场、商品市场、要素市场、资本品市场以及劳动力市场的分割指数。其次从全国层面、地区层面以及省级层面比较分析各类市场的分割程度和一体化改革成效。研究发现，中国整体市场分割程度确实呈现下降收敛的趋势，市场一体化改革进程取得了积极的成效，但整体市场分割程度的下降主要由商品市场拉动，要素市场一体化改革进程相对落后。最后基于研究结论提出了针对性的政策建议，为中国打通国内大循环，实现双循环发展理念和战略提供政策性参考。

关键词：市场分割；一体化改革；全国市场；商品市场；要素市场

一、引言

当前全球经济形势错综复杂，国际贸易和国际投资在逆全球化思潮迭起的背景下已然出现拐点，同时随着 2021 年以来新冠疫情的暴发，贸易保护和产业链回流更是频频发生，逆全球化显然已经达到了新的高度，令全球经济衰退蒙上了新的阴影。聚焦国内经济运行，自 2013 年进入新常态以来，经济下行压力开始凸显，如何发掘新的经济增长点，提升潜在经济增长率仍将是近期的当务之急。

---

① 基金项目：教育部哲学社会科学研究重大课题攻关项目“建设现代化经济体系的路径与策略研究”（18JZD029），本文首发于《社会科学辑刊》2021 年第 5 期。

② 苏剑，经济学博士，北京大学经济学院教授，博士生导师。

③ 邵宇佳（通讯作者），经济学博士，博士后，商务部国际贸易经济合作研究院助理研究员。

④ 陈丽娜，北京大学经济学院博士生。

面对当前中国经济发展的新阶段、新环境和新变化，如何畅通国民经济循环，发挥国内超大规模市场优势，形成以国内大循环为主体、国内国际双循环相互促进的新发展格局已经成为当前中国经济发展的焦点。从中国经济发展历程来看，出口对经济的拉动作用呈现逐渐减弱的变化趋势，出口占 GDP 的比重已经从 2006 年的 35.4% 降至 2019 年的 17.4%，映射出 2019 年中国经济由国内循环实现的比例达到了 82.6%，其中国内消费对经济增长的贡献率达到 57.8%，且连续 6 年成为经济增长的第一拉动力。可见，随着中国经济的不断发展，经济体量的扩大和产业结构向服务业倾斜使市场和资源两头在外的国际大循环动能明显减弱，国内经济循环的特征也将越发明显。

双循环新发展格局提出的本质是发挥国内超大规模市场的潜力和优势，立足于国内市场，畅通国内大循环来推动国内和国际的双循环（余淼杰，2020），所以如何畅通国内大循环是整个双循环发展理念和战略的核心部分。然而，中国国内市场存在特有的分割现象，这是中国从计划经济向市场经济体制转轨的产物，源自地方政府和官员对自身利益的追求（徐保昌和谢建国，2016）。市场分割不仅会阻碍商品和要素在国内的自由流动，也会削弱市场机制对资源配置的优化效率（李善同等，2004），由此便会对双循环战略的推进产生挑战。因此，如何构建全国统一大市场将是畅通国内大循环的关键举措之一。

鉴于此，本文将聚焦于近些年中国国内市场的分割程度和一体化改革的成效，采用市场分割指数来衡量市场一体化程度，从不同市场种类和不同地区维度对国内市场分割的现状进行详细的描述和分析，以期发现当前中国市场一体化改革中的薄弱环节，并针对性地提出政策建议，为打通国内大循环、实现双循环发展理念和战略提供政策性参考。在具体的研究过程中，本文首先收集了 2004 年至 2018 年各类商品和要素的价格数据，采用相对价格法测算了 30 个省份的商品市场、要素市场、资本品市场以及劳动力市场的分割指数；其次从全国层面、地区层面以及省级层面比较分析各类市场的分割程度和一体化改革成效；最后采用面板单位根和收敛分析方法对各地区市场分割指数进行平稳性检验，确保研究结论的可靠性。

二、文献综述

早期部分研究显示，中国国内不仅存在市场分割，而且市场分割的程度比较严重。沈立人（1999）在研究地方政府的经济职能和经济行为时发现，中国地方分割的情况严重，并将中国的经济体系称为“诸侯经济”。Young（2000）通过测算和比较中国国内各区域的产出结构和商品价格，发现产出结构在改革开放期间趋于收敛，但区域商品价格在 20 世纪 80 年代出现偏离，之后呈现波动状态，由此认为中国国内市场分割程度在加大。Poncet（2003a）首先基于 1987 年至 1997 年 28 个省份中的 170 个城市的 7 类农产品价格计算中国国内市场分割程度，后又采用贸易流方法测算中国国内市场的边界效应，对比研究了1992—1997年中国各省份国际、国内市场一体化的程度（Poncet，2003b），结论与Young（2000）一致，中国各省份在1987年至1997年省际边界效应越来越显著，且市场分割在1992年至1997年具有加重的趋势。尽管张昊（2014）对当前采用价格指数“对数差分”的方法提出疑问，并从计算原理和数据来源进行改进，利用生产法和价格法测算了2001年至2012年的市场分割程度，但结果同样发现2006年以后市场分割有重新加剧的趋势，并主要体现在华中、华北、西南三大地区。

尽管早期多数研究发现中国存在市场分割，且呈现加剧的趋势，尤其是以Young（2000）的研究为代表，但随着市场化改革的逐步推进，已有研究显示国内市场分割呈现减轻的趋势。Park和Du（2003）对Young（2000）的研究过程进行了重新审视，通过采用与Young（2000）一致的方法对中国地区专业化水平进行了重新估算，发现中国地区专业化水平其实在不断升高。此外，Park和Du（2003）、Holz（2009）分别指出Young（2000）研究过程中指标选取、函数设定以及逻辑关系上都存在问题，因而其得出的中国国内市场分割程度加剧的结论是错误的。除了对Young（2000）的结论进行重新探讨外，也有部分学者采用其他方法测算中国国内市场分割程度。Xu（2002）利用商业周期模型分析了1991—1998年29个省份的部门产出数据，发现虽然长期来看部门特征占据产出增长的主导地位，但短期内省份特征要素仍占实际产出增长的1/3，由此认为中国省际的市场分割仍然存在，但市场分割程度正逐步降低。Naughton（2003）通过比较1987年和1992年中国25个省份产业内和产业间的工业产品省际贸易流量，发现两者均显著增加且制造业行业间贸易占据主导地位，由此认为中国国内市场分割程度呈下降趋势。李善同等（2004）通过问卷调查的方式，发现调查对象认为目前地方保护程度比20年前减轻很多，比10年前略有减轻；对中央政府和地方政府在消除地区间贸易壁垒方面所做的努力表示满意，但对中央政府的满意程度要高于地方政府。Bai等（2004）基于29个省份32个行业的产出数据测算了区域专业化程度指数，结果发现中国工业部门在改革以来的专业化分工是逐渐加强的，从而得出相同的结论。

除了采用以上的计算方式测算中国国内市场分割程度外，价格法是后续研究常用的测算方法，用以衡量中国国内市场分割程度，并且测算结果基本一致，即中国国内存在市场分割，但整体趋势在减轻。桂琦寒等（2006）、范爱军等（2007）、陈敏等（2008）利用国内商品零售价格指数测度了市场分割度，测算结果均显示国内市场分割程度呈下降趋势，商品市场总体上处于趋向整合的状态。Fan和Wei（2006）通过对中国分商品类别的时间序列检验发现，中国国内的市场价格有收敛的趋势，表明市场体制改革推进了市场的一体化进程。进一步从地区角度来看，全国市场分割程度总体呈波动式降低，但市场分割程度呈现西高东低的趋势（王建康，2018）；从行业角度来看，不同行业的市场分割强度存在显著差异，相对于第二产业而言，第一产业和第三产业市场分割更为严重（黄赜琳和王敬云，2006）；从时间维度来看，2008—2009 年地级市层面市场分割程度略有上升，但 2001—2013 年市场趋于整合（吕冰洋和贺颖，2019）。此外，还有部分研究针对特定市场测算分割程度，黄季焜等（2002）对中国农产品市场的分割程度进行了测算，赵奇伟和熊性美（2009）则把测算分割程度拓展到消费品市场、资本品市场和劳动力市场，最终结果均表明中国各地区各类市场的分割程度都呈现出稳定的收敛趋势。

基于现有的研究我们发现，众多学者就市场分割是否存在这一问题已经达成一致，但对于市场分割程度是在逐步加剧还是有所缓解上仍然存在很大的分歧。本文尝试从不同市场种类和不同地区维度对国内市场分割的现状进行详细的描述和分析，从而清晰地展示不同地区维度上各类市场的分割程度和一体化改革成效，为打通国内经济循环堵点提供有益的参考。

三、市场分割指数测算

（一）测算方法简介

根据已有关于市场分割的相关文献研究，目前对市场分割程度的主流测算方法共有五种，分别是相对价格法、产业结构法（Young，2000；郑毓盛和李崇高，2003）、贸易流法（Poncet，2003a；Naughton，2003）、经济周期法（Mody & Wang，1997；Xu，2002）和问卷调查法（李善同等，2004）。针对以上五种测算方法，部分学者进行了详细的比较分析（余东华和刘运，2009），最终使用较多且认可度较高的测算方法为相对价格法，这是因为相对价格法具有一定的理论基础，同时测算过程相对客观，相较于其他几种测算方法具有一定的优势。鉴于此，本文将采用相对价格法测算中国国内市场分割指数，但对市场边界的界定不同于已有文献。当前文献在测算中国国内市场分割程度时主要集中于消费品市场，而忽视资本品市场和劳动力市场，所以本文在测算全国整体市场分割程度时将消费品市场、资本品市场和劳动力市场进行整合，测算全国统一市场的分割指数。

Samuelson（1964）的“冰山”（iceberg）运输成本是相对价格法的理论基础。该理论的核心思想就是以交易成本的存在解释两地间一价定律（law of one price）的失效，也就是说，由于商品交易成本的存在，两地商品的价格最终不可能完全相等，而会在一个区间浮动。“冰山”运输成本理论表明，当地区 i 售价为 P_i 的商品去地区 j 销售时，各种交易成本的存在将会导致商品损耗，损耗大小采用每单位价格的比重 c（$0<c<1$）来衡量，所以只有当 $P_i(1-c)>P_j$ 时，地区 i 的销售者才有利可图，两地区才会产生此种商品的贸易。由此导致两地区商品价格必然存在差异，相对价格之比就会在一定区间波动，而市场分割直接促使交易成本的增加，进而扩大相对价格的波动区间，因此，基于相对价格可以准确地衡量市场分割程度，具体测算过程如下。

第一步：分别计算各省份各类商品的相对价格 $|\Delta Q_{ijt}^{k}|$。具体计算过程中采用一阶差分的形式，主要是考虑到现实统计过程中对商品零售价格的统计是一个环比指数，采用一阶差分就可以利用环比价格指数计算相对价格，具体转换公式如下：

$$|\Delta Q_{ijt}^{k}| = |\ln(P_{it}^{k}/P_{jt}^{k}) - \ln(P_{it-1}^{k}/P_{jt-1}^{k})| = |\ln(P_{it}^{k}/P_{it-1}^{k}) - \ln(P_{jt}^{k}/P_{jt-1}^{k})|$$

其中，k 表示产品种类，i、j 表示地区，t 表示年份。计算最后取绝对值主要是考虑到取对数形式后地区 i 和地区 j 价格的分子分母位置调换将引起相对价格 ΔQ_{ijt}^{k} 符号的变化，所以地区之间的先后顺序将影响 $Var(\Delta Q_{ijt}^{k})$ 的大小，取绝对值可以回避该问题（桂琦寒等，2006）。

第二步：剔除产品种类效应。某种商品在两地的价格变动通常由两种因素引起：一是商品本身的特征，例如，粮食价格受到气候条件的影响导致波动较大；二是和商品特征无关，而和地区的市场环境有关，例如贸易壁垒等。所以在衡量市场分割程度时需要剔除第一种因素的扰动，不然会导致估计结果的高估。为此，本文借鉴 Parsley 和 Wei（2001a，2001b）采用固定效应的做法，通过去除同年份该类商品均值的方式实现对第一种因素的剔除，计算后的实际相对价格变动（q_{ijt}^{k}）为

$$q_{ijt}^{k} = |\Delta Q_{ijt}^{k}| - |\overline{\Delta Q_{t}^{k}}|$$

其中，$|\overline{\Delta Q_{t}^{k}}|$ 表示给定时间 t 和商品种类 k，$|\Delta Q_{t}^{k}|$ 表示在两两地区间的平均值。

第三步：计算地区 i 的市场分割程度（$sktin_{it}$）。借鉴 Ke（2015）的方法，地区 i 的地方壁垒可以表示为地区 i 同所有其他地区相对价格方差的均值，即

$$mseg_{it} = \frac{\sum_{i=1,i\neq j}^{N} var(q_{ijt})}{N-1}$$

其中，N 表示省份的数量。

根据已有文献的研究，通常对此步骤有两种处理方式：一是正如本文采取的方式，即用其余省份求和取均值（范爱军等，2007）；二是采用相邻省份求和取均值（桂琦寒等，2006；赵奇伟和熊性美，2007）。对比两种处理方式，本文认为第一种处理方式较为妥当，因为从地方保护的动机来看，即使是不相邻的省份，只要资源禀赋相近就会产生地方保护，而且将测算范围缩小至相邻省份会导致部分信息丢失，进而产生估计误差（范爱军等，2007）。

最终，通过以上计算便得到了市场分割程度指数，且是无量纲的形式。

（二）数据来源及说明

本文测算市场分割指数的相关价格数据均来自国家统计局的统计年鉴，考虑到数据的可获取性和统计口径的一致性，原始数据的时间维度设为2004年至2018年，省份维度上剔除数据缺失的西藏，最终是30个省份15年的数据。为了测算国内整体市场的分割程度，本文分别选取粮食、蛋、水产品、菜、干鲜瓜果、饮料烟酒、服装鞋帽、纺织品、家用电器及音像器材、文化办公用品、日用品、体育娱乐用品、交通通信用品、家具、化妆品、金银珠宝、中西药品及医疗保健用品、书报杂志及电子出版物、燃料、建筑材料及五金电料、国有单位平均实际工资、城镇集体单位平均实际工资、其他单位平均实际工资、建筑安装工程、设备工器具购置、其他固定资产投资共26类环比价格指数数据。进一步，本文将国内整体市场分成商品市场和要素市场，对已采用的26类商品根据属性进行分类，取粮食、蛋、水产品、菜、干鲜瓜果、饮料烟酒、服装鞋帽、纺织品、家用电器及音像器材、文化办公用品、日用品、体育娱乐用品、交通通信用品、家具、化妆品、金银珠宝、中西药品及医疗保健用品、书报杂志及电子出版物、燃料、建筑材料及五金电料作为测算商品市场分割指数的价格数据，国有单位平均实际工资、城镇集体单位平均实际工资、其他单位平均实际工资、建筑安装工程、设备工器具购置、其他固定资产投资作为测算要素市场分割指数的数据，因为要素市场主要包含资本和劳动。最后本文又将要素市场细分成资本品市场和劳动力市场，并采用对应的价格数据进行测算。

四、市场分割指数测算结果分析

（一）全国市场一体化情况分析

本文首先基于相对价格法测算了中国国内整体市场的分割指数，具体测算结果如图1所示。从图中显示的结果来看，自2004年以来，中国国内整体市场分割程度呈现震荡下降的趋势，且波动幅度逐渐减小，也就是说，中国的市场分割程度整体上是逐渐减弱的，市场一体化的改革举措发挥了显著的效用。从整体趋势来看，国内市场分割出现了两次下降的走势，分别是金融危机前后，可以发现2009年之后的下降趋势较为平缓，而2007年之前的下降趋势较为陡峭。这可能同经济的快速增长较为相关，2007年之前中国的GDP增速基本维持在10%左右，快速的经济发展削弱了地方政府的保护动机，但金融危机之后中国经济开始进入新常态，经济下行压力凸显，由此引发地方政府采取保护行为来维持本地区的经济增长。从具体数据来看，2004—2018年，国内整体市场分割指数从0.0014降至0.0006，累计下降了60.78%，年均降幅为4.05%。

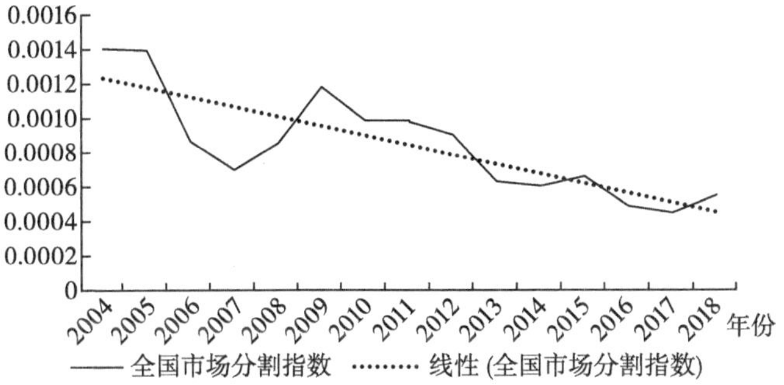

图 1 全国综合市场分割指数

由于图 1 展示的是综合市场的分割指数，并未考虑市场的异质性特征，而市场的异质性特征可能会展现出不同的分割结果。于是本文依据市场异质性特征将综合市场分解为商品市场和要素市场，其中商品市场主要包括消费品和生产资料等，要素市场主要包括劳动力和资本品，具体的测算结果如图 2 所示。

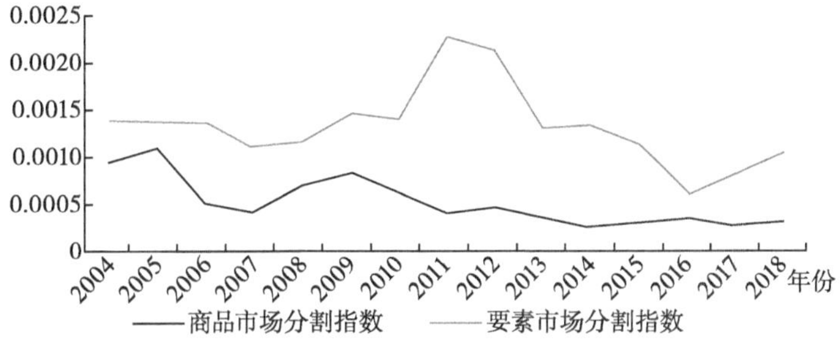

图 2 商品市场和要素市场的分割指数

从图 2 中可以发现，由于市场的异质性特征，两类市场的分割程度表现出显著的差异。2004 年至 2018 年，要素市场的分割指数始终高于商品市场的分割指数，平均高出 1.5 倍，也就是说，中国国内商品市场一体化的进程快于要素市场。进一步比较商品市场和要素市场的分割指数走势，可以发现商品市场的分割指数总体上呈现显著的下降趋势，而要素市场的分割指数主要呈现震荡波动的走势，整体下降趋势并不显著。从具体数据来看，商品市场分割指数从 0.00094 下降到 0.0003，累计下降了 67.7%，年均下降 4.51%；要素市场分割指数从 0.00139 下降到 0.00103，累计下降了 25.26%，年均下降 1.68%。可见，商品市场的分割程度显著高于要素市场，表明中国市场一体化的改革措施主要在商品市场发挥了作用，而在要素市场发挥的作用相对较弱。此外，2016 年以来，要素市场的分割程度反而出现了一定程度的加剧，分割指数累计上涨了 75.9%。

通常我们将资本品和劳动力作为最主要的两大生产要素，那么总体上的要素市场分割程度是否同样因资本品和劳动力的异质性特征而具有差异性？于是，本文进一步将要素市场分解为资本品市场和劳动力市场，并分别测算这两大生产要素的市场分割指数，测算结果如图 3 所示。

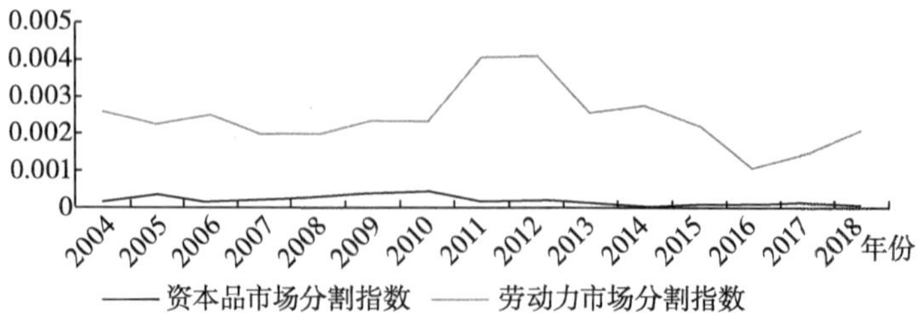

图 3　资本品市场和劳动力市场的分割指数

从图 3 中可以发现，由于两大生产要素具有异质性特征，两种生产要素的市场分割情况存在显著的差异，主要表现在劳动力市场分割程度显著高于资本品市场，平均高出 11.86 倍，可见中国国内资本品市场一体化进程大幅领先于劳动力市场，也正因为劳动力市场分割程度大幅高于资本品市场才主导了要素市场的整体分割走势。进一步比较两种要素市场分割指数的走势，可以发现资本品市场分割指数的波动幅度小于劳动力市场，这也间接体现了资本品市场化程度较高，同时资本品市场的分割指数仍在减小，而劳动力市场分割指数整体下降趋势并不明显，尤其是在 2016 年之后出现了反弹上涨的趋势。从具体测算数据来看，资本品市场分割指数从 0.00017 下降至 0.00007，累计下降了 59.53%，年均下降 3.97%；劳动力市场分割指数从 0.00255 下降至 0.00203，累计下降了 20.38%，年均下降 1.36%。可见，2004 年至 2018 年，资本品市场分割指数的年均下降速度约是劳动力市场的 3 倍，资本品市场一体化进程显著快于劳动力市场。

综合以上对国内整体市场、商品市场、要素市场、资本品市场以及劳动力市场的分割指数走势分析，可以发现各类市场的分割程度均呈现出不同程度的下降趋势，意味着中国国内市场一体化进程在不同市场均得到有效的推进。从商品市场、资本品市场以及劳动力市场的一体化程度来看，资本品市场一体化程度领先于其他市场，其次是商品市场的一体化程度，劳动力市场的一体化程度最小。从国内各类市场的分割指数变化过程来看，均表现出一个相同的特征，即在金融危机期间所有市场的分割程度均出现了上升的现象，尤其是商品市场的分割程度，由此表明金融危机的爆发促使地方政府采取保护性措施来维持本地区的经济增长，进而导致市场分割程度加深。此外，从要素市场的分割指数走势来看，尽管金融危机在一定程度上导致市场分割程度的上升，但金融危机之后市场分割程度出现了进一步加剧的趋势，主要发生在 2011 年和 2012 年，从要素市场的细分市场来看，主要由劳动力市场分割程度引致，而这正好印证了 2011 年和 2012 年中国国内出现的“用工荒、招工难”的现象。

（二）四大地区市场一体化情况分析

市场分割程度可能因地区特征的异质性而产生差异，故本文将样本省份分成东部、中部、西部以及东北四个地区，进一步从区域层面分析国内不同类型市场的分割情况。

1. 综合市场分割情况

通过将 30 个省份分成四大地区并取均值作为该地区的市场分割指数，最终结果如图 4 所示。从图 4 显示的结果来看，四大地区市场分割指数的整体走势较为相似，均呈现出整体下降的趋势。对比四大地区的市场分割程度，东部、中部、西部以及东北地区的市场分割指数均值分别为 0. 000847、0. 00076、0. 0009、0. 000851，可见中部地区的市场分割程度最低，其次是东部地区，之后是东北地区，最后则是西部地区。此外，从近些年市场化改革的成效来看，东部、中部、西部以及东北地区的市场分割指数分别累计下降 52. 55%、62. 24%、62. 25%、75. 64%，可见东北地区在推进市场一体化改革的过程中成效最为显著，其次是西部地区，之后是中部地区，最后则是东部地区。

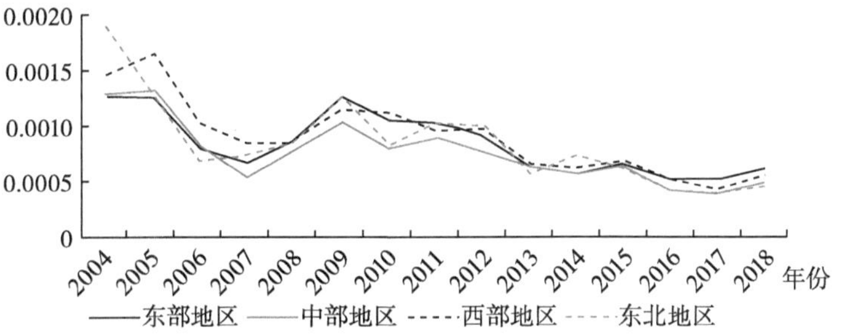

图 4　四大地区综合市场分割指数

2. 商品市场和要素市场的分割情况

以上分析是对综合市场的考量，考虑到商品的异质性可能导致地区市场分割程度的差异，故进一步将综合市场分解为商品市场和要素市场，并分别从不同地区进行比较分析，最终结果如图 5 和图 6 所示。

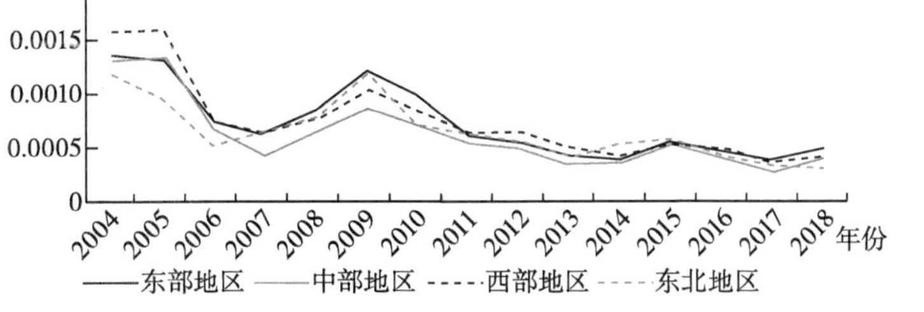

图 5　四大地区商品市场分割指数

从图5的结果来看，四大地区的商品市场分割指数整体趋势较为相似，均呈现震荡波动的走势，而且相较于综合市场分割指数表现出较大的波动幅度。从具体测算数据来看，东部、中部、西部以及东北地区的商品市场分割指数均值分别为0.000715、0.00061、0.000742、0.000644，可见四大地区的商品市场分割程度由小到大的排序为中部、东北、东部、西部，对比综合市场分割指数的排序可以发现，尽管东部地区的综合市场分割指数小于东北地区，但东部地区的商品市场分割指数大于东北地区。此外，从近些年各地区的商品市场一体化改革成效来看，东部、中部、西部以及东北地区的市场分割指数分别累计下降66.06%、70.14%、74.63%、74.21%，可见改革成效最显著的地区是西部地区，其余依次是东北、中部和东部地区。

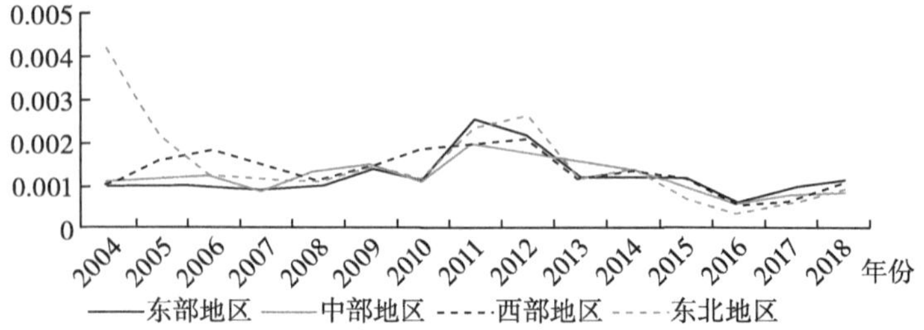

图6　四大地区要素市场分割指数

从图6显示的结果来看，要素市场分割指数在四大地区中存在一些差异，主要表现在东北地区的要素市场分割指数在初期显著高于其他地区，但随后呈现快速下降的趋势，这主要是2003年以来振兴东北老工业基地战略实施的结果，最终东北地区的市场分割指数走势和其他地区整体保持一致。对四大地区样本期内的要素市场分割指数取均值，东部、中部、西部以及东北地区的分割指数分别为0.00126、0.00123、0.00139、0.00153，其中要素市场分割程度最高的是东北地区，最小的是中部地区。从要素市场一体化整体改革成效来看，东北地区要素市场分割指数累计下降77.2%，是四大地区中成效最为显著的地区；其次是中部地区，累计下降25.49%；而东部地区和西部地区在样本期内分别累计上涨8.33%和2.57%，表明这两大地区的要素市场一体化进程并没有显著的变化。

对比商品市场和要素市场的分割情况可以发现，2004年至2018年，四大地区在推进市场一体化进程中都主要作用于商品市场，而在要素市场的一体化改革中表现出一定的差异性，即东北地区和中部地区在要素市场一体化改革中取得了显著的成效，但东部地区和西部地区并没有取得显著的成效。此外，从两类市场的市场分割指数走势来看，商品市场受金融危机的影响表现出较强的波动性，而要素市场在中国采取应对金融危机措施后才表现出较强的波动性，可见引起两类市场较大幅度波动的根源不同。从当时的背景来看，要素市场分割程度的大幅提升可能是4万亿元刺激政策下中国经济快速反弹进而引发对生产要素的大幅需求，例如，当时出现的“用工荒、招工难”现象，导致地方政府为维持本地经济发展的需要采取保护行为。

3. 资本品市场和劳动力市场的分割情况

要素市场是资本品市场和劳动力市场的综合，地区的异质性也可能对细分要素市场的分割程度造成差异性影响，具体结果如图7和图8所示。从图7显示的四大地区资本品市场的分割指数来看，资本品市场分割指数的走势在四大地区表现得较为相似，但对于均值而言，东北地区的资本品市场分割指数最小，其次是中部地区和东部地区，分割程度最大的是西部地区。若进一步考察四大地区在资本品市场的一体化改革成效，则发现东北地区的资本品市场分割程度下降66.96%，是四大地区中取得成效最大的；然后依次是西部地区、中部地区以及东部地区，而且四大地区平均降幅均在50%以上。

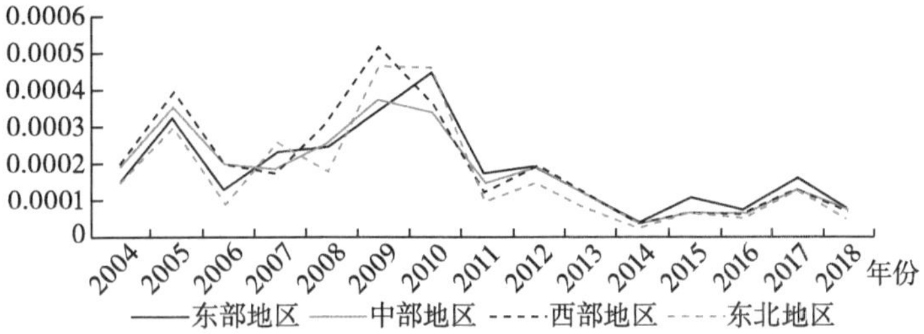

图7 四大地区资本品市场分割指数

图8显示的是四大地区的劳动力市场分割指数，从指数的走势来看，除了东北地区，其余三大地区的走势较为相似。同时可以发现，东北地区的劳动力市场分割指数主导了其要素市场的分割程度，也就是说东北地区的要素市场在期初具有较高的市场分割程度完全是由劳动力市场分割程度引起的。从各地区的均值来看，中部地区的劳动力市场分割指数为0.00219，是四大地区分割程度最小的地区，然后依次是东部地区和西部地区，市场分割最大的是东北地区，分割指数为0.00285。在劳动力市场一体化改革进程中，东北地区累计实现了78.57%的市场分割程度降幅，是四大地区中一体化成效最为显著的地区，其次是中部地区，市场分割指数累计降幅为17.5%，而东部地区和西部地区在样本期内劳动

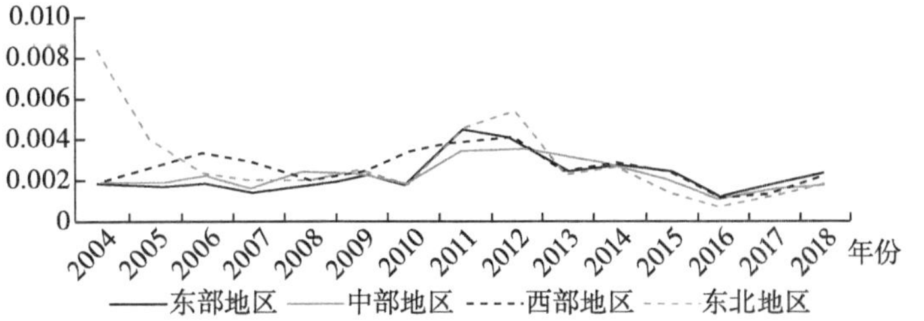

图8 四大地区劳动力市场分割指数

力市场分割指数有所上升，分别上涨了 20.88% 和 12.63%。

对比四大地区的资本品市场和劳动力市场的分割情况，在将要素市场进行细分后可以发现，四大地区的劳动力市场是主导其各自要素市场分割的主因，尤其是东北地区，其要素市场和劳动力市场的分割指数在期初的走势极为相似。

（三）三大经济圈市场一体化情况分析

在推行双循环新发展格局的过程中，区域经济协同发展对国内大循环起到关键性的作用，于是本文进一步对京津冀、长三角、成渝三大地区的市场一体化进程进行测算。为此，本文依据京津冀地区、长三角地区和成渝地区涵盖的省市分别以均值的方式采用省市的分割指数计算了上述三大地区的综合市场、商品市场、要素市场、资本品市场和劳动力市场的分割指数。

首先，全国及三大地区的综合市场一体化情况如图 9 所示，可以发现京津冀地区的市场分割情况明显高于全国水平，而长三角地区和成渝地区的市场分割情况低于全国水平。从样本期的平均值来看，京津冀地区的平均市场分割指数为 0.00091，高出全国平均水平 8.06%，而长三角地区和成渝地区分别低于全国平均水平 29.2% 和 28.27%。尽管京津冀地区的平均市场分割程度高于全国平均水平，但从 2018 年的情况来看，京津冀地区的市场分割程度已经低于全国水平，并且其在 2004 年至 2018 年的一体化进程中实现了 63.94% 的下降，降幅明显，位居三大地区中第 2，长三角和成渝地区的市场分割程度分别下降了 66.71% 和 47.23%。

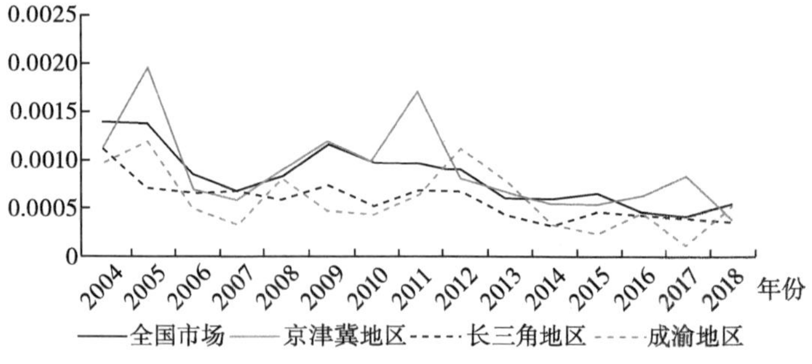

图 9　全国及三大地区的综合市场分割指数

其次，从细分市场来看，全国及三大地区的商品市场分割情况如图 10 所示，要素市场分割情况如图 11 所示。从图 10 显示的情况来看，京津冀地区的商品市场分割程度是三大地区中最高的，同时也高于全国水平，平均高出全国 48.18%，而长三角地区和成渝地区同全国水平较为接近。尽管如此，京津冀地区从 2016 年开始商品市场分割程度下降显著，尤其是在 2018 年已经低于全国水平 30.28%，表明近些年京津冀地区在商品市场一体化进程中取得了显著成效。此外，从指数趋势来看，2014 年之前各地区的市场分割程度下降趋势明显，但 2014 年之后商品市场分割指数几乎处于平稳波动状态，下降趋势并不显著。

从图 11 显示的情况来看，三大地区的要素市场分割程度基本上均显著低于全国水平，从具体数据来看，京津冀地区高于全国 2. 11%，长三角和成渝地区分别平均低于全国 42. 86%、58. 88%。由此表明，京津冀地区处于全国水平，长三角和成渝地区的经济协同发展在要素市场一体化进程中显著领先于全国水平，表明区域经济协同发展的政策成效率先体现在要素市场。但是，纵向比较来看，三大地区中的京津冀和长三角地区的要素市场一体化进程仍显著高于商品市场一体化程度，分别高 73. 59% 和 39. 16%，但成渝地区在要素市场和商品市场的分割程度较为接近，其中在要素市场分割程度比商品市场低 5. 6%。以上结果表明，在全国要素市场分割程度较高的背景下，地区的经济协同发展战略使区域要素市场一体化的推进速度明显快于全国水平，但是纵向比较显示仍滞后于商品市场一体化进程。

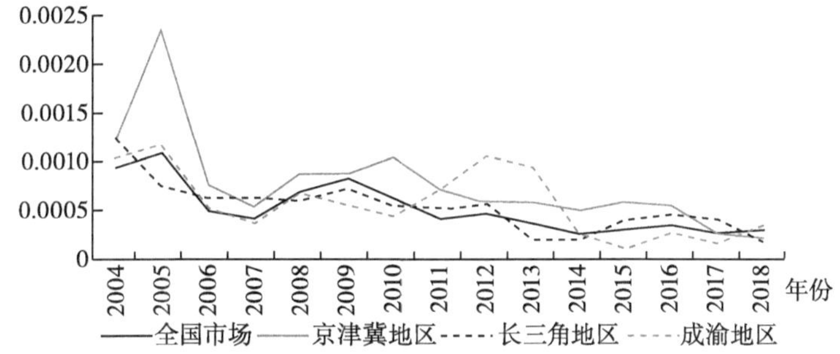

图 10　全国及三大地区的商品市场分割指数

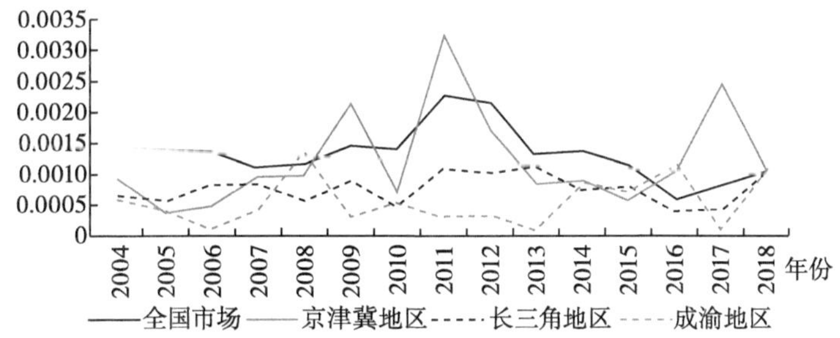

图 11　全国及三大地区的要素市场分割指数

最后，进一步将要素市场细分为资本品市场和劳动力市场，具体的市场分割情况如图 12和图 13 所示。从图 12 显示的情况来看，三大地区的资本品市场分割程度显著低于全国水平，具体数据显示京津冀、长三角和成渝地区分别平均低于全国水平 33. 28%、36. 42%、49. 16%。从图 13 显示的情况来看，三大地区的劳动力市场分割程度同样低于全国水平，具体数据显示京津冀、长三角和成渝地区分别平均低于全国水平 12. 62%、48. 42%、61. 26%。由此表明，三大地区要素市场一体化进程领先全国是由资本品市场和劳动力市场共同推动的。

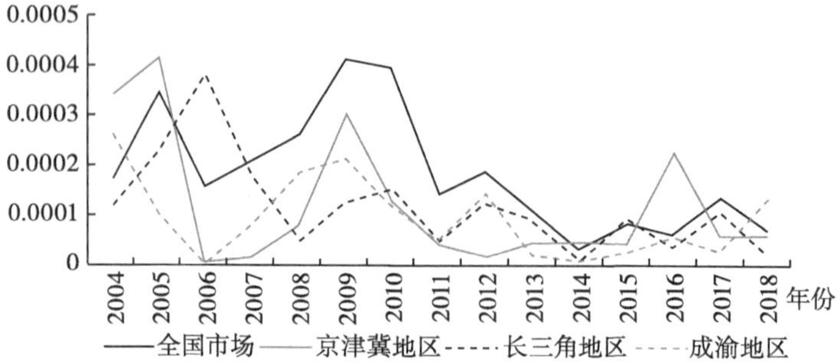

图 12　全国及三大地区的资本品市场分割指数

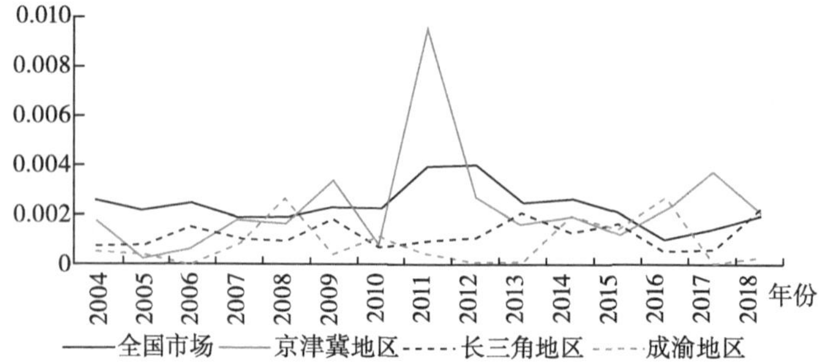

图 13　全国及三大地区的劳动力市场分割指数

纵向比较两类市场来看，资本品市场的分割程度远低于劳动力市场，就 2004 年至 2018 年的均值而言，京津冀地区的劳动力市场分割程度是资本品市场的 19 倍，长三角地区的劳动力市场分割程度是资本品市场的 10.43 倍，成渝地区的劳动力市场分割程度是资本品市场的 9.8 倍。由此表明，三大地区在经济协同发展战略下，尽管资本品市场和劳动力市场的一体化进程领先于全国，但劳动力市场的一体化进程显著滞后于资本品市场，而造成这一现象的主要原因可能是直辖市的户籍制度限制了劳动力的自由流动。

综合以上对三大经济圈的分析发现，区域经济协同发展对市场一体化的推进在要素市场中发挥了明显作用，一体化进程显著领先于全国平均水平。尽管如此，京津冀和长三角地区的要素市场一体化进程仍落后于商品市场，前者大概落后于后者一半的水平。此外，相对于商品市场，三大地区的综合市场分割程度低于全国水平主要是由要素市场一体化领先于全国水平而导致的。

（四）各省份市场分割情况分析

市场分割指数因省份的异质性同样会表现出一定的差异。本文将样本期内各省份的市场分割指数时间序列求平均，用均值代表各省份在各类市场上的分割情况，同时将样本期内市场分割指数的累计变化率作为该省份各类市场的一体化改革成效，具体计算结果如表 1 所示。

表 1 中国各省份市场分割情况

地区	分割指数均值					一体化改革成效（%）				
	综合市场	商品市场	要素市场	资本品市场	劳动力市场	综合市场	商品市场	要素市场	资本品市场	劳动力市场
北京	0.00090	0.00068	0.00158	0.00016	0.00272	-52.58	-77.82	30.01	-77.47	52.25
天津	0.00125	0.00104	0.00193	0.00016	0.00346	-58.62	-69.66	2.81	-69.61	19.88
河北	0.00069	0.00058	0.00107	0.00013	0.00199	-37.55	-74.02	93.77	-54.69	149.72
山西	0.00079	0.00066	0.00122	0.00018	0.00220	-67.17	-72.64	-36.09	-50.73	-35.90
内蒙古	0.00071	0.00055	0.00125	0.00022	0.00219	-66.89	-77.41	-23.27	-61.80	-21.94
辽宁	0.00072	0.00064	0.00099	0.00014	0.00185	-67.99	-77.58	-18.78	-70.96	-12.79
吉林	0.00104	0.00064	0.00236	0.00015	0.00450	-83.05	-74.51	-87.04	-50.43	-88.18
黑龙江	0.00079	0.00065	0.00125	0.00021	0.00221	-64.47	-69.88	-51.02	-72.33	-53.53
上海	0.00098	0.00088	0.00127	0.00016	0.00232	-71.88	-79.43	-34.76	-68.07	-33.64
江苏	0.00069	0.00057	0.00108	0.00031	0.00165	-63.37	-73.43	-25.17	-37.86	-24.39
浙江	0.00064	0.00053	0.00104	0.00016	0.00179	-42.11	-68.41	36.86	-71.16	48.88
安徽	0.00077	0.00069	0.00102	0.00019	0.00174	-67.27	-80.03	6.68	-86.80	40.55
福建	0.00081	0.00066	0.00126	0.00019	0.00221	-68.54	-76.44	8.90	-68.29	21.14
江西	0.00078	0.00057	0.00142	0.00020	0.00259	-43.41	-53.35	9.72	-70.66	46.38
山东	0.00066	0.00058	0.00092	0.00013	0.00169	-63.59	-75.94	0.32	-42.27	22.27
河南	0.00072	0.00055	0.00123	0.00018	0.00226	-49.83	-49.13	-35.31	-54.35	-26.82
湖北	0.00077	0.00054	0.00145	0.00012	0.00261	-66.48	-69.44	-56.87	-47.03	-56.71
湖南	0.00079	0.00071	0.00099	0.00017	0.00171	-65.29	-73.86	-33.28	-28.72	-38.64
广东	0.00068	0.00061	0.00087	0.00015	0.00150	-68.85	-75.69	-40.61	-50.45	-40.40
广西	0.00095	0.00083	0.00129	0.00011	0.00240	-55.29	-64.96	-13.31	-45.11	-8.03
海南	0.00106	0.00091	0.00160	0.00039	0.00288	7.14	7.27	15.27	76.78	17.63
重庆	0.00093	0.00087	0.00107	0.00015	0.00199	-77.79	-83.84	-23.75	-70.14	-15.61
四川	0.00071	0.00064	0.00094	0.00019	0.00158	-43.76	-57.08	42.99	6.80	37.32
贵州	0.00077	0.00066	0.00112	0.00018	0.00201	-62.47	-68.22	-40.85	-77.80	-35.83
云南	0.00119	0.00114	0.00130	0.00020	0.00231	-75.03	-83.29	28.23	-69.62	75.71
陕西	0.00071	0.00060	0.00109	0.00019	0.00205	-71.25	-77.13	-44.96	-77.34	-43.81
甘肃	0.00091	0.00065	0.00174	0.00024	0.00310	-56.56	-69.78	-17.70	-86.77	-5.49
青海	0.00101	0.00075	0.00187	0.00019	0.00356	-65.72	-74.32	-29.38	-75.90	-19.98
宁夏	0.00092	0.00068	0.00172	0.00018	0.00321	-27.75	-70.93	160.15	-43.55	207.44
新疆	0.00093	0.00070	0.00167	0.00024	0.00310	-47.55	-61.33	-10.97	-72.20	-16.57

数据来源：笔者计算。

根据表1显示的各省份市场分割结果可以发现，综合而言浙江、山东、广东、江苏、河北是所有省份中市场分割程度最低的5个地区，而天津、云南、海南、吉林、青海则是市场分割程度最高的5个地区。从这些省份的地理分布可以发现，国内市场分割程度较低的省份主要集中在东部沿海，而市场分割程度较高的省份主要由直辖市（上海市是第六大分割程度较高的地区）和西部省份组成，这也就是东部地区的整体市场分割程度并不是最低的原因。至于直辖市市场分割程度普遍较高一方面可能是直辖市的地位比较特殊，通常会享受一些特殊的政策措施（赵奇伟和熊性美，2009），另一方面可能是直辖市面积较小，地方政府容易管控，可能具备更强的分割市场的能力（陈刚和李树，2013）。此外，从整体的市场一体化改革成效来看，吉林、重庆、云南、上海、陕西是所有省份中一体化改革获得成效最大的5个地区，而海南、宁夏、河北、浙江、江西则是获得成效最小的5个地区，尽管成效最小，除海南外，最小也有27.74%的下降比例。海南是唯一一个市场一体化改革成效为正的地区，通过观察样本期内海南市场分割指数的走势可以发现，主要原因是2017年之后市场分割指数出现了大幅的反弹，而这可能就是海南开始部署自由贸易试验区和中国特色自由贸易港的原因，专注于国外商品的引进，对国内商品提高了门槛。

从细分的商品市场和要素市场来看，浙江、湖北、内蒙古、河南、江苏是商品市场分割程度最低的地区，广东、山东、四川、辽宁、湖南是要素市场分割程度最低的地区；云南、天津、海南、上海、重庆是商品市场分割程度最高的地区，吉林、天津、青海、甘肃、宁夏是要素市场分割程度最高的地区。对比综合市场的分割指数可以发现，浙江、江苏和海南的整体市场分割程度主要受商品市场主导，其中浙江和江苏的商品市场分割程度较低使得其整体市场分割程度较低，而海南商品市场分割程度较大致使其整体市场分割程度较高。此外，天津是一个较特殊的地区，其商品市场和要素市场的分割程度均较高。

进一步从商品市场和要素市场的一体化改革成效来看，除海南外所有省份的商品市场一体化进程均取得了显著的成效，成效最低的河南也有49.13%的降幅，但要素市场的一体化改革成效并不乐观，共有12个省份的要素市场一体化进程出现倒退，尤其是宁夏和河北倒退比例分别达到了93.77%和160.15%。尽管如此，部分省份的要素市场一体化改革仍然取得了显著的成绩，吉林、湖北、黑龙江、陕西、贵州是排名前5的地区，尤其是吉林，其要素市场一体化进程推进了87.04%。

尽管要素市场在部分省份中的改革成效表现不佳，但从细分的资本品市场和劳动力市场来看，这种不佳主要体现在劳动力市场。根据劳动力市场一体化的改革成效数据，同样有12个省份出现了正增长，表明劳动力市场分割程度在提高，也正是劳动力市场分割程度的提升最终导致这些地区整体要素市场一体化进程的倒退，因为资本品市场除了海南和四川外均取得了一定程度的改革效果。

（五）指数稳定性检验

以上基于相对价格法计算的市场分割指数其本质是时间序列的数据形式，尽管从图形上看各类市场分割指数的确是呈现日趋收敛的趋势，但这个趋势是有规律的收敛过程，还是随机的变化过程就需要进行检验。这是因为如果各类市场分割指数是有规律的收敛过程，则表明市场分割程度确实在日趋降低，若是随机变化过程则不能得出市场分割程度在日趋降低的结论。鉴于此，本文将对以上计算的各类市场分割指数进行面板单位根检验和收敛性分析，通过计量方式检验市场分割指数的收敛情况。

1. 单位根检验

本文采用常用的两种面板数据单位根检验方法，即相同根单位根检验 LLC 检验（Levin & Lin，1993）和不同根单位根检验 Fisher－ADF 检验（Maddala & Wu，1999），如果两种检验均拒绝存在单位根的原假设则表明数据是平稳的，反之则反是。具体检验结果如表 2 所示。

表 2　全国各类市场分割指数平稳性检验结果

全国市场类别	LLC 检验			Fisher－ADF 检验	
	含趋势和截距项	不含趋势和截距项	不含趋势，含截距	含趋势	不含趋势
综合市场	－10.4934*	－15.0503*	－13.2314*	197.2305*	222.9629*
商品市场	－20.3637*	－25.0133*	－27.7229*	254.0457*	305.8925*
要素市场	－5.1446*	－8.7908*	－6.1947*	100.9725*	145.2327*
资本品市场	－11.4137*	－11.1038*	－10.0705*	182.1518*	208.7069*
劳动力市场	－4.9250*	－8.9355*	－5.7589*	97.7150*	145.7469*

注：* 表示 10% 的显著性水平，LLC 检验采用 Adjusted t 统计量，Fisher－ADF 检验采用 Inverse chi－squared 统计量。

数据来源：笔者计算。

从表 2 显示的结果可以发现，全国各类市场的分割指数均通过了单位根检验，且显著性都低于 1% 的水平，由此表明全国各类市场的分割程度确实呈现收敛趋势，国内市场一体化进程在有序推进。

除了对全国市场的分割指数进行单位根检验，本文也对四大地区和各省份的不同市场进行相同的单位根检验，检验结果均表示拒绝单位根的存在，即所有市场分割指数都呈现收敛的趋势，表明市场有规律地日趋整合。

2. 收敛性分析

本文采用 Beta 收敛方法，该方法最早由 Baumol（1986）提出，主要用于关注变量的增长率与变量初始值之间的负向关系。其中，本文采用绝对 Beta 收敛方法进行分析，具体模型设定如下：

$$g_{it} = \alpha + \beta \ln mseg_{it} + \varepsilon_{it}$$

其中，g_{it} 表示 i 地区 t 时期跨度内市场分割指数的增长率，$\ln mseg_{it}$ 表示 i 地区 t 时期跨度的第一年的市场分割指数，ε_{it} 表示扰动项，而 β 即是 Beta 系数。若 β 小于零，表明市场分割指数的增长率与初始期的市场分割呈现负向关系，换言之，市场分割指数的趋势具有绝对 Beta 收敛特征；若 β 大于零，则表明市场分割指数呈现发散的特征。

尽管面板数据能够解决遗漏个体异质性的问题，但可能存在因遗漏变量导致的内生性问题，所以分别采用面板固定效应、面板随机效应以及工具变量法进行估计，其中两阶段最小二乘法的工具变量采用市场分割指数的滞后一阶，具体结果如表 3 所示。

表 3　全国综合市场分割指数绝对 Beta 收敛回归结果

变量	固定效应模型	随机效应模型	2SLS
ln*mseg it*	-0.059*** (-3.54)	-0.053*** (-3.27)	-0.791*** (-3.34)
截距项	-0.433*** (-3.59)	-0.39*** (-3.31)	-5.582*** (-3.37)
地区固定效应	控制	控制	控制
年份固定效应	控制	控制	控制
样本量	420	420	390

注：*** 表示在 1% 水平下显著，括号中数值为 t 值。

数据来源：笔者计算。

从表 3 的结果可以发现，不论是采用面板固定效应模型，还是面板随机效应模型，抑或是引入工具变量进行回归，所有的 β 系数均小于零，且均在 1% 水平下显著，由此表明中国综合市场分割指数趋势呈现绝对 Beta 收敛特征。此外，本文也进一步对商品市场、要素市场、资本品市场和劳动力市场进行了绝对 Beta 收敛分析，其结果均呈现收敛特征，表明市场有规律地日趋整合。

五、研究结论与建议

在当前中国推动形成以国内大循环为主体、国内国际双循环相互促进的新发展格局背景下，本文从市场分割的角度探讨了中国市场一体化的改革进程，通过采用 2004 年至 2018 年的相关价格数据分别测算了中国国内综合市场、商品市场、要素市场、资本品市场以及劳动力市场的分割指数，并从全国层面、地区层面以及省级层面进行了详细的分析，最后采用单位根检验和收敛分析的方法对测算的所有市场分割指数进行检验，确保结论的可靠性。

通过上述对中国各类市场分割指数的走势分析，本文得出如下几点重要的结论：

第一，中国整体市场分割程度确实呈现下降收敛的趋势，市场一体化改革进程取得了积极的成效，但整体市场分割程度的下降主要由商品市场拉动，要素市场一体化改革进程相对缓慢。

第二，劳动力市场不管是在分割程度上还是在改革成效上均是拖累整体要素市场一体化进程的主导因素，而资本品市场不仅在一体化改革进程中取得了较好的成效，也是所有市场中分割程度最低的市场。

第三，东北地区和中部地区在商品市场和要素市场的一体化改革中均取得了显著的成效，但东部地区和西部地区仅在商品市场取得了显著的成效。

第四，中部地区不管是资本品市场还是劳动力市场的分割程度均是四大地区中最小的，而东北地区不管是资本品市场还是劳动力市场的分割程度均是四大地区中一体化改革最具成效的地区。

第五，三大经济圈地区中，长三角地区是综合市场和商品市场分割程度最低的地区，成渝地区是要素市场分割程度最低的地区，京津冀地区的市场一体化水平相对落后，但仍领先于全国。

第六，区域经济协同发展对地区市场一体化的推进在要素市场中发挥了明显作用，包括资本品市场和劳动力市场的共同作用，一体化进程显著领先于全国平均水平。

第七，市场一体化改革进程和成效在省份间具有显著的差异，其中整体市场分割程度较低的省份主要集中在东部沿海，而整体市场分割程度较高的省份主要集中在直辖市和西部地区。

第八，大部分省份在商品市场一体化改革中取得了显著的成效，但超过 1/3 的省份并未在要素市场一体化改革中取得成效，其中劳动力市场一体化进程的停滞是主要因素，资本品市场一体化改革仍取得了一定程度的进展。

综合以上研究结论，在当前推动形成以国内大循环为主体、国内国际双循环相互促进的新发展格局背景下，本文认为可以从以下几个方面来进一步完善全国统一大市场的构建，为构建双循环新格局提供重要支撑。

第一，进一步降低商品市场分割程度，深化商品市场一体化改革。

首先，发展完善交通物流、公共设施、商务平台等基础设施。大力发展智能交通，建立现代化综合交通体系，加强交通基础设施与重要港口、航空运输的有效衔接，加快各地区之间交通的互联互通，为市场流通打好基础；通过开放地区市场、降低各类流通环节收费、组建大型物流集团、对接各地商品流通政策、建设区域性公共物流信息服务平台等措施，提高商品流通效率，降低消费品的流通成本。其次，深化流通体制改革，加强全链条标准体系建设，发展“互联网+流通”，降低全社会物流成本。鼓励流通企业发挥线下实体店特有的服务、体验等优势，逐步构建出线上与线下资源相融合的新型经营模式；充分利用电子商务交流平台，推进各地区电子商务创新发展，例如，建立电子商务产业基金，打造各地电子商务全产业链发展。最后，强化消费者权益保护。推行企业产品质量承诺制度，针对对消费者健康有重大影响的食品、药品等商品，建立来源可追、去向可查、责任可究的全程追溯体系，强化流通领域市场监管；探索建立集体诉讼制度，平衡冲突双方的诉讼能力，在保障诉讼权利平等的同时最小化消费者的维权成本。

第二，大力推进要素市场一体化，尤其是劳动力市场一体化。

首先，发挥市场在资源配置中的决定性作用，疏通要素流通的阻滞因素。对垄断部门进行改革。比如推进油气管网对市场主体公平开放，适时放开天然气气源和销售价格，健全竞争性油气流通市场；深化铁路行业改革，促进铁路运输业务市场主体多元化和适度竞争。建立制度化的区域合作机制，以规避政府对地方要素市场的不当干预。例如，将一些地区的行政管辖权和经济开发权适当分离，从根本上打破行政垄断型资源配置的束缚，促进区域间经济合作；建立超省级都市联盟或者城市联合体等跨行政区域的政府合作组织来处理地区之间的关系，着重打造经济协作、技术、人才合作的多平台政府合作载体；制定并出台与区域经济合作相关的法律法规，建立一系列由各个地方政府共同执行的政府行为准则和市场规则，使地方政府在合作出现利益冲突时能有法可依，对妨碍产品和生产要素自由流动的市场分割行为做到执法必严。

其次，建立健全统一开放的要素市场，具体包括：深化户籍制度改革，促进劳动力有序流动；推动城乡土地制度改革，建立和健全统一的土地管理制度；加强资本市场建设，完善强制退市和主动退市制度，提高上市公司质量等措施。在户籍制度改革方面，构建全国统一的户籍登记制度，促进劳动力在区域间自由流动；建立健全统一的社会保障制度和公共服务，打破户籍与各种社会福利之间的必然联系，使劳动力平等地享有基本医疗保险、养老保险、社会救助等社会保障制度以及医疗、教育等基本公共服务；建立健全统一的就业管理制度，消除农民工在城市就业受到的限制和不平等待遇；建立相互衔接的劳动用工政策和人才政策，促进人力资源在地区间的合理流动。在土地制度改革方面，健全土地统一登记和城乡建设用地制度，规范集体经营性建设用地流转；建立城乡统一的土地市场和土地交易平台，规范交易程序；规范和完善城乡建设用地增减挂钩的土地政策；促进土地制度与户籍制度的联动改革，允许进城务工的农村户籍人口用其宅基地对应的建设用地指标换取就业所在地的户籍、社会保障和公共服务，实现劳动力和土地指标同方向流动。在资本市场建设方面，逐步完善退市制度和淘汰机制，利用市场机制实现优胜劣汰，防止垃圾股借壳炒作，避免资源配置扭曲；改革发行上市制度，努力增强制度的包容性和适应性，避免由于资金流动受阻而造成市场分割；加大对资本市场的开放程度，取消地方不合理的资本管制，降低资本的准入壁垒，合理利用外资以及民间资本。

最后，在关注资本、劳动力等传统要素的基础上，同时挖掘和完善数据等新兴要素的市场机制，实现多种要素协同发展。随着信息技术和人们生产活动的关系日益密切，数据的价值正在逐步提升，只有盘活这些新兴要素，才能在做好中国经济内循环的道路上事半功倍。具体措施包括：系统打造区域一体化发展感知服务网络，促进基于数据的跨区域、分布式生产和运营；鼓励提供基于物联网、大数据、人工智能的专业化服务，推动区域政务数据开放共享，深化重点领域大数据应用，比如社会保障领域信息一体化建设，加强环境治理数据信息共享等。

第三，重点推进东部地区和西部地区要素市场的一体化改革。

在以中性竞争原则推进要素市场化的过程中，同时也应关注区域的差异性。中国东部、西部、中部和东北地区四大区域在经济发展阶段和资源禀赋上存在明显的差异。东部地区由于经济发展起步较早，一直以来劳动力不断由中西部涌入，表面上似乎早已是劳动力过剩，实际上由于劳动力流入带来的经济效益并没有消失，而东部地区要素市场一体化改革相较于其他地区仍存在较大的提升空间，因此东部地区更应该遵循市场化原则，降低对劳动力流入的限制，合理有效地配置资源以实现经济效益最大化。另外，西部地区由于历史性的资本匮乏其资本的边际收益较高，资本的流入对西部地区经济发展的贡献更大，政府通过制定一些优惠政策吸引外来资金流入反而会促进西部地区的经济发展，从而打通国内大循环，促进各地区经济协同发展。

参考文献

[1]常瑞祥．一体化、经济集聚与区域发展空间[D]．北京：首都经济贸易大学，2018：75.

[2]陈刚，李树．司法独立与市场分割——以法官异地交流为试验的研究[J]．经济研究，2013(9).

[3]陈敏，桂琦寒，陆铭，陈钊．中国经济增长如何持续发挥规模效应？——经济开放与国内商品市场分割的实证研究[J]．经济学(季刊)，2008(1).

[4]范爱军，李真，刘小勇．国内市场分割及其影响因素的实证分析——以我国商品市场为例[J]．南开经济研究，2007(5).

[5]桂琦寒，陈敏，陆铭，陈钊．中国国内商品市场趋于分割还是整合：基于相对价格法的分析[J]．世界经济，2006(2).

[6]黄赜琳,王敬云. 地方保护与市场分割:来自中国的经验数据[J]. 中国工业经济,2006(2).

[7]李善同,侯永志,刘云中,陈波. 中国国内地方保护问题的调查与分析[J]. 经济研究,2004(11).

[8]刘瑞明. 国有企业、隐性补贴与市场分割:理论与经验证据[J]. 管理世界,2012(4).

[9]刘志彪,孔令池. 长三角区域一体化发展特征、问题及基本策略[J]. 安徽大学学报(哲学社会科学版),2019(3).

[10]陆铭,陈钊. 分割市场的经济增长——为什么经济开放可能加剧地方保护?[J]. 经济研究,2009(3).

[11]吕冰洋,贺颖. 分权、分税与市场分割[J]. 北京大学学报(哲学社会科学版),2019(3).

[12]余淼杰."大变局"与中国经济"双循环"发展新格局[J]. 上海对外经贸大学学报,2020(6).

[13]沈立人. 地方政府的经济职能和经济行为[M]. 上海:上海远东出版社,1999:68.

[14]王建康. 中国省际市场分割程度的时空格局及影响因素[J]. 地理科学,2018(12).

[15]徐保昌,谢建国. 市场分割与企业生产率:来自中国制造业企业的证据[J]. 世界经济,2016(1).

[16]余东华,刘运. 地方保护和市场分割的测度与辨识——基于方法论的文献综述[J]. 世界经济文汇,2009(1).

[17]张昊. 再议国内区域市场是趋于分割还是整合——对测度方法的探讨与改进[J]. 财贸经济,2014(11).

[18]赵奇伟,熊性美. 中国三大市场分割程度的比较分析:时间走势与区域差异[J]. 世界经济,2009(6).

[19]郑毓盛,李崇高. 中国地方分割的效率损失[J]. 中国社会科学,2003(1).

[20]Bai C E, Du Y, Tao Z, Tong S Y. Local protectionism and regional specialization: Evidence from China's industries[J]. Journal of International Economics, 2004, 63(2): 397 - 417.

[21]Baumol W J. Productivity growth, convergence, and wealth: What the long - run data[J]. American Economic Review, 1986, 76(5): 1072 - 1085.

[22]Fan C S, Wei X. The law of one price: Evidence from the transitional economy of China[J]. The Review of Economics and Statistics, 2006, 88(4): 682 - 697.

[23] Holz C A. No razor's edge: Reexamining alwyn young's evidence for increasing interprovincial trade barriers in China[J]. The Review of Economics and Statistics, 2009, 91(3): 599-616.

[24] Ke S. Domestic market integration and regional economic growth—China's recent experience from 1995-2011[J]. World Development, 2015(66): 588-597.

[25] Mody A, Wang F Y. Explaining industrial growth in coastal China: Economic reforms… and what else? [J]. The World Bank Economic Review, 1997, 11(2): 293-325.

[26] Naughton B. How much can regional integration do to unify China's markets? [J]. How Far Across the River, 2003: 204-232.

[27] Park A, Du Y. Blunting the razor's edge: Regional development in reform China[J]. University of Michigan and Chinese Academy of Social Sciences, 2003.

[28] Parsley D C, Wei S J. Convergence to the law of one price without trade barriers or currency fluctuations[J]. The Quarterly Journal of Economics, 1996, 111(4): 1211-1236.

[29] Parsley D C, Wei S J. Explaining the border effect: The role of exchange rate variability, shipping costs, and geography[J]. Journal of International Economics, 2001b, 55(1): 87-105.

[30] Parsley D C, Wei S J. Limiting currency volatility to stimulate goods market integration: A price based approach[R]. National Bureau of Economic Research, 2001a, No. 0898-2937.

[31] Poncet S. Domestic market fragmentation and economic growth in China[J]. 2003b.

[32] Poncet S. Measuring Chinese domestic and international integration[J]. China Economic Review, 2003a, 14(1): 1-21.

[33] Samuelson P A. Theoretical notes on trade problems[J]. The Review of Economics and Statistics, 1964: 145-154.

[34] Xu X. Have the Chinese provinces become integrated under reform? [J]. China Economic Review, 2002, 13(2-3): 116-133.

[35] Young A. The razor's edge: Distortions and incremental reform in the People's Republic of China[J]. The Quarterly Journal of Economics, 2000, 115(4): 1091-1135.

新一轮市场监管机构改革的特点、影响、挑战和建议[①]

王健[②]　王鹏[③]

摘要： 党的十九大对深化机构和行政体制改革做出重要部署，要求统筹考虑各类机构设置，科学配置党政部门和内设机构，明确职责。新一轮市场监管机构改革，旨在打造一套适应新时代要求的统一市场监管综合执法的制度体系，以系统完备、科学规范、运行有效为原则，针对以往市场监管“多头管理”的弊端，从根本上瓦解部门利益固化的藩篱。分析新一轮市场监管机构改革的特点、影响和挑战，提出化解策略，对于改革市场监管体系，实行统一的市场监管，建立统一开放、竞争有序的现代体系具有重要意义。

关键词： 市场监管；机构改革；政府职能；治理能力

国家市场监督管理总局的设立，具有鲜明的以习近平新时代中国特色社会主义思想为指引的特点，是改革开放以来我国市场监管体制改革的重大突破，是全球市场监管制度实践的重大创新。国家市场监督管理总局的设立，符合党中央推进市场监管体系和治理能力现代化的要求，充分发挥了中国特色社会主义制度的优越性，汲取了人类文明的有益成果。国家市场监督管理总局的设立，对营造公平竞争的市场环境、构建让消费者放心的市场制度、推进我国经济从粗放增长转向高质量增长、建设创新型国家、建设现代化经济体系都将产生深远的影响。

---

① 本文首发于《行政管理改革》2018 年第 7 期。

② 王健，国家行政学院经济学教研部教授。

③ 王鹏，国家行政学院经济学教研部博士研究生，国家发展改革委体改司干部。

一、本轮市场监管机构改革的特点

（一）完善市场监管体制，优化政府机构设置和职能配置

组建国家市场监督管理总局，是中国特色社会主义进入新时代，在继续加快完善社会主义市场经济体制的进程中，完善市场监管体制的重要举措。实行统一的市场监管，是建立统一开放竞争有序的现代市场体系的关键环节。国家市场监督管理总局的成立，有利于清理废除妨碍统一市场和公平竞争的各种规定和做法，打破行政性垄断，防止市场垄断，加快要素价格市场化改革，放宽服务业准入限制，完善市场监管和执法体制，完善公共服务管理体制，强化事中事后监管，实现产权有效激励、市场要素自由流动、市场价格反应灵活、市场竞争公平有序、企业优胜劣汰，激发各类市场主体活力，培育具有全球竞争力的世界一流企业和放心消费的市场。

本轮市场监管机构改革，旨在优化政府机构设置和职能配置。为完善市场监管体制，推动实施质量强国战略，营造诚实守信、公平竞争的市场环境，进一步推进市场监管综合执法、加强产品质量安全监管，让人民群众"买得放心、用得放心、吃得放心"，将国家工商行政管理总局的职责、国家质量监督检验检疫总局的职责、国家食品药品监督管理总局的职责、国家发展改革委的价格监督检查与反垄断执法职责、商务部的经营者集中反垄断执法以及国务院反垄断委员会办公室等职责整合，组建国家市场监督管理总局，作为国务院直属机构。其主要职责是，负责市场综合监督管理，统一登记市场主体并建立信息公示和共享机制，组织市场监管综合执法工作，承担反垄断统一执法，规范和维护市场秩序，组织实施质量强国战略，负责工业产品质量安全、食品安全、特种设备安全监管，统一管理计量标准、检验检测、认证认可工作等。

（二）"三总局"合并，明确责任主体

本轮市场监管机构改革，坚持一类事项原则上由一个部门统筹、一件事情原则上由一个部门负责，加强相关机构配合联动，避免政出多门、责任不明、推诿扯皮。国家市场监督管理总局，是原国家工商行政管理总局、国家质量监督检验检疫总局、国家食品药品监督管理总局"三总局"的合并，顺应了现代市场经济发展需要统一市场监管的趋势和要求。

统一市场监管，有利于维护市场主体公平竞争秩序和消费者权益，充分发挥市场竞争的机制作用。工商管理、质量监管及食品药品的法律、标准等监管规则及监管机构必须统一。原来工商部门负责市场流通领域的监管，质监部门负责生产领域的市场监管，食药部

门负责食品和药品的监管。随着大生产和大流通领域的形成，分环节监管的体制容易引发监管机构之间推诿扯皮，导致市场监管错位、缺位和不到位。特别是随着人民群众对健康权的关注度的不断提升，关于药品、医疗器械与食品等健康性消费品的一点风吹草动都会引发社会的极大关注。

统一市场监管，需要提升政府治理能力，加速市场监管行政部门的行政体制改革，改革原市场监管和综合行政执法职能分散在不同行政部门的体制，建立统一监管和综合行政执法及社会共治机制，解决现行市场监管体制中存在的职能交叉、资源浪费、信息沟通不畅、部门法律冲突、力量分配不均、监管部门对相互之间存在的争议性问题互相踢皮球和推诿责任等问题，弥补现行市场监管留下的空白和缺位及越位，从而有效地降低行政成本，提高行政效率。

（三）“六大职能”合并，消除“九龙治水”弊端

市场经济发展形成的大流通、大市场，呼唤着统一监管和综合行政执法。然而多年来，中国市场监管沿袭的“分段监管为主、品种监管为辅”的多部门分段监管的“九龙治水”体制，使市场监管和综合行政执法职能分散在不同的行政部门，这造成监管和执法中既存在职能交叉、资源浪费、信息沟通不畅、部门法律冲突、力量分配不均等问题，不利于在市场监督管理中及时发现和防范风险，又大大增加了企业的制度成本和交易成本；监管部门之间存在着“有利益就抢，没利益就让”的现象，导致敏感性问题或争议性领域互相踢皮球、推诿责任留下监管空白区。

针对上述弊端，本轮市场监管机构改革设立国家市场监督管理总局，将政府对流通领域的工商监管、生产领域的质量监管、生产和流通领域的食品和药品监管、价格监管、知识产权保护、反垄断等六大市场监管职能（简称“六大职能”）归一，统一监管综合执法。国家市场监督管理总局统一市场监管和综合行政执法改革，坚持目标导向和问题导向，充分利用统一监管和综合行政执法覆盖全国的优势，解决多部门监督管理的职能交叉、互相扯皮、监督管理缺位的问题，从体制机制上消除“九龙治水”的弊端，维护公平竞争的市场秩序，切实履行政府市场监管的基本职责，有利于形成宽松便捷的市场准入环境、公平有序的市场竞争环境和安全放心的市场消费环境，有利于全国统一大市场的建立。

一是将价格监督检查职能归于国家市场监督管理总局，有利于市场价格的统一管理，降低行政成本，提高行政效率。在本轮机构改革之前，在国家层面，隶属国家发展改革委的价格监督检查和反垄断局，负责指导全国价格监督检查与反垄断工作，明确实施检查的法律法规依据和政策界限，组织实施全国性商品价格、服务价格、国家机关收费、事业性

收费监督检查，查处重大价格、收费违法案件和重大的价格垄断行为和案件；组织开展市场价格行为监管工作，调查、认定和处理重大的不正当价格行为和案件；负责市场价格异常波动监督检查应急工作；受理不服省级政府价格主管部门行政处罚的复议案件和申诉案件；指导全国价格社会监督、公共服务、信用建设和价格举报等各方面工作。在省、市两级政府，价格监督检查部门有的是发展改革委，有的是独立的物价局，有的是发展改革委下设的物价局，等等。价格监督检查的多头管理容易导致“天价大虾”无部门负责的乱象，不利于市场价格秩序的维护。改革之后，价格政策的制定还是在发改部门，价格监督检查职能由市场监管部门行使，把宏观政策制定和微观市场监管职能分开，这样既加强和丰富了市场监管部门的价格监督检查手段，又有利于更好发挥发改部门作为经济综合协调部门的职能作用。

二是将知识产权保护市场归于国家市场监督管理总局。监管与知识产权保护休戚与共，供给侧结构性改革强调品牌大国战略和质量强国战略，保护知识产权是品牌大国战略和质量强国战略的基础。统一市场监管和综合行政执法，能有效地打击侵犯知识产权的假冒伪劣和“假冒名牌不伪劣”的侵权违法行为，保护民族企业创新和“大众创业、万众创新”的积极性。

三是将反垄断归于国家市场监督管理总局。反垄断本就属于维护市场秩序的重要内容。本轮机构改革之前，反垄断行政执法主要通过商务部、国家发展改革委和国家工商行政管理总局三大机构实施，虽然执行同一部法律，但各司其职、互不隶属。本轮市场监管机构改革中，吸取了外国的成功经验，将反垄断行政执法职责授予一个单一的机构——国家市场监督管理总局，将有效地执行反垄断法，准确界定反垄断法覆盖范围，统一反垄断法执法队伍，促进市场公平公正竞争，提高市场竞争效率。

二、国家市场监管机构改革的深远影响

（一）政府市场治理能力现代化实现新突破

学术界和社会大众经常讨论一个问题：高质量安全性的产品是生产出来的还是监管出来的？从依法治国的视角分析，这个问题的结论是显而易见的，高质量安全的产品既是生产出来的，更是监管出来的。首先，要充分发挥市场配置社会资源的作用，高质量安全的产品是生产出来的；其次，要更好地发挥政府作用，高质量安全的产品也是监管出来的。政府统一市场监管能力越强、监管的水平越高，产品生产流通等环节的企业的守法水平越高，产品的质量和安全性就越高。

深化国家市场监管机构改革，是从供给侧结构性改革出发的制度性变革，有利于推进

政府治理市场能力现代化，构建“市场机制有效、微观主体有活力”的市场经济体制，不断增强我国经济创新力和竞争力。推进政府治理能力现代化，能够有效地促进经济发展质量变革、效率变革、动力变革，提高全要素生产率，实现质量第一、效益优先。

（二）以良好的市场秩序促进企业发展和经济增长

国家市场监督管理总局统一市场监管，实现真正的大部制，发挥其在市场监管领域统一组织协调的综合监督管理职能，兼顾专业化和统一性，强化行政执法和现场监管职能，建立高效、科学的市场监管和行政执法体系。国家市场监督管理总局负责法律、法规、规章、方针、政策、规划、标准等制定，依法监督管理各类市场主体，规范和维护市场经营秩序，负责监督管理市场交易行为和网络商品交易及有关服务行为，承担产品质量、食品安全等监督管理责任，组织开展有关服务领域消费维权工作等。

国家市场监督管理总局统一监管和综合执法，痛击“劣币驱逐良币”现象，形成“以良币驱逐劣币”的市场经济秩序，鼓励公平竞争，为企业创造公平竞争的市场环境，为投资者创造安全可靠的投资环境。严厉打击假冒伪劣产品，让生产假冒伪劣产品的企业无处藏身，让违法企业处处碰壁，无路可走，让遵纪守法企业成长壮大，降低消费者选择和搜索成本，减少社会资源浪费。同时，培育企业责任主体意识，激励企业生产和销售优质产品。

企业生产和销售的产品质量和安全性越高，消费者购买意愿越强，民族企业发展的市场环境就越优良。消费者多买放心消费产品，会刺激企业增加投资，消费和投资共同助力经济增长。

（三）补制度短板激励万众创新，培育经济新增长点

国家市场监督管理总局统一市场监管，从严重制约市场发展的重要领域和关键环节，从人民群众迫切需要解决的突出问题着手，健全产品标准，保护知识产权，严格市场执法，是在供给侧结构性改革中补制度短板，激励万众创新，以补软短板补硬短板，促进经济增长：一是企业创造新产品。以新产品供给创造新的消费需求，形成新经济增长点，促进经济发展。二是企业提升产业链。传统产品的层次和质量，以产品升级适应居民收入提高的新需求和新增长点，推动经济增长，并解决当前产能过剩中的低端产品过剩、低收入相对应的普通产品过剩、缺乏处于产业链高端的产品、山寨产品过剩、信誉度低的产品过剩问题。三是企业创造新产品和提升产业链都会有产业联动效应，带动相关产业和企业发展，形成新的产业增长点，促进经济增长。

（四）扩大消费形成新的经济增长点

中国人热衷于海外消费，固然有关税、价格、汇率等经济原因，然而，更重要的原因是：国内市场监管缺位，难以有效地保护消费者权益，消费者对国内产品缺乏信任感和信心，宁可在国内挣钱到国外购买消费品也不愿意在国内多消费。

加强市场监管，营造安全放心的消费环境，恢复中国消费者对中国产品质量和安全的信心，能够放心地消费国内的产品，减少从国外购买消费品，增加对国内产品的消费，众多的消费者将海外消费转向国内，中国人出国旅游就可以心情愉悦地观赏美景，休闲游之余带点纪念品回国，而不必将原本放松心情的旅游变为紧张的购物，海外代购族就无利可图，国内消费市场则会迅速扩张，国内消费市场就会成为经济新增长点。例如，在“十三五”期间通过加强市场监管维护消费者权益，恢复中国年轻妈妈们对中国奶粉的信心，让巨大的、稳定的奶粉消费市场重新从国际市场回归国内市场，让中国从奶粉进口大国重新转为出口大国，那么，安全的奶粉就能够形成中国经济的“新的经济增长点”！

（五）提高中国产品质量，推进“一带一路”建设

国家市场监督管理总局统一市场监管、提高监管效率，将切实有效提升中国产品质量，提高国际竞争力，助力“一带一路”建设。中国制造的国际影响不断提高，国际市场需求也成为我国经济全球竞争力的重要支撑。但与国际先进水平相比，我国产品的质量和档次仍然有较大差距，在很多外国消费者心目中是低价低质的代名词，严重影响了我国产品的国际竞争力，也将明显地影响“一带一路”倡议的全球经济布局。目前，影响我国工业品出口的技术性贸易措施主要属于典型的市场监管范畴，原先“九龙治水”、各管一段的市场监管体制监管缺位和空白点多，质量问题频发。国家市场监督管理总局统一市场监管和综合行政执法，实现全链条、全过程的无缝隙监管，可以有效地提升出口产品的质量，增加出口附加值，增强我国产品的国际竞争力，培育和壮大中国经济。

三、国家市场监管机构改革后所面临的挑战

（一）市场经济秩序混乱，假冒伪劣产品屡禁不止

生产和销售假冒伪劣产品的违法企业，大赚黑心钱，获取高额非法利润，损害消费者利益，甚至危及消费者的健康和生命安全，导致奉公守法的企业生存困难，这既造成社会资源的浪费，也严重破坏公平竞争的市场经济秩序，市场资源配置效率低下，还导致中国的产业缺乏国际竞争力，在国际竞争中处于劣势地位。市场经济秩序混乱的表现形式繁

多：假冒伪劣产品屡禁不止；不按照合同履约，拖欠货款，或收到货款不给货；等等。假冒伪劣产品扰乱了消费市场秩序，既侵害了消费者权益，也干扰了奉公守法企业的正常经营，影响了消费市场健康发展。假冒伪劣产品的表现形式多种多样：假冒名牌商品；无视知识产权法，模仿名牌产品；以劣充优，以假充真；以旧冒新，收购旧货包装经清洗或修理后，换上新产品的外包装，冒充新品；等等。

电子商务在中国的发展如火如荼，在线购物已经融入了亿万中国网民的日常生活，然而，在线平台销售假货事件层出不穷，饱受诟病，屡屡被消费者投诉。虽然很多平台都打出"100%正品"的旗号，但消费者仅仅凭借对平台本身品牌的信赖做判断，并不能确定自己在某平台上购买的商品就真的是100%正品，如莆田假鞋就堂而皇之地登上平台的显要位置①。

（二）山寨产品横行，企业创新难

政府市场监管政策不健全，知识产权保护不力，山寨产品盛行于市，削弱了企业自主创新能力。山寨产品是企业仿造品牌产品、以廉价优势占领消费市场的产品。对于生产山寨产品的企业而言，由于其具有快速化、平民化、善打"擦边球"的特点，企业仿造品牌产品，生产具有价格优势的山寨产品，短期内即可发家致富，因而，山寨产品在国内迅速蔓延。

山寨产品往往打着"假冒不伪劣"的旗号盛行于消费市场，严重挤压了创新的企业，特别是以自主知识产权创新的企业的市场空间。企业创新是一项高投入、高风险且耗时长的投资，在山寨产品的冲击下，自主创新的企业也必须进行"价格战"，导致投资效益低，利润微薄，高额研发资金难以为继，甚至在与山寨产品的低价竞争中败北，从而打击了企业研发和创新的积极性，强化了消费者对国内产品的不信任感，激励消费者出国购买货真价实的产品。

（三）产品标准低、层次低，质量和安全问题频发

传统的政府市场监管的技术标准体系不健全，企业产品标准低，产品层次不高。许多产品在成分和标注方面并没有严格标准和规范，技术标准的缺失、技术标准低导致产品层次低、产品升级迟缓，与低收入相对应的普通产品过剩②，与中高收入相对应的中高档产品仍然缺乏，消费者每年出国旅游都要在境外购买大量高档奢侈品。技术标准低与市场监

---

① 李默：《探访福建莆田假鞋交易集散地　揭秘假鞋之都"深夜鬼市"》，北京青年报2017年1月16版。

② 王健、王鹏：《经济学永恒的命题与供给侧结构性改革》，《福建论坛》2016年第8期，第5-10页。

管缺位相结合，导致消费品特别是食品药品安全问题频发。食品药品安全威胁着消费者的生命安全和健康，引发人们对食药安全的信任危机，进而影响消费者对国内市场的信心，消费者出国购买奶粉和大米，就是消费者以货币选票用脚投票的结果。

（四）消费者权益易受侵害，维权成本高

在传统商业中，消费者权益容易被侵犯，但凡有过买卖房屋、办消费卡的人都有安全权被侵犯的经历。与传统商业相比，在网络经济时代，信息非对称性问题更甚，消费者难以获得充分的信息，更谈不上知情权，因此，消费者权益更容易被侵犯。有的商家以虚假的广告夸大产品的性能和功效，甚至以假冒伪劣产品误导消费者或者以价格欺诈消费者，权益受损的消费者只能“哑巴吃黄连”。而且，在电子商务中极易出现消费者私人信息泄露、恶意窃取信息和以出卖私人信息获利，甚至改动信息，网络黑客侵入计算机系统改动消费者上网账号、交易账号和密码等，转走消费者资金，等等①。与此同时，消费者维权时间成本高，取证举步维艰，在电子商务中收集证据比在传统商业中更困难，消费者往往自认倒霉，放弃维权。

（五）企业违法成本低，企业逆向选择

目前，国内关于消费品质量安全的法律过于宽松，对生产销售假冒伪劣产品企业的处罚太轻，消费者权益受到侵害后，企业赔偿太少，形成了逆向激励机制，有的企业会“打小九九”：既然赔偿远小于收益，提高产品质量将增加成本，还不如等消费者提出问题再进行赔偿，反正也赔不了多少。企业违法成本低导致企业逆向选择：违法企业忽视消费者利益，导致消费者维权难，原本应该保护消费者权益的法律反而保护了违法企业。

（六）原有监管模式下各地方政府市场监管机构多元化

原有市场监管机构改革采取了从基层开始改革、地方政府因地制宜的形式，不同层级、不同职能的新机构在管理模式上差异性明显。目前，全国范围内没有统一的市场监管模式，基层执法机构复杂多样。各省市区县之间的机构设置不同。如辽宁、吉林、江苏等地，在县级层面采取工商、质监、食药监“三合一”，安徽、山西、河北、湖南、四川部分基层是工商、质监“二合一”。浙江舟山实行工商、质监、食药监“三合一”，浙江宁波是工商、食药监“二合一”，而宁波各县级局则实行工商、质监、食药监“三合一”。各地市场监管机构数量、机构名称、执法证件和制服都不统一。如此多样化的执法机构改

---

① 王健、张原天：《强化市场监管　促进电子商务健康发展》，《工商行政管理》2016 年 11 月（上），第 23 - 24 页。

革，给市场主体和百姓服务带来许多困惑，社会很难理解。

目前，国家工商行政管理总局、国家质量监督检验检疫总局、国家食品药品监督管理总局等部门对市场监管和行政执法都有明确的规章制度，制式服装、执法证件、执法文书、执法程序、办案系统、投诉举报系统都有各自不同的规定。有基层工作人员指出："现在的情况是'上面千条线，下面一根针'，上层是多个部门分头管理，基层往往感到无所适从，加重了基层负担，弱化了市场监管执法，影响了政府的信誉和权威。"

（七）行政执法的法律保障滞后，部门法律互相冲突

市场监管机构合并之后，基层部门在开展市场行政执法过程中，既面临原有不同部门之间法律法规的冲突，也面临违法案件触及多个部门的法律法规适用问题。国家工商行政管理总局《工商行政管理机关行政处罚程序规定》，国家质量监督检验检疫总局《质量技术监督行政处罚程序规定》，国家食品药品监督管理总局《食品药品行政处罚程序规定》，分别对工商、质监、食药监部门办理行政处罚案件做出了程序性规定。其中很多方面的具体要求并不一致，主要体现在以下方面：

（1）执法主体亮明身份方面。工商部门要求办案人员在办案过程中穿着工商行政管理制服，出示中华人民共和国工商行政管理执法证，并出台了《工商行政管理执法证管理办法》；质监部门要求实施行政执法行为时出示中国质量技术监督行政执法证，并出台了《质量监督检验检疫行政执法证件管理办法》，在着装方面没有在规章中明确要求；食药监部门要求办案人员在办理案件过程中出示食品药品监督执法证，其也没有在规章中提出明确的着装要求。

（2）执法主体资格方面。只有食药监部门在行政处罚程序中特别规定其可以委托其他相关组织进行行政处罚。

（3）管辖方面。对案件出现管辖权异议，需报上级机关确定管辖机关时，工商、质监、食药监部门确定管辖机关的时间不一致，工商部门为 7 个工作日，质监部门为 15 个工作日，食药监部门为 10 个工作日。

（4）立案时间方面。在收到举报或上级机关交办等案件的线索后，三个部门审查决定是否立案的时间规定不同。工商部门一般是 7 个工作日，特殊情况可以延长至 15 个工作日；质监部门是 15 个工作日；食药监部门是 7 个工作日。

（5）核审案件方面。工商部门案件核审由工商机关的法制机构负责实施；质监部门由各级质监部门设立的行政处罚案件审理委员会进行案件集体审理；食药监部门由 3 名以上有关人员进行合议。

（6）案件办理期限方面。工商部门要求自立案之日起 90 日内做出处理决定，案情复

杂的，经机关负责人批准，可以延长30日，特别复杂的，由工商行政管理机关有关会议集体讨论决定是否继续延期。质监部门要求立案之日起3个月内做出处理决定，案情复杂的，经主要负责人批准，延长30日，特别复杂的，报请上一级质量技术监督部门批准，适当延长办案期限。食药监部门要求在60日内办结，情况复杂的，经批准可适当延期，延期一般不超过30日。

（八）行政执法遭遇信息化困境

（1）工商、质监、食药部门系统的执法办案软件系统、处罚公示系统未能统一。目前三个部门都有各自的执法办案软件系统，软件系统的要求各不相同，对案件公示的要求也不一致，有些地方市场综合监管部门反映每天办公和办案要打开三个不同系统，市场监管和行政执法效率低下。

（2）案源信息来源渠道管理和流转处理的信息化水平不高。对于投诉、申诉、举报、其他机关移送、上级机关交办以及巡查检查发现的各类案源信息，未能有效利用信息化手段进行扎口管理；对案源信息的流转处理，也未能有效利用信息化手段按照分级管辖的原则进行分配并全程电子化跟踪。

（3）利用信息化手段收集案件证据的能力不强。执法办案的证据收集多数采用现场检查、询问笔录等方式取得。如果当事人采用关闭电脑、删除电子文件等方式拒不配合则会陷入不能取证的尴尬境地。

（4）网络产品和网络交易监管手段相对滞后。面对网络交易这种以技术手段为基础，以互联网为运维空间的商业活动，传统的监管手段已经远远无法满足目前网络交易监管的需求。基于互联网的特点，借助信息技术手段开展监管执法工作显得尤为迫切。目前，国家工商行政管理总局和各地工商（市场监管）部门初步建成了平台系统，但是与实现技术和业务有机融合，精准地发挥对违法行为收集、保存、认定电子证据等方面作用的目标还存在一定的差距。尤其是随着移动电子商务、微商等新型社交媒体营销、跨境电子商务的快速发展，网络交易违法行为、手段的不断翻新，给监管执法带来了发现、调查、取证等环节上的一系列难题。

四、完善国家市场监管机构职能的对策建议

（一）制定适应统一监管和综合执法要求的法律法规

一是为统一市场监管提供法律保障。完善市场监管法律体系需要一部市场监管法，综合考虑线上线下统一市场监管，明确规定政府进行市场监管的范围、目标与手段，规定行

业受监管的业务和竞争性业务，明确市场监管机构的法律地位、权力和职责，以及市场监管的法律程序和方法等。

二是制定电子商务法。现有的相关的法律主要为《消费者权益保护法》《合同法》《广告法》《产品质量法》等。这些法律在传统商业市场上对消费者权益的保护就不充分，加之电子商务是在这些法律出台后才出现的，因此，这些法律不适应网络交易的特殊性，更缺乏针对性，因而，以这些法律保护消费者权益更显得捉襟见肘。为更有效、更有针对性地保护消费者权益，亟须对现行法律进行修改和完善，在加强传统商业保护消费者权益内容的同时，在相关法律中增补保护网络消费者权益的内容。

（二）建立全国“一张网”，实现信息共享

加快全国“一张网”建设，强化市场监管机制创新的信息化支撑。全国形成“一张网”，通过市场主体信用信息公示系统和市场主体监管系统，实现“六大职能一个平台”，形成以信用管理为核心的新型市场监管机制，消除信息孤岛。

一是整合办公自动化系统。整合原来“三总局”相对独立、互不兼容的办公系统，建立统一的办公自动化平台，降低工作人员时间成本，提高工作效率。

二是整合“三总局”案件情报中心平台系统。平台组成主要包括网络情报监测系统、网络证据信息收集系统、综合信息整合系统、情报信息研判系统、案件理论支持系统和情报信息服务平台。明确相关部门对案源信息的统一管理，利用信息化手段对投诉、申诉、举报、其他机关移送、上级机关交办以及巡查检查发现的各类案源信息，按照案件分级管辖的原则转交相关执法部门处理，并对分配流转出的案源信息进行全程电子化跟踪，检查督促各级市场监督管理部门依法办理。

三是整合消费者申诉举报平台。将原工商部门 12315，质监部门 12365，食药监部门 12331、12358 价格监管平台整合成一个平台，实现多线合一，建立国家市场监督管理总局投诉举报指挥中心，全面承担涉及市场监管领域的咨询、举报、投诉工作，实现一个平台对外、岗位分责，确保受理、分流、处置、监督各环节责任落实到位。

四是加快建设全国市场监管“六大职能”统一的信用信息共享交换平台，推动各地区、各部门政务信息共享交换。全面推进社会信用体系建设，建立健全各领域信用记录，建立健全市场主体准入前信用承诺制度。全面建立和落实守信激励和失信惩戒措施。

（三）建立一支综合执法队伍

国家市场监督管理总局成立后，将统一原工商、质监、食药监等部门的执法要求，加强综合行政执法的统一性和规范性，应对新组建国家市场监督管理总局的规章、统一规范

执法标准、执法程序、执法制服、执法证件、执法文书等，解决基层执法中面临的难题。

（四）加强社会共治，发挥行业协会作用

与任何市场经济国家相似，中国政府市场监管的资源和力量，相比数量众多、地域分布广泛的生产和销售产品的企业来说，永远都是有限的，因此，需要充分调动社会力量参与产品领域的共治，将产品质量安全等问题消灭在社会共治的汪洋大海之中。

一是充分发挥专业行业协会作用。在社会共治的多元市场监管网络中，政府应逐渐从单一主体转变为多元中的引导者，充分发挥社会中介组织、媒体和公众的作用。第一，发挥行业专业协会作用，促进企业自律。行业协会作为企业自发形成的中介组织，其产生本身就意味着企业自身主导的监管，行业协会的充分发展会促使越来越多的企业主动或被动地参与提高自身素质、优化市场服务、减少市场冲突的活动，潜移默化地培养企业的自我监管意识和监管能力。第二，强化社会议事协调机制，中介组织如行业协会充分履职，需要与政府市场监管部门职能有效交流和衔接，行业协会植根于企业，能及时了解会员企业经营活动，为企业提供市场服务时与市场监管进行有效结合，实现监管全面覆盖，这样既容易被企业接受，又可大大降低政府监管成本。第三，进一步推动信用体系建设，构建产品信用信息平台。第四，完善产品“黑名单”制度，信用信息及时向社会公布，让侵犯消费者权益的企业受到监管部门、市场和社会的多重惩戒，增强诚信守法的自觉性。第五，政府与媒体联合，更广泛、更频繁地宣传产品选购知识和维权法律法规，帮助消费者辨别产品安全问题，提高维权意识。

二是建立消费者投诉“一门受理”制度。“一门受理”是指所有的产品质量和安全等问题的投诉都归一个部门。可以将现有的投诉渠道梳理整合，组成消费者权益保护局（简称消保局），消费者权益受损投诉方面的问题，由消保局统一受理，即“一门受理”。其他各行政部门作为后台支撑分别行动。“一门受理”需要各地消保局设置统一的投诉电话、统一的网上投诉网址、统一的面谈办公窗口等，方便消费者投诉。无论通过什么渠道投诉，受理窗口接到投诉后，都必须在一周内给出答复并将此作为消保局绩效考核指标。消费者维权遇到专业性强的问题时，可以由消保局指定或委托消费者协会、专业中介组织、质量检验机构等进行专业化检验、检测和论证，必要时实行“一对一”指导，对消费者投诉的问题予以专业性指导并提供咨询建议。推行消费者投诉“一门受理”制度，提高市场监管效率和综合行政执法能力，综合地解决消费者缺乏专业知识、无法投诉或投诉成本高、难以维权等问题。

三是培育诚信网络交易平台。打造信誉至上、“假一赔百”和“诚信网络交易平台”。为了有效地解决网络平台假冒伪劣产品的问题，监管部门需要双管齐下：第一，亡羊补

牢，加强事中事后监管；第二，未雨绸缪，打造诚信为本、信誉至上的网络交易平台，发挥网络平台专业技术的优势，从源头上增强企业责任主体意识和诚信意识，通过平台和电商自律，营造良好的市场环境和放心消费市场。

对同时具备以下四个条件的网络交易平台，政府可以授予“诚信网络交易平台”的称号：第一，网络交易平台必须承诺对假冒产品“零容忍”，在网络平台上真正实现销售的产品“零缺陷”、100%正品，做到“假一赔十”甚至“假一赔百”。第二，网络交易平台必须建立质量诚信体系，包括产品追溯和产品信用评级及赔付体系，对电商销售的任何产品，消费者都可以根据产品条形码追溯其来源及主要信息。平台对产品原料、加工、包装、运输、销售等各环节都建立完备的溯源系统和详细的记录，形成全程动态监控和评价体系，并据此建立产品信用评级体系。产品一旦出现问题，平台可以精确地追溯到问题源头，对产品降低信用评级并在平台上公示。在平台上每个产品均注明信用级别，产品的信用级别与赔付机制直接挂钩，赔付率为1∶3到1∶100。消费者在平台购买产品时，就可直接看到该商品的信用级别和赔付率。第三，建立电商信誉度评级体系。从电商进货渠道、销售产品的质量和安全性、广告、物流、退货、信息保护、顾客服务满意度等多维度建立电商信誉评级体系，根据评级体系对电商信誉评级。平台一旦发现电商产品有问题，就立即降低电商信誉评级并在平台网站上公示。第四，设立保证金制度，实现先行赔付并召回有问题产品。电商的任何欺诈行为一经查实，网购平台有权根据国家的法律法规及规章制度，对卖家进行处罚，并先行赔付，充分保障消费者权益。凡是消费者反映有质量问题或假冒伪劣产品的，平台先收回问题产品，并根据产品的诚信级别和对应的赔付率无条件地先赔付给消费者，如果此商品的赔付率为1∶10，则平台直接赔付消费者商品价值的10倍货款；如果此商品的赔付率为1∶100，平台直接赔付给消费者产品价格100倍的货款。而后，平台按照事先确定的赔付率向电商索赔。

参考文献

[1]党的十九大报告辅导读本[M]. 北京:人民出版社,2017.

[2]王健,王鹏. 经济学永恒的命题与供给侧结构性改革[J]. 福建论坛,2016(8).

[3]王健,林立. 加强市场监管　扩消费稳增长[J]. 行政管理改革,2016(5).

[4]张茅. 推进中国商事制度改革和市场监管将从五方面着手[EB/OL]. 中国新闻网,2018-03-18.

[5]刘鹏. 中国市场经济监管体系改革:发展脉络与现实挑战[J]. 中国行政管理,2017(11).

管制、监管与市场[①]

——以能源行业为例

林卫斌[②] 方敏[③] 胡涛[④]

摘要："管制""监管"和"规制"这一组对应于"regulation"的概念长期困扰中国产业经济学界，经常出现在同一主题和场合下三个概念混用的情形。本文基于 Djankov 和 Shleifer 等发展起来的新比较经济学理解管制和监管的共同性质，从市场竞争缺失和市场竞争不完全两个维度的视角区分管制和监管的不同内涵。管制是市场竞争缺失情况下对市场的替代，监管是市场竞争不完全情况下对市场的补充。以能源行业为例，管制主要针对输配电网、天然气管网等垄断性环节，监管主要针对竞争性环节的能源市场和能源行业。

关键词：管制；监管；市场竞争

一、引言

"管制""监管"和"规制"对应的是现代经济学的同一个研究领域——regulation，但是在中国学术界，这三个概念长年都没有进行严格的区分，而是按照研究者的个人理解和偏好同时或交叉使用[⑤]。以中国产业经济学界为例，有学者将关于"regulation"的经济理论翻译为"管制经济学"，比如丹尼尔·F. 史普博的《管制与市场》；有学者则将其翻译为"规制经济学"，比如让-雅克·拉丰和让·梯若尔的《政府采购和规制中的激励理论》。而业界和政府部门则习惯于使用"监管"一词，比如金融领域的中国证券监督管理

---

① 基金项目：国家社科基金项目"推进能源治理体系和治理能力现代化研究"（20BJL003），本文首发于《学习与探索》2021 年第 3 期。

② 林卫斌，北京师范大学经济与资源管理研究院教授、博士生导师，研究领域为产业经济与政策、能源经济与政策。

③ 方敏，北京大学经济学院教授、博士生导师，研究领域为政治经济学。

④ 胡涛，北京大学经济学院副教授，研究领域为产业组织。

⑤ 通过在"中国知网"上搜索标题中包含有"管制"（或"监管""规制"）的论文可以发现，国内对这一领域的研究开始于 1990 年左右。随着时间的推移，以"监管"为论文标题的最多，"规制"次之，"管制"最少。

委员会（China Securities Regulatory Commission，CSRC）、中国银行保险监督管理委员会（China Banking and Insurance Regulatory Commission，CBIRC）；能源领域2003—2013年的国家电力监督管理委员会（State Electricity Regulatory Commission，SERC）、联邦能源管理委员会（Federal Energy Regulatory Commission，FERC）等。这种学界内部、学界与业界之间的学术用语和政策用语不统一的情况十分突出，经常出现在同一主题和场合下三种概念混用的情形。这种混乱的情况亟待厘清。虽然有一种试图解释这种概念混用现象的观点认为，管制和规制只是学术界对“regulation”的不同译法，而管制、规制和监管也只不过是学术用语和政策用语的不同，三者的内涵和外延是一样的，但是这种解释显然缺乏说服力。如果三个概念的内涵和外延完全一样，为什么不统一起来以便于讨论避免混乱呢？而且，即使在政策用语中，除监管之外，很多场合又提到了管制，比如，在金融领域广泛使用的“放松管制、加强监管”，其中要放松的“管制”和要加强的“监管”显然不是一个意思，而是两个不同的概念，包括不同的内容。

那么，管制、监管和规制到底有没有区别？有什么区别？这三个概念分别适用于哪种情况？哪个概念能够更准确、更全面地表达“regulation”的含义？这是本文试图厘清的首要问题。由于在中国的政策用语中较多使用管制和监管的概念，很少用到规制的概念，所以本文重点讨论管制和监管这两个概念的具体区别。本文认为，管制和监管本质上都是政府干预市场的方式，包括制定规则和标准以约束和规范市场主体的行为，并具有强制性。但是，这二者试图解决的问题性质是不一样的。管制主要针对市场竞争缺失或政府认为不应该由市场来配置资源的情况，采取的主要手段是以行政命令或政府直接控制替代市场配置资源。而监管则主要针对市场竞争不充分、不完全的情况，主要手段是通过有利于消除垄断、鼓励竞争的规则约束相关企业的行为弥补市场失灵。从广义的监管来讲，既包括狭义的市场监管，也包括政府管制。中国政策用语中的监管实际上也的确包括这两方面的内容。

本文的结构安排如下：第二部分基于新比较经济学理论探讨管制、监管的性质；第三部分从市场竞争缺失和市场竞争不完全两个维度区分管制和监管的不同内涵；第四部分以能源行业为例，分析能源领域中的管制和监管，以便更具体地理解管制和监管的性质及其与市场的不同关系；第五部分是本文的结论。

二、管制和监管的共同性质

（一）作为一种政府管控方式的管制和监管

管制和监管都出自英文的“regulation”，其是现代经济学的重要研究领域之一，是产业经济学和政府公共政策中的重要概念，是现代经济学的重要研究领域之一①。Djankov 等（2003b）、Shleifer（1998，2005）、Glaeser 和 Shleifer（2003）发展起来的新比较经济学，为理解管制、监管②的性质提供了很好的视角和分析框架。新比较经济学认为，政府对经济社会的管控主要包括四种基本模式：一是自由放任（private orderings）；二是法制（independent judges）；三是管制、监管（regulatory state）；四是国有化（state ownership）。这四种模式各有其特定的制度成本和优缺点[1]。在一个自由放任的世界里，政府不施加任何干预，完全依靠私人秩序，其制度成本主要体现为由于“丛林法则”和“弱肉强食”导致社会“无序”（disorder）而损失的效率。在另一个极端——完全国有化，政府包揽一切，既没有市场也没有竞争，虽然规避了社会无序的制度成本，但又会产生另一种制度成本——由于“独裁”（dictatorship）而产生的效率损失。居于上述两种情况之间，法制主要通过事前立法、事后打官司的方式维持经济社会秩序；而管制、监管主要通过事前制定规则并由专门的机构负责监督执行的方式来约束和规范微观主体行为，规范经济社会秩序。和法制相比，管制、监管具有更强的政府管控力度，因此具有更大的政府失灵的制度成本，同时具有更小的社会失序制度成本。

新比较经济学的上述核心思想可以通过一条制度可行性曲线更加直观地表述，如图 1 所示，不同的政府管控模式具有不同的制度成本组合。从自由放任到国有化，随着政府管控力度的升级，政府失灵导致的制度成本（记为制度成本 A）依次提高，而社会失序导致的制度成本（记为制度成本 B）依次降低。需要说明的是，自由放任、法制、管制、监管、国有化只是纯粹的管控模式，介于其间的还有连续的各种制度状态。所有的制度状态的制度成本组合点（制度成本 A、制度成本 B）构成了政府管控的制度可行性曲线。

由此可见，管制、监管是政府管控经济社会的基本模式之一[2]。具体到经济领域，管制、监管是政府干预经济活动、解决市场失灵问题的一种方式或者手段[3]。管制、监管的实施主体是政府（或者其代理部门），实施对象是市场、企业和个人。政府事前针对某一类特定的经济活动制定要求微观经济主体遵守的规则和标准，事中通过专门的机构监督规则和标准的执行，事后对违反规则和标准的企业和个人进行处罚。以此，对企业和个人的行为进行约束和规范，解决市场失灵问题，实现特定的政策目标。换言之，管制、监管是政府为解决市场失灵、实现理想的经济社会目标，规定微观经济主体应该做什么或者不应该做什么，对企业和个人具有强制性和约束性[4]。

① 当然，在更广义概念下，regulation 还涉及生物、心理、社会和商业等领域，本文的探讨仅限于经济学领域。

② 这里的管制、监管都属于 regulation 的范畴，下文将具体区分管制和监管。

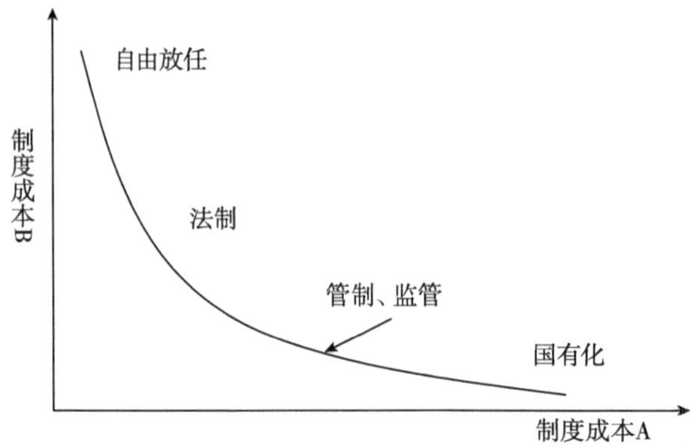

图 1　政府管控的制度可行性曲线

（二）与法制的区别

不管在哪个经济领域，由于市场竞争的不充分、不完全，完全依靠市场秩序的自由放任式的经济形态都会产生不同程度的市场失灵问题。现代市场经济通常都建立在法制的基础上，可以说，以市场自由竞争为基础，通过法制维持市场秩序，是目前世界各国经济的主流治理模式。一方面，健全的市场经济离不开完善的法制，否则会出现市场失序、失灵的情况。但另一方面，法制也是有成本的。立法、执法都要消耗社会资源，而且出于法律自身的确定性和稳定要求，立法往往滞后于瞬息万变的经济活动，执法又不可能完全避免法官的自由裁量权影响。和相对“僵化”的法制相比，在某些领域，管制、监管在提供规则基础的同时成本更低。管制、监管更多采取事前约束、事中监督的办法，而法制更多采取事前立法、事后起诉与判决的办法。二者既有相似之处，在执行力、约束力和适用范围、调整灵活性等方面又有差别。在具体实践中，二者不是完全替代而是互补关系，比如，管制或监管可以借助普通法的形式和程序制定规则，借助司法系统进行监督和执行。因此，在市场经济条件下，管制、监管是法律必要的替代和有效的补充，尤其对于那些法制基础比较薄弱的市场经济体来说，管制、监管可以在规范市场秩序方面发挥更大作用，从而提高资源配置效率。

（三）与国有化的区别

对于市场失灵问题，政府还有一种强有力的干预手段，就是国有化，即实行国有国营体制[5]，不是通过市场而是由政府部门负责向社会提供产品和服务，而生产产品和提供服务的企业实质上成了政府的一个组成部分，并且只对自己的上级行政主管部门负责或者直接对立法机构负责。国有化与管制、监管的本质区别就在于政企是否分开。在国有化情形下，政企是合一的，公共部门或者国有企业既承担生产经营职能，又承担政府职能，政府实现政策目标的方式是通过内部协调直接决定国营企业或者公共部门的行为。通常，在议会制国家公共部门或国营企业的投资、产量和价格等由议会审批；而在行政主导体制下，公共部门或国营企业的投资、产量和价格等则由上级行政部门审批。但是在管制、监管的情形下，政企是分开的，企业专司生产经营职能并接受政府（或者其代理机构）的管制或监管，政府只是制定一定的规则以规范企业行为，矫正市场失灵。需要特别指出的是，尽管在国有化情形和管制、监管情形下，政府对企业的行为进行了直接的干预和影响，但是二者具有本质区别。管制、监管的对象是商业化企业，其按照市场经济规律经营。它们和实施管制、监管的机构是相互独立的，目标函数自然也是不一样的。商业化企业追求的目标是自身利润最大化，而政府机构实施管制、监管的目标则是抑制企业的市场势力、解决市场失灵、规范市场秩序，从而保障社会福利最大化①。而在国有化情形下，政府对企业行为的直接干预则属于内部协调和行政管理。国营企业不以追求利润最大化为目标，其行为在很大程度上体现着政府的政策意图②。政府管理机构和国营企业之间的关系是行政主管或者部门间（或被形象地称为“兄弟间”）的关系，而不是政府与市场主体之间的关系。比如，美国田纳西等水电管理局直属能源部，不在联邦能源管理委员会的管制、监管范围之内。另外，在中国计划经济体制下，各国营部门政企合一，国家计委作为综合协调部门主管价格和投资，计委与各国营部门之间的关系是一种内部协调关系，而不是政府与市场经济主体之间的关系。

三、管制和监管的区分

前面的分析把管制、监管都作为“regulation”的范畴以探讨其共同性质，但是，在具体实践中，“regulation”具有不同的外延或者说内容。而且，在中国的政策用语中这两个概念经常在同一场合出现，但二者的指向以及适用的情形是不同的，因此，有必要在理论上进行严格区分。

在历史上，“regulation”的概念发轫于19世纪末20世纪初的西方国家③，在此之前，西方国家的政府对待市场经济的态度主要遵循的是自由放任思想（laissez - faire）。以发电机和电动机的发明、使用为标志，第二次工业革命催生了一批资本密集型行业和企业，这些行业和企业大量进入涉及民生的公用事业，市场结构高度集中甚至形成垄断，进而引发政府对这些行业和企业采取干预措施，干预的内容包括市场准入、投资、价格、成本和服

① Stigler(1971)的“俘获理论”认为，管制、监管机构可能被企业俘获成为其利益的保护者，而不再追求社会福利最大化。

② 当然，不可否认的是，国营企业也有其特定的部门利益。

③ 虽然中国历史上很早就有政府干预市场、管理物价的思想，但是并没有成为系统化的经济理论。

务质量等本属于企业经营自主权的诸多方面。比如，美国于1887年成立了联邦层面的机构“州际商务委员会”（Interstate Commerce Commission ，ICC），专门负责制定铁路价格与线路，随后又逐步设置了大量独立的专业化机构，以加强对能源、通信、民航等行业的干预。干预措施包括由政府直接制定市场准入标准、制定产品和服务价格、核准企业的投资决策及产品质量。这种由政府直接参与资源配置的强力管理和控制实际上就是中文讲的“管制”①，属于行业管理层面的一种经济管制，是替代市场交易进行资源配置的另一种方法。正是在这个意义上，该领域的早期著名学者卡恩（Kahn）认为：“管制的实质是政府命令对竞争的明显取代，作为基本的制度安排，它企图维护良好的经济绩效。”[6]换言之，管制是在市场竞争缺失的情况下，由政府替代市场配置资源的一种制度安排。

在现代经济中，政府参与和干预市场经济活动的手段、方式日益多样化，范围也日益广泛，“regulation”的实践内容也日益丰富[7]。对自然垄断企业的管制不再是政府干预的唯一领域，政府干预也不再必须直接进行资源配置，而是可以在市场机制发挥作用的条件下建立市场运行规则或标准，比如要求证券市场中的企业披露相关信息。在这种情况下，政府干预不仅没有取代市场竞争，相反，其成为市场竞争和市场交易的补充和基础。有别于替代市场的管制，促进市场竞争的政府干预就属于中文讲的“监管”，其目的在于对微观经济主体的行为进行监督和管理，以确保其行为符合政府事前制定的约束性规定，从而矫正竞争不充分、信息不完全等导致的市场失灵[8]。

通过以上分析，本文依据“regulation”针对的不同情形、与市场作用的不同关系，将其分为两种不同含义：一是管制；二是监管。管制与市场竞争是相互替代的关系。当某个行业由于某些无法克服的固有的原因而缺乏市场竞争，或者政府认为该领域不应该由市场来配置资源时，政府就会对该行业、该领域进行管制。比如，为了避免行业的垄断者人为制造稀缺、抬高价格以获取高额垄断利润，进而造成社会福利损失，政府就要对企业进行价格管制。不管采用什么样的具体方式，政府定价的基础都是企业的成本，因此管价格必然要先管住企业的成本。一般来讲，垄断性企业的成本构成中除了可变的经营成本外，还有大量的固定的资本成本，为了合理控制资本成本，政府要想管住成本必然就还要在事前管好企业的投资行为。最后在政府审定成本和价格的情况下，为了避免企业“以次充好”，政府还要管产品和服务的质量。以上这些政府管制，是对企业投资、定价等微观行为做出的直接干预和控制，是政府直接参与资源配置的一种表现。某种程度上讲，在对垄断企业进行的经济管制下，政府是各种生产经营活动的决策者，而企业是执行者。

---

① 中文用语中“管制”的本质是命令和控制，比如人们所熟悉的“刀具管制”“交通管制”。对于垄断企业，政府干预的手段也是强有力的命令和控制，是一种经济管制，是“regulation”的重要内容之一。这恐怕也是早期学者将“regulation”翻译为“管制”的原因所在。

与管制不同，监管与市场竞争是相辅相成的关系。监管不是让政府替代市场进行资源配置，而是在市场失灵的情况下，通过事前制定规则和标准、事中监督企业执行等措施约束企业或个人行为，以维护公平开放、竞争有序的市场秩序，弥补市场失灵。政府作为市场监管主体，是“裁判”而不是“运动员”。比赛之所以需要裁判，是为了让比赛更加公平。政府之所以要监管，是为了让市场机制更加有效、竞争更加充分和公平、市场秩序更加规范。

综上，“regulation”具有两个维度的含义。针对市场竞争缺失，为解决垄断问题，政府对垄断企业的价格、投资、成本与服务质量的直接干预与控制，属于经济管制的范畴；针对市场竞争不完全，旨在降低市场交易成本，政府通过事前制定规则和标准以及事中监督和事后处罚等方式规范企业行为和市场秩序的行为，属于监管范畴。这样处理与中国政策用语中的“管制”与“监管”概念的内涵是相吻合的。有了以上区分，前面所提到的“放松管制、加强监管”就不仅不是矛盾的，反而是非常合理的。所谓放松管制，就是在市场机制可以有效发挥作用的领域，让市场在资源配置中起决定性作用，最大限度地减少政府对微观事务的直接干预，改变以政府“有形之手”替代市场“无形之手”配置资源的情形。正如2013年党的十八届三中全会所指出的：“市场机制能有效调节的经济活动，一律取消审批。”[①] 所谓加强监管，就是要更好地发挥政府作用，在市场竞争不充分、信息不对称或不完全等导致市场失灵的时候，通过政府监管规范市场秩序，能减少市场失灵带来的运行成本，提高市场机制的运行效率。当然，作为同属于“regulation”范畴的两种政府干预，管制和监管二者又具有共性的一面，如二者本质上都是具有一定强制性的政府干预方式，都是针对市场自发作用产生的问题而提出来的，都明确规定了微观经济主体应该做什么或者不应该做什么，企业则缺乏相应的自主权。给定政府特定的社会目标，管制针对的是市场机制和市场竞争不起作用，或者政府认为在某些领域不应该完全由市场配置资源的情况[②]，监管则针对的是市场机制没有发挥最大作用、市场竞争不够公平和充分的情况。为了概念的统一并便于使用，可以根据管制和（狭义的）监管的共通性，界定一个能够同时涵盖二者的广义的监管概念，其中管制是在极端或特殊条件下（如市场竞争缺失条件下）的监管，这个广义的监管概念能够涵盖“regulation”的全部含义[③]，并且与中国目前普遍采用的政策用语相一致。政策用语中的“监管”实际上（或者说应该）既包括市场竞争不完全下的监管，也包括市场竞争缺失下的管制（见图2），加强监管既包括加

① 《中共中央关于全面深化改革若干重大问题的决定》。

② 典型的例子就是价格管制。极端的例子包括禁止某些物品的市场交易。

③ 将“regulation”统一翻译为管制不成立，因为管制涵盖不了监管的内容，只有在市场缺失或者政府替代市场配置资源的领域，“regulation”的实践内容才是管制。

强对竞争性领域市场秩序的监管，也包括加强对垄断性领域的监管（或者说管制）。而放松管制就是要在存在市场竞争的领域改变政府代替市场配置资源的局面。当然，对于市场竞争缺失（如自然垄断）市场机制无法发挥作用的领域，政府管制是必不可少的。

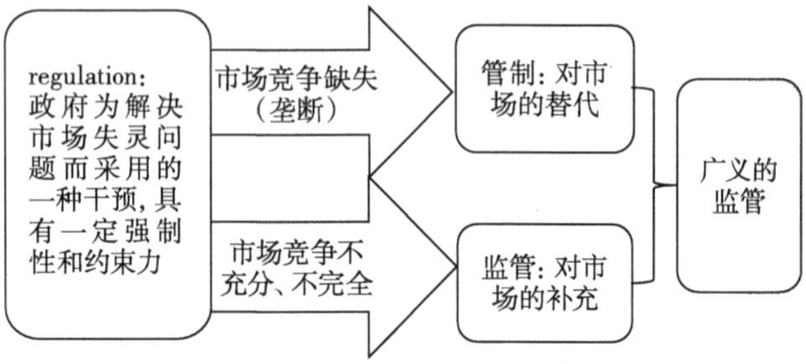

图2　“regulation”两个维度的含义

至此，根据与市场关系的不同，本文将“regulation”的实践内容区分为管制和监管两个维度，管制是市场竞争缺失的情况下对市场机制的替代，而监管则是市场竞争不充分、不完全的情况下对市场机制的规范和有益补充。

四、能源领域的管制和监管

为更具体地理解管制和监管的性质及其与市场的不同关系，本文接下来以能源行业为例，分析能源领域中的管制和监管。管制主要是针对输配电网、天然气管网等具有自然垄断属性的环节；监管主要是针对能源领域竞争性环节的市场竞争不充分、不完全而导致的市场失灵问题，包括能源市场监管和能源行业监管两类。

（一）能源领域的经济管制

能源行业中输配电网和天然气管网具有自然垄断属性，即同时建设两套甚至多套网络基础设施相互竞争是不经济的。传统上，在同一个地区通常都只有一家供电商或者供气商，这就不可避免地会产生垄断问题，政府也就不可避免地要对电力行业和燃气行业进行干预以解决垄断问题。政府干预的方式主要包括两种，第一种是政府直接“办电”“办气”，通过国营企业或部门提供垄断性的供电、供气服务。改革前的中国和英国都采取这种方式，国营企业或部门对议会或者上级行政管理部门负责。第二种是政府对（特许）垄断经营的电力公司、燃气公司进行管制，防止垄断企业为获取超额利润人为制造稀缺抬高价格，损害用户利益。管制的内容包括价格、投资、成本、市场准入和服务质量等。比如，改革前美国电力产业中有75%是由彼此独立的民营电力公司所组成的，其他的25%由联邦、州及市政层面的政府所拥有的公共电力企业和用户所拥有的电力合作社组成，联邦能源管理委员会和州公用事业委员会对民营电力公司实施两级管制，公共电力企业和电力合作社则对相应级别的议会负责。由此可见，政府管制和国有化都是市场竞争缺失下政府替代市场配置资源的方式，不管是政府直接经营还是政府管制，在资源配置中政府都起着决定性作用，而没有发挥市场的作用。

世界各国的实践都表明，国有化和管制都只是市场竞争的“劣质替代品”，凡是具有可行竞争性的领域都应该尽可能引入市场竞争。对于电力、燃气等传统的垄断性行业，由Baumol等发展起来的可竞争市场理论（contestability theory）认为，只要进行必要的产业重组，将具有自然垄断性的传输网络环节独立出来并对所有的市场主体公平开放接入，就可以在可竞争的环节实现市场竞争。正是这一思想主导了20世纪70年代以来世界各国电力、燃气等传统垄断行业市场化改革的浪潮。改革的基本做法是将垄断性的传输网络环节和竞争性的环节相分离，在竞争性环节引入市场竞争，解除政府管制（deregulation）。当然，不管如何改革，输配电网和天然气管网的自然垄断属性不会改变，仍然需要对其实施经济管制。比如，在联邦能源管理委员会的内设机构中，能源管制办公室负责处理涉及有关电力、天然气、石油管道设施和服务等垄断环节的定价和其他市场行为。对于传统上采取国有化体制的国家而言，为满足市场化后管制输配电网和天然气管网的要求，通常都会在市场化改革的同时组建专门的机构。比如，英国在燃气行业和电力行业市场化改革方案的通过，分别依据1986年《燃气法》和1989年《电力法》组建两个办公室负责对垄断性环节实施经济管制，并于2000年依据《公用事业法》将两个办公室合并为燃气与电力市场办公室（ofgem）。中国2002年开启电力体制市场化改革时，也于2003年同步组建国家电力监管委员会（国家电监会）。但是，对电网的经济管制职能仍然由价格、投资主管部门（国家发展改革委）负责，国家电监会作为独立的监管机构其职能配置是不完整的①。因此，2013年国家电监会与国家能源局重组成新的国家能源局，宣告十年的独立电力监管探索结束。

（二）能源领域的监管

如果说能源领域的经济管制是为了解决输配电网、天然气管网领域市场竞争缺失的问题，那么，对于能源领域的竞争性环节，则主要是通过监管来弥补市场竞争不完全（imperfect competition）的问题。能源领域的不完全竞争主要体现在以下几个方面：第一，能源行业大都属于资本密集型产业，需要大量的固定资产投资，市场集中度和市场进入门槛通常都较高，这可能导致竞争不充分问题，大型能源企业通常都会拥有不同程度的市场势

① 从国际实践经验来看，之所以专门设置能源领域的行业监管机构，最核心的原因是存在对能源垄断企业实施经济管制的需要。

力（market power），因此需要通过监管防止市场势力的滥用，防止限制竞争和不正当竞争等行为，以维持公平竞争的市场秩序。第二，能源行业大都是技术密集型产业，这可能会产生信息不充分和信息不对称问题，从而导致市场失灵。比如，在电力市场中，各种产品属性高度专业化，为保障消费者权益，美国得克萨斯州公用事业委员会要求售电企业用清晰、简洁易懂的语言将提供的服务内容、主要条款以及用户权利通过电力产品标签（EFL）、服务条款清单（TOS）、“你的权利清单”（YRAC）等三张清单告知用户，对清单的实施进行了非常细致的规定。第三，能源行业与环境、健康、安全等社会问题息息相关，负外部性不可避免地会导致市场失灵，这就要求监管机构通过行业标准和政策来约束企业行为，以弥补外部性产生的市场失灵问题。

总体上，可以把针对能源领域竞争性环节的监管分为两大类：一是市场监管，主要是为了解决市场结构和信息不对称产生的不完全竞争问题，通过市场监管保障市场竞争的公平有序；二是行业标准监管，主要是为了解决与能源相关的环境、健康、安全等外部性社会问题。比如，在英国的能源监管机构——燃气与电力市场办公室——的内部机构设置中，设有市场监管部门和可持续发展部门，其中市场监管部门负责天然气和电力批发及供应市场的竞争性，可持续发展部门负责促进低碳发展、保障普遍服务、推动能源节约、保障供应安全可靠和保护环境。

五、结论

管制是一种命令式的控制，而监管则是依据规则监督管理。在经济领域，针对市场失灵问题，管制、监管是其中的一种政府干预方式，区别于国有化、政策引导等其他干预方式，管制、监管主要是通过规范、约束企业行为的方式应对市场失灵问题。而市场失灵总体上可以区分为两个层面：一是因市场不起作用、竞争完全缺失而失灵；二是因市场竞争还不充分、不完全而失灵。对于前者，政府有必要对垄断企业的定价进行控制，以防止其为攫取超额垄断利润而人为制造稀缺、抬高价格，与价格控制相配套，政府需要对垄断企业的成本设定、投资等微观经济行为进行直接干预，这实际上就是一种经济管制，是政府替代市场进行资源配置。对于市场竞争不完全问题，政府可以通过制定规则和标准，以及监督微观经济主体执行的方式来约束企业行为，以弥补市场失灵。可以将对垄断企业的经济管制视为一种特殊的监管，即广义上的监管既包括垄断领域的经济管制，也包括竞争性领域的监管。中国政策用语中的“监管”对应广义上的监管概念。

从市场竞争缺失和市场竞争不完全的视角来看，在能源领域，一方面是对能源垄断企业的经济管制，另一方面是对竞争性领域的监管。根据竞争性领域能源市场失灵的类型，结合各国弥补市场失灵的政府干预实践，竞争性领域能源监管主要有能源市场监管和能源行业监管两类。能源市场监管通过对能源市场秩序的约束和规范解决不完全竞争问题；能源行业监管通过制定标准并监督执行解决某些环境、安全、健康等负外部性问题，通过制定产业政策并监督落实解决某些正外部性问题。

参考文献

[1] Djankov S. , E. Glaeser, L. P. Rafael et al. The new comparative economics[J]. Journal of Comparative Economics,2003(31):595 -619.

[2] Shleifer A. Understanding regulation[J]. European Financial Management, 2005, 11(4):439 -451.

[3]Stiglitz J. E. Government failure vs. market failure: Principles of regulation[M]. in Balleisen, E. J. , and D. A. Moss. Government and markets: Toward a mew theory of regulation. Cambridge: Cambridge University Press, 2009.

[4] 林卫斌,苏剑. 如何理解监管——基于比较制度分析的新视角[J]. 经济学家,2012(11).

[5] 林卫斌,方敏. 能源体制革命:概念与框架[J]. 学习与探索,2016(3).

[6] Kahn A. E. The economics of regulation: Principles and institutions[M]. New York: Wiley, 1970.

[7] Joskow P. L. , R. G. Noll. Regulation in theory and practice: An Overview[M]. in Fromm,G, Studies in Public Regulation. Cambridge, MA: MIT Press,1981.

[8] Glaeser E. , A. Shleifer. The rise of the regulatory state[J]. Journal of Economic Literature,2003,41(2):401 -425.

政府在创新驱动中角色的国外经验①

徐则荣②

摘要：西方国家政府在创新驱动中扮演着重要的角色，其经验值得我们参考。政府需要创新思维，不应仅局限于创造正确的基础设施并设定规则，而应该是一个引领创新突破的带头机构，带动公司和经济增长。要理解这些，我们就需要重新思考：在我们今天所说的企业与政府关系中，政府能够做什么？本文主要讨论政府如何在不同的创新环境下发挥企业家角色作用来引领创新的问题，释放私人部门的创业和创新力量，以培育危机后的经济复苏，为我国发展提供重要的借鉴意义。

关键词：政府；企业家角色；创新；创新驱动

250多年前，当讨论"看不见的手"的理论时，亚当·斯密认为资本主义市场会进行自我调节，国家的职能只限于基本建设（学校、医院、高速公路），确保私人财产和其他机制，如"信用"得到支持和保护。目前政府的观点认为国家在促进创新方面的作用仅局限于提供"能带来繁荣的创新所需的条件"。著名的资本主义社会学家卡尔·波兰尼却从市场的历史起点上阐述了市场自我调节的概念是怎样的一个神话："通往自由市场的路是开放的，并且通过在持续、集中的组织和受控制的干预主义下的巨大增长来保持开放。"在这个观点中，是国家强制市场的出现。

英国政府指出：若要政府投资的技术和科学在宏观经济中经得起检验，须确保以强大的法律框架为依托，支持创业集群，那么市场会在利润动机的激励下完成其他事情。本文认为，国家需要发挥更积极的作用。文中提出的政府的作用，不应仅局限于创造正确的基础设施并设定规则，不只是通过创造"条件"引发创新，而应该是一个引领创新突破的带

① 本文为北京市哲学社会科学规划项目（12JGB017）的阶段性成果。本文首发于《外国经济学说与中国研究报告（2019）》，《中国会议》2019年第6期。

② 徐则荣，首都经贸大学经济学院教授。

头机构，采取特殊的政策，营造特殊的环境，带动公司和经济增长。在这一过程中，政府的支持和引导作用显得尤为重要。①

本文主要讨论政府如何在不同的创新环境下扮演企业家角色来引领创新的问题。政府需要创新思维，主动定义新的技术和新的技术时代（知识经济），而不是仅仅被动地对新技术和新技术的时代做出反应。要理解这些，我们就需要重新思考：在我们今天所说的企业与政府关系中，政府能够做什么？西方国家政府扮演着重要的角色，其经验值得我们参考。

一、政府在不同创新环境下的具体表现

政府在不同创新环境下的具体表现如下：

（1）政府在突破性创新方面扮演领导者的角色。关于创新历史的一个基本事实是政府不仅资助风险最大的基础性或应用性研究，而且其通常还是最有突破性、最具开创性的创新之源。从这种意义上说，政府在积极地创造而不只是约束市场。所谓突破性创新，是指能对经济中各个部门产生影响的新产品或新工艺，它能带来新一轮的经济增长。在此方面，政府为创新提供资金、创造条件，建立知识库；从事创新最危险、最不确定的早期研究；设想创新成果的最佳应用领域；发现创新成果实现商业化的途径。事实上，美国创新产业的发展是美国政府在促进足以使整个创造性的行业取得坚实成功和全面发展，并且促进基础知识领域的发展方面起到关键的带头作用。在美国，1971 年到 2006 年，88 个最重要的创新中有 77 个（比率来自 R&D 杂志的年度颁奖）被发现完全依赖联邦政府的支持。

（2）政府在引导创新和经济增长的战略决策上扮演决策人角色。政府在“促进未来几十年经济增长的新技术发展”战略决策上扮演决策人的角色。在美国，政府成为预见新革命可能发生且具有卓越远见的领导者，其做出“不计成败”的初始投资，明确建立不同公共角色——大学、国家实验室和政府机构之间明确的分工体系，实现协同创新。通过利用这种协同创新的环境，促使政府在大、小企业以及大学和内部的实验室机构之间不断变更的创新机制中起到主导作用。相比之下，私人部门总是在其中处于次要地位。国家能够发挥的企业家角色作用，最近已经明显可见于美国纳米技术的发展之中。国家已做的投资类型已经超越了简单地创建适当的基础设施、资助基础研究和制定规章制度。具有讽刺意味的是，这种情况常发生在美国，一个在政界经常的讨论中作为比欧洲更具“市场”导向的“模范”国家。

（3）政府建立以知识分享为基础的国家创新体系，在引领产业的发展中形成优先领域

① 胡海波:《政府在自主创新体系构建中的角色》,《理论学刊》2012 年第 12 期。

的技术进步策略。“国家创新体系”这一概念由英国经济学家克里斯·弗里曼（Chris Freeman）于1987年在《技术和经济运行的日本经验》中首次提出。[①] 后来为OECD正式接受，并于1996年在其报告中提出与弗里曼大致相似的定义，即“国家创新体系是政府、企业、大学、研究院所、中介机构等为了一系列共同的社会和经济目标，通过建设性的相互作用而构成的机构网络，其主要活动是启发、引进、改造与扩散新技术，创新是这个体系变化和发展的根本动力”[②]。熊彼特认为创新凭借着一股“创造性破坏”的力量整体或部分地替代了市场和行业中的劣质创新，同时还创造了新产品和新的商业模式，而这种替代也破坏了现任者的领导。在这一替代过程中，创造性毁灭的主要作用就是保持行业的活力以及经济的长期增长。政府的作用不仅是创造知识（通过国家实验室和大学），而且能够调动资源使知识和创新扩散到各部门和经济中，这些作用或是通过网络或是通过新的方式达成。一国走在知识的前列比政策制定者了解知识更能积极地带动产业创新。美国政府承担着工业化驱动的发展功能，东亚国家的政府制定在技术和经济上赶超西方的有效产业政策。

（4）政府在企业、大学和实验室等机构之间不断变化的创新机制中起主导作用。在美国，政府设立专门的机构实施有组织有纪律的创新，该机构将跨越不同研究和发展地点的思想、资源和人才进行建设性连接。政府人员在推进技术创新的过程中发挥更直接的作用，他们鼓励研究人员解决特定的问题，培养和培训更多的研究人员以符合人才所需。只有政府而不是私人个体，才具有战略转移的远景规划，才敢于思考各种可能发生的情况，为新技术的发明创造机会，进行必要的大型投资，使网络中分散的经济参与者有能力进行风险性的研究活动，并允许经济发展和商业化过程的动态波动。在此过程中，政府开拓新思维，将科技运用于除传统军事以外的经济和民用领域，在识别和追逐最具前景的创新路径过程中，政府直接与企业、大学和实验室等机构并肩工作。

（5）政府在私营企业不愿涉足和无力涉足的领域扮演重要投资人角色。创新过程所具有的高风险和不确定性的特点决定了追求利润最大化的企业不愿进入创新的初始阶段，它们较少投资于基础研究领域而较多投入应用研究领域。例如，在医药行业，从一个研发项目的开始到结束，创新需要17年，每种药物的花费大约4.03亿美元，且失败率相当高：10000种合成物中只有一种能到达市场验收阶段，成功率只有0.01%。当成功通过验收时，通常会出现研究一种产品时又发现另外一种完全不同的产品的情况。这个过程以机缘凑巧而著称。当然，这并不意味着创新是基于运气，相反它是基于长期战略和有针对性的

① C. Freeman. Technology and economic performance: Lessons from Japan. London, Printer Publishers, 1987.

② 胡海波：《政府在自主创新体系构建中的角色》，《理论学刊》2012年第12期。

投资；但这些投资的回报是高度不确定的，因而不能被理性经济理论解释，创新过程所具有的高风险和偶然性的特点决定了追求利润最大化的企业较少地投资于基础研究而较多地投入应用研究，因为后者的回报更高更快。基础研究的投入是市场失灵的一个典型例子。市场本身没有能力进行足够的基础研究，因此政府必须介入。在美国，用于基础研究的支出政府占到57%，而私人部门仅承担18%。

（6）政府通过积极干预推动私人部门创新，引导私人创新成果的商业化，驱使私人部门通过创新追求公共政策目标。在美国，政府通过立法，为私人部门创新提供一般性税收激励、补贴、快速批准以及知识产权和市场营销环境等。政府从供给和需求方面启动干预，奖励创新，并引导资源在一个相对较短的投资期内进入前景良好的公司。无论哪种方式，政府都不仅营造好的创新环境，而且积极资助早期基础研究，并建立必要的国家机构和私营部门间的网络，用以引致商业发展。这同时解释了19世纪德国的崛起，以及国家对其技术教育和培训体系的促进作用。

（7）技术变革的历史证明，在创新中政府的关键作用并非弥补市场失灵，而是为新技术积极创造市场。政府虽然不能阻止企业创新风险，但却可以制造避险“工具”，做到未雨绸缪，即政府充分利用其特殊地位，通过技术信息服务平台的建设，为企业选择低风险技术创新项目提供良好的环境支持。① 当前，美国经济刺激计划包括把预算的11.5%用于绿色科技的投资，但是在英国这一数据仅为6.9%，远低于中国（34.3%）、法国（21.0%）或者韩国（80.5%）。自2000年以来英国一直被看作是在清洁技术方面最具创新力的国家之一，尽管在20世纪90年代英国一直扮演的是落后者的角色，在清洁能源基础设施和研发方面投资的增加是为了兑现政府投资4.05亿英镑来实现截至2020年减少约1/3碳排放目标的承诺。与其他国家相比，英国的清洁技术创新主要来自小企业，并且学术界似乎也普遍支持风险资本投资该领域。然而，当美国在清洁技术方面的风险投资在2010年收回的时候，英国在该领域的风险投资活动已达到2003年以来的最低值。英国始终缺乏一个可比较的长期金融来源，结果可想而知，英国为我们提供了一个失败的典型案例。绿色科技有引领下一代技术革命的潜力，但是如果没有政府的推动，想在缺少大规模投资的情况下实现这样的潜力是不现实的。

二、借鉴启示

综上所述，我们从国外创新驱动的经验可以发现，政府不仅提供基础设施并设定规则，而且是一个引领创新突破的领导者；政府不仅是通过创造“条件”引发创新，而且是

---

① 王素莲：《企业家技术创新与政府行为》，《探索与争鸣》2014年第11期。

在商业集群意识到发展潜力之前围绕新的增长点主动进行战略部署的“第一人”；对于风险大而私人不愿进入的研究开发性领域，政府率先进行资金支持；为谋求长久发展对创新成果商业化进程进行调控和监督，政府更好地扮演企业家的角色。

要实现未来国家尖端科学的突破，需要比以往更加深刻地理解政府的重要角色，否则就会错失建设繁荣未来的机会。当然，政府在制定创新政策前，需要明确以下几点，以防止对政策的制定产生误导：

（1）创新政策仅强调研发规模是不够的。研发的目标是促进增长，如果一项研发未能实现其目标，那么可以认为研发投资是一种损失。Demirel 和 Mazzucato 研究发现，美国制药产业公司只有连续 5 年获得专利并且形成联盟才会因其在研发上的投资而获得增长。

（2）小企业未必会从创新政策中受益。创新对增长的影响对不同类型的公司是不一样的，这些研究有很重要的暗示，认为小公司更为重要。尽管很多高增长企业规模小，但是很多小企业并不是高增长企业，随着大多数刚刚建立起来的小企业倒闭或者超过了核心管理者能力而不能发展，通过补贴或软信贷政策支持小企业在很大程度上将会是一种浪费，因为小企业缺乏很强的生产能力。近期迹象表明，那些喜欢小企业的经济体如印度，已遭受惩罚。实际上，最具有创新能力的公司是那些从不同类型的公共投资中受益很多的公司。

（3）风险资金不一定偏好风险。初始阶段，风险资金是很稀少的。因为在早期阶段有很大程度的风险存在于技术和需要的条件完全不确定时。在不同阶段，风险会随着初始资金的出现而明显地下降，尽管对于新想法的潜力还具有较多的不确定性。事实证明，风险投资基金倾向于集中在高增长潜力、低技术复杂和少资金投入的部门。在一些生产时间跨度相当长且技术复杂的行业，渴望回报的风险资本对该部门有价值的新产品的生产能力所起到的作用，更多的是破坏而非帮助。

（4）公共主导，私人跟进。私人企业缺乏创新，只有当政府将风险性领域的风险充分吸收后，它们才会选择进入该领域，然后赚取经济利益。知识经济并不会自发地由下而上产生，但会为自上向下的隐形的工业政策所驱使。政府起到了催化剂的作用，通过引导投资者，点燃了系统网络反应的最初火花，并使此反应得以扩大，从而使知识得以传播。因此我们说，政府是知识经济的创造者。在美国，政府对处于初始阶段技术公司的投资是私人风险投资的 2～8 倍，政府不仅在初始研究阶段而且在创新商业化阶段起着“领头羊”的作用。

三、结论

从以上的分析中可以发现，政府都是目标明确、积极主动、有创业精神的，政府愿意承担风险，能够从中长期的角度出发，建立一个高度网络化的系统，使得经济活动的参与者充分利用私人经济为国家谋利益，政府起到了催化剂的作用。

同时，政府可以在商业集群意识到发展潜力之前围绕新的高增长地区主动创造发展战略，创新驱动经济发展。在探究创新型导向增长中，理解政府和私人部门的角色在其中起到的作用是基础性的。在创新方面，仅仅关注研发费用、专利及分散小企业所需的特定资源，就偏离了创新的重点，企图依靠风险投资来推动所有的大项目是不可行的。由此，我们得知国家必须扮演企业家角色以培育危机后的经济复苏，释放私人部门的创业和创新力量。

那么，我国政府在“新常态”发展过程中，可以扮演企业家角色，尽可能多地引导和激励私人部门进行革新（通过补助金、减税、绿色投资银行等），从而应对目前面临的危机，因为这些具有领导性的企业家力量来自政府部门而不是私人部门。

中国县域财政治理现代化的困境与路径研究[①]

张冬梅[②]

摘要：县域治理是我国城乡融合发展的重要结合点，县域财政是县域治理的基础和重要支柱。在我国各县域类型差距显著且同类型县域内部分化加剧的趋势下，县域财政作为地方财政组织完整与功能齐全的基层，其治理现代化面临地方财政制度体系与县域财政能力等多重困境。为全面贯彻落实习近平总书记关于县域治理“三起来”，促进县域经济高质量发展，驱动县域财政治理现代化的路径选择包括寻求持久的“外驱动力”（地方财政体制机制改革创新）与“内驱动力”（县域财政能力赋能增效）的双向并举。前者具体为放权与分权的财政体制深层改革、现代预算制度构建与县域财政管理绩效差别评价体系创新，后者具体为县域财政能力系统即软实力与硬实力的同步提升。

关键词：县域财政；财政治理；治理现代化

县域治理是我国城乡融合发展的重要结合点，县域财政是县域治理的基础和重要支柱。为贯彻党的十九届四中全会“推进国家治理体系和治理能力现代化”，推进县域财政治理现代化无疑成为亟须研究的基础和重要课题，并且只有同时实现地方基层财政治理现代化，才是真正意义上的实现国家治理现代化。我国现行实行的是多级财政的分税制管理体制。在国家财政治理体系中，中央财政是顶层财政，在“中央对省[③]”的包容性激励约束下，省域财政治理能力现代化的步伐基本能够紧随中央步伐；因为省域财政是地方财政的顶层，“对下”具有聚集与虹吸效应，且“对上”的中央财政具有“对下”的传导与示

---

① 基金项目：本文是国家社科基金一般项目“县域财政一般公共预算绩效管理的差别评价与驱动机制研究”与国家社科基金重大项目“我国对口支援的效果评价、经验总结与案例库建设”（18ZDA120）的阶段性研究成果。本文首发于《河北学刊》2021年第3期。

② 张冬梅，中央民族大学经济学院教授。

③ 文中的“省”是指包括省、自治区与直辖市的省级，下文称为“省域”“省级”或“省”。

范效应；现代财政制度在省域财政的构建内容与阶段并不必然在省及以下财政中同步实现，“省及以下对县”的财政关系并不是“中央对省”的财政关系的简单复制，尤其是县域财政具有显著的个性与特性，在“乡财县管”普遍存在情况下更甚，是我国地方财政组织完整与功能齐全的基层。依据主要经济的主要类型，我国各区域县包括丘陵县、山区县、平原县、民族县、陆地边境县、牧区（半牧区）县、农区县、沿海开发县、棉花生产县、经济区县、脱贫县共计 11 类，且同类型县域内部分化加剧。在区域经济“差别对待、分类指导、细化空间单元”的发展战略指导下，突破县域财政治理现代化存在的多重困境，亟须驱动县域财政治理现代化选择路径的创新性、针对性与务实性。

一、县域财政治理现代化界定与国内外文献述评

（一）县域财政治理现代化的界定

首先，在一级政府一级财政下界定“县域财政”。在我国垂直纵向的行政隶属关系中，县级政府主要是指县、自治县、县级市、旗、自治旗以及市辖区、林区、特区政府；本文界定的“县域财政”是指与我国县级政府相应的一级财政。① 县域财政运行体系是地方财政运行体系的基层组成部分。

其次，在国家治理视角下界定“财政治理现代化”。西方的“治理”（governance）概念是从新公共管理运动开始出现并被各领域广泛使用的学术语言，主旨为实现与增进公共利益；而我国学术文献中表述的“国家治理”理论上遵循的是马克思主义国家理论的逻辑；② 坚持和完善中国特色社会主义制度，推进国家治理体系与治理能力现代化。“财政是国家治理的基础和重要支柱”，这里基于国家治理视角，界定“财政治理”的核心要素是财政制度体系和财政能力；因为“现代化”具有“思想现代化、技术现代化、管理现代化、环境现代化”等多层次内涵，其核心内涵是适应现代与顺应未来的过程，具有时代性，所以“财政治理现代化”即是在构建现代财政制度框架下实现财政治理的法治化、民主化、规范化、阳光化、数字化、智能化、专业化与国际化③。

这里唯恐对学术概念定义有失准确，因此将“县域财政治理现代化”的核心界定为“地方财政制度体系”与“县域财政能力”现代化。

---

① 通常的“县”一般为以农业为主的行政区域，以城市为主要辖区的县级行政单位通常改称为市或者市辖的区；本文中的县域财政即是与《中国县域统计年鉴 2018》中同级政府相应的一级财政，2017 年的县级行政区域共计 2079 个。

② 万平：《试论现代财政制度的基本逻辑——基于国家治理现代化的视角》，《理论视野》2018 年第 12 期，第 32－39 页。

③ 王东伟：《财政治理现代化面临的挑战与对策》，《财政科学》2020 年第 3 期，第 44 页。

（二）国内外文献述评

国外地方财政治理的理论要追溯政府治理与财政分权，马斯格雷夫（Musgrave，1939）是最早研究财政职能的财政学家[①]，而各级政府间关系的财政分权理论是蒂布特（Tiebout，1956）构建的“用足投票”的地方政府模型[②]与斯蒂格勒（Stigler，1957，1961）论证的不同区域人口异质性差异偏好决定地方政府具有信息优势[③]，纵横双向区域差异再次证明了奥茨（Oates，1969）分权定理[④]的适用，地方公共服务供给决策在地方政府进行更有效率。根据财政联邦主义的观点，财政收支在纵向各级政府中明晰界定（Weingast，1995；Chapman，2003；Rodden，2004）[⑤]，转移支付在横向财政平衡上具有重要作用（Jimenez，2009）[⑥]。显然，在地方财政治理中要改善决策信息质量、优化资源配置、提升地方公共服务质量（Lockwood et al. ，2013）。[⑦] 多项研究发现，大多数经济不发达的地方政府由于财政能力有限，既没有贯彻好上级指导方针，也没有有效执行财政预算；越是资源匮乏的地方政府越为严重（Onyango - Delewa，2016）[⑧]。总之，地方财政治理现代化的共识是：健全与透明的现代财政预算是基础（Kwarteng，2018）[⑨]，地方财政自主是保障（Alkaraan，2018）[⑩]，地方财政能力是关键（Aliabadi et al. ，2019）[⑪]。

---

① Musgrave R. A. The voluntary exchange theory of public economy, The Quarterly Journal of Economics, Vol. 53, No. 2, 1939, pp. 213 - 237.

② Tiebout C. M. A pure theory of local expenditures, The Journal of Political Economy, Vol. 64, No. 5, 1956, pp. 416 - 424.

③ George J. Stigler. Perfect competition, historically contemplated, Journal of Political Economy, Vol. 65, No. 1, 1957, pp. 1 - 17; George J. Stigler. The economics of information, Journal of Political Economy, Vol. 69, No. 3, 1961, pp. 213 - 225.

④ Oates, Wallace E. The effects of property taxes and local public spending on property values: An empirical study of tax capitalization and tiebout hypothesis, Journal of Political Economy, Vol. 77, No. 8, 1969, pp. 957 - 971.

⑤ Barry R. Weingast. The economic role of political institutions: Market - preserving federalism and economic development, Journal of Law, Economic and Organization, Vol. 11, No. 1, 1995, pp. 1 - 31; Jeffrey I. Chapman. Local government autonomy and fiscal stress: The case of california countries, State and Local Government Review, Vol. 35, No. 1, 2003, pp. 15 - 25; Jonathan Rodden. Comparative federalism and decentralization: On meaning and measurement, Comparative Politics, Vol. 36, No. 4, 2004, pp. 481 - 500.

⑥ Benedict S. Jimenez. Fiscal stress and the allocation of expenditure responsibilities between state and local governments: An exploratory study, State and Local Government Review, Vol. 41, No. 2, 2009, pp. 81 - 94.

⑦ Ben Lockwood, Francesco Porcelli. Incentive schemes for local government: Theory and evidence from comprehensive performance assessment in England, American Economic Journal: Economic Policy, Vol. 5, No. 5, 2013, pp. 254 - 286.

⑧ Paul Onyango - Delewa. Central government patronage, donor aid and budget performance in local government: Testing a mediation effect, Public Budgeting, Accounting & Financial Management Studies, Vol. 28, No. 2, 2016, pp. 139 - 170.

⑨ Amoako Kwarteng. The impact of budgetary planning on resource allocation: Evidence from a developing country, African Journal of Economic and Management Studies, Vol. 9, No. 1, 2018, pp. 88 - 100.

⑩ Fadi Alkaraan. Public financial management reform: An ongoing journey towards good governance, Journal of Financial Reporting and Accounting, Vol. 16, No. 4, 2018, pp. 585 - 609.

⑪ Jalali Aliabadi F. , Mashayekhi B. , Gal G. Budget preparers' perceptions and performance - based budgeting implementation, Journal of Public Budgeting, Accounting & Financial Management, Vol. 31, No. 1, 2019, pp. 137 - 156.

我国真正意义上的地方财政治理要从1994年实施分税制与第一部《中华人民共和国预算法》出台开始，在此之前基本是中央代编地方预算的财政预算制度（楼继伟，1991；马蔡琛等，2019）①；直到实行分税制管理体制以后，各地方开始实质性尝试各自财政治理方法与管理创新（贾康等，2017；高培勇，2018）。② 为完善地方财政制度体系，自2013年以来，我国财政部印发多份文件均是“中央对省”的宏观共性考核指标③，但并不能简单复制到“省及以下对县”，位于基层的县域财政差异显著且特性较强。目前国内文献绝大多数是对国家治理宏观的现代财政制度基础、理论与内容方面的研究（陈昌盛等，2019；刘金鑫等，2019；张斌，2019；付敏杰，2020；王东伟，2020）④，就地方财政治理相关内容的探索也鲜有出现（刘勇政等，2019；王汇华，2020）⑤，但是明确针对县域财政治理现代化的研究相对而言少之又少。

综上所述，现有国内外文献对地方财政治理、现代财政制度、财政治理现代化等方面的研究为本文中国县域财政治理现代化研究提供了重要的理论基础及进一步细化与拓展的空间；本文试图探寻突破困境的驱动县域财政治理现代化的可行路径。

二、区域显著差异下中国县域财政治理现代化的多重困境

我国幅员辽阔，东西、南北经济发展差距加大，以区域经济为基础的县域财政差异显著，不仅体现为财政收入规模与支出结构的差别，还体现在各地方财政管理体制及财政治理理念的差异。全国范围内2000多个县级行政区域同步推进或同时达到相同标准的财政治理现代化，主要存在现行财政体制与预算制度下地方财政制度体系方面及县域财政能力方面等的多重困境。

---

① 楼继伟:《解决中央与地方矛盾的关键是实行经济性分权》,《经济社会体制》1991年第1期,第16-20页;马蔡琛、赵笛、苗珊:《共和国预算70年的探索与演进》,《财政研究》2019年第7期,第3-12页。

② 贾康、刘薇、孙维、高培勇:《中国财税改革40年:基本轨迹、基本经验和基本规律》,《经济研究》2018年第3期,第4-20页。

③ 《预算绩效评价共性指标体系框架》(财预〔2013〕53号)、《地方财政管理绩效综合评价内容表》(财预〔2014〕45号)与《地方财政管理工作考核与激励办法》(财预〔2020〕3号)。

④ 陈昌盛、李承健、江宇:《面向国家治理体系和治理能力现代化的财税改革框架研究》,《管理世界》2019年第7期,第8-77页;刘金鑫、欧阳日辉:《论加快建立与社会主义现代化相适应的现代财政制度》,《财会月刊》2019年第9期,第147-155页;张斌:《国家治理视角下的税收现代化进程:共性、差异与路径》,《税务研究》2019年第4期,第8-13页;付敏杰:《现代财政制度的国家视角——兼论中国全面建设现代化强国的财政治理框架》,《财政研究》2020年第2期,第55-68页;王东伟:《财政治理现代化面临的挑战与对策》,《财政科学》2020年第3期,第38-48页。

⑤ 刘勇政、贾俊雪、丁思颖莹:《地方财政治理:授人以鱼还是授人以渔——基于省直管县财政体制改革的研究》,《中国社会科学》2019年第7期,第43-64页;王汇华:《政府会计、财政透明度与经济治理——基于中国省级面板数据的经验研究》,《中国软科学》2020年第3期,第161-170页。

（一）现行财政体制困境

1. 地方政府与地方财政的纵向层级差异

在我国“五级”政府［中央—省—市（地市级）—县—乡（镇）］的框架中，乡镇政府是地方政府体系中的基层农村政府，绝大多数县域主要是以农业经济为主兼有部分城市经济的行政区域，因此县级政府是典型农村与城市经济融合发展的基层政府。自1983年至今，由于我国城镇化过程中存有“镇改（县级）市”“撤县设市（区）”“县改县级市”“县级市改地级市”与“县改区”的变化，所以我国县级政府的数量也不断变化，如自2010年至2016年基本是“县改县级市”①；2017年再次启动“撤县设（县级）市”，由省直辖，但基本由原上级市代管②，在代管期间的县级市实质上等同于原来的“县”。因此，就纵向地方政府层级而言，县级政府的行政隶属关系序位与管理权限相对稳定且比较清晰，上级即“地级市政府”的下辖行政区域。

本着“一级政府一级财政”的原则，我国五级政府相应有五级财政，省级及以下四级财政为地方财政。自1994年实施分税制以来，地方财政基本是效仿央地分税实施省及以下“层层分税”，甚至是市以下“包干制”，到县域财政已经相当困难，并且主要依赖上级财政转移支付平衡本级财政收支缺口。为缓解基层财政困难，2006年学界提出“财政扁平化”即“省直管县”与“乡财县管”的三级财政管理模式③；2009年财政部发布了《关于推进省直管县财政改革的意见》，明确提出了2012年年底前在全国（除民族地区外）全面推进省直管县财政改革，西部各省与全国东中部地区同步，自此三级财政逐渐在全国大范围内推广。三级财政运行确实使县域财政受益，至少省域财政对县域财政的转移支付到位更及时足额。由于“扁平化”财政体制改革主要体现在省、市、县三级地方政府财政关系的调整，总体上减少了市域财政的可支配财力，扩大了县域财政的自主权；县域财政在地方财政体系纵向序位上发生了变化。

但是，财政体现的是政府的经济活动，省、市、县三级财政关系的调整实质上是三级政府经济关系的调整，是三级政府社会资源配置权力与职能权限范围的调整，因此，就出现了地方政府与相应财政及其各自纵向对称管理的矛盾④。

---

① 如云南依次撤销蒙自县、弥勒县、香格里拉县、腾冲县、泸水县，设立同名县级市。

② 如撤销滦州县，设立县级滦州市，由河北省直辖，唐山市代管；撤销长垣县，设立县级长垣市，由河南省直辖，新乡市代管；撤销广德县，设立县级广德市，由安徽省直辖，宣城市代管；撤销无为县，设立县级无为市，由安徽省直辖，芜湖市代管；撤销平果县，设立县级平果市，由广西壮族自治区直辖，百色市代管等。

③ 贾康：《加快财政、行政体制扁平化改革　配合和推动新农村建设》，《设计与理财》2006年第8期，第8－9页。

④ 最主要矛盾是“省直管县”中的市级政府与市域财政处于尴尬境地且对此不满。

2. 各县域财政的横向竞争差异

省级政府同样采用经济激励和政治调控的双重约束塑造下辖的地方政府治理，[①] 伴随地方政府经济活动，出现各县域间多种形式的财政竞争，这也是地方财政绩效考核与分税制后地方财政收入不足的综合结果。为实现辖区内的高质量发展，各县级政府的财政竞争策略主要表现为税收竞争、转移支付竞争（与公共支出竞争）与土地财政竞争。各类县域财政竞争不仅局限于各自隶属的省域辖区内各县域，竞争策略的传递与效仿还使得隶属不同省辖区的同类型县域同样存在激烈竞争。

首先，税收竞争。主要是各县域为招商引资进行税收减免的让利竞争，在差异性县域资源禀赋基础上，将归属县域财政收入部分的税收减免（如地方企业所得税优惠），附加土地低价出让，竞争本省、省外甚至国外的企业到县域辖区内投资设厂，减贫县也采用这一策略[②]。这不仅可以有力拉动本县域的经济增长，还有利于扩大流转税的税基。

其次，转移支付竞争。主要是指隶属同一省域内各县（尤其是减贫县）为获得更多的上级财政（主要是省级）补助收入而进行的对本县域一般公共预算收支策略规划与博弈行为。国内学者毛捷等已经利用中国县域财政数据（2000—2007 年）验证了转移支付的“粘蝇纸效应”，即转移支付同样导致县级政府提供公共服务的边际成本更低，从而刺激县域财政公共支出较快增长；且在现行税制下，县域财政税收收入结构的不合理更容易扩大转移支付的“价格效应”，从而加剧“粘蝇纸效应”。[③] 已有学者论证了转移支付与地方政府支出扩张之间存在显著的空间关联，辖区政府应对转移资金的分配表现出显著的策略竞争特征。[④]

最后，土地财政[⑤]竞争。以“土地生财”为主要目的，通过“土地生税”“土地引资”甚至为地方政府融资平台进行“土地抵押”弥补地方政府财力不足。根据土地管理的相关法律、法规，土地出让和土地征收的主体都是国务院授权下的市县政府，[⑥] 县域内农民集体所有的土地规模为我国县域财政依赖土地竞争奠定了法律基础。县级政府拥有实际意义上的土地产权，具有过度利用辖区内土地资源的动力。但是，国务院印发的《全国

① 徐晨光、王海峰:《中央与地方关系视阈下地方政府治理模式重塑的政治逻辑》,《政治学研究》2013 年第 4 期。

② 李丹、裴育:《国家贫困县存在税收竞争吗?》,《审计与经济研究》2019 年第 1 期,第 108 – 116 页。

③ 毛捷、吕冰洋、马光荣:《转移支付与政府扩张:基于“价格效应”的研究》,《管理世界》2015 年第 7 期,第 29 – 39 页。

④ 赵永辉、付文林、束磊:《转移支付与地方财政支出扩张——基于异质性与空间外溢视角的分析》,《经济理论与经济管理》2019 年第 8 期,第 27 – 43 页。

⑤ 刘怡:《财政学》,北京,北京大学出版社 2016 年版,第 251 页。

⑥ 《中华人民共和国城镇国有土地使用权出让和转让暂行条例》(55 号令) 的第二章第九条规定:“土地使用权的出让,由市、县人民政府负责,有计划、有步骤地进行。”《中华人民共和国土地管理法实施条例》(2014 年修订)与《国有土地上房屋征收与补偿条例》的相关规定。

土地利用总体规划纲要（2006—2020 年）》围绕“保护耕地限制建设用地”的核心设立了 6 项约束性指标，旨在约束地方政府的用地行为，相应地，在省域辖区内的土地利用总体规划中存在耕地保护与建设用地等批准总指标管控，因此，隶属同一省域辖区内的县级政府对土地财政指标竞争更为激烈，[①] 且通过土地出让结构策略，传递对省域经济增长、财政收入和就业等总体贡献的信号进行土地出让指标竞争。

地方财政管理体制的法治规范与公开透明有待加强，纠偏扭曲的县域财政竞争行为与县级政府寻租行为。

（二）现行预算制度困境

1. 地方财政预算自主权的纵向差异

在县域财政预算收支平衡表中，无论是“收入”还是“支出”至少有部分能够自主决定，才可谓“县域财政治理”，否则只能称为“预算收支管理”或“县级政府会计”。然而，相比上级财政，县域财政预算收入自主权约束如下：首先，县域财政税权更狭窄，虽然我国县域与省域都没有税收立法权[②]，但是省域财政位于地方财政的顶级，拥有省及以下相对更大的财权，普遍存在仿照“中央与省”税收收入划分，实行共享税税种就归属地方收入部分在本省及以下再分享，即县域财政的税收结构中占比较大的税种（如增值税、企业所得税等）不仅要与中央财政分享，还要与地方上级财政再分享，呈现“层层分税”；只是各地方（省域）财政的税率再分享比例略有差异。[③] 因此，绝大多数县域财政收入有限，持续多年的“困难”状况远未改善。其次，县域财政没有举债权，2018 年新修正的《中华人民共和国预算法》明确规定，经国务院批准的省域财政可在确定的限额内

---

① 张绍阳、刘琼、欧名豪：《财政竞争、引资竞争与土地约束性指标管控政策执行偏差》，《中国人口·资源与环境》2018 年第 5 期，第 123 - 131 页。

② 2015 年修正的《中华人民共和国立法法》第八条明确规定“税种的设立、税率的确定和税收征收管理等税收基本制度”只能制定法律，行使国家立法权。

③ 例如，广西壮族自治区与龙胜县，就国内增值税地方分享 25% 部分由自治区与县按 8% 与 17% 比例分享；自治区内各级各类银行及非银行金融机构的金融保险营业税（营改增运行中）继续作为自治区本级固定收入，其余由自治区与征管属地按 40% 与 60% 比例分享；企业所得税地方分享 40% 部分，除中央明确规定划为中央收入的企业所得税及中央核定的跨地区经营集中缴库企业所得税（40% 部分）外，其余由自治区与征管属地按 10% 与 30% 比例分享；利息所得税地方分享 40% 部分继续作为自治区本级固定收入，其余个人所得税地方分享 40% 部分由自治区与征管属地按 15% 与 25% 比例分享。“层层分税”使自治县财政收入压力凸显。

发行地方政府债券，而县域财政不得以任何方式举借债务。[①] 因此，在县域财政一般公共预算收支平衡表中，不能像省域财政明列“债务收入”与“债务还本付息支出”，此类预算收入权的限制使得县域财政自主性部分缺失，在预算安排完成平衡性方面更有难度。最后，县域财政预算收入中的“上级补助性收入”（主要是省域财政的转移支付）是保障本级基本财政支出（主要是“三保”，即保工资、保运转、保基本民生）与指定用途的补助，最终由上级财政落实的转移支付决算数确定。总之，县域财政收入自主权相对有限，继之实质性预算支出权更为有限甚至没有，基本属于“财权上移与事权下移”的被动接受者，可想而知，县域财政预算自主性难以发挥。

2. 各县域财政预算绩效管理现实挑战的横向差异

2018 年，中共中央、国务院印发了《关于全面实施预算绩效管理的意见》，围绕财政部全方位、全过程、全覆盖实施预算绩效管理工作，已有北京等 29 个省份、山东等 18 个省份的 80 多个地（级）市及 110 多个县出台了市县级的贯彻落实意见。[②] 相比上级财政预算绩效管理，县域财政面临更多的约束与挑战。首先，按照区域经济“分类指导”，我国主要类型区域县内部差异分化加剧，如经济区县具体还分为长江三角洲经济区县、环渤海经济区县、南部沿海经济区县；再如农区县的九区分别为东北区、内蒙古及长城沿线区、黄淮海区、黄土高原区、长江中下游区、西南区、华南区、甘新区、青藏高原区；牧区半牧区县与民族县等也还可以细分为很多种；各类型县域绩效管理目标与重点显然有显著差异。其次，按照主要经济指标地方公共财政收入分组，2017 年数据显示：1 亿元以下的县有 128 个、1 亿 ~5 亿元的县有 654 个、5 亿 ~10 亿元的县有 530 个、10 亿元以上的县有 767 个；且每组的人均公共财政决算收入分别为 733. 44 元、1039. 03 元、1417. 78 元、4255. 40 元，按地方公共财政决算支出上述四组的人均支出分别为 16980. 14 元、8001. 74 元、6113. 42 元、7494. 60 元。[③] 可见，在各组县域财政预决算绩效管理的重要方面有差异，前者转移支付绩效管理更重要。最后，按照行政隶属关系同省内辖区的不同县域，差异同样较为显著。2017 年，东部浙江省有 62 个县（县级市、县级区），人均财政收入最多的是鄞州区（户籍人口 87 万人，27775. 40 元），最少的是庆元县（户籍人口 21 万人，

① 《中华人民共和国预算法》第三十五条规定："地方各级预算按照量入为出、收支平衡的原则编制，除本法另有规定外，不列赤字。经国务院批准的省、自治区、直辖市的预算中必需的建设投资的部分资金，可以在国务院确定的限额内，通过发行地方政府债券举借债务的方式筹措。举借债务的规模，由国务院报全国人民代表大会或者全国人民代表大会常务委员会批准。省、自治区、直辖市依照国务院下达的限额举借的债务，列入本级预算调整方案，报本级人民代表大会常务委员会批准。举借的债务应当有偿还计划和稳定的偿还资金来源，只能用于公益性资本支出，不得用于经常性支出。除前款规定外，地方政府及其所属部门不得以任何方式举借债务。"

② 《中国财经报》2019 年 12 月 31 日《用好预算绩效管理"指挥棒"——2019 年预算绩效管理改革纪实》。

③ 《中国县域统计年鉴(县市卷)2018》中"2. 按主要经济指标分组县(市)资料"(电子版 Excel 数据)。

2002.90元），两县差距是13.87倍；中部河南省有110个县（县级市、县级区），人均财政收入最多的是新郑市（户籍人口62万人，11030.44元），最少的是上蔡县（户籍人口160万人，416.41元），两县差距是26.49倍；西部云南省有120个县（县级市、县级区），人均财政收入最多的是呈贡区（户籍人口21万人，17715.33元），最少的是大关县（户籍人口29万人，410.90元），两县差距是43.11倍①。内部差异非常大，就同一省域内统一财政预算绩效管理考核指标显然不合理。② 随着财政部“横向到边与纵向到底”全面实施预算绩效管理的决心，县域财政预算必然面临上级对其绩效评价的挑战，为完成上级绩效考核指标，县级政府官员有动机实施会计实务操纵使绩效评价结果满意，而并非仅为高质量公共服务决策提供会计信息，忽视县域财政预算实质性绩效管理的重要特性与个性差异，因此要避免采用“一刀切”的统一评价指标。

因此，在现行预算制度下，县域财政预算自主性缺失必然导致基于县域实际的财政预算针对性与务实性不足，从而使预算法治化、民主化、阳光化等现代化内容更注重形式，而忽视实质。

（三）现有县域财政能力困境

学术界对财政能力的认识与界定也是一个不断拓展的过程，由起初的筹集财政收入能力与提供公共物品能力、保障能力与运筹能力等意识，逐渐上升到一个非常复杂、多元的综合能力系统，主要包括“人”的“软实力”与“物”的“硬实力”两方面。只有把县域财政能力置于县级政府治理能力的维度上，才能全面深刻地认识县域财政能力的困境。

1. 县域财政管理组织的“软实力”有待提升

现代财政制度要求实现县域财政治理的多元共治，因此构成县域财政能力系统的“软实力”并不仅是县域财政组织内部的激励机制吸引力与执行凝聚力，还包括县级政府党政领导者与管理者的领导力与感召力、辖区公众民主监督的信息说服力与专业表达力等，各司其职、有力有责、缺一不可。首先，就县域而言，现代财政思想理念如财政决策的法治化、民主化与科学化，财政预算绩效管理的公共利益最大化，贯彻减税降费的税收治理现代化及辖区公共服务实质性高质量供给等多是体现在汇报材料的“表面”，而不是深入思想认识的“里面”。其次，在县域财政组织内部资深专业人士缺乏的情况下，不可避免地导致具有政治晋升内在激励的县级政府领导更为偏好上级政府的行政指令，其财政预算的

---

① 《中国县域统计年鉴（县市卷）2018》中“1. 县（市）社会经济主要指标”（电子版Excel数据）。

② 同一省域内人均财政收入最高的县级行政区域基本是由原来的“县”改为“县级区”或“县级市”，其是原来以农业为主的县的城市水平发展到一定程度，达到一定标准后改为县级区（市）。

公共选择方案直接受政绩考核指标体系的影响，而易忽视辖区内居民的偏好与公共需求，导致财政支出结构偏向。最后，辖区公众民主参与不足，且人大、审计、政协和纪检监察等机构的监督审查力度与水平不够，内外部的双重监督基本停留在形式上，无法起到监督、促进与纠偏的作用。

2. 县域财政信息系统的“硬实力”有待提升

新时代高效率的财政管理更善于运用互联网新技术和信息化新手段开展工作，县域财政管理水平的提高更要通过财税专业与信息技术的结合，治理现代化的实现更需财政信息系统广泛联通数据，对接施政流程，利用大数据进行深入分析。首先，县域财政的“金财工程”与“金税工程”的升级改造滞后，相应的系统智能化保持同步亟须上级财政甚至中央的大力支持与投入。“金财工程”［政府财政管理信息系统（Government Finance Management Information System，GFMIS）］的纵向三级主干网系统中，属于最低层级[①]的县域财政系统升级改造一般而言具有时间滞后性，甚至位置偏远的县域财政还处于系统建设中。同样，“金税工程”［中国税收征管信息系统（China Taxation Administration Information System，CTAIS）］至今已在“三期”基础上不断进行技术升级，县域财政的时间滞后性也不例外，严重影响县域财政依法治税、透明监管等相应工作。其次，就县域财政信息化基础设施建设而言，不仅软件的投入，而且硬件设施设备的投入同样是重要约束，严重影响数字化与智能化进程。最后，县域财政信息安全防护体系建设还有很多工作要做，如安全系统的应用安全、网络安全及安全管理制度等。

因此，县域财政能力系统提升并非专业人才与信息设备的简单集合，而是县级政府及其县域财政对现代财政制度的同步构建与高效执行的有机融合体。

三、中国县域财政治理现代化的内外双向驱动路径选择

为全面贯彻落实习近平总书记关于县域治理“三起来”思想，[②] 发挥县域财政的基础和重要支柱作用，为结合城市经济与农村经济的县域经济有序有节地提供高质量的公共服务，基于不同县域的民众异质性偏好与经济发展的战略差异，满足县域民众美好生活与县域经济发展的双重需要，对县域财政治理现代化的双向驱动路径选择包括地方财政制度体系这一外驱动力的体制机制创新与县域财政能力这一内驱动力的“软硬实力”赋能增效。

---

① 财政部连接各省（区、市）财政厅（局）的一级骨干网，省级财政连接各市（地、州）级财政的二级骨干网，市（地、州）级财政连接县级财政的三级骨干网。

② 即“把强县和富民统一起来，把改革和发展结合起来，把城镇和乡村贯通起来”。

(一)寻求持久的县域财政治理现代化外驱动力——体制机制改革创新

秉承“一级政府、一级财政、一级预算”的政府财政治理框架，县域财政治理体系是内置于国家财政治理体系中地方财政治理体系的基层组成部分，其现代化取向是县级政府善治的制度安排与机制连接，旨在对县域管理和自管理、组织和自组织、调控和自调控的激励相容，促进县域财政这一主体发挥最大潜力与做出最大努力推进县域经济高质量发展，为此，地方财政体制机制改革创新加速构建与完善现代化的地方财政制度体系，寻求县域财政治理体系现代化的持久的外驱动力。

1. 激发县域财政动力与活力的地方财政体制放权与分权改革

为解决地方政府与财政纵向层级的矛盾，学术界已有“政府层级扁平化”的呼吁①，且2018年新修正的《中华人民共和国预算法》② 没有明确地方财政层级要求，即是默许地方财政权力下放到省，由各省自行决定适宜本辖区行政隶属关系顺畅的政府与财政关系。我国的现代财政制度建设已经取得阶段性成果，随着财政体制改革的深化，更加科学规范的中央与地方财政关系必然具有示范与传导效应，使得地方财政即省及以下各级财政的事权和支出责任划分更加明晰、财权财力配置更为合理，在区域均衡方向指引下，县域财力更有保障。时至今日，各省域财政基本上依然存有或继续执行“省直管县”与“乡财县管”的“扁平化”管理，在省级政府统筹下合理授权，使县级政府依法规范与高效运转县域财政的财权与事权。首先，激励省及以下地方政府主动并彻底实现县级政府责权利的统一，赋予县域自行决定本级财政管理的自主选择权，在明晰政府与市场边界的基础上，更好地实现县域财政职能。其次，省及以下财政收入再分配要积极效仿与创新央地财力再协调方式，在省域内就共享税分享方式与分享比例的再调整要有利于加大县域税权与培养县域税源等。最后，完善“省对下”财政转移支付制度，无论是规模设定还是结构调整，目标都是侧重质量地保障基层县域财政的基本公共服务能力。

明晰界定的地方各级政府及相应财政层级的财权、事权与转移支付制度，既是激励县域财政努力的动力与活力，又是深化地方财政管理体制改革、规范地方财政公正公平公开的竞争规则，约束与纠偏县域财政竞争行为。

2. 促进县域财政自主性激励与自主权约束的现代预算制度构建

我国构建中的现代预算制度，正不断推进法治规范、公开透明、绩效管理与中期规划

---

① 贾康:《推进政府层级扁平化,加快编制中央、省、市县三级事权一览表》,《领导决策信息》2018 年第 6 期,第 20－21页。

② 《中华人民共和国预算法》第三条明确规定“国家实行一级政府一级预算,设立中央,省、自治区、直辖市,设区的市、自治州,县、自治县、不设区的市、市辖区,乡、民族乡、镇五级预算”。

等，这同样是地方财政乃至县域财政构建现代预算制度的方向。在完善地方政府治理政治问责制的基础上，要赋予具有信息优势的县级政府足够的财政预算自主权和自由裁量权，才能不断提高辖区居民对公共服务的满意度，才能更好地实现预算绩效。在“坚持党的集中统一领导，坚持人民当家作主”的决策理念下，激励县域财政加快现代预算制度建设。首先，夯实预算制度中的民主与法治基础，要保障县域公众的民主参与及监督等权利，从税收法定走向预算法定，加速县域财政预算民主化与法治化进程。其次，县域财政预算全过程中强调绩效管理，实施中提高信息质量，做到绩效信息“公开”与“透明”，加速县域财政预算规范化与阳光化进程。最后，在县域财政绩效管理中要尊重其个性与特性，实施要有针对性与务实性，现代预算新理念与现代信息新技术要相结合并进行实际运用，加速县域财政预算数字化与智能化进程。这是践行地方财政既要分权激发活力又要制衡约束权力的现代预算管理体制，实质性解决县域财政预算软约束与支出结构偏向方面的问题。

3. 县域财政管理绩效差别评价的体系构建

县域财政管理绩效评价不仅是一系列县域财政评价指标的有机组合问题，更是县级政府治理的核心问题。在政治晋升内在激励下，县级政府领导必然重视构成财政管理绩效评价体系内的核心指标与权重，以结果导向的绩效评价指标这一“有力的指挥棒”直接驱动县级政府的行为方向，尤其是政府官员任期内容易量化评价的重要指标。目前，我国有2000多个县级行政区域，无论分类依据为何，各县域经济与县域财政之间差异显著，且同类型县域内部差异分化加剧，因此依据区域差异的经济发展理论及我国各具特色的县域经济发展规划，对我国县域财政管理绩效评价体系的构建要体现与包容差别的设计，评价体系指标要包括共性与特性两部分。其中，共性评价部分是县域财政隶属的省域财政对下（乃至中央对省）要求必须遵守的前提条件或基本标准；而特性评价部分是尊重县域特性与个性这一实际差异，包括依据县域资源禀赋、辖区公众偏好、特色优势产业发展提供公共产品（或服务）等因素，对县域财政个性与特性的差别化绩效评价指标是对共性指标框架的创新与拓展。

（1）共性评价的原则与主要指标设计：基于“1L +4E”［合法性（legitimacy）、经济性（economy）、效率性（efficiency）、有效性（effectiveness）和公平性（equity）］五原则的县域财政管理综合评价。在共性评价指标中包括所有“中央对省”的《地方财政管理绩效综合评价内容表》中涉及县域财政考核的评价内容，如“实施预算透明中的县级预算公开、规范预算编制、优化收支结构、盘活存量资金、落实约法三章、严肃财经纪律”等，并相应调整分值。同样，就具体某一省域对县域财政的共性评价指标而言，可以将在本省域范围内确实属于共性且基础性的内容，细化到辖区内所有县域的共性评价考核中，如西藏因高原地形在“优化收支结构”指标中具体到“税收收入”“社会保障与就业”等细化的指标在自治区内对所有县域相同，完全可以与其他省域（或具体到县域）不同。诚然，共性评价指标设计要强调县域“三保”保障基础。

（2）特性评价的原则与主要指标设计：基于县域辖区居民感知公共服务满意度与县域产业发展所需公共产品及时性的“省（或市）县互动”原则。同一省域内的县域类型不尽相同，不仅要重视“差别对待、分类指导”，更要提倡省及以下“因县定制”甚至“量身打造”的“特性评价指标”与权重，提高县域财政管理综合绩效评价的针对性与务实性。首先，拓展现有（非重复性）指标，就异质性辖区居民的差异性偏好的公共服务内容进行指标设计。如云南省不同少数民族自治县的基本公共服务内容差异性（民汉双语教育、民族医疗等）体现在预算编制与优化支出结构中。其次，创新特性指标设计，为实现本县域产业发展乃至县域经济高质量发展，在与隶属省域（或市域）财政良性互动达成共识的基础上，设计“县域特色优势产业发展的基础设施、城乡融合发展的公共服务、县域绿色发展的生态环境”等评价内容，并赋予科学合理的分值。如河南省对县域财政管理绩效评价要求与其推进县域发展路径相顺应①。最后，平衡好辖区居民公共服务满意度这一“软”衡量与县域产业发展所需公共产品及时性这一“硬”衡量间的关系，强调系统平衡性、整体性或综合性评价，注重县域财政预算编制与优化收支中“重质量”的结构性绩效指标设计。只有基于县域显著差异基础的特性绩效评价，才能引导这一基层的、个性的县级政府及财政注重向内求索针对性与务实性的县域财政管理绩效，为县域实质性高质量发展服务。

（二）寻求持久的县域财政治理现代化内驱动力——“软硬实力”赋能增效

县域财政治理能力现代化不仅是信息技术应用的现代化，更为重要的是高层次人才对财政管理的现代化。为加强县级政府财政治理能力系统的内驱动力，不仅需要财政信息系统的“硬实力”不断升级，更需要以现代财政治理理念为主线的“软实力”持续提升。

1. 提升县域财政管理组织的软实力

县级政府治理能力带动其财政能力，因此县域财政能力提升不能仅囿于财政部门，从县级政府治理能力维度保障其财政能力。首先，以县党委、政府为核心的多元主体要深学并领悟财政治理要“坚持以人民为中心的发展思想”，确实认同现代财政文化价值、现代预算绩效管理等理念，提升领导力与感召力；构建与强调县域财政组织内激励相容的机

① 河南省社会科学院课题组等:《新起点上推进县域经济高质量发展的路径选择》,《河南日报》2020 年 5 月 6 日第 4 版。

制，提升吸引力与凝聚力，竭力与上级财政同步推进现代财政制度建设，以问责机制保障阶段性构建的“现代财政”在县域财政运行体系中贯彻落实，促进财政收支关键联结点的顶层实现“现代预算”。其次，上级财政在一段时间内要为县域财政组织内部成员提供“恰适性”的专业培训与“实时性”的专业咨询服务，利用财政收支数据进行深层分析，进行创新财政管理、防控财政风险，提升专业执行力与风险掌控力。最后，多渠道鼓励与提倡辖区公众民主参与、积极监督县域财政公共预算方案的选择与实施，加强县域人大、政协、审计和纪检监察等机构的实质性监督审查力度。从县域财政管理组织内部提升“软实力”，有助于从内生能力方面加速实现县域财政治理的法治化、民主化、规范化、阳光化与专业化。

2. 提升县域财政信息系统的硬实力

为同步完善县域财政管理的能力系统，硬件的信息系统不仅要不断同步升级，更需要上级财政大力度的投入与支持。首先，要保障县域财政管理信息系统（GFMIS）与税收征管系统软件（CTAIS）不断升级保持同步。其次，要保障县域财政运行的信息化基础设施建设包括软硬件设施设备投入、应用网络化等环境建设。最后，要保障县域财政运行的数据信息安全防护等。提升县域财政信息系统的硬实力不仅是为加速实现县域财政治理的数字化与智能化，更是为加速实现现代化其他方面提供便捷的服务与支撑。

为推进全国范围内区域差异显著的各县域财政治理现代化，“给力”的外驱动力与“有力”的内驱动力并举是实现县域财政多元共治的双向驱动，是推进国家治理体系与治理能力现代化的基础内容与重要举措。

中国社会保障支出的收入分配效应研究①

蔡萌② 岳希明③

提要：本文旨在研究不同社会保障支出对我国居民收入不平等的影响。基于中国家庭收入调查（CHIP）2013 年数据，研究了如下问题：社会保障支出转入居民家庭后，我国居民收入不平等程度是扩大还是缩小？在既有的社保支出分配状况下，社会保障支出投入的增加对居民收入分配的作用方向如何？研究显示，我国的社会保障支出具有改善居民收入分配的作用，但社会保障支出规模的整体扩大会使居民收入分配状况逐步恶化。分项社会保障支出中，行政事业单位离退休金和报销医疗费的分配扩大了居民收入差距，而最低生活保障和农村养老金具有改善收入分配的积极作用。

关键词：社会保障支出；收入分配；养老金；最低生活保障

一、引言

社会保障制度是保障和改善民生、促进社会公平正义的重要制度之一。越来越多的国家已经建立了社会保障制度。社会保障支出是许多国家政府公共支出的主要组成部分，在缩小居民收入差距方面发挥着重要作用。许多国际经验表明，发达国家居民收入分配改善的主要原因在于政府的再分配政策，而非市场性因素。Kristjánsson（2011）对意大利、卢森堡、英国等 16 个 OECD 成员国三种定义居民收入基尼系数的研究结果显示，2007 年 16 个 OECD 成员国的市场基尼系数为 0.483，可支配收入基尼系数为 0.289，政府再分配政策使市场基尼系数下降了 0.194，其中政府用于社会保障的转移性支出的贡献度为 80.83%，远远高于来自居民的个人所得税和社会保障缴费。Milanovic（1999）、Mahler 和

① 本文首发于《经济社会体制比较》2018 年第 1 期。

② 蔡萌，中央民族大学经济学院。

③ 岳希明，中国人民大学财政金融学院。

Jesuit（2006）对多个 OECD 国家从 1967 年到 2000 年居民收入分配状况的研究结果也表明，转移性支出和个人所得税可以使居民收入不平等指数下降，而其中政府转移性支出的作用尤其重要，其对收入不平等改善的贡献率高达近 80%。与以 OECD 为代表的发达国家类似，部分发展中国家的社会保障支出也表现出明显缩小收入差距的作用。我们通过计算 Lustig（2011）提供的拉美国家数据发现，巴西、墨西哥等部分拉美国家的政府转移性支出也具有较强的收入再分配效应，可以解释居民收入分配改善的 75.2%。可见，无论从发达国家还是从发展中国家的经验来看，社会保障支出都是政府改善居民收入分配的最主要力量。并且，市场因素并不是解释我国与发达国家收入分配差异的关键，政府收入再分配政策效果不明显才是导致我国居民收入分配不平等状况较发达国家严重的主要原因（蔡萌、岳希明，2016）。因此，实现缩小居民收入差距、促进社会公平的目标，就不能忽视对以社会保障支出为代表的政府再分配政策的研究。

社会保障支出再分配效应的实现程度与其规模大小息息相关。一般而言，大多数发达国家都具备较大的社会保障支出规模。那么与其他国家相比，我国的社会保障支出规模是大是小呢？比较不同国家社会保障支出水平时，我们通常使用社会保障支出占 GDP 的比重这一指标。例如，1995 年，英国、瑞典、芬兰、丹麦、美国、日本等八国的社会保障支出占 GDP 的比重平均为 32.2%①。另外，社会保障支出水平与经济发展水平也有着密切的关系，如果用人均 GDP 衡量一国经济发展水平，则人均 GDP 越高的国家（经济发展水平越高），其社会保障支出水平也越高，即社会保障支出水平与经济发展之间成正比。图 1 描绘了 2012 年世界 56 个国家和地区的社会保障支出占 GDP 比重与人均 GDP 的关系，其中人均 GDP 为国别可比值。

从图 1 中可以看出，人均 GDP 与社会保障支出占 GDP 比重之间存在明显的正相关关系，即社会保障支出随人均 GDP 的上升而上升。把社会保障支出占 GDP 比重对人均 GDP 回归后，即可计算与人均 GDP 对应的社会保障支出水平的预测值，按中国人均 GDP 计算的预测值是 10.5%，而中国的实际值为 7.2%，这意味着，即使考虑人均 GDP 水平，中国的社会保障支出规模也是偏小的。这一发现也与其他研究的发现相呼应，例如，陈共（2000）认为，应提高转移性支出在财政支出中的比重；财政部社会保障司课题组（2007）指出，2002—2006 年中国的社会保障水平在 5.41% ~5.60%，既低于美国、德国、法国等发达国家的社会保障支出水平，也低于同为发展中国家的哈萨克斯坦、波兰和匈牙利，以及拉美的阿根廷、巴西和乌拉圭。

从宏观上研究社会保障支出规模等问题是必要的，但如果想了解社会保障支出对居民

---

① 根据 OECD in Figures 数据整理。

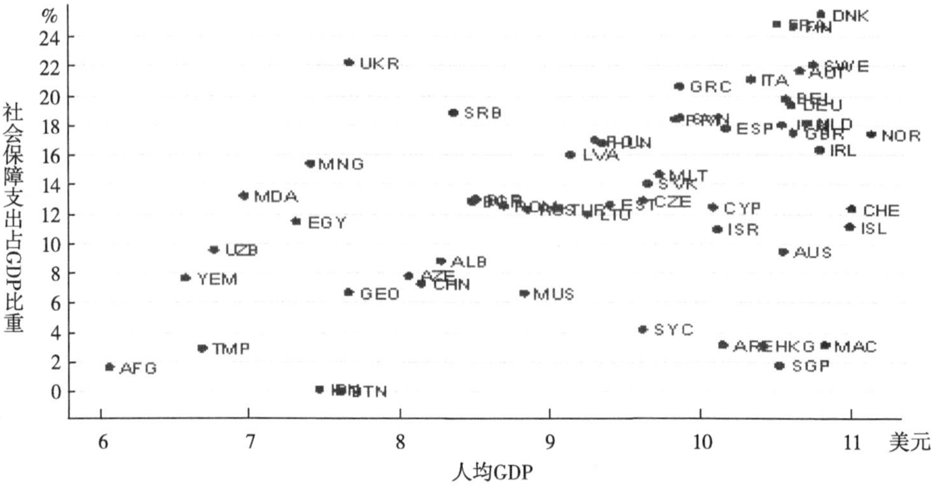

图1　人均 GDP 与社会保障支出占 GDP 比重的关系（2012 年）

资料来源：GFS 和 WDI。

收入分配的作用方向和程度，即具体的社会保障支出项目到底扩大了收入差距还是缩小了收入差距和其作用强度如何就必须从微观数据入手，研究社会保障支出对居民收入的再分配效应。这是本文的研究目的。另外，在我国，影响收入分配的政府社会保障支出项目种类较多，且不同的社会保障支出项目作用于收入差距的机制和方向也不同，因此全面地评价我国目前所有社会保障支出政策工具的收入分配效应是十分困难和复杂的。对此，本文把考察对象限定在养老金或离退休金、最低生活保障（简称低保）等主要社会保障支出上，通过对不平等指数的计算和分解来考察以社会保障支出为代表的政府再分配政策对我国居民收入不平等的影响。

二、我国社会保障支出的项目与规模

（一）我国社会保障支出的主要项目

改革开放以来，中国的社会保障制度建设进入了快速发展时期，保障力度逐渐加大，制度建设日益完善。21 世纪以前，除了少部分社会救助项目，农村居民养老主要靠个人和家庭。直到 2009 年，国务院通过了新型农村养老保险的基本方案。最初的新型农村养老保险仅仅覆盖全国人口的 10% 左右，目前已经基本扩展到全国的农村地区。城市的低保制度建立于 20 世纪 90 年代末期（李实等，2013）。低保制度的保障对象是家庭人均收入低于当地最低生活保障标准的、持有非农业户口的城市居民，保障标准由各地政府根据当地生活费用和政府财力自行确定。上海是最早实行低保制度的试点城市。1997 年，国务院宣布，到 1999 年最低生活保障制度要覆盖到所有城市和县城。1996 年，民政部制定了"以点带面、分步实施"的农村最低生活保障制度指导方案。2001 年，浙江省成为全国首个以法规形式将农民列入社会保障范围的省份。2004 年，全国共 8 个省份、1206 个县（市）建立了农村最低生活保障制度，有 488 万村民、235.9 万户家庭得到了农村最低生活保障。其中北京、上海、天津、广东、浙江、江苏全面实行农村最低生活保障制度（刘坚，2006）。

此外，针对农村的再分配政策还有新型合作医疗、退耕还林、退牧还草、粮食良种补助制度等。2003 年，农村新型合作医疗制度在各省、自治区、直辖市的 2～3 个县（市）先行试点。2004 年，新型农村合作医疗试点在各地稳步推进。2005 年，中西部按照一个市有一个试点县的原则扩大试点。2002 年，我国全面启动退耕还林工程，其范围从以西部为主的 20 个省份扩展到安徽、西藏、海南、北京、天津等全国 25 个省份及新疆生产建设兵团，工程县 1897 个。到 2003 年底，退耕还林举措覆盖了全国 2 万多个乡镇、10 万余个村、6000 多万农户（刘坚，2006）。对退耕户的补助从 2004 年起由粮食补助改为现金补助。2001 年，内蒙古、宁夏、新疆三个自治区确定退牧还草试点。2003 年起国家启动退牧还草工程。2003 年、2004 年是工程试点期，在甘肃、内蒙古、新疆、青海、宁夏试行。粮食良种补贴政策于 2003 年开始实行，最初的良种补贴为大豆、小麦，补贴规模达 3 亿元。补贴区域为内蒙古、辽宁、吉林、黑龙江、河北、河南、山东、江苏、安徽 9 个省份。2004 年补贴规模达 10 亿余元，区域扩大到 13 个粮食主产省份。

（二）我国社会保障支出的规模

关于社会保障支出内容和统计范围争论较大，由此得到的社会保障支出的规模也相去甚远。为增进国际比较，我们使用 IMF 政府财政统计（Government Finance Statistics，GFS）的定义。GFS 的社会保障支出为政府功能分类的部门 10（division 10），即社会保护（social protection），它由个人服务和团体服务两部分组成，个人服务是政府向个人或家庭提供服务和转移支付（transfer）时发生的支出，团体服务则是社会保障相关政策的制定和实施等管理性支出。

2006 年之前，政府收支分类科目中的抚恤和社会福利救济费、社会保障补助支出、行政事业单位离退休经费为财政社会保障支出。2007 年执行新的政府收支分类科目后，财政部认可的按国际统计口径计算的财政社保支出包括社会保障和就业支出、医疗保障和保障性安居工程支出三项预算科目。社会保险支出是一国社会保障总支出的重要组成部分，在我国，社会保险收支独立于一般政府预算，因此我国社会保障总支出应为社会保险支出和财政社会保障支出的合计。另外，我国社会保险支出的一部分是由财政对社会保险基金的补助筹集的，为避免重复计算，这部分应当予以剔除。因此，我国社会保障总支出实际上等于社会保险基金支出与财政社会保障支出之和，再减去财政对社会保险基金的补助。按照这一口径，我们整理了2009—2014年我国社会保障总支出，发现我国社会保障总支出占GDP的比重直线上升，自2009年的6.09%上升至2014年的8.20%，说明我国社会保障支出的（名义）增长率高于GDP的增长。财政社会保障支出占财政支出总额的比重，2011年之前明显上升，之后基本维持在15.5%的水平，说明社会保障支出的增长并未明显超过整体财政支出的增长（见表1）。

表1　1998—2014年社会保障支出的规模及占比

年份	社会保险基金支出（亿元）	财政社会保障支出（亿元）	财政对社会保险基金的补助（亿元）	社会保障总支出（亿元）	社会保障总支出占GDP的比重（%）	财政社会保障支出占财政总支出的比重（%）
1998	1637	596	22	2211	2.62	5.52
1999	2108	1197	170	3136	3.50	9.08
2000	2386	1518	299	3605	3.63	9.55
2001	2748	1987	343	4392	4.01	10.51
2002	3472	2636	517	5590	4.65	11.95
2003	4016	2656	494	6178	4.55	10.77
2004	4627	3116	520	7224	4.52	10.94
2005	5401	3699	577	8522	4.65	10.90
2006	6477	4362	889	9950	4.70	10.79
2007	7888	5447	1275	12060	4.83	10.94
2008	9925	8225	1631	16520	5.26	13.14
2009	12303	10225	1777	20751	6.09	13.40
2010	14819	12587	2310	25096	6.25	14.01
2011	18055	16970	3152	31872	6.74	15.53
2012	22182	19392	3828	37745	7.07	15.40
2013	27916	21798	4403	45311	7.71	15.55
2014	33003	24233	5043	52193	8.20	15.97

数据来源：社会保障支出数据根据《中国劳动统计年鉴2003》《中国人力资源和社会保障年鉴工作卷2014》《中国财政年鉴》（2008，2009，2010）及《人力资源和社会保障事业发展统计公报2014》、全国一般（公共）财政支出决算表（财政部网站下载）整理而得；GDP数据来自国家统计局网站。

由表2可知，基本养老保险支出在整体社会保险支出中占绝对比重，但其呈下降趋势，由1995年的96.6%下降到2013年的71.0%。与此同时，基本医疗保险支出占比持续上升，由1995年0.8%上升至2013年24.4%，现已成为我国社会保险的第二大支出。

表 2 1990—2014 年我国社会保险基金支出总额和构成

年份	总额（亿元）	基本养老保险（%）	失业保险（%）	基本医疗保险（%）	工伤保险（%）	生育保险（%）
1990	152	98.3	1.6			
1991	176	98.3	1.7			
1992	327	98.4	1.6			
1993	482	97.6	1.9	0.3	0.1	0.1
1994	680	97.2	2.1	0.4	0.1	0.1
1995	877	96.6	2.2	0.8	0.2	0.2
1996	1082	95.3	2.5	1.5	0.3	0.3
1997	1339	93.4	2.7	3.0	0.5	0.4
1998	1637	92.3	3.4	3.3	0.5	0.4
1999	2108	91.3	4.3	3.3	0.7	0.3
2000	2386	88.7	5.2	5.2	0.6	0.3
2001	2748	84.5	5.7	8.9	0.6	0.3
2002	3472	81.9	5.4	11.8	0.6	0.4
2003	4016	77.7	5.0	16.3	0.7	0.3
2004	4628	75.7	4.6	18.6	0.7	0.4
2005	5401	74.8	3.8	20.0	0.9	0.5
2006	6477	75.6	3.1	19.7	1.1	0.6
2007	7888	75.6	2.8	19.8	1.1	0.7
2008	9925	74.5	2.6	21.0	1.3	0.7
2009	12303	72.3	3.0	22.7	1.3	0.7
2010	15019	71.6	2.8	23.6	1.3	0.7
2011	18653	71.6	2.3	23.8	1.5	0.7
2012	22802	71.0	2.0	24.3	1.8	1.0
2013	27916	71.0	1.9	24.4	1.7	1.0
2014	33003	70.7	1.9	24.6	1.7	1.1

数据来源：《中国劳动统计年鉴 2003》《中国人力资源和社会保障年鉴工作卷 2014》《人力资源和社会保障事业发展统计公报 2014》。

由上述可知，财政社会保障支出包括社会保障和就业支出、医疗保障和保障性安居工程支出三项预算科目，其中的社会保障和就业支出与其他两项相比，不仅金额大，同时包括最低生活保障支出等重要的支出科目。为了考察城乡居民最低生活保障支出的相对规模，表 3 显示了社会保障与就业支出的主要构成项目，由此可以看出，除了财政对社会保险基金的补助之外，行政事业单位离退休金的规模最大，占比在 2014 年为 22.97%，与此相比，城乡居民最低生活保障占比较低，同年为 14.14%。

表3　1998—2014 年社会保障与就业支出的规模和构成

年份	绝对额（亿元）	比重（%）						
		财政对社会保险基金的补助	行政事业单位离退休金	就业补助	城市居民最低生活保障	农村居民最低生活保障	自然灾害生活救助	其他
1998	596	3.62	46.06	1.09	1.49	—	8.82	38.92
1999	1197	14.17	32.90	0.34	1.50	—	2.70	48.39
2000	1518	19.68	31.54	0.42	1.74	—	2.05	44.57
2001	1987	17.26	31.43	0.34	2.30	—	1.80	46.86
2002	2636	19.62	29.92	0.43	3.86	—	1.46	44.70
2003	2656	18.60	33.70	3.74	6.05	—	2.14	35.78
2004	3116	16.68	32.99	4.18	5.74	—	1.57	38.84
2005	3699	15.61	31.49	4.35	5.36	—	1.70	41.49
2006	4362	20.38	30.50	7.92	5.53	—	1.63	34.05
2007	5447	23.41	28.77	6.81	5.43	—	1.68	33.90
2008	6804	23.97	26.64	6.09	6.05	—	5.25	32.01
2009	7607	23.36	27.51	6.72	6.81	—	1.61	33.99
2010	9131	25.30	25.78	6.84	5.91	4.89	3.65	32.52
2011	11109	28.38	24.64	6.03	6.08	7.29	2.09	32.78
2012	12586	30.42	22.63	5.85	5.29	7.65	2.16	33.64
2013	14491	30.39	22.14	5.68	5.27	9.43	1.66	34.87
2014	15969	31.58	22.97	5.45	4.62	9.52	1.32	34.06

数据来源：1998—2006 年数据来自《中国财政年鉴 2008》第 425 页“1998—2007 年全国社会保障支出情况表”，2007—2014 年数据来自全国一般（公共）财政支出决算表（财政部网站下载）。

三、数据来源和实证方法

（一）数据来源

本文使用的住户数据来自中国家庭收入调查（CHIP）项目，该项目为入户调查，目前收集数据的年份为 1988 年、1995 年、2002 年、2007 年和 2013 年。CHIP 样本全部来自国家统计局“住户收支与生活状况调查”大样本。分省份住户调查的抽样方法由国家统计局制定。① 抽中调查的小区五年内保持不变。抽中住宅两年内保持不变，每年轮换一半。在国

① 样本量按满足以下代表性需求的标准确定：在 95% 的置信度下，分省份居民及分省份分城乡居民人均可支配收入、消费支出以及主要收入项和消费项的抽样误差控制在 3% 以内（个别人口较少的省份控制在 5% 以内）。由此汇总生成的全国居民及全国分城乡居民人均可支配收入和消费支出抽样误差控制在 1% 以内，主要收入项和消费项的抽样误差控制在 3% 以内。国家统计局使用统一的抽样框，以省份为总体，在对县级调查网点代表性进行评估的基础上采用分层、多阶段随机抽样方法抽选调查住宅，确定调查户。

家统计局大样本的基础上，CHIP 项目在设计抽样程序的过程中兼顾了样本抽选的随机性、在收入指标上对大样本的代表性以及便于调查组织实施这 3 个抽样原则的基础上，采取分层抽样、整群抽样、随机等距抽样相结合的方法进行了样本抽选。抽样具体步骤为：首先确定各市县的样本量；其次确定需要抽选的市辖区个数以及县和县级市个数，在此基础上抽取市辖区、县及县级市；最后抽选样本户。在具体测算中，我们按照全国各地区的农村、城镇、流动人口数对样本进行了加权，由此估计的人均收入水平和基尼系数具有全国代表性。

（二）实证方法

本文通过计算 MT 指数和 P 指数来考察不同社会保障支出的再分配效应。MT 指数分解方法是研究财税政策再分配效应中常用、重要的方法。Musgrave 和 Thin（1949）提出的 MT 指数，也叫再分配指数，用公式表示为

$$MT = G_X - G_Y \tag{1}$$

其中，G_X 和 G_Y 分别表示某项政策工具介入前、后的基尼系数。如果政策具有改善收入不平等的效应，G_Y 会小于 G_X，MT 指数为正值。相反，如果政策具有加大收入差距的效应，MT 指数将是一个负值。Kakwani（1984）通过对 MT 指数进行分解得到了再分配指数和税收累进性 P 指数之间的关系，用公式可表示为

$$MT = (C_Y - G_Y) + \frac{t}{1-t}P \tag{2}$$

由于 MT 指数不仅适用于税收，也同样可用于其他政策再分配效应的研究（陈宗胜等，2016），这里以本文所研究的社会保障支出为例来解释以上分解公式。公式（2）中，C_Y 代表按照社会保障支出转入前的收入排序的包括社会保障支出的可支配收入集中率，G_Y 代表包括社会保障的可支配收入基尼系数。t 值等于社会保障支出水平与社会保障支出转入前可支配收入的比值，我们称之为“社会保障补贴率”。

公式（2）中的 P 代表 Kakwani（1977）提出的测度税收累进性或累退性的指标 P 指数，它显示税收对收入不平等的作用方向。通过税收集中度的大小我们可以判断税收的累进性（或累退性）。

在本文中，P 代表社会保障支出的累进（退）性指数。与税收相反，社会保障支出的累进性越强，代表其分配越偏向于富人；反之，累退的社会保障支出是有利于低收入人群的。P 等于社会保障支出集中率与总收入基尼系数的差值，当集中度与总收入基尼系数相等（也就是 P 指数为 0 时），社会保障支出与居民总收入在总人口中的分布是完全相同的。也就是说，每个人在政府社会保障支出总额中的比重等于其在收入总额中的比重。如果社

会保障支出集中度大于总收入基尼系数（也就是 P 指数是正值），则意味着社会保障支出的分布偏重于高收入人群，或者说高收入人群的社会保障补贴率高于低收入人群，社会保障支出是累进的。P 指数的值越大，社会保障支出的累进程度也越强。若 P 指数小于 0，则说明社会保障支出是累退的。

四、实证结果及分析

前文通过宏观数据考察了我国社会保障支出的规模和构成，本节运用微观住户数据分析社会保障支出的居民收入分配效应，具体要回答的问题为：离退休金、养老保险、低保以及报销医疗费等主要社会保障支出，是在扩大居民收入差距，还是在缩小居民收入差距？

表 4　主要社会保障支出项目的人均水平　　单位：元

主要社会保障支出	全国	农村	城镇	流动人口
离退休金	2369	249	5406	317
城镇居民社会养老保险	168	46	357	10
新型农村养老保险	61	106	27	8
其他养老金	24	22	34	1
最低生活保障	32	31	42	2
社会救济	22	29	21	3
报销医疗费	110	82	173	17
退耕还林还草补贴	6	12	2	1
粮食直接补贴	25	52	2	3
其他现金政策性惠农补贴	26	54	3	4

表 4 展示了全国、农村、城镇、流动人口的主要社会保障支出的人均值，表明了主要社会保障支出分配的不平等。从表 4 中可以看出，对农村、城镇、流动人口来说，离退休金在各项主要社会保障支出中人均值最高，其次是城镇居民社会养老保险、报销医疗费、新型农村养老保险和最低生活保障。城镇户籍居民的人均离退休金为 5406 元，是农村居民的 21.7 倍、流动人口的 17 倍。这意味着离退休金在城乡居民之间、城镇常住人口内部的分布都非常不均等。类似的还有报销医疗费，城镇居民的人均报销医疗费是农村居民的 2.1 倍、流动人口的 10.2 倍。城镇居民人均最低生活保障收入是农村居民的 1.4 倍、流动人口的 21 倍，说明最低生活保障的城乡差距小于离退休金，但不具备城镇户籍的流动人口可获得的低保收入水平非常低。农村居民人均值高于城镇居民的社会保障支出项目为社会救济、新型农村养老保险，以及退耕还林还草补贴、粮食直接补贴及其他现金政策性惠农补贴。其中农村居民的人均社会救济收入为 29 元，是城镇居民的 1.4 倍、流动人口的

9.7倍。可见，除离退休金外，流动人口的主要社会保障支出人均值均低于城镇和农村居民。此外，在农村居民内部，人均粮食直接补贴水平要高于退耕还林还草补贴。

表5显示，如果不考虑社会保障支出，全国居民人均可支配收入的基尼系数为0.4689，总收入中加入来自政府的社会保障支出后，居民人均可支配收入基尼系数变为0.4440。可见经过社会保障支出的调节，居民收入不平等指数下降了0.0249，这意味着我国的社会保障支出具有改善收入分配的作用。若不包括社会保障支出，农村居民可支配收入基尼系数为0.4307，城镇居民可支配收入基尼系数为0.4298；包括社会保障支出后，农村居民和城镇居民的可支配收入基尼系数分别下降到0.4150和0.3542，分别下降了0.0157和0.0756。可见，社会保障支出在农村和城镇内部均具有缩小收入差距的作用，但社会保障支出对城镇居民的收入分配效应更大。社会保障支出对流动人口的收入分配作用最小，社会保障支出的转入仅使流动人口的可支配收入基尼系数降低了0.0037。此外，值得注意的是，不包括社会保障支出时，城乡收入比为2.4（24411/10322），但加入社会保障支出后，城乡收入比扩大到了2.8（30514/11039）。这意味着经过社会保障支出的调节，城乡居民之间的收入差距反而扩大了，社会保障支出产生了“逆向调节”。这一点与王延中（2016）的研究结论一致。

表5　社会保障支出对基尼系数的影响

人口分组	不包括社会保障支出		包括社会保障支出		再分配效应
	人均收入（元）	基尼系数	人均收入（元）	基尼系数	
全国	17616	0.4689	20493	0.4440	0.0249
农村	10322	0.4307	11039	0.4150	0.0157
城镇	24411	0.4298	30514	0.3542	0.0756
流动人口	21805	0.3549	22181	0.3512	0.0037

社会保障支出的几项构成并未包括所有的社会保障支出，故所列分项构成并不等于来自政府转移收入的总数。

从表6中可以看出，2013年城乡居民人均可支配收入中，工资性收入占比最高，为55.72%，其次为转移性收入、经营净收入、自有住房折算租金和财产净收入，占比分别为16.21%、15.30%、12.73%和3.56%。转移性收入包括来自政府的转移性收入和来自非政府的转移性收入，前者为后者的6.8倍。来自政府的社会保障支出（对居民而言为社会保障收入）为我们考察的重点，表6中显示了社会保障支出的主要构成项目。由表6可知，社会保障支出主要为离退休金，其占比为82.3%（=11.56%/14.04%×100%），其余按占比由大到小依次是城镇居民社会养老保险、报销医疗费、新型农村养老保险、现金政策性惠农补贴、最低生活保障和社会救济，其占人均总收入的比重分别为0.82%、

0.54%、0.30%、0.28%、0.16%和0.11%。上述所列各项占主要社会保障支出的98%。

表6 2013年人均可支配收入基尼系数与分项收入集中率

收入来源	基尼系数和集中率*	收入比重（%）	P指数
总收入	0.4440	100.00	
工资性收入	0.4813	55.72	0.0373
经营净收入	0.2608	15.30	-0.1832
财产净收入	0.5503	3.56	0.1063
自有住房折算租金	0.4581	12.73	0.0141
转移性收入	0.4612	16.21	0.0172
其中：来自政府	0.5236	14.14	0.0796
社会保障总支出	0.5265	14.04	0.0825
离退休金	0.5954	11.56	0.1514
城镇居民社会养老保险	0.4833	0.82	0.0393
新型农村养老保险	-0.0294	0.30	-0.4734
其他养老金	0.2476	0.12	-0.1964
最低生活保障	-0.3580	0.16	-0.8020
社会救济	-0.1319	0.11	-0.5759
报销医疗费	0.4401	0.54	-0.0039
现金政策性惠农补贴	-0.3346	0.28	-0.7786
来自非政府	0.0356	2.07	-0.4084

注：*此栏中数字除“总收入”为基尼系数外，其他均为集中率。

社会保障支出为人均可支配收入的来源之一，因此以下按分项收入对总收入差距贡献的方法进行考察。某项收入构成（或分项收入）对总收入差距的效应由该项收入（按总收入排序计算的）集中率与总收入的基尼系数之间的大小关系决定。如果某一分项收入的集中率大于总收入的基尼系数，则P指数大于0，说明该分项收入较总收入分配得更不平均，其大部分集中于高收入人群，低收入人口得到的较少（如财产收入），因此其为扩大总收入差距的因素。当该项收入在总收入中的占比提高时，[①] 总收入的基尼系数会随之上升，即总收入的不平等程度将加剧。表6第二列的“基尼系数和集中率”给出了总收入的基尼系数及其分项收入的集中率（该列中，只有与“总收入”对应的数字为基尼系数，即总收入的基尼系数，其余均为各分项收入的集中率），因此通过比较分项收入集中率与总收入基尼系数大小，即可判断每个分项收入对总收入差距的作用方向。表6第二列的“基尼系数和集中率”显示，人均可支配收入总额的各项构成中，工资性收入、财产净收

① 严格地讲，“某一分项收入占总收入的比重提高”指的是，每个人的该项收入按同一比率增长，即保持该分项收入的分布不变。该分项收入占比变化的同时，其分布也发生变化的话，其对总收入差距的效应是不定的。

入、自有住房折算租金和转移性收入的集中率均高于总收入的基尼系数（财产净收入尤为如此），因此其为扩大居民收入整体差距的因素。与此相反，经营净收入的集中率低于总收入的基尼系数，因此其为居民收入差距的缩小因素。

我们关注的焦点为社会保障支出的分配效应，对此进行考察发现，社会保障支出的集中率为0.5265，显著高于0.4440，P指数大于0，由此可以说，社会保障支出发挥着扩大居民收入差距的作用。换句话说，按照目前政府转移收入在居民之间的分配，政府进一步增加社会保障支出将扩大居民收入差距。政府的社会保障支出是由不同的项目构成的，其中有离退休金、养老保险、低保和报销医疗费等，不同项目的社会保障支出，其收入分配的效应是不同的，甚至是相反的，社会保障支出对收入差距的负面效应，实际上是各种不同转移支付项目相互作用、相互抵消的结果，因此有必要对社会保障支出的分项进行考察。分项社会保障支出中，离退休金的集中率最大，为0.5954，实际上与各分项收入相比均最高，远高于总收入的基尼系数，因此其为扩大居民收入差距的力量。城镇居民社会养老保险的集中率也超过了总收入的基尼系数，虽然超出幅度不及离退休金，但仍然是加大居民收入不平等的因素。换句话说，按照目前城镇居民社会养老保险的制度设计，高收入人群从中受益程度较低收入人群更大。集中率低于总收入基尼系数的政府转移收入有最低生活保障、新型农村养老保险、社会救济、现金政策性惠农补贴。报销医疗费的集中率略微低于总收入的基尼系数，从边际效应来看其对总收入差距缩小力量较弱。城乡最低生活保障的集中率为-0.3580，是人均可支配收入的所有构成项目中集中率最低的，或者说对低收入人群倾向最强的收入构成。这说明，它不但是缩小居民收入不平等的力量，而且在金额相对的情况下，在缩小总收入差距上，它的力量最大。

五、主要结论与政策建议

在由市场因素决定的居民收入差距上，我国虽略高于发达国家，但相差不大。我国可支配收入不平等程度显著高于发达国家的主要原因在于我国政府收入再分配政策的调节力度较发达国家而言不足。鉴于此，本文基于最新CHIP2013调查数据，使用MT指数、P指数测算了我国主要社会保障支出的收入分配效应。

宏观数据研究显示，无论是从国际比较还是从我国实际经济发展水平来看，我国社会保障支出水平都较低，因此应继续加大对居民社会保障的投入力度。微观研究发现，MT指数的计算结果表明我国的社会保障支出具有改善居民收入分配的作用。考察分项社会保障支出的收入分配效应，我们发现，按照目前政府转移收入在居民之间的分配结构，社会保障支出面向所有居民的整体增加将扩大居民收入差距。分项社会保障支出中，离退休金的集中率最大，远高于总收入的基尼系数，因此其为扩大居民收入差距的力量。城乡最低生活保障是对低收入人群倾向最强的收入构成，在金额一定的情况下，它在缩小总收入差距上的力量最大。但由于最低生活保障在总收入中所占份额较低，它对基尼系数的降低作用并不明显。此外，新型农村养老保险、现金政策性惠农补贴也具有改善居民收入分配的作用。

参考文献

[1]蔡萌，岳希明．我国居民收入不平等的主要原因：市场还是政府政策[J]. 财经研究,2016(4):4-14.

[2]财政部社会保障司课题组．社会保障支出水平的国际比较[J]. 财政研究,2007(10):36-42.

[3]陈共．财政学[M]. 北京:中国人民大学出版社,2000.

[4]陈宗胜，文雯，任重．城镇低保政策的再分配效应——基于中国家庭收入调查的实证分析[J]. 经济学动态,2016(3):11-20.

[5]李实，佐藤宏，史泰丽．中国收入差距变动分析——中国居民收入分配研究IV[M]. 北京:人民出版社,2013.

[6]刘坚．新阶段扶贫开发的成就与挑战[M]. 北京:中国财政经济出版社,2006.

[7]王延中，龙玉其，江翠萍，徐强．中国社会保障支出再分配效应研究——以社会保险为例[J]. 经济研究,2016(2):4-15.

[8]Kristjánsson A. S. Income redistribution in iceland: Development and European Comparisons[J]. European Journal of Social Security,2011(11): 392-423.

[9]Kakwani N. C. Measurement of tax progressivity: An international comparison[J]. The Economic Journal,1977,87(345): 71-80.

[10]Kakwani N. C. On the measurement of tax progressivity and redistributive effect of taxes with applications to horizontal and vertical equity[J]. Advances in Econometrics,1984(3): 149-168.

[11]Lustig N. Fiscal policy and income redistribution in Latin America: Challenging the conventional wisdom[R]. Tulane Economics Working Paper Series,1124,2011.

[12]Mahler V. A., Jesuit D. K. Fiscal redistribution in the developed countries: New insights from the luxembourg income study[J]. Socio-Economic Review,2006,4(3): 483-511.

[13]Milanovic B. Do more unequal countries redistribute more? Does the median voter hypothesis hold[R]. World Bank Policy Research Working Paper,1999,No. 2264.

[14]Musgrave R. A., T. Thin. Income tax progression 1929-1948[J]. Journal of Political Economy,1949,56(6): 498-514.

COVID－19疫情冲击下美联储货币政策的特点分析[①]

姚明霞[②]

摘要：2020年年初开始，美国经济遭受了COVID－19疫情的侵袭，并不可避免地步入了衰退。应对衰退，美联储所采取的货币政策可以被划分为两个阶段：快速反应阶段和政策加力阶段。相较于2008年金融危机时期，此次美联储货币政策的特点有反应更快、力度更大、新建立了7种便利工具、与财政政策的配合更紧密、救助范围更广、整套政策工具起到了不同的作用。本文认为，之所以有这些特点，是由于COVID－19疫情对美国宏观经济的总需求和总供给两方面都产生了冲击，而且是一种外生的公共卫生危机，而2008年金融危机是由经济体系内部的次贷危机所引起的。最后，针对货币政策如何应对类似的冲击，本文进行了总结并提出了几点思考。

关键词：COVID－19疫情冲击；美联储；货币政策；政策工具

2020年年初开始，COVID－19疫情蔓延全球。时任美国总统特朗普于1月底宣布进入公共卫生紧急状态，在实施了外国人旅行禁令等措施的情况下，3月出现了疫情高峰。自此，更加严格的疫情防控措施逐渐实施，大量经济活动不得不减少甚至停止，美国宏观经济不可避免地走向了衰退。

与此同时，美联储迅速进行干预，出台了宽松的货币政策。那么，美联储的货币政策是如何应对COVID－19疫情冲击的呢？与2008年金融危机时期相比，这次的货币政策应对有什么特点呢？为什么会有这些特点呢？本文将逐一回答这些问题，并试图从美联储货币政策的新变化中获得一些启发。

① 本文首发于《中国物价》2021年第2期。

② 姚明霞，中国人民大学经济学院，副教授，主要研究方向为福利经济学、宏观经济问题。

一、COVID－19 疫情冲击下美联储货币政策的应对

从 2020 年 3 月开始，美联储出台了宽松的货币政策来应对 COVID－19 疫情对宏观经济的冲击。美联储是通过各种政策工具来实施其货币政策的。迄今为止，美联储的货币政策工具一共有 17 种：除传统的公开市场操作、贴现窗口及贴现率、准备金要求外，2008 年 10 月建立实施了法定准备金余额及超额准备金余额支付利息这 1 种，其余的 13 种是各种便利工具，包括隔夜逆回购协议便利（Overnight Reverse Repurchase Agreement Facility）、定期存款便利（Term Deposit Facility）、一级交易商信贷便利（Primary Dealer Credit Facility，PDCF）等。表 1 为美联储货币政策中的便利工具。

表 1　美联储货币政策中的便利工具

便利工具名称	便利工具的作用	应对 2008 年金融危机	应对 2020 年 COVID－19 疫情
商业票据资金便利（Commercial Paper Funding Facility，CPFF）	基于求助，通过具有特定目的的工具（a Special Purpose Vehicle，SPV）从合格发行者处购买 3 个月期的美元计价的商业票据。商业票据市场直接为许多经济活动融资，为汽车贷款、住房抵押贷款提供信贷和资金，也提供流动性以满足许多公司的经营需要。纽约联邦储备银行有 SPV 所有资产作为保障。财政部会使用外汇稳定基金（the Exchange Stabilization Fund，ESF）对 SPV 进行 100 亿美元股权的投资。通过确保商业票据市场的顺利运行，美联储可以提供信贷以改善短期债务市场的流动性并减轻其他信贷市场的压力，支持整个经济体系中的家庭、企业、工作	2008 年 10 月 7 日建立。延期到 2010 年 2 月 1 日结束	2020 年 3 月 17 日开始，2021 年 3 月 17 日 SPV 停止购买商业票据，除非美联储委员会延期
一级交易商信贷便利（Primary Dealer Credit Facility，PDCF）	是对一级交易商的隔夜借款便利，以高质量抵押品获得贷款。类似于美联储贴现窗口提供给存款机构的一个备用的资金来源。一级交易商是短期资金市场上的关键中介，关系到公开市场操作，是为美国国库券市场提供流动性的重要角色（市场卖方更多时，提供一级交易商流动性以保证交易完成，提供市场参与者流动性）	2008 年 3 月 16 日宣布建立。2008 年 3 月 17 日第一天实施。延期到 2010 年 2 月 1 日结束	2020 年 3 月 17 日开始。延期到 2020 年 12 月 31 日结束
货币市场共同基金流动性便利（Money Market Mutual Fund Liquidity Facility，MMLF）	货币市场共同基金经历了投资者的大量赎回需求，正常情况下，可以出售资产来满足这样的需求。但是因为 COVID－19 疫情的暴发，许多货币市场已经变得极度缺乏流动性。依据《联邦储备法》第 13（3）条［*Section* 13（3）*of the Federal Reserve Act*］并事前征得财政部部长许可，美联储管理委员会授权波士顿联邦储备银行（FRBB）建立了 MMLF。同时，财政部部长使用 ESF 为 FRBB 提供 100 亿美元信贷保护。通过它，FRBB 可以为合格的金融机构提供贷款，这些金融机构以购买自某个州或其他免税市政货币市场共同基金的高质量资产作为担保		2020 年 3 月 18 日宣布建立，扩展于 2020 年 3 月 23 日，授权截至 2020 年 9 月 30 日。后延期到 2020 年 12 月 31 日结束

续表

便利工具名称	便利工具的作用	应对 2008 年金融危机	应对 2020 年 COVID－19 疫情
一级市场公司信贷便利（Primary Market Corporate Credit Facility，PMCCF）	基于求助，支持大雇主新债券与借款的发行。该便利承诺借款给 SPV：①在某个债券发行时作为唯一投资者购买合格债券；②发行时，购买组合债券或借款的一个部分。财政部会对 SPV 进行 750 亿美元股权的投资，以支持 PMCCF 和二级市场公司信贷便利（SMCCF）。通过扩大 PMCCF、SMCCF 以及定期资产支持证券借款便利（TALF）的规模和范围，增加向家庭和企业的信贷流。这 3 个项目会提供最多 8500 亿美元的信贷（PMCCF 和 SMCCF 共 7500 亿美元），由财政部所提供的 850 亿美元信贷保护作为支持。依据《联邦储备法》第 13（3）条并征得财政部部长许可而建立		2020 年 3 月 23 日建立，将在 2020 年 12 月 31 日之前停止购买合格资产，除非美联储管理委员会和财政部给予延期
二级市场公司信贷便利（the Secondary Market Corporate Credit Facility，SMCCF）	基于求助，纽约联邦储备银行会借款给在二级市场上购买合格发行者所发行的公司债的 SPV。财政部股权初始配置是 500 亿美元 PMCCF 和 250 亿美元 SMCCF		2020 年 3 月 23 日建立。延期到 2020 年 12 月 31 日结束
定期资产支持证券借款便利（Term Asset－Backed Securities Loan Facility，TALF）	为投资者提供融资以支持他们购买特定的 AAA 级资产支持证券（包括由汽车贷款、设备租赁、信用卡贷款及其他贷款所支持的证券），以支持长期的、以市场为基础的融资，促进市场的安全性。这是为关键信贷市场上的借款人和投资者直接提供流动性的一种工具。TALF 的规模保持在 1000 亿美元。依据《联邦储备法》第 13（3）条并征得财政部部长许可而建立	2008 年 11 月 25 日提出计划。2009 年 3 月 3 日财政部和美联储宣布实施。新贷款于 2010 年 6 年 30 日结束	2020 年 3 月 23 日建立。2020 年 12 月 31 日结束，除非美联储委员会和财政部决定给予延期
薪资保护计划流动性便利（Paycheck Protection Program Liquidity Facility，PPPLF）	2020 年 4 月 8 日经无记名投票和财政部部长许可，授权 12 家联邦储备银行建立 PPPLF。基于非求助，为加强小企业管理会的薪资保护计划（PPP）有效性，PPPLF 旨在提供支持给合格借款人对 PPP 下的小企业所进行的借款，PPP 借款以其面值作为抵押。来自 PPP 借款的所有存款机构都有资格参与 PPPLF。美联储管理委员会和财政部部长可能会对条款进行调整		2020 年 4 月 9 日开始，2020 年 12 月 31 日结束，除非美联储委员会和财政部决定给予延期
市政流动性便利（Municipal Liquidity Facility，MLF）	帮助州和地方政府更好地管理现金流压力以便继续为各自社区的家庭和企业提供服务。直接从美国各州（包括哥伦比亚特区）、人口至少 50 万居民的县、人口至少 25 万居民的市进行购买最多 5000 亿美元的短期票据。合格的州一级的发行者可以使用收益来支持其他的县和市。债务发行量不能超过州、市、县 2017 财年一般收益（general revenue）的 20%。财政部使用《新冠援助、纾解与经济安全法案》（CARES Act）所允许的资金提供 350 亿美元信贷保护。依据《联邦储备法》第 13（3）条并事前征得财政部部长许可而建立		2020 年 4 月 9 日建立，计划 2020 年 12 月 31 日到期

续表

便利工具名称	便利工具的作用	应对 2008 年金融危机	应对 2020 年 COVID－19 疫情
中小企业借款便利（Main Street Lending Program，MSLP）	加强支持疫情前财务状况好的中小企业，提供 4 年最多 6000 亿美元的贷款给雇用达到 10000 个工人或收益低于 25 亿美元的那些公司。参与的企业必须承诺努力维持支付工资和保住工人。获得 PPP 的企业也可以获得 MSLP。财政部会使用来自 CARES Act 的资金提供给便利工具 750 亿美元的股权。依据《联邦储备法》第 13（3）条并事前征得财政部部长许可而建立		2020 年 4 月 9 日开始。延期到 2020 年 12 月 31 日结束
中央银行流动性互换（Central Bank Liquidity Swaps）	跟 5 家央行（the Bank of Canada，the Bank of England，the European Central Bank，the Bank of Japan，and the Swiss National Bank）一直有协议。在 2020 年 3 月 19 日增加了跟另外 9 家央行［the Reserve Bank of Australia，the Banco Central do Brasil，Danmarks National bank（Denmark），the Bank of Korea，the Banco de Mexico，the Reserve Bank of New Zealand，the Norges Bank（Norway），the Monetary Authority of Singapore，and the Sveriges Riksbank（Sweden）］的临时性互换协议。这 9 家银行都曾在 2008 年金融危机时期建立互换协议，危机后结束。美联储给临时协议中的每家央行提供多达 300 亿～600 亿美元的流动性，持续至少 6 个月	2007 年 12 月 6 日开始建立。延期到 2010 年 2 月 1 日	2020 年 3 月 19 日宣布建立。2020 年 7 月 29 日宣布延期到 2021 年 3 月 31 日
临时性 FIMA 回购便利［Temporary Foreign and International Monetary Authorities（FIMA）Repo Facility］	支持金融市场（包括美国国债市场）的顺利运行，因而可以维持向美国家庭和企业的信贷支持。允许 FIMA 账户持有者（包括中央银行、其他的国际货币权力机构，它们在纽约联邦储备银行有账户）参与跟美联储的回购协议。FIMA 账户持有者暂时将持有的美国政府证券向美联储换为美元。该便利通过提供另外一种暂时性的美元来源而不是在公开市场出售证券有助于支持美国国债市场的顺利运行。同时，跟美联储已经与其他中央银行所建立起的美元流动性互换协议一道，它也有助于减轻国际美元资金市场上的压力		2020 年 3 月 31 日建立。2020 年 7 月 29 日宣布延期到 2021 年 3 月 31 日
货币市场投资者资金便利（Money Market Investor Funding Facility，MMIFF）	为关键信贷市场上的借款人和投资者直接提供流动性，以改善短期债务市场的流动性并减轻其他信贷市场的压力	2008 年 10 月 21 日建立。2009 年 10 月 30 日到期	
定期证券借款便利（the Term Securities Lending Facility，TSLF）	借款给一级交易商。为关键信贷市场上的借款人和投资者直接提供流动性	2008 年 3 月 11 日开始。延期到 2010 年 2 月 1 日结束	

续表

便利工具名称	便利工具的作用	应对 2008 年金融危机	应对 2020 年 COVID-19 疫情
定期拍卖便利（Term Auction Facility，TAF）	为关键信贷市场上的借款人和投资者直接提供流动性	2007 年 12 月开始，最后一轮于 2010 年 3 月 8 日执行	
资产支持商业票据货币市场共同基金流动性便利（Asset - Backed Commercial Paper Money Market Mutual Fund Liquidity Facility，ABCP MMMF，或者 AMLF）	改善短期债务市场的流动性并减轻其他信贷市场的压力	2008 年 9 月 19 日建立。延期到 2010 年 2 月 1 日结束	

资料来源：美联储官网（https：//www.federalreserve.gov/monetarypolicy/policytools.htm）。

时至 2020 年 10 月初，美联储货币政策的应对可以划分为以下两个阶段：

第一阶段（3 月 3 日至 3 月 22 日）：快速反应阶段。

首先，快速降息。由于 2 月底 3 月初在国库券市场和抵押贷款支持证券（MBS）市场上出现了越来越多的卖出长期国库券和 MBS、买入短期的更具流动性的资产的情况，交易商开始出现流动性困难，不能购买证券，市场功能受阻，而同时其他来源的资金成本又在上升，因此，美联储公开市场委员会（FOMC）宣布进行以下降息干预：一是降低目标联邦基金率。3 月 3 日目标联邦基金率从 1.5% ~1.75% 降到 1% ~1.25%，3 月 16 日进一步降息到 0 ~0.25%。二是降低对准备金余额所支付的利息率。3 月 3 日宣布从 2020 年 3 月 4 日开始对准备金余额支付 1.10% 的利率，3 月 15 日宣布从 3 月 16 日开始将对准备金余额（包括法定准备金和超额准备金）支付的利率进一步降低到 0.10%。三是降低提供给隔夜逆回购协议的利率到 1.00% 以帮助控制达到目标联邦基金率。四是降低一级贷款利率（the primary credit rate）。3 月 3 日宣布降低 0.3 个百分点到 1.25%，3 月 15 日宣布再降 1.5 个百分点。

其次，3 月 15 日 FOMC 宣布实施量化宽松货币政策。增加持有国库券至少 5000 亿美元、增加持有机构 MBS 至少 2000 亿美元，在不同期限之间进行购买。同时，把到期的机构债和机构 MBS 的本金再投资于机构 MBS。

再次，建立 3 种信贷便利工具。3 月 17 日，在获得了财政部部长的许可下，美联储建立了一级交易商信贷便利（PDCF），目的是为一级交易商提供资金支持。同时还建立了商业票据资金便利（CPFF）。3 月 18 日，宣布建立货币市场共同基金流动性便利（MMLF）。

最后，3 月 15 日 FOMC 还宣布了其他的一些措施，涉及贴现窗口、日内信贷、银行资本金和流动性缓冲、美元流动性互换安排，以及准备金要求（将法定准备金率降到 0，从 2020 年 3 月 26 日起生效）。

第二阶段（3 月 23 日至 10 月初）：政策加力阶段。

一是在数量规模上进一步增加流动性。例如，3 月 23 日，美联储宣布实施无限量的量化宽松政策。自 3 月 23 日开始进一步放宽证券购买的增加量，目标证券放宽到包括机构商业 MBS（agency commercial MBS），购买量曾在 3 月底达到峰值。美联储增加提供总量高达 3000 亿美元的新融资项目，而财政部则使用外汇稳定基金（the Exchange Stabilization Fund，ESF）为这些便利项目提供 300 亿美元的股权。另外，美联储增加了便利工具，包括定期资产支持证券借款便利（TALF）及 3 月 31 日美联储宣布建立的临时性外国及国际货币官方机构逆回购便利。4 月 9 日美联储宣布再提供 2. 3 万亿美元贷款以支持经济，全部在财政部的许可下，通过中小企业借款便利（The Main Street Lending Program，MSLP）、TALF、市政流动性便利（MLF）等来实施。

二是政策工具的适用范围扩大。例如，3 月 23 日扩展了 MMLF 所涵盖的证券，以便更多的信贷资金流向市政部门。7 月 3 日宣布扩展在 TALF、二级市场公司信贷便利（Secondary Market Corporate Credit Facility，SMCCF）、商业票据资金便利（CPFF）中的合约方，以向更多的金融市场交易者提供更多的流动性。7 月 15 日宣布扩展小企业管理会（the Small Business Administration）薪资保护计划（Paycheck Protection Program）的适用规则以增强效果。7 月 17 日宣布修订 MSLP 以使非营利机构如教育机构、医院、社会福利机构等可以更多地获得信贷。

三是政策工具延期。例如，3 月 31 日美联储宣布对一级交易商和存款机构暂时豁免杠杆率要求到 2021 年 3 月 31 日到期。7 月 28 日宣布原计划在 9 月 30 日左右到期的借贷便利工具延期到 12 月 31 日，延期 3 个月，以便那些潜在的便利工具参与者制订计划，提供给他们可以继续获得便利工具的确定性，改善市场运行，增加给提供关键性服务的家庭、企业、州和地方政府的信贷流。延期到年底的政策适用于 7 种工具，另外 1 种工具 PMCCF 已经设定在年底到期，还有 1 种工具 CPFF 设定在 2021 年 3 月 17 日到期。7 月 29 日宣布美元流动性互换工具（U. S. dollar liquidity swap lines，于 2020 年 3 月 19 日宣布建立）以及临时性 FIMA 逆回购便利（于 2020 年 3 月 31 日最初宣布建立）延期到 2021 年 3 月 31 日。

可以看到，在国库券和 MBS 市场出现流动性紧张的情况下，从 3 月 3 日开始，美联储快速反应，实施了常规的降息、非常规的量化宽松政策、建立信贷便利工具以及其他的宽松措施等，并很快于 3 月 23 日开始加力，在数量规模上增加流动性（包括无限量的量化宽松政策）、扩大政策工具的适用范围以及延期政策工具等，进一步为市场提供流动性，以尽力抵消 COVID－19 疫情给美国宏观经济所带来的负面冲击。

二、COVID－19 疫情冲击下美联储货币政策的特点

通过与 2008 年金融危机时期美联储货币政策的应对进行比较，本文总结得出美联储货币政策应对 COVID－19 疫情的特点如下：

第一，反应时间更短。3 月 3 日和 3 月 15 日的公开市场委员会会议都是非计划、紧急召开的。从降息政策来看，2020 年从 COVID－19 疫情暴发到目标联邦基金率降到 0～0.25%，前后 2 次下调共 150 个基点，经历了仅仅 13 天；而 2008 年金融危机时期，降息周期开始于 2007 年 9 月 18 日，到 2008 年 9 月 15 日雷曼兄弟破产倒闭时仍然维持 2% 不变，直到几周后的 2008 年 10 月 8 日才有所反应，降息 50 个基点，之后 2008 年 10 月 29 日再降息 50 个基点，最终才在 3 个月后的 2008 年 12 月 16 日降息 75～100 个基点到 0～0.25%，累计下调 150 个基点经历了一个半月的时间。

第二，政策力度更大。从量化宽松政策来看，首次实施无限量的政策。金融危机时期，断断续续地实施了 3 期量化宽松政策（大规模资产购买计划）：2008 年 11 月 25 日开始第一轮，2010 年 11 月 3 日开始第二轮，2012 年 9 月 13 日开始第三轮，2014 年 10 月 29 日结束。关于此次应对 COVID－19 疫情冲击的无限量化宽松政策在未来几年会如何持续，还是一个很大的未知数。另外，从便利工具来看，PDCF、MMLF、PPPLF 都是无限量的（美联储《货币政策报告》2020 年 6 月 12 日，第 52 页）。

第三，建立了 7 种便利工具。

为应对 COVID－19 疫情冲击，美联储建立了 7 种借贷便利工具：薪资保护计划流动性便利（PPPLF）为参与薪资保护计划（PPP）的合格金融机构提供支持、中小企业借款便利（MSLP）为中小企业提供信贷、市政流动性便利（MLF）为州和市政府提供流动性、一级市场公司信贷便利（PMCCF）和二级市场公司信贷便利（SMCCF）为大雇主提供信贷、货币市场共同基金流动性便利（MMLF）为合格的金融机构提供贷款、临时性 FIMA 回购便利为某些外国市场提供美元流动性。

另外，还有 4 种便利工具是在应对金融危机时所使用过的，在此次也使用了，它们是商业票据资金便利（CPFF）、定期资产支持证券借款便利（TALF）、一级交易商信贷便利（PDCF）、中央银行流动性互换。其中，前 2 种都是为关键性信贷市场上的借款人和投资者直接提供流动性的。而在应对金融危机所使用过的 8 种便利工具（于 2009 年 10 月 30 日到 2010 年 6 月 30 日之间结束）中，另外的 4 种工具则没有被再度使用，它们是资产支持商业票据货币市场共同基金流动性便利（ABCP MMMF 或 AMLF）及货币市场投资者资

金便利（MMIFF）、定期证券借款便利（TSLF）及定期拍卖便利（TAF）。其中，前2种为货币市场的投资者提供流动性，后2种为金融机构提供短期流动性。

第四，助力财政刺激计划，与财政部合作救助的范围更广。

COVID－19疫情冲击下，由于形势的紧迫性和复杂性，货币政策与财政政策的配合是更加紧密的。一方面，美联储所建立的便利工具需要获得财政部部长的许可，而财政部也会购买这些便利工具的一部分股权。财政部对许多便利工具的股权投资都是由《新冠援助、纾解与经济安全法案》（*Coronavirus Aid*，*Relief*，*and Economic Security Act* 或 CARES Act）授权的。这些便利工具将提供最多2.6万亿美元信贷给大雇主、中小企业、家庭、州和地方政府（美联储《货币政策报告》2020年6月12日，第31页）。另一方面，美联储要求便利工具的合约方以所获得的财政部项目为抵押品。因此，当2020年8月7日两党关于第二轮财政刺激计划的谈判由于特朗普计划所提供的额度减弱而失败的情况发生后（截至2020年10月5日，两党仍然没有达成共识），美联储的货币政策及其效果就面临了严峻的考验，因为货币政策的力度也相应地被减弱了。

同时，货币政策与财政部合作救助的范围更广，不仅包括了金融机构，还包括了各类企业、家庭、州和地方政府。例如，新建立的7种便利工具中的前6种都是直接支持各类企业和公共服务部门的。

而金融危机时期货币政策与财政政策的配合则主要局限于救助特定的金融机构，包括美国国际集团（AIG）、贝尔斯登、花旗集团、美国银行。例如，2008年9月16日，在财政部的支持下，美联储委员会授权纽约联邦储备银行给AIG发放高达850亿美元的贷款，以帮助其履行合约。2008年11月，美国财政部宣布根据困境资产纾解计划（Troubled Asset Relief Program，TARP）购买400亿美元新发行的AIG优先股份，而美联储则可以把信贷便利中给予AIG的贷款总额从850亿美元减少到600亿美元（美联储《货币政策报告》2009年2月24日，第51页）。

第五，政策工具所起的作用不同。

应对COVID－19疫情冲击的货币政策工具，除了解决关键性金融市场的流动性困难，还倾向于解决企业经营和公共服务所面临的流动性问题。根据这些政策工具的作用，可以将其分为以下三类：一是接近0的利率，使消费者借款更容易，使企业维持经营、保住工人岗位更容易。二是一些便利工具，支持中小企业及其雇员（如PPPLF、MSLP），也支持州和地方政府（如MLF）。三是另外一些便利工具，通过让信贷流能够通畅地在金融系统中流动而提供进一步的支持给家庭和企业（如PDCF）。

而应对金融危机的货币政策工具则倾向于解决金融机构、信贷市场上的流动性问题。美联储于2009年2月24日发布的《货币政策报告》将应对金融危机的政策工具分为了三类：第一类是央行作为最后贷款人的传统角色，为银行及其他存款机构和其他金融机构提供短期流动性，包括传统的贴现窗口、与危机相关的定期拍卖便利（The crisis – related TAF）、PDCF、TSLF，批准了与几个外国央行的双边货币互换协议。第二类是为关键性信贷市场上的借款人和投资者直接提供流动性，包括与危机相关的商业票据资金便利（The crisis – related CPFF）、AMLF、MMIFF、TALF 等。第三类是扩展了的传统的政策工具即公开市场操作，通过扭转操作购买长期证券，压低长期利率，支持信贷市场运行，使更广泛市场的金融状况更加适应宏观经济。

总之，与 2008 年金融危机时期相比，此次美联储货币政策的应对反应更快、力度更大，新建立了 7 种便利工具，与财政政策的配合更紧密，救助范围更广，整套政策工具起到了不同的作用。那么，为什么货币政策的应对会有这些差别呢？这可能与 COVID – 19 疫情影响美国宏观经济的方式不同相关。

三、COVID – 19 疫情影响美国宏观经济方式的特殊性

与 2008 年金融危机相比，2020 年 COVID – 19 疫情影响美国宏观经济方式的特殊性表现在以下两个方面：

首先，COVID – 19 疫情对美国宏观经济的总需求和总供给产生的冲击，是一种双重冲击。而 2008 年的金融危机，是次贷危机对总需求方面产生了冲击，因为次贷危机的导火索是住房抵押贷款的违约危机，住房市场上的需求因而大幅下降。

COVID – 19 疫情影响美国宏观经济的总需求方面：一是私人消费。大部分消费品的消费由于出行限制措施、家庭收入下降而减少，如餐饮、娱乐、交通旅游、服装等，而有少部分与生活必需品有关的外卖和快递等服务虽然有较大幅度的增加，但总体而言私人消费量是减少的。二是私人投资。其中，企业商业投资和新住宅建设投资由于对未来市场需求前景的预期不乐观且具有很大的不确定性而减少，3 月突发的油价大跌及股市大跌都加剧了这种市场情绪。三是净出口。COVID – 19 疫情是全球性的，外国市场的需求也减少。

COVID – 19 疫情也影响美国宏观经济的总供给方面，因为全球各国都实施各种限制措施，供应链或资金链断裂导致产品的生产过程停滞，工人的工作时间减少、无薪休假或者失业，工厂停工停产，中小企业甚至大企业都面临倒闭、破产，宏观经济的生产能力下降。

根据宏观经济学的总需求—总供给模型，在横坐标表示美国实际产出或实际 GDP、纵坐标表示美国物价水平的坐标系中，COVID – 19 疫情对美国宏观经济的影响是：使负斜率的总需求线向左移动，同时使正斜率的短期总供给线向左移动，因为垂直的长期总供给线由于生产能力下降而向左移动了。这种双重冲击的结果是：美国实际 GDP 大幅下降，衰退严重，而物价水平则波动不大，可能上涨，也可能下跌；如果总需求下降幅度更大，物

价水平就可能是下跌的。而 2008 年次贷危机对美国宏观经济的影响则是：使负斜率的总需求线向左移动，而短期总供给线和长期总供给线则由于生产能力并没有直接受到影响而都没有变化，所以，次贷危机影响的结果是：美国实际 GDP 有所下降，物价水平也有所下降。可以看到，COVID－19 疫情对美国实际 GDP 所产生的不利影响相对而言更大。

因此，应对 COVID－19 疫情，美联储货币政策不仅要针对金融机构、金融市场进行干预以刺激总需求，还要助力财政政策，针对各类企业和公共服务等实体经济部门给予支持以刺激总供给。而应对 2008 年金融危机，美联储货币政策则主要针对关键性的金融机构、金融市场就可以了。

其次，COVID－19 疫情冲击本质上是一次突发的公共卫生危机，是经济体系之外的、非经济因素的，这与 2008 年金融危机是不同的：金融危机是由次贷危机引起的，是经济体系内部的一个组成部分即次级贷款市场出现了大量违约而引发的一系列连锁反应。因此，相比较而言，2020 年美国“经济的走势将很大依赖于疫情的发展”（美联储《FOMC 声明》，2020 年 9 月 16 日），宏观经济的形势是更加复杂、更具不确定性的。美联储货币政策的应对必然更加快速、更加有力，会采取更多方面的新措施。

四、结论与启示

总之，从 2020 年 3 月 3 日到 2020 年 10 月初，为应对 COVID－19 疫情，美联储货币政策进行了更加快速、更为有力的干预，除了常规的降息降准、无限量的量化宽松，还新建立了 7 种便利工具，与财政政策的配合更为紧密，救助范围扩展到了各类企业、家庭和公共服务等实体经济部门。更进一步地，本文认为，货币政策的以上特点是 2020 年 COVID－19 疫情影响美国宏观经济的特殊方式所决定的。

总结经验，展望未来，本文认为，应对 COVID－19 疫情的货币政策还需要关注以下四个方面：

第一，由于 COVID－19 疫情对宏观经济所产生的影响是一种对总需求和总供给的双重冲击，所以，单纯的干预金融市场和金融机构是远远不够的，还需要针对实体经济部门的生产运营和供给能力进行救助：财政政策可以通过财政刺激计划增加政府支出，货币政策可以通过便利工具提供贷款。而其中，对总供给的干预可能更为重要，Bekaert 等（2020）对美国的实时数据分析就显示，2020 年第一季度 GDP 下降的 2/3 来自总需求的负面冲击，第二季度 GDP 下降的 2/3 则来自总供给的下降。由于供给冲击的持续影响，复苏是缓慢的，但当总供给恢复后，反弹会稍微快些。

第二，由于 COVID－19 疫情是一种外生的公共卫生危机，所以，经济复苏政策需要增加公共卫生危机的应对和解决措施。对于货币政策而言，需要管理公众的情绪和预期，如提供前瞻指引，增加与公众的交流和沟通，还需要支持疫苗和抗病毒药物的研发等。

第三，关于大规模财政政策和货币政策干预的一个担忧是政府债务的累积。财政支出会形成财政赤字从而形成政府债务负担，而货币政策所提供的贷款则以财政部的财政刺激计划作为担保，其实质也是政府信用。如果政府通过大量发行货币来解决这些债务问题，其前提必须是疫情被控制、宏观经济复苏强劲，否则，政府债务违约，政府信用就会面临危机。而政府债务累积多少能够最大限度地刺激经济复苏又不会造成政府信用危机，需要定量地权衡政府债务的收益与成本。

第四，需要密切关注美联储货币政策的新动向。2020 年 8 月 27 日，FOMC 宣布修订了自 2012 年以来所采用的《关于长期目标和货币政策策略的说明》，对货币政策框架进行了审视和调整，“将寻求达到长期内平均 2% 的通胀”（美联储公开市场委员会宣布批准更新《关于长期目标和货币政策策略的说明》）。该货币政策框架的转变意味着在未来较长一段时间，美联储会允许高于 2% 的通胀而并不加息，经济会长期处于低利率状态。这一转变，未来将在多大程度上影响美联储货币政策的基调和步骤、其他主要经济体如何跟进、对中国货币政策的制定会带来什么影响等，都需要密切关注。

参考文献

[1] Geert Bekaert, Eric Engstrom, Andrey Ermolov. Aggregate demand and aggregate supply effects of COVID - 19: A real - time analysis [EB/OL]. https://www.federalreserve.gov/econres/feds/index.htm,2020 - 06.

[2] 美国联邦储备委员会. 货币政策报告[R/OL]. https://www.federalreserve.gov/monetarypolicy/mpr_default.htm,2009 - 02 - 24. 2009 - 07 - 21. 2020 - 02 - 07. 2020 - 06 - 12/2020 - 10 - 05.

[3] 美国联邦储备委员会. 货币政策工具[EB/OL]. https://www.federalreserve.gov/monetarypolicy/policytools.htm.

[4] 美国联邦储备委员会. https://www.federalreserve.gov/newsevents/pressreleases/monetary20200728a.htm,2020 - 07 - 28.

[5] 美国联邦储备委员会. 美联储公开市场委员会宣布批准更新《关于长期目标和货币政策策略的说明》[EB/OL]. https://www.federalreserve.gov/newsevents/pressreleases/monetary20200827a.htm,2020 - 08 - 27.

[6] 美国联邦储备委员会. FOMC 声明 [EB/OL]. https://www.federalreserve.gov/newsevents/pressreleases/monetary20200916a.htm,2020 - 09 - 16.

/第三篇/

数字经济

本篇由6篇文章构成。

《人工智能、老龄化与经济增长》基于历史和国际经验的分析，指出长期中老龄化会给经济增长带来较为严重的冲击，由于中国的老龄化程度正在不断提高，因此很有必要探寻应对老龄化的有效之策。通过构建含有人工智能和老龄化的动态一般均衡模型，研究了人工智能是否能够有效应对老龄化对经济增长的不利影响。研究结果表明，人工智能主要通过三个机制应对老龄化的冲击，进而促进经济增长。数值模拟结果进一步显示，人工智能可以较好地应对老龄化对经济增长的不利影响，而且其效果明显优于延迟退休政策。有鉴于此，本文认为中国可以通过发展人工智能来应对老龄化对经济增长的冲击。

《数字化是否有利于技术创新的提质增效》将数字化发展和技术创新两大热点问题进行结合，以欧盟28个成员国为研究对象，基于2014—2019年欧委会的数字经济与社会指数，欧专局统计的专利授予和申请量，世界知识产权组织统计的有效专利数和世界银行统计的经济发展水平、产业结构、城镇化率和对外开放程度的数据，运用面板模型实证分析数字化发展对技术创新数量、质量和效率的影响。研究发现数字化发展有利于技术创新数量的增加、技术创新质量的优化和技术创新效率的提升；人力资本和数字技术融合对技术创新数量的增加和技术创新效率的提升具有显著影响；联通性、互联网使用、数字公共服务对技术创新质量的提升有显著促进作用。基于结论提出要重视数字化发展对技术创新的影响建议，为技术创新的发展提供了经验依据。

《博弈论在数字外交中的应用》指出，在信息爆炸的当下，国际关系理论研究需要建立科学的信息收集和处理系统，需要进行大容量的数据处理及分析。探讨将统计机器学习的数据挖掘和知识发现等技术应用于国际关系研究中的数字外交，针对国际关系理论中的博弈论存在的局限性，分析通过引入统计机器学习的各类技术，探讨博弈论对提高国际关系研究的精确化、模型化和科学化进程的作用。

《发展数字经济，助力产业转型升级》指出数字经济产业蓬勃发展，是提升要素配置、重置传统业态、催生新兴业态、提高经济运转效率、推动产业转型升级的核心力量。研究以数字经济产业推动产业转型升级为主线，以数字经济产业和产业结构发展现状为起点，提出数字技术推动产业转型升级的可实施路径。

《中国网络创新指数研究》为评价全国各省（区、市）的网络创新能力及发展水平，构建了网络创新指数评价体系，对全国各省域的网络创新发展水平进行整体评价和分指数评价，主要划分为东部、西部、中部和东北三省四个地区来进行分析，重点对陕西省及各地级市的网络创新水平进行深入分析。结果表明，全国各省域网络创新发展水平各有不同：东部地区处于网络创新发展的领先地位，西部地区还有很大的发展空间，中部地区是网络创新的中坚力量，而东北三省发展潜力巨大。

《四川省数字经济高质量发展战略路径研究》针对近年来四川省数字经济发展情况进行调查研究发现，四川省数字经济呈现出规模小、占比低的特点，数字经济总体规模与四川经济大省的地位不匹配，工业化信息化融合明显落后于全国平均水平，第二产业和生产性服务业数字化发展水平相对滞后，数字经济缺乏大型平台龙头企业带动等问题。对此，建议四川省加快出台数字经济发展规划、健全数字经济政策法规体系、提升数字经济配套基础设施、持续激发数字经济产业活力、构建数字经济开放合作机制、加强数字经济人才智力保障，以实现全省数字经济的高质量发展。

人工智能、老龄化与经济增长①

陈彦斌②　林晨③　陈小亮④

摘要：历史和国际经验表明，长期中老龄化会给经济增长带来较为严重的冲击，由于中国的老龄化程度正在不断提高，因此很有必要探寻应对老龄化的有效之策。本文通过构建含有人工智能和老龄化的动态一般均衡模型，研究了人工智能是否能够有效应对老龄化对经济增长的不利影响。研究结果表明，人工智能主要通过三个机制应对老龄化的冲击，进而促进经济增长：一是提高自动化程度从而减少生产活动所需的劳动力；二是提高资本回报率从而促进资本积累；三是提高全要素生产率。数值模拟结果进一步显示，人工智能可以较好地应对老龄化对经济增长的不利影响，而且其效果明显优于延迟退休政策。有鉴于此，本文认为中国可以通过发展人工智能来应对老龄化对经济增长的冲击。不过，要想实现这一目标并非易事，政府部门一方面需要为人工智能提供良好的发展环境，另一方面需要事先防范人工智能可能引发的失业和收入分配失衡等问题，确保经济与社会的平稳运行。

关键词：人工智能；老龄化；经济增长；延迟退休政策；动态一般均衡模型

一、引言

历史和国际经验表明，虽然老龄化在短期内给一个国家或地区的经济增长带来的影响

① 本文是中国人民大学科学研究基金“中央高校基本科研业务费专项资金资助”项目（15XNI006）、教育部人文社会科学重点研究基地重大项目（18JD790015）、国家自然科学基金应急管理项目（71850003）和国家自然科学基金青年项目（71603274）的阶段性成果。作者感谢匿名审稿专家的建设性意见，但文责自负。本文首发于《经济研究》2019 年第 7 期。

② 陈彦斌，中国人民大学经济学院。

③ 林晨，中国人民大学应用经济学院。

④ 陈小亮（通讯作者），中国社会科学院经济研究所。

并不明显，但是在长期中的影响不容忽视。日本在高增长时期之后，之所以经济增速显著放缓，重要原因之一就是老龄化带来了较大冲击。中国的老龄化程度不断加剧，而且面临“未富先老”“未备先老”的局面，如果不采取有效对策，那么老龄化对中国经济的冲击可能比其他国家更严重。在中国经济增速持续放缓，而“两个一百年”等重要目标的实现都需要经济增速保持在一定水平的背景下，很有必要深入研究如何才能有效应对老龄化对经济增长的不利影响，以促进经济与社会的平稳运行。

已有研究主要建议通过延迟退休年龄、调整生育政策、加快推进户籍制度改革等举措应对老龄化对经济增长的不利影响，这些对策的本质是从供给端进一步“挖掘”劳动力。不过，现实情况表明，从供给端“挖掘”劳动力的难度越来越大，从需求端入手或许能够找到长期有效的应对之策。比如，人工智能的不断发展和推广应用，将会越来越多地实现机器人和自动化设备对劳动力的替代，从而减少劳动力需求，理论上可以成为应对老龄化的新思路。有鉴于此，本文将从需求端入手，研究人工智能究竟能否有效应对老龄化给中国经济增长带来的不利影响。

近年来学术界关于人工智能的研究成果大量涌现，包括人工智能对经济增长、生产率与技术创新、就业、收入分配与不平等、市场结构与产业组织等诸多方面的影响（曹静和周亚林，2018）。之所以人工智能引起了广泛关注，是因为它能够进行“机器学习”（machine learning），从更大范围、更大程度上实现对劳动力的替代。而且，各界普遍预期人工智能会成为通用技术，从而给全世界带来深刻变革。正如 Brynjolfsson 等（2017）所言，通用技术需要满足三大条件：一是能够大范围推广使用；二是能够不断更新升级；三是能够引发与之相配套的创新活动。人工智能所具备的学习能力使其较好地满足了这三个条件，从而能够发展成为通用技术。

不过，到目前为止，鲜有文献专门研究人工智能究竟能否应对老龄化给经济增长带来的不利影响。Acemoglu 和 Restrepo（2017a）通过实证研究初步发现，老龄化越严重的国家，越倾向于更早、更多地使用人工智能（机器人）从事生产活动。Acemoglu 和 Restrepo（2018a）基于模型和实证研究进一步指出，老龄化将导致 21 ~55 岁的劳动人口数量减少，而该年龄段人群对生产活动而言是最重要的。为了减弱老龄化对生产活动的冲击，企业将更多地使用机器人替代劳动。这两篇文献较早地明晰了老龄化与人工智能应用之间的关系，但是它们并没有系统研究老龄化对经济增长的影响机制，以及人工智能究竟是否可以有效应对老龄化给经济增长带来的负面影响，这也给本文研究提供了契机。

本文通过构建含有人工智能和老龄化的动态一般均衡模型，并且基于中国的实际情况对模型参数进行校准，研究了人工智能究竟能否应对老龄化给中国经济增长带来的冲击。之所以选择动态一般均衡模型而非计量分析和统计分析作为本文的研究方法，主要有两点考虑：一是人工智能目前尚处于发展初期阶段，相关数据较为匮乏，这会限制计量分析和统计分析方法的使用，而动态一般均衡模型和数值模拟对数据的要求相对偏低。二是本文尝试将人工智能和延迟退休政策对老龄化的影响进行对比分析，与计量分析和统计分析相比，基于动态一般均衡模型的数值模拟实验在这方面具有明显优势。

研究结果表明，人工智能主要通过三个机制应对老龄化对经济增长的冲击：一是提高自动化程度，减弱生产活动对劳动的依赖，从而减轻老龄化背景下劳动力供给减少对经济增长的不利影响。二是提高资本回报率，进而提高储蓄率和投资率，以减缓老龄化背景下储蓄率和投资率下降对经济增长的冲击。三是促进全要素生产率的提升，从而进一步对冲老龄化对经济增长的冲击。数值模拟结果显示，如果不考虑人工智能的影响，老龄化将使得2035年的中国经济增速下滑至4.70%（如果考虑国内与国外其他不利因素的冲击，经济增速的下滑幅度将会更大）。而在本文设定的三种人工智能发展情景下，到2035年中国经济增速将分别比老龄化情形高出0.95个、1.77个和2.68个百分点。而且，本文对人工智能促进全要素生产率提升幅度的设定相对保守和谨慎，长期来看，人工智能对全社会技术进步和全要素生产率的提升效果将越来越明显，从而进一步提高人工智能对经济增长的拉动能力。此外，本文还发现，人工智能应对老龄化冲击的效果明显优于延迟退休政策的效果。

本文的学术贡献主要体现在三个方面：第一，Aghion等（2017）通过构建模型考察了人工智能对经济增长的影响，但并没有将老龄化考虑在内，本文则构建了同时包含人工智能和老龄化的模型，从而能够回答人工智能究竟能否应对老龄化给中国经济增长带来的冲击这一重要问题。第二，Aghion等（2017）主要通过理论模型对人工智能的影响进行定性分析，本文则在理论建模的基础上结合中国实际情况进行参数校准，并且进行了丰富的数值模拟实验，从而可以较好地对人工智能的影响进行定量分析。第三，本文还基于所构建的模型研究了延迟退休政策应对老龄化的效果，并将其与人工智能的影响进行对比，从而进一步明确了人工智能应对老龄化的显著效果，这有助于为政府应对老龄化提供可靠的决策依据。

二、老龄化对经济增长的影响以及人工智能的作用

本部分的主要目的是，基于理论和国际经验概括老龄化对经济增长的主要影响，并探寻人工智能是否能够减弱老龄化所带来的影响，从而为下文在模型中刻画人工智能及其对经济增长的影响机制打下基础。考虑到劳动力供给、资本积累和全要素生产率是长期经济增长的主要动力源泉，本文从这三个方面展开分析。

（一）劳动力供给层面的影响

劳动力是生产和经济增长不可或缺的要素投入，然而老龄化却会导致劳动力供给减少。这是因为，老龄化使得劳动年龄人口不断减少，而且伴随着老龄化的不断加剧，全社会的劳动参与率会越来越低。以老龄化率最高的日本为例，截至2016年年底，日本劳动年龄人口数量已经比1995年的峰值减少了11.82%。[①] 而且，老龄化导致日本劳动参与率明显偏低，周祝平和刘海斌（2016）通过国际对比发现，2013年日本的劳动力参与率比中国低12.1个百分点，其中接近80%归咎于老龄化。上述两方面因素导致劳动力对日本经济增长的贡献日益减弱：JIP数据库的数据显示，日本劳动投入对经济增长的贡献度1980—1985年为34.17%，1986—1990年已经降至10.56%，而1990年以后则持续为负。

不过，人工智能可以减少生产过程中的劳动力需求，从而减弱老龄化对经济增长的不利影响。这是因为，人工智能可以提高生产过程的自动化程度，用智能系统和设备替代劳动力，而且人工智能对劳动力的替代比传统的机械自动化对劳动力的替代幅度更大，从而减少劳动力的需求量。Acemoglu和Restrepo（2017b）利用1990—2007年美国的数据进行了定量研究，发现每1000个工人所拥有的机器人数量增加1个，就会减少0.18%～0.34%的劳动需求。Chui等（2015）的预测结果进一步表明，如果人工智能系统的表现可以达到人类的中等水平，那么在美国将会有58%的工作可以通过使用人工智能系统完成。

（二）资本积累层面的影响

老龄化会降低储蓄率和投资率，进而降低资本积累速度，阻碍经济增长。根据生命周期理论，一个国家的劳动年龄人口占比越高则储蓄率和投资率越高，老年人占比越高则储蓄率和投资率越低。[②] 不仅如此，老龄化过程中劳动供给减少，会使得资本边际产出递减规律的影响更加明显，进而降低投资回报率，投资率和储蓄率也就随之下行。大量实证研究发现，老龄化的确会降低一国的储蓄率（陈彦斌等，2014a），而储蓄率的下降不可避免地会导致投资率下滑。以日本为例，WDI数据显示，日本投资率已经从1970年的40.9%下降到2010—2016年的22.96%。

相比之下，人工智能则会提高资本回报率，从而提高储蓄率和投资率，进而减弱老龄

---

① 参照国际通行做法，本文将15～64岁的人口定义为劳动年龄人口，将65岁及以上的人口定义为老年人口，将65岁及以上人口占总人口的比重定义为老龄化率。

② 老龄化过程中，养老制度改革等因素可能会使得老龄化对储蓄率产生正向影响，不过本文研究的重点是老龄化本身和人工智能的发展给储蓄率所带来的影响，因此暂不考虑养老制度改革等因素对储蓄率的影响。

化的冲击。伴随着人工智能水平的提高，生产过程中的自动化水平会不断升高，而且越来越多的生产任务可以用资本代替劳动加以完成，从而使得生产过程中资本相对于劳动变得更加重要，投资回报率将因此上升。除此之外，人工智能的发展还可以促进全社会技术进步和全要素生产率的提升，这同样有助于提高资本回报率。

（三）全要素生产率层面的影响

国内外已经有大量文献研究了老龄化对技术进步和全要素生产率的影响，汪伟和姜振茂（2016）对相关文献进行了梳理，发现到目前为止这些研究并未达成共识。一部分研究认为，老龄化不仅会减弱劳动者的脑力机能，影响劳动者的人力资本积累，而且会通过增加企业用工成本和政府养老支出进而挤占研发投入，因此老龄化不利于技术进步和全要素生产率的提高。另一部分研究则认为，老龄化促使人们更加重视人力资本投资，并激励一国转变经济发展方式，进而对技术进步和全要素生产率产生积极影响。

尽管学术界关于老龄化对技术进步和全要素生产率的影响尚未达成共识，但是我们仍然可以研究人工智能对技术进步和全要素生产率的影响。由于老龄化会通过减少劳动供给和资本积累抑制经济增长，因此只要人工智能可以促进技术进步和全要素生产率的提高，就会减弱老龄化对经济增长的不利影响，而不管老龄化对技术进步和全要素生产率的影响是正是负。考虑到人工智能本身就是技术不断进步的结果，而且人工智能还会通过“机器学习”以及激发配套创新科技等方式促进全社会技术进步（Brynjolfsson et al.，2017），因此长期来看人工智能将有助于全要素生产率的提升，从而进一步减弱老龄化对经济增长的不利影响。

三、基准模型构建与求解

为了研究人工智能是否能够减轻老龄化对中国经济增长的不利影响，本文将构建含有人工智能和老龄化的动态一般均衡模型。本文模型以 Aghion 等（2017）为基准，在此基础上做了四方面改进：第一，Aghion 等（2017）假设人口年龄结构不变，而本文需要考察老龄化的影响，因此将老龄化引入模型。第二，Aghion 等（2017）假设储蓄率外生，然而人工智能会影响储蓄率，因此本文模型将储蓄率内生化。第三，Aghion 等（2017）外生给定了人工智能的演进轨迹，而本文则使用 Logistic 函数刻画了人工智能的演进轨迹，从而为数值模拟提供了基础。第四，Aghion 等（2017）没有刻画政府部门，而本文则引入了政府部门。究其原因，长期以来中国政府部门的投资活动对经济增长而言至关重要，而老龄化的推进则会加剧政府的财政养老负担，使得政府拉动投资的能力越来越弱，如果不引入政府部门，很可能会低估老龄化对中国经济增长的负面影响，也就无法准确判断人工智能是否可以应对老龄化的冲击。

（一）居民部门与老龄化

耿志祥和孙祁祥（2017）等在研究老龄化对经济增长的影响时，一般使用 OLG 模型刻画居民部门，通过出生率的下降和死亡率的上升来刻画老龄化走势，并且重点分析居民个体在年轻时期和老年时期的差异化行为决策。与之不同，本文主要关注的是老龄化导致全社会劳动供给总量减少，而单一个体所提供劳动的差异以及年轻时期和老年时期个体的其他行为差异并非本文关注的重点。如果使用两期或多期 OLG 模型，需要对不同时期的个体进行加总，这会使得模型刻画和求解更为复杂，但模型对现实问题的解释能力并不会因此提高。为了简化表达，本文直接抽象出一个“加总个体”，该个体的劳动投入量是已有文献的 OLG 模型中所有个体提供劳动的总和。“加总个体”劳动投入量的变化体现的就是老龄化对劳动供给的影响，伴随着老龄化的不断加剧，“加总个体”能够提供的劳动力数量不断减少。①

假设“加总个体”可以无限期存活，其一生中的每一期所面临的最优化问题的形式是相同的：

$$\max \sum_{t=0}^{\infty} \beta^t U(C_t) \tag{1}$$

其中，β 为时间贴现因子，C_t 为“加总个体”在第 t 期的消费。假设效用函数形式为 $C_t^{1-\sigma}/(1-\sigma)$，$\sigma$ 为相对风险规避系数。需要说明的是，本文效用函数只引入了消费，而没有引入劳动与闲暇的内生决定问题。这是因为，本文将基于所构建的模型，模拟老龄化对经济增长的冲击，而数值模拟的一个重要前提就是外生给定老龄化过程中劳动供给量的变化轨迹。而且，后文并没有直接使用《联合国世界人口展望 2017》所预测的中国劳动年龄人口的数量进行数值模拟实验，而是将劳动参与率的影响考虑在内，② 这相当于在模型外间接考虑了劳动与闲暇的决定问题。

“加总个体”在每一期面临的预算约束如下：

$$C_t + I_t^H = (1-\tau)(w_t N_t + r_t K_t^H) + TR_t \tag{2}$$

其中，I_t^H 代表“加总个体”在第 t 期的投资，用于企业生产活动；K_t^H 为“加总个体”

---

① 理论上，本文刻画的无限期“加总个体”模型等价于符合以下两个特殊条件的 OLG 模型：一是模型中的个体具有代际利他偏好（Barro，1974）。一般而言，含有代际利他偏好个体的 OLG 模型等价于无限期的代表性个体模型。二是模型中的每一个个体在年轻时期无弹性地供给一单位劳动力。此时，“加总个体”的劳动供给恰好等于全社会劳动力的数量之和。

② 考虑到男性和女性的老龄化状况与劳动参与率存在明显差别，本文基于马忠东等（2010）预测的男性和女性劳动参与率数据，分别计算了每一年的男性劳动力和女性劳动力数量，将其加总得到每一年的劳动力总量。

在第 t 期所拥有的资本存量；N_t 为“加总个体”在第 t 期提供的劳动，全部用于生产活动；w_t 为工资率，r_t 为利率，w_tN_t 和 $r_tK_t^H$ 分别给出了“加总个体”在第 t 期的劳动工资收入和资本收入；τ 代表税率；TR_t 为政府在第 t 期支付给“加总个体”的养老金。此外，“加总个体”的资本存量变动方程可以表示为 $K_{t+1}^H = I_t^H + (1-\delta)K_t^H$，其中 δ 为资本折旧率。

（二）生产部门与人工智能

刻画生产部门的关键在于对人工智能进行刻画。目前，已有研究刻画人工智能的方式主要有两种：第一种是基于任务式（task - based）的刻画。假设人工智能可以使得更多的任务实现自动化生产，然后使用已经实现自动化的生产任务占所有生产任务的比重反映人工智能的发展程度（Aghion et al.，2017；Acemoglu & Restrepo，2018a）。第二种是基于资本异质性的刻画。假设人工智能的发展使得生产函数中出现了与普通资本不同的智能资本，然后通过智能资本及其变化来刻画人工智能的发展程度（Lankisch et al.，2017；Pretter，2019）。本文选择了第一种方法，这是因为，如果使用异质性资本刻画人工智能，后续参数校准工作将面临很大的困难。我们很难对初始时期的普通资本和智能资本进行准确分割，而且两种资本的折旧率可能会有较大差别，但是目前仍无法知悉智能资本的折旧率到底是多少。相比之下，基于任务式的刻画避免了不同资本的分割和折旧率的区分，在参数校准时的可行性较高。

对于生产函数的形式，本文参照 Aghion 等（2017）使用的 CES 函数进行刻画。假设存在无数家竞争性厂商生产最终产品，最终产品的生产函数为：

$$Y_t = A_t\left(\int_0^1 X_{nt}^{\rho}\mathrm{d}n\right)^{1/\rho} \tag{3}$$

其中，Y_t 代表最终产品的产出，A_t 代表全要素生产率，X_{nt} 代表第 t 期第 n 类中间品的数量。参数 $\rho < 0$，$1/(1-\rho)$ 给出了资本与劳动的替代弹性（以下简称“要素替代弹性”）。假设中间品要么用资本生产，要么用劳动生产。如果相应的生产任务实现了自动化，就假设该中间品全部使用资本进行生产；如果相应的生产任务没有实现自动化，就假设该产品全部使用劳动投入进行生产。具体用下式表示：

$$X_{nt} = \begin{cases} K_{nt} & \text{如果生产任务实现了自动化} \\ L_{nt} & \text{如果生产任务没有实现自动化} \end{cases} \tag{4}$$

进一步地，假设生产任务实现自动化的中间品占全部中间品的份额为 α_t，实现自动化的中间品总额为 $\int_0^1 K_{nt}\mathrm{d}n = K_t$，没有实现自动化的中间品总额为 $\int_0^1 L_{nt}\mathrm{d}n = L_t$。而且，假设资本在所有实现自动化的中间品之间均匀分配，劳动在所有未实现自动化的中间品之间均匀分配（Aghion et al.，2017），即每一类实现自动化的中间品生产所需的资本投入为 K_t/α_t，每一类未实现自动化的中间品生产所需的劳动投入为 $L_t/(1-\alpha_t)$。据此，式（4）可以改写为：

$$Y_t = A_t\left[\alpha_t\left(\frac{K_t}{\alpha_t}\right)^{\rho} + (1-\alpha_t)\left(\frac{L_t}{1-\alpha_t}\right)^{\rho}\right]^{1/\rho} = A_t\left[\alpha_t^{1-\rho}K_t^{\rho} + (1-\alpha_t)^{1-\rho}L_t^{\rho}\right]^{1/\rho} \quad (5)$$

式（5）在本质上与 Acemoglu 和 Restrepo（2018b）对生产函数的刻画是相同的。伴随着人工智能水平的提高，原来无法用智能系统替代劳动的生产任务将越来越多地实现自动化生产，α_t 随之提高。有鉴于此，可以用 α_t 反映人工智能给自动化程度带来的变化。由于 $\rho<0$，人工智能水平越高，CES 生产函数中资本 K_t 前面的系数 $\alpha_t^{1-\rho}$ 越大，这意味着资本对全社会生产过程而言变得越来越重要，越来越多的生产任务可以用资本代替劳动加以完成。需要强调的是，人工智能还会通过“机器学习”、创造新思想、激发配套创新和技术进步等途径，提高全要素生产率（A_t）的增长率（Aghion et al.，2017）。

在刻画完生产函数后，要想深入考察人工智能给经济增长带来的影响，还要进一步确定人工智能影响之下自动化程度（α_t）和全要素生产率的增长率（g_t）$=\dot{A}_t/A_t$ 的函数表达式。由于人工智能的发展尚处于起步阶段，究竟人工智能对自动化水平和全要素生产率的影响是什么样的函数形式，目前还难以清晰确定。不过，我们仍然可以从已有文献中总结出一定的规律。一方面，刻画 α_t 和 g_t 的函数需要呈现出“先凸后凹”的演化趋势。根据 Brynjolfsson 等（2017）的分析，人工智能发展初期对生产率的促进作用相对有限，因为与人工智能相配套的技术创新和生产体系的转型升级需要一定的时间才能完成。但是，长期而言人工智能将显著促进技术进步和生产率的提升。Mckinsey（2018）进一步预测了人工智能在全世界企业的普及率演化曲线，其总体上呈现“先凸后凹”的趋势，即人工智能发展初期阶段，在企业的普及相对较慢；伴随着人工智能的发展，其普及程度会快速升高；当达到一定程度之后，人工智能发展的态势将会趋缓。另一方面，自动化程度（α_t）的取值一定处于 0～1 的区间内，这要求所选择的函数存在上下限。考虑到 Logistic 函数同时满足“先凸后凹”和存在上下限这两个特点，本文尝试采用 Logistic 函数刻画人工智能对 α_t 和 g_t 的影响，具体函数形式如下：

$$\alpha_t = \alpha_0 + (\bar{\alpha}-\alpha_0)/[1+e^{-\zeta(t-h)}]\ ;\ g_t = g_0 + (\bar{g}-g_0)/[1+e^{-\eta(t-\mu)}] \quad (6)$$

其中，α_0 和 g_0 分别代表自动化程度和全要素生产率增长率的起始值；$\bar{\alpha}$ 和 $\bar{g}$ 分别代表自动化程度和全要素生产率增长率的极限值；ζ 和 η 分别代表自动化程度和全要素生产率增长率变化趋势的曲率；h 和 μ 分别代表自动化程度和全要素生产率增长率变化趋势“由凸转凹”的时间节点。

需要强调的是，虽然本文模型对人工智能的刻画以生产任务的自动化为支撑，但是本文所刻画的人工智能与传统的自动化存在根本差别。第一，本文根据人工智能的特征，使用 Logistic 函数刻画 α_t，当人工智能从发展初期逐渐达到成熟阶段时，α_t 将加速上升（“凸状”走势），这根源于人工智能的“机器学习”等独有特点。相比之下，自动化本身难以带来 α_t 的加速上升（“凸状”走势）。① 第二，人工智能可以通过“机器学习”以及激发配套创新科技等方式，促进全社会技术进步，从而提高全要素生产率的增长率（g_t），而且人工智能从发展初期逐渐达到成熟阶段的过程中同样会使 g_t 加速上升（“凸状”走势）。相比之下，自动化则难以促进全社会的技术进步。

（三）政府部门

之所以引入政府部门，主要基于两点考虑：一是与绝大多数国家明显不同，中国的政府部门很大程度上是增长型政府而非服务型政府，政府部门所拉动的投资活动对于中国经济增长而言是非常重要的。二是以往很长一段时间内，中国处于“人口红利”阶段，政府部门不需要支付太多养老金，但是伴随着老龄化的快速推进，中国出现了越来越大的养老金缺口，需要政府部门予以补贴，而这无疑会削弱政府部门的投资能力。根据刘学良（2014）的预测，如果不采取其他应对措施，并且使用财政资金补贴养老金缺口，那么到 2030 年财政养老补贴金占 GDP 的比重将达到 2.71%，到 2050 年财政养老补贴金占 GDP 的比重将达到 9.55%，由此给政府部门带来的负担可想而知。如果不引入政府部门，将会低估老龄化对中国经济增长的冲击。有鉴于此，本文引入政府部门，这也是本文与 Aghion 等（2017）研究的主要区别之一。

为了便于模型求解和机制分析，本文对政府部门进行简化处理。具体而言，现实中政府部门除了从事投资活动和支付养老金之外，在教育、医疗、科技、环保等方面也担负着不少责任，不过这些活动并不是本文关注的重点，因此本文不再刻画政府在投资和养老之外的其他活动。假设政府部门的预算约束为：

$$I_t^G + TR_t = \tau(w_t L_t + r_t K_t^H) + r_t K_t^G \tag{7}$$

其中，式（7）左侧为政府部门的各项支出，I_t^G 和 K_t^G 分别为政府部门的投资和资本存量，TR_t 为政府部门支付的养老金。式（7）右侧为政府部门的各项收入，$\tau(w_t L_t + r_t K_t^H)$ 是与政府投资和养老活动相对应的税收收入，$r_t K_t^G$ 是政府投资获得的回报。需要强调的是，由于本文模型中政府征税的目的是为投资和养老活动融资，而与教育、医疗、科技、环保等相对应的税收不在其中，因此模型中的税率（τ）将会明显低于实际经济中的宏观税负。

① 与历史上出现的其他通用技术类似，当人工智能逐渐成熟并在全社会推广使用以后，其影响将会逐渐减弱，α_t 随之进入“凹状”走势阶段。

此外，政府部门资本存量的变动方程可以表示为 $K_{t+1}^G = I_t^G + (1-\delta)K_t^G$ 。

理论上，伴随着老龄化的不断加剧，退休人数越来越多，而缴纳养老保险金的人数相对减少，从而会导致财政养老收入和支出之间的缺口变大。再加上退休人员领取退休金的时间越来越长，政府部门需要支付的养老金总额（TR_t）显著升高。在保持税率（τ）不变的前提下，政府投资总额（I_t^G）将随之降低。当然，由于政府部门已经积累了大量的资本存量（K_t^G），这些资本的收益能够在一定程度上延缓（I_t^G）下降所出现的时间节点和下降幅度，因此在老龄化推进过程中，政府投资（I_t^G）不会立刻下降，而是伴随着时间的推移逐步显现出来。

（四）市场均衡条件和模型求解

（1）市场出清条件。模型经济体包含三个市场，均衡时需要三个市场全部出清：最终产品市场出清要求 $C_t + I_t^H + I_t^G = Y_t$ ，资本市场出清要求 $K_t^H + K_t^G = K_t$ ，劳动市场出清要求 $L_t = N_t$ 。

（2）居民部门最优化问题的求解。通过求解式（1）中给出的居民部门效用最大化问题，可得：

$$(C_t/C_{t-1})^{\sigma} = \beta[(1-\tau)r_t + (1-\delta)] \tag{8}$$

由式（8）给出的一阶条件可知，消费的增长率随着利率和时间贴现因子的提高而提高，随着税率和折旧率的提高而降低。

（3）生产部门最优化问题的求解。通过求解基于式（5）的生产部门利润最大化问题，可得：

$$r_t = A_t[\alpha_t^{1-\rho}K_t^{\rho} + (1-\alpha_t)^{1-\rho}L_t^{\rho}]^{1/\rho-1}\alpha_t^{1-\rho}K_t^{\rho-1} \tag{9}$$

$$w_t = A_t[\alpha_t^{1-\rho}K_t^{\rho} + (1-\alpha_t)^{1-\rho}L_t^{\rho})]^{1/\rho-1}(1-\alpha_t)^{1-\rho}L_t^{\rho-1} \tag{10}$$

其中，式（9）为均衡状态下投资回报率的表达式，式（10）为均衡状态下工资率的表达式。当人工智能发展水平不断提高时，α_t 和 A_t 均提高，根据式（9）可知，二者都会抬升投资回报率，全社会的投资率和储蓄率也会随之提高。因此，理论上人工智能的发展会减缓老龄化所带来的储蓄率和投资率的下滑趋势，从而对冲老龄化给经济增长带来的不利影响。

（4）模型求解策略。求解本文模型的均衡解，等价于求解由生产函数、居民部门预算约束、政府部门预算约束、政府部门资本存量变动方程、市场出清条件，以及居民部门和生产部门最优化问题一阶条件所构成的差分方程组。由于变量较多并且存在非线性函数，我们难以求得模型的解析解。因此，主要通过数值模拟求解模型，并在此基础上回答本文关注的核心问题。

四、参数校准

本文模型经济体中的一期代表现实经济中的一年，而且接下来数值模拟实验选择的时间段是 2016—2035 年。之所以选择 2016 年作为起始时期，是为了结合 2016—2018 年中国的实际 GDP 增速，更准确地校准出中国经济增速的走势。① 之所以选择 2035 年为终止时期，主要是因为校准人工智能对经济增长的影响时会用到埃森哲发布的两份研究报告（Purdy & Daugherty，2017；Purdy et al.，2017）中的数据，而它们预测的终止时期是 2035 年。

（一）人工智能相关参数的校准

如模型部分式（6）所述，本文采用"先凸后凹"的 Logistic 函数刻画人工智能对自动化程度和全要素生产率增速的影响，其中参数 $\{\bar{\alpha},\bar{g},\zeta,\eta,h,\mu\}$ 由人工智能的演进轨迹决定，② 因此需要获得人工智能演进轨迹的信息才能校准这些参数。Purdy 和 Daugherty（2017）、Purdy 等（2017）预测了人工智能对美国、日本和中国等国家劳动生产率的影响幅度，为本文研究提供了参考标准。根据他们的预测结果，到 2035 年人工智能会使得美国、日本等 10 余个发达经济体的劳动生产率额外提高 11%～41%，③ 使得中国的劳动生产率额外提高 27%。本文基于他们的测算结果对人工智能的影响进行了三种情景分析，分别假设到 2035 年人工智能使中国的劳动生产率额外提高 10%、20% 和 30%。而且，假设在每一种情形下，劳动生产率的涨幅中都有 10% 归因于人工智能带来的全要素生产率的提升，90% 归因于人工智能带来的自动化水平的提高，这与 Purdy 和 Daugherty（2017）、Purdy 等（2017）的测算结果是一致的。

笔者认为，上述情景设定是较为谨慎与合理的。一方面，三种情景下人工智能所带来的劳动生产率最低增幅小于上述 10 余个发达经济体的最低增幅（11%），最高增幅也明显小于上述 10 余个发达经济体的最高增幅（41%）。另一方面，人工智能作为一项通用技术，未来会通过大幅加快技术进步和提高全要素生产率来促进经济增长，而本文只将劳动生产率额外涨幅中的 10% 归因于人工智能，这同样是较为严谨的。将三种情景下人工智能对劳动生产率的影响幅度及其在全要素生产率和自动化水平之间的分解纳入生产函数，并

① 不过，后文汇报模拟结果时从 2019 年开始，即重点关注对外来的预测结果。

② α_0 和 g_0 与人工智能的未来演进轨迹无关，因此无须根据劳动生产率的变化进行校准，而是根据已有文献加以确定，具体参见下文。

③ 所谓额外增长，指的是考虑人工智能情形下 2035 年的劳动生产率比不考虑人工智能情形下 2035 年的劳动生产率所提高的幅度。

结合 α_t 和 g_t 的表达式，即可反推出相关参数的取值。具体校准结果如表 1 所示。

表 1　不同情景下人工智能相关参数的校准结果

情景设定	参数校准值	
情景 1：到 2035 年，人工智能使得中国的劳动生产率额外提高 10%	$\bar{\alpha}=1$ $\bar{g}=0.050$ $\zeta=0.055$ $\eta=0.1$	$h=100.0$，$\mu=57.5$
情景 2：到 2035 年，人工智能使得中国的劳动生产率额外提高 20%		$h=89.0$，$\mu=50.5$
情景 3：到 2035 年，人工智能使得中国的劳动生产率额外提高 30%		$h=80.0$，$\mu=48.5$

（二）其余参数的校准

除了上述参数，还需校准 $\{\beta,\rho,\alpha_0,g_0;\delta,\tau,\sigma\}$ 。其中，$\{\beta,\rho,\alpha_0,g_0\}$ 参照已有文献予以确定。关于时间贴现因子（β），参照庄子罐等（2012），令 $\beta=0.99$ 。关于参数 ρ 的取值，需要通过要素替代弹性 $1/(1-\rho)$ 加以确定，袁礼和欧阳峣（2018）估算发现 1950—2014 年中国、巴西、埃及、伊朗等发展中国家的要素替代弹性处于 0.965 和 1 之间，本文选择中间值 0.985 作为参照，据此求得 $\rho=-0.015$ 。关于初始期自动化程度（α_0），通过资本密集度（${\alpha_0}^{1-\rho}$）间接校准得到：章上峰等（2017）估算得出 1978—2013 年中国的资本密集度为 0.5 左右，再结合 $\rho=-0.015$ ，可知 $\alpha_0=0.51$ 。关于初始期的全要素生产率增速（g_0），参照陈宇峰等（2013），令 $g_0=0.025$ 。

剩余的三个参数 $\{\delta,\tau,\sigma\}$ 通过模型内校准得到。校准用到的三个矩条件分别是初始期的储蓄率、政府投资占 GDP 的比重以及资本产出比。究其原因，这三个参数与居民投资行为和消费行为以及政府投资行为密切相关，因此会共同决定经济体的储蓄率、政府投资规模和资本产出比。校准结果显示：$\delta=0.05$，① $\tau=0.05$，$\sigma=1.1$。② 而且，从表 2 中可以清晰地看到，模型生成的三个矩条件的数值与中国的实际情况较为接近。此外，模型经济体 2016—2018 年的经济增速平均为 7.00%，与中国的实际情况（6.73%）也比较一致，可见，本文所构建的模型经济体能够较好地拟合中国的现实经济特征，适用于本文的研究。

---

① 关于资本折旧率（δ），陈昌兵（2014）等研究的取值为 5%，本文模型内校准的结果与之一致。不过，金戈（2016）计算发现 2003—2011 年中国经济基础设施、社会基础设施与非基础设施资本的折旧率分别为 9.21%、8.51% 和 9.73%。为此，我们对折旧率（δ）进行了稳健性检验，发现当 δ 取值为 0.06、0.08、0.10 时，不同情景下人工智能对经济增速等的影响大小会有所变化，但是其作用机制和方向保持不变，本文的核心结论依然成立。

② 陈晓光和张宇麟（2010）、陈彦斌等（2014b）对 σ 的赋值处于 1.0～3.5 之间，本文模型内校准得到的结果在该范围内。此外，我们还分别令 σ 取值 1.5 和 2.0 进行稳健性检验，发现不同情景下人工智能对经济增速等的影响大小会有所变化，但是其作用机制和方向保持不变，本文的核心结论依然成立。

表 2　模型经济体的矩条件与现实数据的对比

	初始期的储蓄率	初始期政府投资占 GDP 的比重	初始期的资本产出比
模型数值	45.00%	9.40%	2.92
实际数值	47.97%	9.25%	3.17

注：考虑到 2008 年前后中国经济特征发生了较大变化，本文用 2008 年以来的宏观数据计算所需的矩条件。第一，由于本文构建的是封闭经济模型，因此模型经济体的储蓄率和投资率完全相等。WDI 数据库的数据显示，2008—2016 年中国的储蓄率平均为 49.67%、投资率平均为 46.26%，本文取二者的平均值（47.97%）作为初始期的储蓄率。第二，借鉴梁东黎（2013）的做法，通过考察资金流量表，将政府部门资金运用去向中的“资本转移”和“资本形成总额”视为政府投资，据此计算得到 2008—2015 年政府投资占 GDP 的比重平均为 9.25%，并将其视为该指标的初始值。第三，根据陈昌兵（2014）的做法，可以测算得出 2008—2012 年中国的资本产出比平均为 2.97；根据柏培文和许捷（2018）的做法，可以测算得出 2008—2013 年中国的资本产出比平均为 3.22；根据田友春（2016）的做法，可以测算得出 2008—2014 年（不含 2009 年和 2011 年数据）中国的资本产出比平均为 3.32，本文将三者的平均值（3.17）确定为初始期的资本产出比。

五、数值模拟结果分析

基于所构建的模型，本文主要试图回答如下问题：第一，人工智能究竟能够在多大程度上对冲老龄化对中国经济增长的不利影响？第二，人工智能影响经济增长的主要机制有哪些？第三，当前社会各界正在广泛讨论，试图通过延迟退休政策应对老龄化对中国经济增长的不利冲击，那么人工智能与延迟退休政策相比，谁能更好地应对老龄化的不利影响？为此，本文设置了多组数值模拟实验（见表 3）。通过对比“实验 1”和“实验 2”的模拟结果，即可得出老龄化给中国经济增长带来的冲击及其影响机制。通过对比“实验 2”与“实验 3”的模拟结果，即可得出不同情景下人工智能对中国经济增长的影响大小及具体机制，进而判断人工智能是否能够对冲老龄化带来的冲击。通过对比“实验 3”与“实验 4”的模拟结果，即可得出人工智能和延迟退休政策应对老龄化的效果孰优孰劣。

表 3　数值模拟实验的情景设定和标识

<table>
<tr><th>编号</th><th colspan="2">具体情景设定</th><th>标识</th></tr>
<tr><td>实验 1</td><td colspan="2">老龄化率保持在 2016 年的水平不变，并且不考虑人工智能的影响</td><td>no - aging</td></tr>
<tr><td>实验 2</td><td colspan="2">老龄化率按照联合国预测的轨迹演进，并且不考虑人工智能的影响</td><td>real</td></tr>
<tr><td rowspan="3">实验 3</td><td rowspan="3">“老龄化 + 人工智能”</td><td>情景 1：到 2035 年，人工智能使劳动生产率额外提高 10%</td><td>AI_10%</td></tr>
<tr><td>情景 2：到 2035 年，人工智能使劳动生产率额外提高 20%</td><td>AI_20%</td></tr>
<tr><td>情景 3：到 2035 年，人工智能使劳动生产率额外提高 30%</td><td>AI_30%</td></tr>
<tr><td>实验 4</td><td colspan="2">“老龄化 + 延迟退休政策”，并且不考虑人工智能的影响</td><td>postponed retirement</td></tr>
</table>

（一）人工智能应对老龄化对经济增长冲击的总体效果

图 1 中的数值模拟结果显示，如果中国的老龄化率维持在 2016 年的水平，并且不考

虑人工智能的影响（no - aging 情形），那么中国的 GDP 增速将逐渐下降，到 2035 年降至 5.43%。GDP 增速下降的原因在于，资本深化程度不断提高，使得资本边际产出不断下降，这与理论预期相一致。如果中国的人口老龄化进程按照《联合国世界人口展望 2017》的预测轨迹演进（real 情形），那么 2035 年中国的 GDP 增速将会进一步下降至 4.70%。这与陆旸和蔡昉（2014）等的结论是吻合的，即人口老龄化会使得中国经济增速出现明显下滑。需要强调的是，上述预测结果并没有考虑国内外其他不利因素可能带来的影响。比如，中国的资本存量中有很大一部分是住房投资所形成的资本存量，这些并非生产性资本，难以直接提升实体经济的生产能力。而且，中国住房的折旧率较高，伴随着住房资本存量的增加，资本折旧会越来越多，新增投资必须弥补折旧后才能形成新的资本存量，导致资本积累对经济增长的拉动能力越来越弱。如果将其他不利因素考虑在内，到 2035 年中国的经济增速预计还会进一步降低。

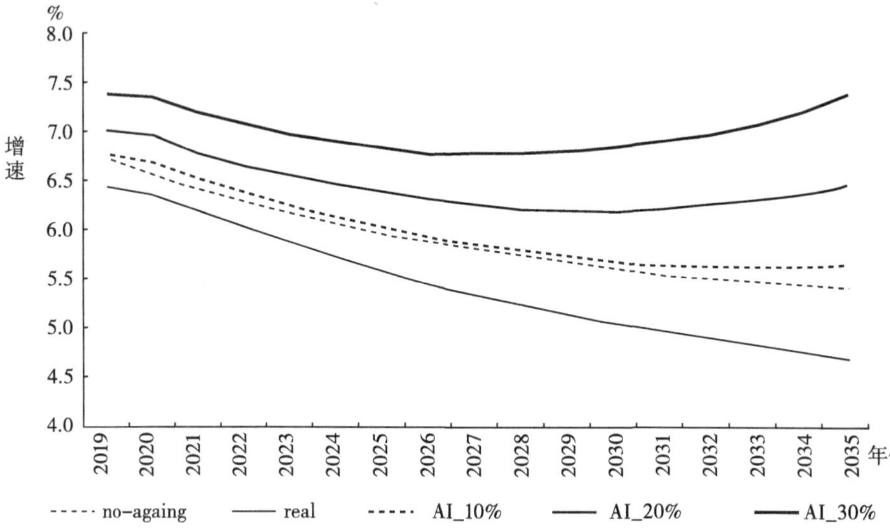

图 1　不同情形下中国经济增长率的走势

不过，从图 1 中还可以看出，人工智能将会较为有效地应对老龄化对经济增长的不利冲击。在情景 1（AI_10%）之下，即假设到 2035 年人工智能可以使得中国的劳动生产率额外提高 10%，那么 2035 年中国的 GDP 增速将会达到 5.65%，已经足以抵消老龄化对经济增长的不利冲击。在情景 2（AI_20%）之下，到 2035 年中国的 GDP 增速将升至 6.47%。在情景 3（AI_30%）之下，到 2035 年中国的 GDP 增速更是会达到 7.37% 的相对较高水平。当然，这同样没有考虑国内与国外的其他不利因素可能带来的影响。不过，由于除了人工智能和老龄化之外，所有情景下考虑的其他因素是相同的，因此可以通过比较不同情形下 GDP 增速的差异来判断人工智能的影响，这也是动态一般均衡模型下的数值模拟实验相比实证分析和统计分析所具有的显著优势之一。通过计算可知，在三种情景之下，到 2035 年人工智能将分别使得中国的 GDP 增速比老龄化情形（real 情形）高出 0.95 个、1.77 个和 2.68 个百分点。据此可以看出，如果人工智能可以在全国范围内顺利地发展、应用和推广，那么它不仅能够完全对冲老龄化给经济增长带来的不利影响，还将给中国经济增长带来较为明显的促进作用。

（二）人工智能应对老龄化对经济增长冲击的核心机制

1. 人工智能可以提高生产的自动化程度，更大幅度地实现资本对劳动的替代，从而减轻老龄化背景下劳动力供给减少对经济增长的不利影响

老龄化会减少全社会劳动力的供给数量，而人工智能则会减小生产活动对劳动力的需求，从而弱化老龄化给经济增长带来的不利影响，这是人工智能对冲老龄化带来不利影响的最直接的作用机制。而且，由于人工智能系统具备自我学习能力，甚至还具备越来越完善的感知能力和认知能力，因此最新的人工智能系统对劳动的替代能力远远超过了以往的机械设备和自动化系统。这最终体现为资本劳动比率的不断升高（见表 4）。

表 4　不同情形下资本劳动比率的走势

年份	不同情形下的资本劳动比率（%）					
	no - aging	real	AI_10%	AI_20%	AI_30%	postponed retirement
2019	1.343	1.356	1.367	1.376	1.391	1.353
2020	1.468	1.489	1.505	1.518	1.539	1.485
2025	2.181	2.243	2.294	2.337	2.407	2.179
2030	3.069	3.192	3.315	3.421	3.590	3.116
2035	4.189	4.387	4.660	4.901	5.276	4.325

注：如果直接用模拟得到的 K/L 表示资本劳动比率，数值较大，不易于观察和比较。为便于分析，将各种情形下 2016 年的资本劳动比率标准化为 1，在此基础上得到其他年份的相关数值。此外，为了节省篇幅，表中只列出了部分年份的模拟结果，下表同。

从表 4 中可以得到如下结论：第一，所有情形下的资本劳动比率都在不断升高，这是因为中国仍然处于资本深化的过程中。第二，考虑老龄化情形（real 情形）相比不考虑老龄化情形（no - aging 情形）时，资本劳动比率上升得反而更快，因为老龄化过程中劳动力供给不断减少，而且资本投入相对于劳动投入变得便宜（Acemoglu & Restrepo，2018b），企业将更多地使用资本替代劳动，导致资本劳动比率被动升高。第三，人工智能的不断发展会使得资本劳动比率更加显著地升高。这与老龄化情形（real 情形）背后的机理明显不同，因为伴随着人工智能的不断发展，资本对劳动的替代能力显著提升，企业会主动用人工智能系统（智能资本）替代劳动力，而不是老龄化情形（real 情形）所发生的资

本被动替代劳动。模拟结果显示，到2035年，三种不同人工智能发展情景下的资本劳动比率将分别比老龄化情形（real 情形）高出6.21%、11.71%和20.26%；与老龄化率不变的情形（no－aging 情形）相比，更是分别高出11.24%、17.00%和25.95%。

2. 人工智能可以提高资本回报率，进而提高储蓄率和投资率，以减缓老龄化背景下储蓄率和投资率下降对经济增长的冲击

老龄化对经济增长的冲击并不仅仅局限于劳动力供给数量的减少，还会导致全社会投资率的下降。“人口红利”之所以能够促进中国经济增长，其本质在于劳动投入的持续增加避免了资本边际报酬递减规律的发生，而老龄化则会导致资本边际报酬递减规律的作用更快地体现出来。图2显示，伴随着老龄化的不断加剧，中国的资本回报率将会持续下降，储蓄率也随之下行。到2035年，老龄化情形（real 情形）下的全社会储蓄率将会降至40.22%，这比不考虑老龄化的情形（no－aging 情形）低了1.91个百分点。现实中，资本回报率和储蓄率的下降幅度将会比模拟结果更大。其一，由于企业部门和政府部门面临高债务负担，而且部分地区的房地产投资和基建投资已经相对过剩，因此现实中资本回报率将比模型经济体更低。其二，资本回报率的下降会直接导致储蓄率下降，不仅如此，本文模型将政府进行了简化处理，没有考虑政府在教育、医疗等领域的支出，未来政府在这些领域的支出占GDP的比重会不断提高，从而进一步降低全社会储蓄率。此外，由于本文构建的是封闭经济模型，因此投资率与储蓄率走势相同，不再赘述。

相比之下，人工智能的发展则会提高投资回报率。一方面，人工智能有助于提高自动化和智能化程度（模型中的 α_t 升高），使得生产过程中资本比劳动更加重要，因此有助于提高资本回报率。另一方面，人工智能还可以促进全社会技术进步和全要素生产率的提高（模型中的 A_t 升高），从而进一步提高资本回报率。数值模拟结果显示，在情景3（AI_30%）之下，到2035年资本回报率将达到14.15%，比老龄化情形（real 情形）高出1.96个百分点。在相对较高的资本回报率的支撑下，全社会的储蓄率和投资率也摆脱了老龄化所带来的下滑态势。仍然以情景3（AI_30%）为例，在人工智能的驱动下，到2035年全社会储蓄率和投资率将回升至42.97%，比老龄化情形（real 情形）高出2.75个百分点。在情景1（AI_10%）和情景2（AI_20%）之下，由于人工智能的发展速度相对慢一些，因此储蓄率和投资率比情景3（AI_30%）要低一些，但是与老龄化情形（real 情形）下的表现相比，同样明显好转。

需要强调的是，本文还专门探析了老龄化对政府投资率的影响，主要目的是论证在模型中引入政府部门的必要性。从图3中可以发现，如果保持老龄化率不变（no－aging 情

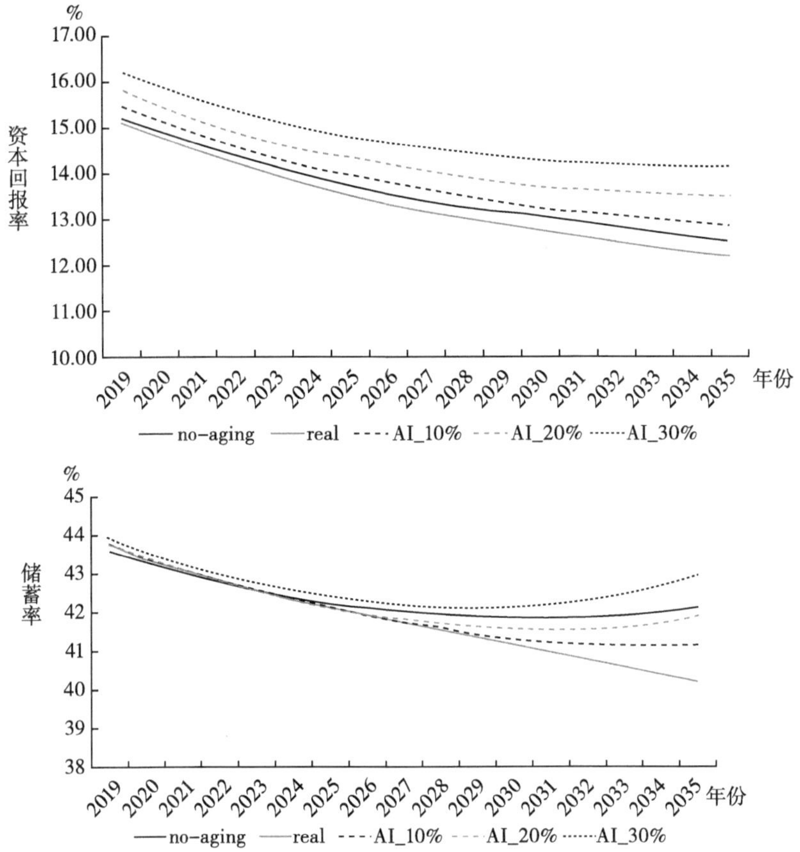

图2　不同情形下资本回报率和储蓄率的走势

注：由于本文所构建的封闭经济体的储蓄率和投资率相等，故而不再专门绘制投资率的走势图。

形），那么政府投资占 GDP 的比重将会持续升高，这也是一直以来中国经济增长的重要动力来源之一。但是，伴随着老龄化的加剧（real 情形），政府投资占 GDP 的比重则会表现出截然不同的走势，尤其是 2028 年之后政府投资增速将会明显放缓，[①] 导致在随后的年份中政府投资占 GDP 的比重基本稳定不变。将 no - aging 情形与 real 情形对比可知，到 2035 年，real 情形下政府投资占 GDP 的比重低了约 5. 40 个百分点。这意味着，如果模型中没有引入政府部门，那么将会明显低估老龄化对中国经济增长的负面冲击。可见，在研究老龄化对中国经济增长的影响时，的确有必要在模型中引入政府部门，也只有引入政府部门才能更加准确地评估人工智能是否能够对冲老龄化给中国经济增长带来的不利影响。

① 之所以政府投资占 GDP 的比重在 2019—2027 年仍然持续升高，是因为此前政府部门已经积累了大量的资本存量，这些资本的收益能够在一定程度上延缓政府新增投资规模收缩所出现的时间节点和下降的幅度。因此，老龄化推进过程中，政府投资不会立刻下降，而是会伴随着时间的推移逐步显现出来。

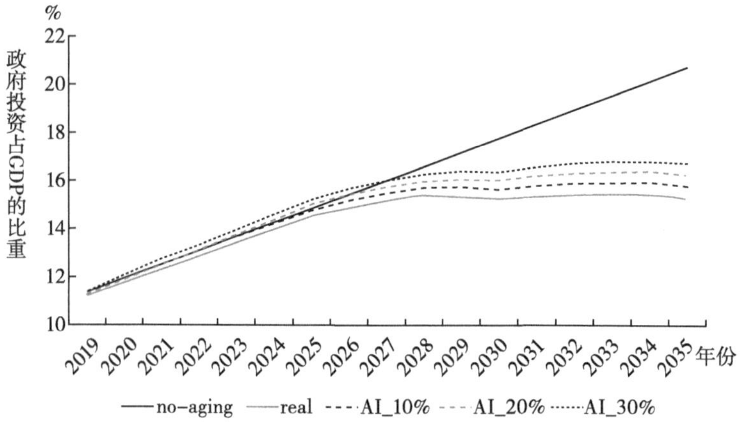

图 3　不同情形下政府投资占 GDP 比重的走势

3. 人工智能可以促进全社会的技术进步，提高全要素生产率，从而进一步对冲老龄化对经济增长的不利影响

遵循 Purdy 和 Daugherty（2017）、Purdy 等（2017）的思路，假设到 2035 年人工智能主要通过提高自动化程度来提高劳动生产率，劳动生产率的额外涨幅中只有 10% 归因于人工智能带来的全要素生产率的提升。基于这一假定，本文模拟了三种情景下人工智能对全要素生产率的影响（见表 5）。结果发现，到 2035 年人工智能将分别使得中国的全要素生产率额外提升 1.30%、2.58% 和 3.12%。从数值模拟结果来看，至少到 2035 年为止，人工智能通过促进技术进步和全要素生产率提升，进而提高经济增速的效果并不明显。

表 5　不同情形下全要素生产率的走势

年份	不同情形下的全要素生产率水平			
	real	AI_10%	AI_20%	AI_30%
2019	13.577	13.586	13.594	13.598
2020	13.916	13.928	13.940	13.945
2025	15.745	15.785	15.825	15.842
2030	17.814	17.922	18.029	18.075
2035	20.155	20.418	20.675	20.784

上述设定和模拟结果并不会弱化，相反会强化本文的研究结论。历史经验表明，一项颠覆性的通用技术对全社会生产率的深远影响可能需要数年甚至数十年才能完全显现，电力和 IT 技术的发展和应用历程均是如此，人工智能很可能也是如此。到目前为止，人工智能对技术进步和生产率的影响并未显现出来，至少从统计数字来看，过去一段时期内美国等创新型国家的生产率并没有因为人工智能的发展而升高，这一现象被 Brynjolfsson 等（2017）称为“现代生产率悖论”。究其原因，一方面，具备自我学习能力和创新能力的

人工智能系统尚未得到充分发展和广泛应用；另一方面，人工智能要想显著提升生产率，需要依赖于大量配套创新科技的问世和应用。这两方面条件尚不具备，导致目前人工智能对生产率的促进作用仍然有限。不过，从更长远的视野来看，人工智能的不断发展将会显著提高全要素生产率（Brynjolfsson et al.，2017）。

（三）人工智能与延迟退休政策应对老龄化对经济增长影响的效果对比

上文数值模拟实验已经证实，人工智能可以较好地对冲老龄化给经济增长带来的不利影响。不过，有可能其他政策的效果更好，比如近年来社会各界广泛讨论的延迟退休政策。有鉴于此，本文接下来将针对人工智能和延迟退休政策应对老龄化的效果进行对比分析，以探寻究竟孰优孰劣。关于延迟退休政策的具体方案，目前尚无定论，不过大多数研究建议的方案是逐步出台、循序渐进的。参考刘晓光和刘元春（2017）等已有研究的设计思路，假设2020—2024年中国逐步提高退休年龄，到2024年男性和女性的退休年龄分别比2019年提高5岁，并在此设定下进行数值模拟实验。

从图4中可知，延迟退休政策（postponed retirement 情形）实施的最初几年确实能够提高经济增速，2020—2024年效果最为显著，延迟退休政策平均每年使得GDP增速比老龄化情形（real 情形）提高约0.40个百分点。但是，随后延迟退休政策的效果迅速衰减，2025—2035年只能使得经济增速比老龄化情形（real 情形）高出约0.09个百分点。究其原因，延迟退休政策实施的初期，本应退休的劳动力不得不停留在劳动力市场，与老龄化情形（real 情形）相比，劳动力供给量有所增加，从而可以较为显著地促进经济增长。随着时间的推移，这些劳动力达到新的法定退休年龄后还是要退出劳动力市场。而且，在政策实施的过渡期结束之后，延迟退休政策所带来的相邻两年内的劳动力净增加量非常有限，也就无法显著推高经济增速。由此可知，延迟退休政策应对老龄化的效果明显不及人工智能。

可以通过人工智能影响经济增长的三个主要机制，进一步解释延迟退休政策的作用效果不及人工智能的原因。第一，延迟退休政策试图“挖掘”劳动供给，但是难以扭转老龄化背景下劳动供给日趋减少的趋势。与之不同，人工智能可以提升生产的智能化和自动化程度，持续不断地减少劳动需求数量，从而使其可以长期可持续地应对老龄化的冲击。如表4所示，延迟退休情形（postponed retirement 情形）下的资本劳动比率与老龄化情形（real 情形）相比，略微有所降低，这归因于延迟退休所带来的劳动力供给的增加。相比之下，人工智能的发展使得企业可以摆脱劳动力供给不足的束缚，用先进的、智能化的设备替代劳动力，这体现为人工智能的三种发展情景下资本劳动比率的显著升高。第二，人工智能可以提高资本回报率，从而驱动储蓄率和投资率升高，这同样是延迟退休政策无法

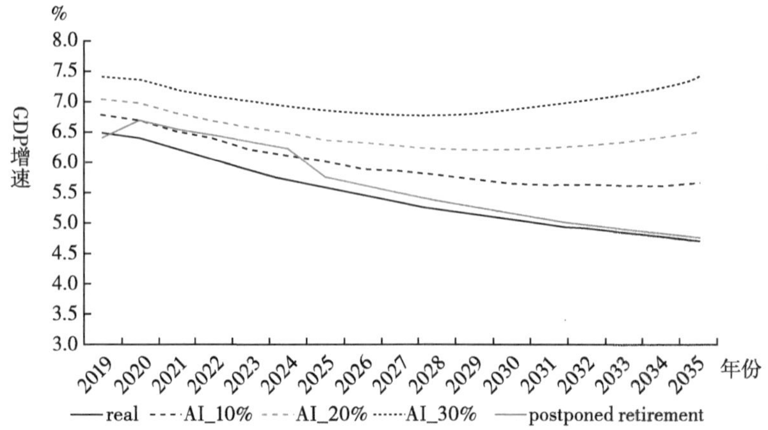

图4　人工智能与延迟退休政策应对老龄化对经济增长影响的效果对比

比拟的。数值模拟结果显示，延迟退休政策对资本回报率的影响微乎其微，① 而人工智能对资本回报率的影响则非常显著。第三，人工智能有助于提高技术进步速度和全要素生产率增速，这也是延迟退休政策难以实现的。

六、结语

本文通过构建含有人工智能和老龄化的动态一般均衡模型，探寻了人工智能影响经济增长的主要机制，以判断人工智能究竟能否有效应对老龄化给中国经济增长带来的不利影响。本文研究发现，人工智能主要通过三个机制促进经济增长，进而应对老龄化的冲击。一是人工智能可以不断提高生产的自动化和智能化程度，越来越多地实现资本对劳动的替代，从而减轻老龄化背景下劳动力供给减少对经济增长的不利影响。二是人工智能可以提高资本回报率，进而提高储蓄率和投资率，以减缓老龄化背景下储蓄率和投资率下降对经济增长的冲击。三是人工智能可以促进全要素生产率的提升，从而进一步对冲老龄化对经济增长的冲击。

数值模拟结果显示，人工智能的确可以较为有效地应对老龄化对中国经济增长的不利影响。老龄化背景下，到2035年中国的经济增速将会下滑至4.70%（如果考虑国内与国外其他不利因素的冲击，经济增速的下滑幅度将会更大）。而在本文设定的三种人工智能发展情景下，到2035年中国经济增速将分别比老龄化情形下高出0.95个、1.77个和2.68个百分点。而且，长期来看，人工智能对全社会技术进步和全要素生产率的提升效果将越来越明显，从而进一步提高人工智能对经济增长的拉动能力。为了进一步评估人工智能应

① 延迟退休政策也会略微提高资本回报率，因为该政策少量增加了劳动力供给，使得资本边际报酬递减规律的作用效果略有减弱。囿于篇幅，暂不汇报具体模拟结果，感兴趣者可向笔者索取。

对老龄化的效果，本文还专门将其与延迟退休政策的效果进行了对比分析。结果显示，延迟退休只是在政策实施的最初几年较为有效，平均每年提高经济增速约 0. 40 个百分点，此后的效果将大幅减弱，平均每年只能提高经济增速约 0. 09 个百分点。可见，延迟退休政策应对老龄化的效果明显低于人工智能。

有鉴于此，本文认为中国可以通过发展人工智能来应对老龄化对经济增长的冲击。不过，要想实现这一目标并非易事。其一，人工智能的发展高度依赖于先进半导体、微处理器和高性能计算技术，但是长期以来中国的微晶片高度依赖进口，部分类型的高端半导体则几乎完全依靠进口，因此人工智能的发展仍然面临技术难题。其二，虽然长期而言人工智能有助于促进经济增长和技术进步，但会带来短期失业问题。随着某项关键技术的突破，人工智能可以在短时间内导致个别工作岗位退出历史舞台，从而引发短期内的集中性失业问题。其三，人工智能的发展使得生产过程中资本相对于劳动更加重要，这意味着国民收入分配格局更加向资本倾斜，而不利于劳动者。① 鉴于此，政府部门既需要增加对人工智能关键技术领域的基础性研发投入从而为人工智能创造良好的发展环境，又需要未雨绸缪以防范人工智能可能带来的失业和收入分配问题，这样才能使得人工智能更加有效地应对老龄化对中国经济增长的不利影响。

参考文献

[1]柏培文,许捷．中国三大产业的资本存量、资本回报率及其收敛性:1978—2013[J]．经济学(季刊),2018(3).

[2]曹静,周亚林．人工智能对经济的影响研究进展[J]．经济学动态,2018(1).

[3]陈昌兵．可变折旧率估计及资本存量测算[J]．经济研究,2014(12).

[4]陈晓光,张宇麟．信贷约束、政府消费与中国实际经济周期[J]．经济研究,2010(12).

[5]陈彦斌,郭豫媚,姚一旻．人口老龄化对中国高储蓄的影响[J]．金融研究,2014(1).

[6]陈彦斌,陈小亮,陈伟泽．利率管制与总需求结构失衡[J]．经济研究,2014(2).

[7]陈宇峰,贵斌威,陈启清．技术偏向与中国劳动收入份额的再考察[J]．经济研究,2013(6).

[8]耿志祥,孙祁祥．人口老龄化、延迟退休与二次人口红利[J]．金融研究,2017(1).

---

① 数值模拟结果显示,人工智能发展水平越高,全社会资本报酬相对于劳动报酬就越高。例如,在情景 3(AI30%)之下,2035 年资本报酬与劳动报酬之比将会升至 96. 18%,比 real 情形高出约 6. 65 个百分点。囿于篇幅,暂不汇报具体模拟结果,感兴趣者可向笔者索取。

[9]金戈．中国基础设施与非基础设施资本存量及其产出弹性估算[J]．经济研究，2016(5).

[10]梁东黎．我国财政支出结构的失衡与优化[J]．探索与争鸣,2013(3).

[11]刘晓光,刘元春．延迟退休对我国劳动力供给和经济增长的影响估算[J]．中国人民大学学报,2017(5).

[12]刘学良．中国养老保险的收支缺口和可持续性研究[J]．中国工业经济,2014(9).

[13]陆旸,蔡昉．人口结构变化对潜在增长率的影响:中国和日本的比较[J]．世界经济,2014(1).

[14]马忠东,吕智浩,叶孔嘉．劳动参与率与劳动力增长:1982—2050年[J]．中国人口科学,2010(1).

[15]田友春．中国分行业资本存量估算:1990—2014年[J]．数量经济技术经济研究,2016(4).

[16]汪伟,姜振茂．人口老龄化对技术进步的影响研究综述[J]．中国人口科学,2016(3).

[17]袁礼,欧阳峣．发展中大国提升全要素生产率的关键[J]．中国工业经济,2018(6).

[18]章上峰,董君,许冰．中国总量生产函数模型选择——基于要素替代弹性与产出弹性视角的研究[J]．经济理论与经济管理,2017(4).

[19]周祝平,刘海斌．人口老龄化对劳动力参与率的影响[J]．人口研究,2016(5).

[20]庄子罐,崔小勇,龚六堂,邹恒甫．预期与经济波动——预期冲击是驱动中国经济波动的主要力量吗？[J]．经济研究,2012(6).

[21]Acemoglu D. ,P. Restrepo. Secular stagnation? The effect of aging on economic growth in the age of automation[J]. Working Paper,2017a.

[22]Acemoglu D. ,P. Restrepo. Robots and jobs: Evidence from US labor markets [J]. NBER Working Paper No. ,2017b,24119.

[23]Acemoglu D. ,P. Restrepo. Demographics and automation[J]. Working Paper,2018a.

[24]Acemoglu D. ,P. Restrepo. Artificial intelligence, automation and work [J]. Working Paper,2018b.

[25]Aghion P. , B. F. Jones,C. I. Jones. Artificial intelligence and economic growth [J]. NBER Working Paper,2017:23928.

[26]Barro R. J. Are government bonds net wealth? [J]. Journal of Political Economy,Vol,1974,6(82):1095 - 1117.

[27] Brynjolfsson E. , D. Rock, C. Syverson. Artificial intelligence and the modern productivity paradox: A clash of expectations and statistics[R]. NBER Working Paper, 2017: (24001).

[28] Chui B. M. , J. Manyika, A. M. Miremadi. How many of your daily tasks could be automated? [EB/OL]. https://hbr. org/2015/12/how - many - of - your - daily - tasks - could - be - automated.

[29] Lankisch C. , K. Prettner, A. Prskawetz. Robots and the skill premium: An automation - based explanation of wage inequality[J]. Working Paper, 2017.

[30] McKinsey. Modeling the impact of AI on the world economy [J] . Discussion Paper, 2018.

[31] Prettner K. . A note on the implications of automation for economic growth and the labor share[J]. Macroeconomic Dynamics, 2019(23): 1294 - 1301.

[32] Purdy M. , P. Daugherty. How AI boosts industry profits and innovation[R]. Accunture Research Paper, 2017.

[33] Purdy M. , S. Qiu, F. Chen. How artificial intelligence can drive china's growth [J]. Accunture Research Paper, 2017.

数字化是否有利于技术创新的提质增效

——基于欧盟的实证研究

周清杰[①]　杜云洁[②]　张涤霏[③]

摘要：以数字化作为特色的技术创新成为当下经济增长的重要引擎。本文将数字化发展和技术创新两大热点问题进行结合，以欧盟28个成员国为研究对象，基于2014—2019年欧委会的数字经济与社会指数，欧专局统计的专利授予和申请量，世界知识产权组织统计的有效专利数和世界银行统计的经济发展水平、产业结构、城镇化率和对外开放程度的数据，运用面板模型实证分析数字化发展对技术创新数量、质量和效率的影响。研究发现，数字化发展有利于技术创新数量的增加、技术创新质量的优化和技术创新效率的提升；人力资本和数字技术融合对技术创新数量的增加和技术创新效率的提升具有显著影响；联通性、互联网使用、数字公共服务对技术创新质量的提升有显著促进作用。最后，本文基于结论提出要重视数字化发展对技术创新的影响建议，为技术创新的发展提供了经验依据。

关键词：数字化发展；创新数量；创新质量；创新效率

一、引言

随着全球化进程的不断推进，技术创新成为衡量国家核心竞争力水平高低的关键指标，成为世界各国经济增长的关键动力（鲁桐和党印，2015）[1]，成为各国的发展战略。但在技术创新领域中往往存在数量和质量不对等的问题，制约各国技术创新水平的提升。改革开放以来，我国虽在专利授予量、申请量、国际专利申请量等方面位列全球首位，成

① 周清杰，北京工商大学经济学院。
② 杜云洁，北京工商大学经济学院。
③ 张涤霏，北京工业大学北京—都柏林国际学院。

为科技大国，但专利质量不高、价值不足、关键技术卡脖子等问题突出（申宇等，2018）[2]，还未成为科技强国。毋庸置疑的是，当前亟须寻找推动技术创新价值提升的新动力。信息技术的迅速发展推动了世界第四次工业革命，出现了以云计算、人工智能为代表的数字技术，加速新一轮经济增长和产业变革，使数字化发展竞先成为国家和地区的战略部署重点和未来发展的方向。我国也高度重视数字化发展，分别于 2017 年、2019 年和 2020 年将数字经济写入《政府工作报告》，成为我国国民经济的重要发展方向。

在数字时代背景下，研究数字化发展是否有利于技术创新的增质提效成为不可避免的现实问题。基于此，本文分别研究了数字化发展对技术创新数量、质量和效率的影响，并进一步研究了构成数字化水平的核心指标对技术创新数量、质量和效率的贡献程度，旨在分析数字化的发展是否有利于技术创新综合实力的提升。相比现有文献，本文的边际贡献在于：第一，细化研究了技术创新能力。创新数量是创新能力的基础，是创新水平的初期考察重点，创新质量和效率则是后期的关键，体现了内在的价值。从创新数量到创新质量是一个不断升级的过程，先有足够的创新数量作为基础，才会有创新质量和效率的提升。因此本文不仅考察了数量层面，还考察了质量和效率的价值层面。第二，细化研究了构成数字化水平的五大指标对技术创新数量、质量和效率的影响，为利用数字化推动技术创新提供更细致的实证依据。

本文其余部分安排如下：第二部分为文献综述与研究假设；第三部分为研究设计；第四部分为实证结果分析；第五部分为研究结论及建议。

二、文献综述与研究假设

（一）文献综述

技术创新作为核心竞争力和各国经济可持续增长的主要驱动力已成为不争的事实，通过其发展能够缩小国家内部和国家之间的数字、经济和社会鸿沟（Alexandra et al.，2010）[3]。在数字化时代的背景下，探究数字化发展能否提升技术创新数量、质量和效率，对推动技术创新综合实力的进步至关重要，吸引了相关学者的关注。本文主要从促进和抑制两个角度对该方面的研究进行梳理：

一方面，研究学者普遍认同数字化发展有利于技术创新水平的提升。毋庸置疑的是，得益于数字化的蓬勃发展，信息资源在社会领域实现快速流通和扩散传播，加速了创新活动的产生（OECD，2014）[4]。其一，企业作为技术创新的研发主体和创新活动开展的关键，亟须为技术创新活动的开展注入新活力。数字化进程的不断推进，不仅加速了数字技术、网络发展在中小企业中的应用，由此降低了传统交易成本，促使企业释放出更多资源用于创新活动的开展（Thompson et al.，2013）[5]，而且为初创企业提供了繁多的市场机会，这些机会不仅是创业理念，更有利于创新活动的开展（Heirman and Clarysse，2007）[6]。Ferreira 等（2019）[7]通过研究 938 家葡萄牙公司，发现数字化赋予企业更大的竞争优势，这种竞争力体现在创新能力上，即数字化发展有利于企业技术创新能力的提升。赵婷婷和杨国亮（2020）[8]则发现制造企业数字化转型显著促进了企业的创新意愿和创新强度，并且对大中企业、无融资约束的企业的影响力更强。其二，数字经济作为数字化高度发展形成的经济形态，其对创新的影响也是研究的重点，国内研究主要集中在技术创新和区域创新领域。首先，从技术创新领域来看，熊励和蔡雪莲（2020）[9]分析了数字经济对技术创新和产品创新的影响，发现数字经济对技术创新具有促进作用，其中，资本投入、人才投入和民众数字素养对技术创新推动力更大。宋洋（2020）[10]以中国 31 个省级行政区为样本，研究发现数字经济可以通过直接效应（ICT 产业的发展和信息技术产品作为中间投入的应用）和间接效应（加强信息沟通和提升各类效率）两个方面促进技术创新。其次，从区域创新领域来看，温珺等（2019）[11]利用基础设施和渗透程度构建数字经济发展水平，利用专利数量刻画创新能力，通过实证研究中国 287 个地级市的截面数据，发现数字经济对区域创新具有推动力，进一步分析发现，数字经济对技术含量高的创新影响力更大。在此基础上，温珺等（2020）[12]通过对 2013—2018 年中国 31 个省份的数据发现，虽然数字经济可以促进区域创新水平的提升，但是不同地区数字经济对创新的影响不同。

另一方面，有部分学者发现，在数字化发展为技术创新带来新机遇的同时，也不可避免地在某种程度上阻碍了创新的进步，如知识产权保护问题。在数字经济蓬勃发展的宏观背景下，网络侵权的现象越发严峻，网络侵权的不易察觉、不易处理、跨越国界等特点的存在，加大了知识产权保护难度（温珺等，2019）[11]。然而，在数字化发展过程中，互联网严重冲击了知识产权保护体系，若不能加强对做出庞大贡献的知识成果进行保护，则会抑制企业技术创新积极性（王伟玲和王晶，2019）[13]。Sweet 等（2015）[14]则从实证角度论证此观点，通过研究 94 个国家发现更强的知识产权的确会激发更多的创新动力。Fang 等（2017）[15]从国有企业私有化角度分析，也证实了知识产权保护增强了对企业创新的激励。不难理解，如果企业通过高投入、高风险而做出某一创新成果，却被他人低成本且轻易地窃取，势必挫伤企业的创新热情。

综上所述，探究数字经济影响的实证类文献相对有限，而数字化发展对技术创新的研究分析更是有所欠缺。基于此，本文以欧盟 28 个成员国为切入点，通过细化数字化与技术创新，实证研究数字化能否成为推动技术创新数量增加、质量和效率提升的新动力，为旨在利用数字化发展推动技术创新综合实力的国家和地区提供指导。

（二）研究假设

基于上述分析，数字化发展对技术创新水平的提升具有积极影响。

数据和信息作为一种数字资源，可以充分自由流动，降低了通信成本并扩大了覆盖范围（Lyytinen，2016）[16]。因此，数字化发展为相关知识和信息的获取提供了极大的便利，既有利于知识在地区、人与人之间传播得更快，又有利于知识的充分交流。在这样的背景下，经济社会中的每个人都能有效地获取所需的知识和技能，这有利于提高人力资本水平，进而推动创新思维迸发和创新能力提升，最终实现技术创新数量的增加。此外，数字化发展带动了企业的数字化转型，一方面，企业利用数字技术不断提高自身的技术水平，推动“新组合”的产生。另一方面，企业易于获取大量信息和数据，通过可视化、易得的信息分析需求，甚至做出需求预测（张昕蔚，2019）[17]，从而不断地通过创新为市场提供所需的技术产品，这可以定义为数字化赋予企业的吸收能力（Cohen and Levinthal，1990）[18]。其中，吸收能力理论（absorptive capacity theory）衡量的是企业识别、吸收和利用环境知识，并将其应用于目标实现的能力。吸收能力涵盖了企业模仿新工艺或产品创新的能力，这种能力加速了企业的创新（Cohen and Levinthal，1989）[19]。由此，本文提出如下假设：

H1：数字化发展有利于技术创新数量的增加。

H1a：人力资本水平的提升有利于创新数量的增加。

H1b：数字技术融合的提升有利于创新数量的增加。

消费者是企业创新来源的重要途径之一（Cui and Wu，2016）[20]，得益于数字化的普及和应用，丰富了这类创新主体。在数字基础设施不断完善的基础上，生产者通过网络、信息既可以实现与消费者互动、沟通与反馈，也可以引导企业针对消费者的即时需求提供针对化、个性化研发设计（陈晓红，2018）[21]，有利于创新质量的优化。不仅如此，张昕蔚（2019）[17]提出，互联网、物联网的存在为跨区域的生产和协同创新提供了基础保障，实现了各创新主体之间的链接。因此，互联网和数字技术的发展加快了不同主体之间的信息共享、互联互通，通过知识外溢为技术创新主体提供公开共享的创新环境，有利于技术创新质量的提升。此外，数据、数字和信息不仅是可以重复利用的生产要素，还是一种共享要素（郭晗和廉玉妍，2020）[22]，通过公共服务打造的公开平台，加速了数据、信息资源的共享，为其他企业和研发机构提供新思路或减少弯路，有利于提升技术创新质量。由此，本文提出如下假设：

H2：数字化发展有利于提升技术创新质量。

H2a：联通性水平的提升有利于创新质量的提升。

H2b：互联网使用水平的提升有利于创新质量的提升。

H2c：数字公共服务的提升有利于创新质量的提升。

数字化发展推动了人力资本水平提升，因此，在数字化社会中掌握高数字技能的人才，拥有更多研发新技术、新产品的能力，带动技术创新效率的提升。另外，数字化发展带动的企业数字化转型不仅有利于企业对数据的整合、获取和应用，提高创新资源的配置效率和沟通效率（戚聿东和蔡呈伟，2019）[23]，还提升了数据的处理、加工能力以及企业自身的管理能力（宋洋，2020）[10]，从而提高了技术创新效率。同时，Von Briel 等（2018）[24]提出，企业通过利用数字技术实现数字化发展可以缩短企业研发周期和资源投入，以此来提高技术创新效率。此外，温珺等（2020）[12]提出在数字化不断普及的背景下，将会带来一个更加透明的市场，倒逼企业、产业通过技术创新实现转型升级，谋求生存和成长。所以为了抢占市场并获得主动权，势必需要较高的技术创新效率，加快创新成果转化。由此，本文提出如下假设：

H3：数字化发展有利于提高技术创新效率。

H3a：人力资本水平的提升有利于创新效率的提高。

H3b：数字技术融合的提升有利于创新效率的提高。

三、研究设计

（一）样本选择与数据来源

本文以 2014—2019 年欧盟 28 个成员国为样本，研究数字化发展对技术创新数量、质量和效率的影响。其中，本文选取的是剔除与数字创新相关的其他技术领域的创新数据。

本文数据来源于 2014—2019 年欧盟委员会统计的数字经济和社会指数、联通性、人力资本、互联网使用、数字技术融合和数字公共服务得分；欧洲专利局统计的专利申请量和专利授予量、世界知识产权组织统计的有效专利数；世界银行公布的经济发展水平、城镇化率、工业增加值、商品和服务进口额。

（二）模型设定

基于以上分析，本文构建的面板模型如下：

$$\ln quality_{it} = \alpha_0 + \alpha_1\ digitization_{it} + \beta control_{it} + \alpha_i + u_{it} \tag{1}$$

$$\ln quantity_{it} = \alpha_0 + \alpha_1\ digitization_{it} + \beta control_{it} + \alpha_i + u_{it} \tag{2}$$

$$efficiency_{it} = \alpha_0 + \alpha_1\ digitization_{it} + \beta control_{it} + \alpha_i + u_{it} \tag{3}$$

其中，$\ln quality$ 衡量了技术创新数量、$\ln quantity$ 衡量了技术创新质量、$efficiency$ 衡量

了技术创新效率；*digitization* 分别代表 *desi*、*connectivity*、*human*、*internet*、*integration*、*service* 引入模型；*i* 代表不同国家，*t* 代表不同年份；*control* 代表控制变量；α_i代表不随时间变化的国家异质性；u_{it}代表随机误差项。

（三）变量说明

1. 被解释变量

（1）本文以专利授予量（ln*quality*）衡量技术创新数量，作为核心被解释变量之一。专利是衡量技术创新的关键指标（Schmooch，1997）[25]，因此，在衡量技术创新数量时，专利授予量和专利申请量是相对恰当的指标。由于授予量更能代表真正拥有专利的数量，所以选择以专利授予量作为技术创新数量的代理变量。值得注意的是，本文利用的是按技术分列的专利授予量，且不包含电气工程领域（电信、数字通信、各类技术等）的专利授予量，主要考察利用数字技术实现数字化发展对其他领域技术创新的溢出效应。

（2）本文以有效专利数（ln*quantity*）衡量技术创新质量，作为核心被解释变量之一。参考 Schankerman（1998）[26]、张古鹏等（2011）[27]、王秀翠和郭孟（2019）[28]等的观点，利用世界知识产权组织统计的有效专利数测度。有效专利指的是专利申请被授权后，处于维持状态的专利。为了使被授予的专利能够持续被保护，专利拥有者每年都需缴纳专利年费，且年费费用逐年增加，所以往往创新质量和价值水平比较高的专利才会持续被保护，从而获取专利赋予的超额利润。因此，有效专利数量越多，意味着技术创新越有价值，技术创新质量越高。特别地，由于有效专利没有按照技术领域划分统计的指标，为了研究的严谨性，本文利用专利授予量中电气工程领域和其他技术领域的专利数量之比，计算出剔除电气工程领域外其他领域的有效专利数。

（3）本文以专利授予量与专利申请量之比（*efficiency*）衡量技术创新效率。本文参考姚立杰和周颖（2018）[29]的研究，选择欧洲专利局统计的专利授予量与专利申请量之比衡量。该比值越大意味着在同样数目的专利申请量中授予量越多，即研发效率越高。同样，专利申请量也是利用按技术分列的专利统计，并剔除电气工程领域的专利数。

2. 解释变量

本文以数字经济和社会指数（*desi*）衡量数字化水平，作为核心解释变量。基于数据可获得性、时间长度及指标的科学性、延续性和权威性等，通过联通性（*connectivity*）、人力资本（*human*）、互联网使用（*internet*）、数字技术融合（*integration*）和数字公共服务（*service*）五个指标构建。

3. 控制变量

为减弱遗漏变量导致的内生性问题，提高回归结果的准确性，本文引入四个控制变量：①经济发展水平（*gdp*）：经济发展水平越高，意味着一国经济实力越强，研发投入和人力资本投入相对越高，有利于技术创新；②产业结构（*structure*）：产业结构衡量一国是工业国还是服务业国，相较于工业为主的第二产业，服务业领导的第三产业更有利于技术创新，所以一国工业占比越大可能越不利于技术创新；③对外开放程度（*openness*）：对外开放程度越高，意味着一国对进口商品和服务的依赖程度越强，可能对本国技术创新产生挤出效应，不利于技术创新；④城镇化率（*urbanization*）：城镇化率越高，越有利于人才、资金的集聚和人民对商品和服务的多样化需求，有利于技术创新。变量说明见表1。

表1　变量说明

	符号	变量名	含义
数字化水平	*desi*	数字经济与社会指数	欧洲数字绩效的综合指数
	connectivity	联通性	衡量获得快速和可靠的宽带连接的水平
	human	人力资本	衡量数字的基本使用技能和高级技能，即能参与数字社会以及能开发新数字产品
	internet	互联网使用	衡量有多少人使用互联网以及在网上做什么活动
	integration	数字技术融合	衡量企业数字化和电子商务
	service	数字公共服务	既衡量数字公共服务的需求方面，也衡量了开放数据的供给方面
技术创新	ln*quality*	专利授予量	衡量技术创新数量
	ln*quantity*	有效专利	衡量技术创新质量
	efficiency	专利授予量/专利申请量	衡量技术创新效率
控制变量	ln*gdp*	国内生产总值对数	衡量经济发展水平
	structure	工业增加值/生产总值	衡量产业结构
	openness	商品或服务进口/生产总值	衡量对外开放程度
	urbanization	城镇化率	衡量城镇化水平

（四）描述性统计

描述性统计数据见表2。

表2　描述性统计数据

变量名	样本量	均值	标准差	最大值	最小值
desi	168	46.3953	10.1572	72.3128	26.1329
connectivity	168	10.3481	2.4849	16.46	4.36

续表

变量名	样本量	均值	标准差	最大值	最小值
human	168	11.7177	2.9797	19.61	6.82
internet	168	7.6783	1.7505	11.45	3.26
integration	168	7.4844	2.6214	14.86	3.06
service	168	9.1667	2.2943	13.4	3.09
ln*quality*	168	5.0352	2.2607	9.7637	1.0986
ln*quantity*	168	8.9442	2.1624	13.5927	5.5801
efficiency	168	0.5585	0.2043	1	0.1364
ln*gdp*	168	26.1585	1.5533	29.0071	23.0648
structure	168	0.2233	0.6155	0.3817	0.0989
openness	168	0.6316	0.3286	1.8717	0.2604
urbanization	168	0.7345	0.1281	0.9804	0.5356

第一，从数字化水平来看，数字化水平 *desi* 最大值和最小值之间差异较大，表明不同国家数字化发展存在较大的差异。而 *desi* 均值为 46.3953，表示虽然一些国家数字化水平达到国际前列，但相当大部分的国家的数字化水平仍处于较低层级，导致整体数字化水平还不到平均水平。

第二，专利授予量、有效专利、专利授予量/专利申请量最大值和最小值也存在较大差距，这表明各国之间的技术创新数量、质量和效率都存在较大差距。

四、实证结果分析

（一）回归结果分析

1. 数字化发展对技术创新数量的影响

数字化水平和构成数字化的五个一级指标对技术创新数量的影响结果如下：

表 3 第 2 列为从整体上研究数字化水平对技术创新数量的影响。回归结果显示，数字化水平对技术创新数量具有显著的正向影响，数字化水平综合得分每增加 1%，技术创新数量将增加 0.03%，这验证了假设 1。数字化发展意味着个人、企业和政府的数字化程度不断提高，从而为社会中的企业、研发机构等技术创新主体提供了更便利的创新环境、更丰富的创新资源、更多样的创新思维、更广阔的创新途径。特别地，企业作为技术创新的主体，在数字化发展的背景下，企业商业模式、生产方式实现重构，搜寻成本、组织成本、运营成本等方面大幅下降，使企业拥有更多闲置资金进行自主创新和研发。因此数字化发展有利于技术创新数量的增加。

在控制变量中，经济发展水平、城镇化率对技术创新数量的增加具有正向影响。其中，经济发展水平的对数每增加1%，技术创新数量将增加1.19%；城镇化率每增加1%，技术创新数量将增加3.57%。第一，一国经济水平越高，表明一国资金实力越强，越有能力进行技术创新的研发投入，推进技术创新数量的增加。第二，一国城镇化率越高，表明城镇人口越多，随着居民生活水平的提高，对多样化商品、服务的需求日益强大，推动技术创新数量的增加。

表3第3~7列则细化研究了构成数字化的五个指标对技术创新数量的影响。实证研究发现，人力资本和数字技术融合对技术创新数量的增加具有较显著的促进作用，人力资本得分每增加1%，则技术创新数量增加0.09%，这验证了假设H1a；数字技术融合得分每增加1%，则技术创新数量增加0.09%，这验证了假设H1b。第一，人力资本测度了个人的基础数字技能和高级数字技能。一方面，融入数字社会后，增加了对更多产品和服务的更高追求。另一方面，高技能的人群通过利用数字技能和活跃的创新思维开发出更多技术产品，因此人力资本的发展对技术创新数量的增加具有正向推动作用。第二，数字技术融合衡量了企业和电子商务的数字化水平。企业通过应用数字技术推动了自身数字化发展，通过数字化发展开辟了新的市场、实现了新的发展。企业作为技术创新的主体，通过不断地创新改善商品和服务，提供市场所需的技术产品，抢占更多市场份额，因此企业数字化的发展对技术创新数量增加具有积极推动作用。

在控制变量中，实证结果和总体样本结果大体保持一致。经济发展水平、城镇化水平对技术创新数量的增加具有积极影响。而产业结构对技术创新数量增加具有抑制作用。产业结构抑制作用的可能原因是工业增加值占比越大，表明该国家正处于工业国，但在数字化发展背景下，服务业中高精尖产业、高附加值产业对技术创新数量的增加的推动作用可能更强。

表3 数字化发展对技术创新数量的影响

解释变量	数字化发展对技术创新数量的影响	联通性对技术创新数量的影响	人力资本对技术创新数量的影响	互联网使用对技术创新数量的影响	数字技术融合对技术创新数量的影响	数字公共服务对技术创新数量的影响
desi	0.0318*** (0.0043)					
connectivity		0.0198 (0.0236)				
human			0.0939* (0.0513)			
internet				0.0592 (0.0636)		

续表

解释变量	数字化发展对技术创新数量的影响	联通性对技术创新数量的影响	人力资本对技术创新数量的影响	互联网使用对技术创新数量的影响	数字技术融合对技术创新数量的影响	数字公共服务对技术创新数量的影响
integration					0.0907*** (0.0334)	
service						0.0238 (0.0318)
ln*gdp*	1.1864*** (0.1199)	1.7961*** (0.5717)	1.5977*** (0.4908)	1.6604** (0.6522)	1.1973** (0.5186)	1.8869*** (0.5239)
structure	-2.6452 (1.6668)	-4.1375** (2.009)	-3.3644* (1.996)	-3.91* (2.0236)	-4.6478** (1.8978)	-4.113** (1.9933)
openness	0.4192 (0.4455)	-0.1069 (0.6398)	-0.2273 (0.6371)	-0.2821 (0.685)	-0.0875 (0.6203)	-0.114 (0.6427)
urbanization	3.5731*** (1.397)	27.6956*** (6.8522)	26.833*** (6.2057)	28.2846*** (6.4134)	23.8704*** (6.2803)	28.1*** (6.8046)
_*cons*	-29.7756*** (2.8886)	-61.5042*** (15.5182)	-56.674*** (11.944)	-58.5791*** (17.1275)	-43.4044*** (13.4437)	-64.1914*** (13.9257)
FE/RE	*RE*	*FE*				

注：* 代表 $p<0.1$，** 代表 $p<0.05$，*** 代表 $p<0.01$；括号内为稳健标准误。

2. 数字化发展对技术创新质量的影响

数字化水平和构成数字化的五个一级指标对技术创新质量的影响结果如下：

表4第2列为从整体上研究数字化水平对技术创新质量的影响。回归结果显示，数字化水平对技术创新质量具有显著的正向影响，数字化水平综合得分每增加1%，技术创新质量将增加0.05%，这验证了假设H2。数字化发展意味着个人、企业和政府的数字化程度不断提高。对个人，网络实现了人与人之间跨时空交流、任何信息随时随地地快速获取，有助于人力资本水平的提升。对企业，一方面通过彼此之间的互联互通、知识共享提升了获取知识和技能的质量；另一方面数字时代加速了知识外溢，有利于建立技术产业集群。由此可见，数字化发展通过作用于不同主体推动了技术创新质量的提升。

在控制变量中，经济发展水平和城镇化率对技术创新质量的提升具有较为显著的正向推动作用，而产业结构对技术创新质量的提升具有抑制作用。经济发展水平的对数每增加1%，技术创新质量提升1.15%；城镇化率每增加1%，技术创新质量提升2.36%。这说明经济发展水平越高，国家资金实力越庞大，资金投入相对越多，干中学效应会愈加明显，带动研发质量的不断提升。同时，城镇化率越高，不仅代表着城市人口越多，对各类商品和服务的要求更大，还意味着城市可以吸引更多高能力、高素质人才。此外，城镇化率越高，城镇人口越多，研发投入的资金池越大。由此可见，城镇化率提高必然推动着技术创新质量的提升。表 4 第 3 ~ 7 列细化研究了构成数字化的五个指标对技术创新质量的影响。

表 4　数字化发展对技术创新质量的影响

解释变量	数字化发展对技术创新质量的影响	联通性对技术创新质量的影响	人力资本对技术创新质量的影响	互联网使用对技术创新质量的影响	数字技术融合对技术创新质量的影响	数字公共服务对技术创新质量的影响
desi	0.0508*** (0.0044)					
connectivity		0.1367*** (0.0124)				
human			-0.0252 (0.0589)			
internet				0.3022*** (0.0676)		
integration					0.0288 (0.0388)	
service						0.138*** (0.0342)
ln*gdp*	1.1531*** (0.1087)	1.1752*** (0.1199)	3.9948*** (0.5638)	1.3739** (0.6934)	3.547*** (0.6035)	2.3465*** (0.5632)
structure	-2.6681 (1.6661)	-2.1573 (1.7256)	-5.1238** (2.2928)	-1.592 (2.1515)	-4.8422** (2.1685)	-2.325 (2.1426)
openness	0.1332 (0.4238)	0.1248 (0.4609)	-0.1686 (0.7319)	-1.441** (0.7283)	-0.2325 (0.7219)	-0.634 (0.6909)
urbanization	2.355* (1.2484)	3.8817*** (1.3928)	25.662*** (7.1287)	12.7624* (6.8188)	22.5079*** (7.3087)	10.0418 (7.3143)
_cons	-24.7933*** (2.6377)	-25.659*** (2.9753)	-112.8562*** (13.7204)	-37.4246** (18.2100)	-99.3609*** (15.6451)	-60.1576*** (14.9689)
FE/RE	*RE*	*FE*				

注：* p 代表 <0.1，** 代表 $p<0.05$，*** 代表 $p<0.01$；括号内为稳健标准误。

研究发现，联通性、互联网使用和数字公共服务对技术创新质量的提升具有显著的正向影响。其中，联通性每增加 1%，技术创新质量提升 0.14%，验证了假设 H2a；互联网使用每增加 1%，技术创新质量提升 0.3%，验证了假设 H2b；数字公共服务每增加 1%，则技术创新质量提升 0.1%，验证了假设 H2c。第一，互联网使用衡量了有多少人在使用互联网以及在网上的活动。一方面，通过跟踪消费者和厂商的在线活动，可以获取主体诉求，为新技术的出现提供更多的思路与指导，有利于创新质量的提升；另一方面，互联网打破了创新主体交流的地域阻碍，通过知识交流、知识外溢、相互协作也有利于质量的提升。第二，联通性是当前开展一切网络活动的基础，宽带是互联网得以实现的前提，所以宽带基础可以被认为是互联网的载体。而互联网发展有利于技术创新质量的提升，必然也意味着宽带基础对技术创新质量具有积极影响。第三，数字公共服务代表政府提供有效的政府服务的表现，所以有效的电子政务可以为政府和企业提供各种各样的好处，通过提供各类所需的公开数据、充分的信息交流，有利于社会各个创新主体的技术创新质量提升。

在控制变量中，经济发展水平和城镇化率对技术创新质量提升具有积极影响，工业增加值占 GDP 比重增加对技术创新质量提升具有抑制作用，这一结论和总样本保持一致。工业增加值占生产总值增加值比重提升对技术创新质量的不利影响可能原因在于，挤出了第三产业（服务业）的发展，削弱了服务业对技术创新质量提升的作用。

3. 数字化发展对技术创新效率的影响

数字化水平和构成数字化的五个一级指标对技术创新效率的影响结果如下：

表 5 第 2 列为从整体上研究数字化水平对技术创新效率的影响。回归结果显示，数字化水平对技术创新效率具有较显著的正向影响，数字化水平综合得分每增加 1%，技术创新效率将提升 0.02%，这验证了假设 H3。数字化发展程度越高，意味着越有利于技术创新主体对知识、数字、资源的获取，提高相关技术创新资源的高效配置；意味着越有利于各个创新主体之间的交流沟通，吸取经验、避免弯路，提高研发效率；意味着在更加透明的市场中，想要获取主动权就要提高技术创新效率。

在控制变量中，对外开放程度对技术创新效率提升具有负向影响。对外开放程度每增加 1%，则技术创新效率降低 1.06%。对外开放程度越高，意味着本国对国外商品和服务的依赖程度越高。进口的技术服务和商品越多，可能会削弱国内对技术产品的研发意愿和研发资金投入等，不利于本国技术创新效率的提升。

表 5 第 3 ~ 7 列则细化研究了构成数字化的五个指标对技术创新效率的影响。实证研究发现，人力资本、数字技术融合对技术创新效率的提升具有较显著的正向影响。其中，人力资本得分每增加 1%，则技术创新效率提升 0.08%，这验证了假设 H3a；数字技术融合得分每增加 1%，则技术创新效率提升 0.07%，这验证了假设 H3b。第一，人力资本积累是推动技术创新的关键。越能掌握和操作高级技能的工作者，越有能力研发出新技术、新产品，带动技术创新效率的提升。第二，企业的数字化转型为企业开辟了更广阔的市

场，提供了更多的机遇。技术创新作为企业持续发展的根本，也是获取利润的途径，想要率先在激烈的市场中获得主动，就必须提高成果转化率和技术创新效率。

表 5　数字化发展对技术创新效率的影响

解释变量	数字化发展对技术创新效率的影响	联通性对技术创新效率的影响	人力资本对技术创新效率的影响	互联网使用对技术创新效率的影响	数字技术融合对技术创新效率的影响	数字公共服务对技术创新效率的影响
desi	0. 0192 *** (0. 0069)					
connectivity		0. 0187 (0. 0153)				
human			0. 084 ** (0. 0329)			
internet				0. 0416 (0. 0413)		
integration					0. 07 ** (0. 0214)	
service						0. 0266 (0. 0206)
ln*gdp*	-0. 0885 (0. 4425)	0. 6023 (0. 3701)	0. 4411 (0. 3151)	0. 5907 (0. 4232)	0. 1986 (0. 3329)	0. 6415 * (0. 3388)
structure	0. 7084 (1. 2778)	-0. 0743 (1. 2736)	0. 5985 (1. 2813)	-0. 011 (1. 3131)	-0. 5362 (1. 196)	0. 0253 (1. 2888)
openness	-1. 0597 ** (0. 4116)	-0. 8744 ** (0. 4142)	-0. 9791 ** (0. 409)	-0. 9819 ** (0. 4445)	-0. 8486 ** (0. 3981)	-0. 8939 ** (0. 4156)
urbanization	1. 0342 (4. 6781)	6. 1151 (4. 4359)	5. 4787 (3. 9838)	7. 2261 * (4. 1616)	3. 6513 (4. 0308)	6. 0454 (4. 3998)
_*cons*	1. 7332 (12. 4449)	-19. 3128 * (10. 0459)	-15. 5032 ** (7. 6675)	-19. 8968 * (11. 1138)	-7. 1866 (8. 6285)	-20. 3475 ** (9. 0042)
FE/RE	*FE*					

注：* 代表 $p<0.1$，** 代表 $p<0.05$，*** 代表 $p<0.01$；括号内为稳健标准误。

综上所述，本文研究发现数字化发展对技术创新具有积极正向影响，即数字化发展有利于技术创新数量的增加、技术创新质量和技术创新效率的提升。另外，构成数字化的五个一级指标，对技术创新数量、质量和效率的影响不同。其中，人力资本和数字技术融合对技术创新数量具有积极影响；联通性、互联网使用和数字公共服务对技术创新质量具有积极影响；人力资本和数字技术融合对技术创新效率具有积极影响。在控制变量中，经济发展水平、城镇化率有利于技术创新水平的提升，而产业结构、对外开放程度却与技术创新水平呈负相关。

（二）稳健性检验

上文的回归结果表明，数字化发展有利于技术创新数量的增加、质量的优化和效率的提升。本文中的数字化水平是由数字经济和社会指数测度的综合得分，该得分是对五个一级指标、若干二级和三级指标，通过打分、权重赋予和加权平均而得。欧盟委员会在构造数字化水平时，最终给五个一级指标赋予的权重为联通性（25%）、人力资本（25%）、互联网使用（15%）、数字技术融合（20%）和数字公共服务（15%）。为了证明研究结果的稳健性，避免存在得分赋予权重不同而导致的结果随机性，本文通过全局主成分分析法（GPCA）重新测算数字化水平得分，采用替换解释变量的方式进行稳健性检验。

本文通过 GPCA 得到成分矩阵和解释总方差的结果，最终通过计算得到的五个指标的权重分别为联通性（18%）、人力资本（21%）、互联网使用（21%）、数字技术融合（20%）和数字公共服务（20%）。重复上文步骤，对数字化对技术创新的影响进行面板模型实证分析，结果如表 6 所示。表 6 中，第 2 列结果表明数字化发展对技术创新数量具有显著正向影响，第 3 列结果表明数字化发展对技术创新质量具有显著正向影响，第 4 列结果表明数字化发展对技术创新效率具有显著正向影响，且控制变量对技术创新的影响与前文研究一致。因此，稳健性检验的结果再次验证了本文的三个研究假设以及结论的稳健性。

表 6　数字化发展对技术创新数量、质量和效率的影响

解释变量	ln*quality*	ln*quantity*	*efficiency*
desi	0.0315 *** (0.0042)	0.0504 *** (0.0043)	0.0194 *** (0.0069)
ln*gdp*	1.1859 *** (0.1183)	1.1497 *** (0.107)	-0.1194 (0.4467)
structure	-2.5793 (1.6452)	-2.5475 (1.6432)	0.78 (1.2831)
openness	0.411 (0.4522)	0.1066 (0.4248)	-1.0925 *** (0.4136)
urbanization	3.5537 ** (1.3927)	2.3322 * (1.2551)	1.0002 (4.6566)
_*cons*	-29.7849 *** (2.9753)	-24.7493 *** (2.653)	2.5352 (12.5412)
FE/RE	*RE*		*FE*

注：* 代表 $p<0.1$，** 代表 $p<0.05$，*** 代表 $p<0.01$；括号内为稳健标准误。

此外，利用 GPCA 得到五个一级指标的权重后，本文也进行了五个一级指标分别与技术创新数量、质量和效率进行回归的实证分析，实证结果显示：第一，人力资本、数字技术融合对技术创新数量的增加具有显著的正向影响，与前文结论一致；第二，联通性、互联网使用和数字公共服务对技术创新质量具有积极影响，与前文结论一致；第三，人力资本和数字技术融合对技术创新效率具有积极影响。

五、研究结论及建议

本文以数字化发展对技术创新的影响为主题，不仅研究了数字化发展是否有利于技术创新能力的提升，还研究了构成数字化的指标中哪些对技术创新有积极作用。本文得到三个结论：第一，数字化发展有利于技术创新数量的增加，且人力资本和数字技术融合对技术创新数量的增加具有显著影响。第二，数字化发展有利于技术创新质量的提升，且联通性、互联网使用和数字公共服务都对技术创新质量的提升具有显著的正向影响。第三，数字化发展有利于技术创新效率的提升，且人力资本和数字技术融合对技术创新效率的提升具有正向影响。因此，数字化发展对技术创新在数量层面、质量层面和效率层面都具有积极的影响。换言之，数字化发展已成为影响技术创新数量和价值层面的重要因素，应重视数字化发展。

构成数字化的核心指标对技术创新数量、质量和效率的影响虽不尽相同，但从整体上而言，联通性、人力资本、互联网使用、数字技术融合和数字公共服务会从技术创新数量、质量和效率三个层面作用于技术创新。因此，针对研究结论，应重视数字化发展对技术创新的积极作用。对我国而言，提出如下建议：第一，要提升发展所需的基础设施水平。政府要加大宽带网络的普及力度和投资力度，尤其提高农村等经济不发达地区基础设施供应。此外，在费用相对稳定的情况下，应持续提升宽带速度和宽带质量。第二，要提高人力资本水平，使居民掌握基础数字能力，并尽力培育拥有高级技能的人才。政府应加大对基础教育的投入，以及通过高端人才引进政策，利用薪酬待遇、落户、亲人优待等方式，大力吸引人才加入。第三，要推进互联网建设。政府应加强对互联网发展的支持政策，打造更多更强的互联网创新基地、互联网产业园，加强知识溢出效应带来的协同创新。此外，推动互联网资源合理分配，及时补救发展落后地区的网络发展“短板”，避免造成地区之间网络发展鸿沟。第四，要大力支持企业数字化转型和电子商务的数字化发展。政府应积极开展系列数字转型的专题讲座和深度访谈推动中小企业数字化转型的步伐。同时，企业也应通过在线课程进行数字技术学习、互动交流推动自身数字化发展。第五，要积极推进政务数字化水平。政府应积极打造数字服务平台，提供有关技术创新所需的信息、资源和数据，通过数据开放共享为技术创新提供服务支持。不仅如此，通过数字技术和互联网的发展，还应积极打造政府部门之间跨部门、跨层级的服务协同，打通数据信息库，优化提供的数字服务。

参考文献

[1]鲁桐,党印. 投资者保护、行政环境与技术创新:跨国经验证据[J]. 世界经济,2015,38(10):99-124.

[2]申宇,黄昊,赵玲. 地方政府"创新崇拜"与企业专利泡沫[J]. 科研管理,2018,39(4):83-91.

[3]Alexandra, Crisan Daniela, Ana-Maria, et al. Some Aspects Concerning the Correlation Between ICT and Innovation in Europe[J]. Abbals of the University of Oradea, Economic Science Series, 2010, 19(2):1183-1189.

[4]OECD. Measuring the Digital Economy: A New Perspective[R]. OECD Publishing, 2014-12-08.

[5]Thompson P., Williams R., Thomas B. Are UK SMEs with Active Websites More Likely to Achieve Both Innovation and Growth? [J]. Journal of Small Business and Enterprise Development, 2013, 20(4):934-965.

[6]Heirman A., Clarysse, B. Which Tangible and Intangible Assets Matter for Innovation Speed in Start-ups? [J]. Journal of Product Innovation Management, 2007, 24(4):303-315.

[7]João J. M. Ferreira, Cristina I. Fernandes, FernandoA. F. Ferreira. To Be or Not to Be Digital, That Is the Question: Firm Innovation and Performance[J]. Journal of Business Research, 2019(101):583-590.

[8]赵婷婷,杨国亮. 数字化转型与制造企业创新决策[J]. 哈尔滨商业大学学报(社会科学版),2020(5):21-37.

[9]熊励,蔡雪莲. 数字经济对区域创新能力提升的影响效应——基于长三角城市群的实证研究[J]. 华东经济管理,2020,34(12):1-8.

[10]宋洋. 数字经济、技术创新与经济高质量发展:基于省级面板数据[J]. 贵州社会科学,2020(12):105-112.

[11]温珺,阎志军,程愚. 数字经济与区域创新能力的提升[J]. 经济问题探索,2019(11):112-124.

[12]温珺,阎志军,程愚. 数字经济驱动创新效应研究——基于省际面板数据的回归[J]. 经济体制改革,2020(3):31-38.

[13]王伟玲,王晶. 我国数字经济发展的趋势与推动政策研究[J]. 经济纵横,2019(1):69-75.

[14]Mehlig Sweet, Cassandra, Eterovic Maggio, Dalibor Sacha. Do Stronger Intellectual

Property Rights Increase Innovation? [J]. World Development,2015(66): 665 -677.

[15] Lily H. Fang, Josh Lerner, Chaopeng Wu. Intellectual Property Rights Protection, Ownership, and Innovation: Evidence from China[J]. The Review of Financial Studies,2017,30(7): 2446 -2477.

[16] Lyytinen K. , Y. Yoo, R. J. Boland. Digital Product Innovation within Four Classes of Innovation Networks[J]. Information Systems Journal, 2016, 26 (1) :47 -75.

[17]张昕蔚. 数字经济条件下的创新模式演化研究[J]. 经济学家,2019(7): 32 -39.

[18] Cohen W. ,Levinthal D. Absorptive Capacity: A New Perspective on Learning and Innovation[J]. Administrative Science Quarterly, 1990(35): 128 -152.

[19] Wesley M. Cohen, Daniel A. Levinthal. Innovation and Learning: The Two Faces of R&D[J]. The Economic Journal, 1989(99): 569 -596.

[20] Cui A. S. ,Wu F. Utilizing Customer Knowledge in Innovation: Antecedents and Impact of Customer Involvement on New Product Performance[J]. Journal of the Academy of Marketing Science, 2016, 4(44): 516 -538.

[21]陈晓红. 数字经济时代的技术融合与应用创新趋势分析[J]. 中南大学学报(社会科学版),2018,25(5):1 -8.

[22]郭晗,廉玉妍. 数字经济与中国未来经济新动能培育[J]. 西北大学学报(哲社版),2020,1(50):65 -72.

[23]戚聿东,蔡呈伟. 数字化企业的性质:经济学解释[J]. 财经问题研究,2019(5): 121 -129.

[24] Von Briel F. , Davidsson P. , Recker J. Digital Technologies as External Enables of New Venture Creation in the IT Hardware Sector[J]. Entrepreneurship Theory and Practice, 2018, 42(1): 47 -69.

[25] Schmooch U. Indicators and Relationsbutween Science and Technology [J]. Scientometrics, 1997, 38(1): 103 -116.

[26] Mark Schankerman. How Valuable is Patent Protection? Estimates by Technology Field [J]. Rand Journal of Economics, 1998, 29(1): 77 -107.

[27]张古鹏,陈向东,杜华东. 中国区域创新质量不平等研究[J]. 科学学研究,2011,29(11):1709 -1719.

[28]王秀翠,郭孟. 基于专利的江苏高校创新能力和质量提升路线[J]. 中国高校科技, 2019(3): 64 -68.

[29]姚立杰,周颖. 管理层能力、创新水平与创新效率[J]. 会计研究,2018(6):70 -77.

博弈论在数字外交中的应用①

杨莉②

摘要： 在信息爆炸的当下，国际关系理论研究需要建立科学的信息收集和处理系统，需要进行大容量的数据处理及分析。本文探讨将统计机器学习的数据挖掘和知识发现等技术应用于国际关系研究中的数字外交，针对国际关系理论中的博弈论存在的局限性，分析通过引入统计机器学习的各类技术，探讨博弈论对提高国际关系研究的精确化、模型化和科学化进程的作用。

关键词： 博弈论；数字外交；国际经济关系；统计机器学习

一、引言

博弈论的研究对象与社会、政治、经济、军事、科学、技术等很多领域都有密切关系，研究的是对于某种活动的参与人，一方的支付不仅取决于自己选择的行动，也取决于对方选择的行动，在这种具有利益依存关系的状况下，参与人如何进行决策以实现自己的最大利益，从而达到一种均衡结果的问题。

博弈论涉及的学科甚广，包括数学、统计学、工程学、生物学、经济学、金融学、市场学、政治科学以及管理科学等。博弈论自 20 世纪 50 年代以后在国际安全和国际政治经济学领域中开始使用并迅速发展，同时为国际关系研究提供了分析方法。借助博弈论，现实主义者在 20 世纪六七十年代对大国冲突与对抗问题、自由主义者在 80 年代对国家合作问题分别进行了有力的战略分析和理论演绎③。作为科学方法的重要组成部分，博弈论为

① 本文基于外交学院科学周论文修改而成。课题：外交学院"中央高校基本科研业务费专项资金"重大课题"在非中资企业在非洲城镇化进程中的机遇研究"，编号：3162019ZYKA02。

② 杨莉，外交学院国际经济学院教授，研究方向为国际经济学。

③ 廖瑞等：《基于博弈论的国家战略利益冲突分析》，《舰船电子工程》2012 年第 3 期。

促进国际关系学科的科学化进程和构建学科范式起到了重要的作用。

全球化使得人类社会的交往越发紧密，经济、政治、安全、文化问题相互交织，尤其是面对当今世界百年未有之大变局，全球公共性议题、非传统安全问题极大地拓展了外交工作覆盖的范围，使得国际协调越发重要，外交决策需要考量的因素越来越多，外交和国际事务面临愈加复杂的决策环境，辅助决策的手段必须与时俱进。数字科技为越来越复杂的外交议题提供了新的分析思路和解决问题的办法，大数据、人工智能、社交媒体等数字技术的发展给外交工作带来新的机遇和挑战，以人工智能等为代表的数字技术可为外交形势、制定决策提供分析研判的依据。

由于数字外交具有低成本、便捷性的特点，在新冠疫情期间大放光彩，国际社会开展了一系列在线视频外交对话、视频峰会等数字外交工作，极大地方便了各国领导人之间的沟通，降低了外交成本。而随着新冠疫情及相关应对意识常态化，数字外交开始从临时性安排演变为常规化操作。

数字外交狭义的理解是运用数字技术开展的外交工作，是将数字技术作为一种工具，把互联网以及基于互联网的应用等同于电话、电报等新型信息传输工具。广义的理解是“国际行为体（包括国家行为体、超国家行为体和次国家行为体）将数字技术运用于外交事务，以和平方式实现对外政策目标的行为”。网络科技以其高资本、高技术特性所产生的国际竞争环境，使得数字外交成为改变国际政治运作之主要力量。外交随着信息通信技术的发展而发生转变，社交媒体为各国政府和外交部门传播政策信息提供便捷工具，数字外交可以将国家政府的声音向世界各地更多民众、企业和机构传递，数字外交改变了外交的工作方式，拓展了外交的活动空间。

当今的国际关系研究一定无法避开经济关系，经济往来是国家间相互往来的重要形式，所以本研究重点探讨国际经济关系中的数字外交。国际经济关系是世界各国或地区的经济由于相互联系、相互依存及其矛盾运动而构成的经济体系。国际经济关系的所有领域①，包括国际经济关系的管理和国际协调，国际货币体系的管理，国际贸易和国内政治学，跨国公司和全球管理，发展中国家的资金流量、贸易和发展战略，第三世界的跨国集团，石油与政治，全球化与治理等问题都需要涉及博弈视角。国际经济关系研究要与数据打交道，既离不开数据分析，也离不开预测分析，传统分析用的是样本小数据，包括计量经济学的优势也是在于解决样本数量不太大的问题。随着国际交往的日益频繁和技术水平的提高，在信息爆炸的今天，数据信息量越来越大，大数据出现及复杂程度增加，需要新的分析方法，需要采用统计机器学习的监督学习、无监督学习、强化学习和半监督学习功

---

① [美]斯佩罗:《国际经济关系(第6版)》,北京,中国人民大学出版社2009年版。

能及数据挖掘、知识发现等的最新技术，应分析在国际经济关系研究的博弈模型中的应用，深入探讨博弈论在国际经济关系研究的精确化、模型化和科学化进程的作用。

近20年兴起的机器学习是人工智能的核心，是研究如何使用机器来模拟人类学习活动的一门学科。机器学习（Machine Learning）发展极迅速，目前已经成为一个多领域交叉广袤的学科。涉及概率论、统计学、逼近论、凸分析、算法复杂度理论等多门学科①。机器学习已经有十分广泛的应用，人们日常生活中的数据安全性、个人安全、金融交易、个性化营销推广都用到机器学习。或者说，数据挖掘、计算机视觉、自然语言处理、生物特征识别、搜索引擎、医学诊断、检测信用卡欺诈、证券市场分析、DNA序列测序、语音和手写识别、战略游戏和机器人运用等，这些都需要应用机器学习。

统计机器学习是机器学习的一个热点研究方向。从广义上来说，统计机器学习是一种能够赋予机器学习的能力，以此让它完成直接编程无法完成的功能的方法。或者说机器学习是一种通过利用数据，训练出模型，然后使用模型预测未来的方法。机器学习不是基于编程形成的结果，因此它的处理过程不是因果逻辑，而是通过归纳思想得出的相关性结论②。简单地说，统计机器学习是基于对数据的初步认识以及学习目的的分析，选择合适的数学模型，拟定超参数，并输入样本数据，依据一定的策略，运用合适的学习算法对模型进行训练，最后运用训练好的模型对数据进行分析预测。

二、博弈论在国际关系研究中的应用缺陷

正确认识合作与冲突，是国际关系中非常重要的组成部分。国际关系的研究离不开国际政治关系，国际经济和国际政治关系中充满潜在冲突和竞争，但是在绝大多数情况下又表现出合作有序的状态。在竞争中合作，在合作中竞争，不仅是一种常态，更是理解国际经济关系和国际政治关系的一个核心③。区分冲突与合作的不同类型，预测与评估合作的可能性，采取适当的合作与稳定策略，化解各经济体之间的冲突与摩擦，这对改善国家间的经济合作具有重要意义。

博弈论虽然对国际关系理论产生了广泛而深远的学理影响，直接促进了诸多实践议题的突破与解决，为国际经济关系研究精确化、模型化和科学化的进程做出了重要贡献，但当前国际经济关系中的博弈论仍存在局限性，应对参与博弈的相关主体的行为特征、经济关系、相关因素的精确判断描述进行深入研究，为更加科学、有效的博弈论应用研究提供更坚实的基础。这也是博弈论进一步向科学化、实用化方向发展的重要突破口。

---

① 周志华:《机器学习》,北京,清华大学出版社,2016年版。

② 李航:《统计学习方法》,北京,清华大学出版社,2012年版。

③ 郑士源:《合作博弈理论的研究进展——联盟的形成机制及稳定性研究综述》,《上海海事大学学报》2011年第4期。

（1）目前国际关系领域的博弈理论研究主要侧重于各类博弈模型求解的方法研究和模型在实际中的应用研究。缺乏针对博弈模型的结构分析、模型的构建方法、博弈模型解的精确性分析、模型的稳定性和灵敏度分析等博弈论学科的薄弱环节进行的研究，相关研究均涉及数据识别、数据挖掘和数据分析，涉及机器学习。

（2）当前国际关系理论涉及量化研究时，多采用简化处理，以损失解的精度为代价进行分析，因而存在不完善的状况。应探讨利用传统国际经济关系理论，结合统计机器学习、系统工程、运筹学、多目标决策等理论，对博弈论中相关内容进行完善性研究，以提高量化分析的精度。

（3）应用博弈论的发展中博弈论与计量实证研究的结合有待加强。目前，许多博弈论研究都停留在数理模型分析的层面上，或者是在假设的函数、参数和数量关系基础上的分析，得到的多数结论是定性或者模糊的。虽然这样的博弈分析也可以提供启示，揭示一些社会经济矛盾问题，提出一些政策参考意见，但毕竟有一定的局限性。无法提供精确、具体解决方案的博弈分析的应用价值是很有限的。解决这方面问题的根本方法是运用实验、统计和数量实证研究方法，这些均涉及机器学习①。

（4）关于合作博弈，主要集中在探讨分析博弈双方合作的可能性、路径、结果等因素，由于合作博弈模型构建较为复杂，所以通过构建模型研究问题的文献不多②，且多从对称地位和静态博弈的前提出发，少有将博弈双方的不对称地位以及博弈过程中的动态变化等因素纳入考虑范围。因此，国际经济关系理论中的博弈论仍然存在一定的限度，同时探讨统计机器学习在国际经济关系中的应用研究的文献稀少，都需要学界进一步研究加以充实。

（5）缺乏微分博弈、模糊博弈、机制设计以及演化博弈理论在国际经济关系研究中的深入应用，及算法博弈、网络博弈、合作的演化，尤其是缺乏由具有有限理性的行为主体参与的相关博弈在国际经济关系研究中的应用。

（6）虽然现在已经有类似金融博弈分析、宏观经济博弈分析等应用分支，但总体上相关应用分支的发展仍然是比较薄弱的，专门的应用博弈模型和分析方法还比较少。

三、统计机器学习在国际关系研究中的应用现状

当前博弈论在国际关系中的前沿研究已经使用了复杂性科学理论和计算机仿真技术，为国际关系学科与国际政治的研究提供新的视角和方法论体系，出现多智能体模拟在具体

① 黄乃静、于明哲：《机器学习对经济学研究的影响研究进展》，《经济学动态》2018 年第 7 期。

② 浦珏、石岿然、王炎：《合作博弈理论应用研究综述》，《商业经济研究》2015 年第 3 期。

国际事件中的应用，超出了完全信息动态博弈、信号传递博弈以及合作博弈等静态分析，是一次新的动态分析的尝试。

统计机器学习是一种通过利用数据训练出模型，然后使用模型预测的方法。随着人工智能的广泛应用，统计机器学习在经济学研究领域日益受到大家的重视，越来越多的实证研究方法、理论研究主题与统计机器学习有关，探讨统计机器学习在国际关系理论中的应用研究同样十分必要。

董青岭（2018）分析现实政治的数据化进程与基于数据的政治分析技巧，立足政治实践，通过阐述大数据和机器学习技术在现代政治中的应用来理解现代政治中信息的生产、聚合和传递规律，涉及政治选举中的高频统计、数据外交和冲突预测；另外，重点梳理了几个经典数据分析理念和机器学习原理，内容涵括政治文本中的数据挖掘与情感分析、政治关系中的社交网络与度量，以及基于神经网络的社会感知预测[①]。

日本杉山将（2017）认为机器学习使得计算机具备了自主学习和模式识别的能力，而数理统计知识与机器学习的有效结合，使其成为一个更加有力的工具，广泛用于国际关系领域中各类数据分析和挖掘任务。Josef Hof bauera 和 Willian H. Sandholmb（2007）讨论了具有随机扰动得益情形的演化博弈问题。

在国际关系的前沿研究领域，已出现将博弈双方的不对称地位以及博弈过程中的动态变化等因素纳入考虑范围，基于多智能体建模与仿真技术，通过概念模型（因果关系图）、数学模型（变量定义与规则设计）和计算机模型（Netlogo 软件编程）的完整建模过程，构建一个多智能体仿真系统的应用。

随着博弈论的发展和完善，越来越多的经济学问题可以通过博弈论视角得到科学的缜密的解释[②]，现在已经有类似金融博弈分析、宏观经济博弈分析等应用分支。长期处在争论焦点的货币政策对产出的影响这一问题也可以通过博弈论进行研究分析，如基于博弈论视角，研究货币政策对产出的影响。这些研究均涉及了大量的数据处理及分析，逐步应用自主学习和模式识别的功能，但总体上应用博弈论的发展仍然是比较薄弱的，缺少专门的应用博弈模型和分析方法。

四、博弈模型在国际关系研究中的拓广性应用

在信息爆炸的当下，国际关系尤其是国际经济关系理论研究需要建立科学的信息收集和处理系统，需要将统计机器学习的数据挖掘和知识发现等技术应用于国际经济关系研究

---

① 董青岭:《大数据与机器学习:复杂社会的政治分析》,北京,时事出版社 2018 年版。

② David W. K. Yeung, Leon A. Petrosyan. Subgame Consistent Economic Optimization: An Advanced Cooperative Dynamic Game Analysis (Static & Dynamic Game Theory: Foundations & Applications). Birkhäuser Boston, 2012.

中的博弈模型。包括以下内容：

（1）针对具体问题，进行适用的博弈模型的识别。首先是同时利用模式识别理论进行合作博弈还是非合作博弈的识别①，进一步，如果是非合作博弈中，识别是属于完全信息静态或动态博弈，还是不完全信息静态博弈或动态博弈？同时利用博弈进行国际经济关系分析，涉及复杂系统，应采用系统工程理论，对影响因素、结构及状态进行系统分析和评价。

（2）博弈模型的构建。根据国际关系尤其是国际经济关系研究中不同的实际问题需要逐步建立起不同形式的博弈模型，如非合作博弈中带有约束的复杂形式的连续博弈、区间博弈、模糊博弈、随机博弈及演化博弈等，以及支付和联盟函数的获得、信息集合的确定。把这些模型应用于现实经济问题，特别是现实社会经济中新出现的各种合作竞争现象、联盟同盟形式和各种相关的社会经济问题等。

国际关系的形成涉及非常复杂的博弈机制②，博弈的支付有可能具有一定的不确定，是区间数、模糊数、随机数，这样在现实中更趋于合理，即出现对解决不确定问题有着独特作用的模糊博弈、区间博弈、随机博弈等复杂博弈模型，且从有限理性假设、行为视角以及复杂性科学出发的演化博弈，需进行相关研究。

（3）博弈模型的求解。探讨求解有复杂形式的支付函数，如高次幂的非线性函数，具有多个非线性约束、具有多个目标的支付函数的博弈模型的求解及应用③，以及模糊博弈、区间数博弈、随机博弈的求解及应用。对博弈模型的求解的技巧性进行改进，除采用常用的优化理论及遗传算法，还应利用多目标进化的算法进行求解，以期达到各种博弈模型在实际中的应用更具有合理性、精确性。

（4）博弈模型的稳定性和灵敏度分析④。涉及支付函数的选择及参数的选择，这里需要统计机器学习中的数据挖掘技术及各种分类方法。

（5）在国际关系尤其是国际经济关系中的应用拓广研究。例如，针对具体某个国家，考虑与对象国的相互投资与贸易，识别相互的投资和贸易对于双方合作或竞争的博弈程度，进一步利用合适的预测模型，预测分析对当地国家或地区经济发展的影响。例如，中非合作、中非关系考虑双方合作博弈，同时也考虑美国、印度等在非洲的投资、贸易和影响力，可以是有约束博弈，也可以是多方非合作博弈或合作博弈。国家经济关系研究，应

① ［日］杉山将：《统计机器学习导论（英文版）》，北京，机械工业出版社，2017 年版。

② 张慧：《论外交决策中的理性决策模式》，《吉林省教育学院学报》2008 年第 8 期。

③ Panos M. Pardalos, A. Migdalas, Leonidas Pitsoulis. Pareto Optimality, Game Theory and Equilibria (Springer Optimization and Its Applications). Springer, 2008, 7(1).

④ Imma Curiel. Cooperative Game Theory and Applications: Cooperative Games Arising from Combinatorial Optimization Problems. Springer, 2010(12).

综合考虑地区的经济、社会、资源、生态环境等条件，涉及地区经济水平、人口数量、资源和环境状况等多种因素。

具体研究的框架可分解为：根据实际问题→博弈模型的结构分析→模型的构建→博弈模型求解及解的精确性分析→模型的稳定性和灵敏度分析→给出结论。

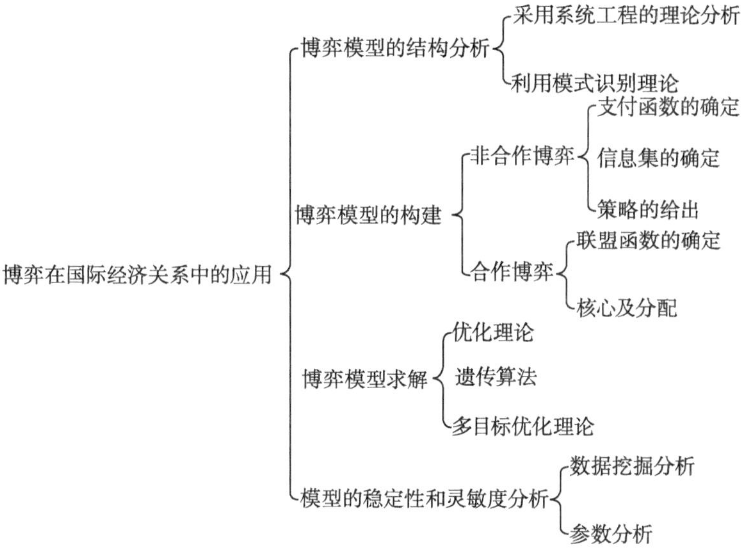

研究过程的各个阶段需要根据不同需要采用统计机器学习的监督学习、无监督学习、强化学习和半监督学习。局中人支付函数的确定或联盟函数的确定、信息集的确定、博弈模型的灵敏度分析、解的精确性等，均需要用到统计机器学习的方法或技术。

五、结束语

国际关系研究离不开数据分析，也离不开预测分析，需要与大量数据打交道，在信息爆炸的今天，国际关系理论研究需要建立科学的信息收集和处理系统。随着博弈论的发展，博弈论在各个领域必然得到更多的应用，一些重要经济领域的专门应用博弈模型及相关分析方法肯定将得到更大发展，会形成更多的博弈论应用分支。当前国际经济关系理论中的博弈论存在局限性，这也是博弈论未来发展的方向之一。本文通过探讨统计机器学习的监督学习、无监督学习、强化学习和半监督学习功能，及数据挖掘、知识发现等最新技术，在国际关系尤其是国际经济关系研究的博弈模型中的应用，深入探讨博弈论为国际经济关系研究的精确化、模型化和科学化的进程发挥更大作用。

发展数字经济，助力产业转型升级

徐志威[①]　项凯标[②]

摘要：在经济高质量发展和“双循环”新发展格局下，数字经济产业作为以数字技术为支撑的新型产业，与当前产业的相互融合正在引发新的产业变革。数字经济产业蓬勃发展，提升要素配置，重置传统业态，催生新兴业态，提高经济运转效率，成为推动产业转型升级的核心力量。本文以数字经济产业和产业结构发展现状为起点，以数字经济产业推动产业转型升级为主线，研究数字技术推动产业转型升级的可实施路径。

关键词：数字经济；产业转型升级；要素升级；实施路径

一、引言

“十四五”规划和2035年远景目标指出，加快产业数字化建设，打造数字经济、数字社会、数字政府。在“十三五”期间，中国的数字经济年速增长超过16.6%。随着数字经济和互联网信息科技的高速发展与广泛普及，以大数据、云计算、区块链、人工智能为典型代表的数字技术体系深刻影响着各行业的转型升级，数字经济通过数字基础设施为产业发展理论进行革新、数字产业化发展为产业技术层面进行助推、产业数字化为产业转型升级进行创新，有效推动了数字经济与实体经济的深度融合，提升了传统产业的企业活力，对我国产业转型升级提供了有效的实施路径。

---

① 徐志威，贵州大学管理学院硕士研究生，研究方向为应用统计。

② 项凯标，贵州大学管理学院教授，博士生导师，研究方向为管理科学与工程。

二、数字经济产业与产业结构发展现状

（一）中国数字经济产业发展现状

在“双循环”新发展格局时代背景下，我国数字经济产业的总产值在不断扩大，根据我国发布的《中国数字经济发展白皮书》（以下简称《白皮书》），2020 年我国数字经济规模达到 39.2 万亿元，占 GDP 比重为 38.6%；根据《全球数字经济新图景》（2020 年）发布数据，2019 年，美国凭借技术创新，以 130652 亿美元走在数字经济产业发展的最前沿，中国凭借国内市场优势、技术革新和模式创新等，以 5.2 亿美元居于世界第二。在全球经济陷入低迷阶段，数字经济持续保持高速增长，《白皮书》显示，2020 年中国数字经济增速达 9.7%，高于同期 GDP 名义增速约 6.7 个百分点，是同期 GDP 名义增速的 3 倍多，成为稳定经济增长的关键动力（见图 1）。

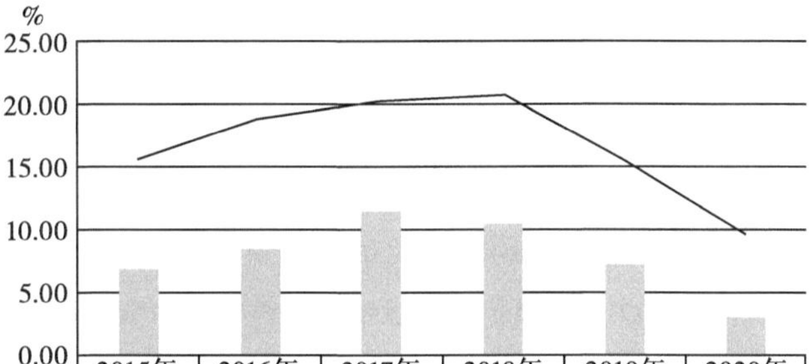

	2015年	2016年	2017年	2018年	2019年	2020年
GDP增速	7.00	8.40	11.50	10.50	7.30	3.00
— 数字经济增速	15.80	18.90	20.30	20.90	15.60	9.70

图 1　2015—2020 年中国 GDP 增速和数字经济增速

（二）产业结构发展现状

随着我国经济持续增长，国内产业结构发生了巨大的改变，根据《统计年鉴》记载，1978 年三大产业的产值比为 7∶12∶6，到 2015 年变为 2∶8∶10，2020 年第一产业占比 8%，第二产业占比 38%，第三产业占比 55%，超过第一、第二产业比重之和（见图 2）。目前，三大产业产值的高低顺序为第三产业、第二产业、第一产业；第三产业内部产业的结构变化为我国经济发展提供强大动力。

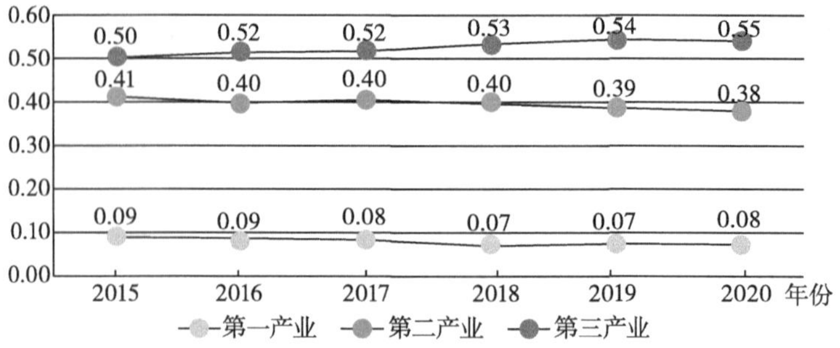

图 2　2015—2020 年中国三大产业比重变化

三、数字经济推动产业结构升级

数字经济是我国创新和技术进步的核心，其应用已经深入居民经济生活的各方面，助推我国产业转型优化升级，为我国经济转型升级提供强大核心竞争力。综观当前国内产业结构发展，数字经济产业对产业结构升级的影响主要有以下三个方面：①数字经济产业发挥核心驱动力作用，促使传统业态的组织生产方式、产业供应链和产品营销方式发生变革，提升产品的生产效率和社会经济效益，助推传统业态优化升级。②数字经济产业驱动传统业态与新型数字技术融合，使产业系统发展模式协调化，催生多种新型业态。③从消费者—市场需求端口考虑，数字经济产业提供消费者更加便利的消费需求，市场运转和供应模式发展改变，使市场产业结构发生调整。数字经济产业对产业结构影响路径见图 3。

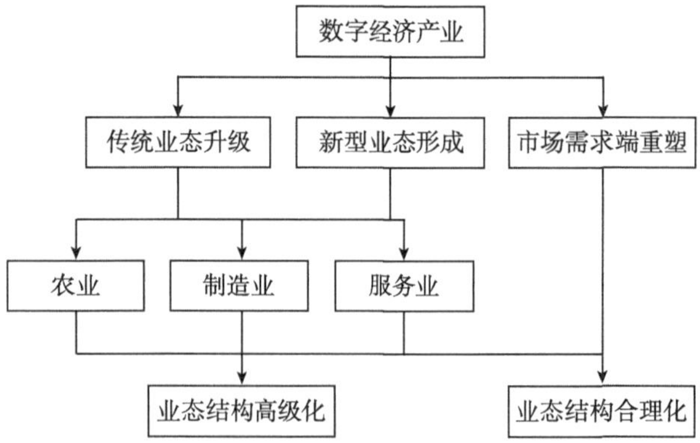

图 3　数字经济产业对产业结构影响路径

（一）数字经济产业改造传统产业，促进产业结构优化升级

推动传统产业向数字化产业发展是促进产业结构优化升级的核心环节。数字经济产业具有高渗透性，已经渗透到传统产业生产、经营、销售的各个环节，改变传统产业的生产方式、企业内部流程和产业组织方式，提高产业生产效率和经济效益，推动产业数字化发

展，促进产业结构转型升级。数字经济产业对传统产业结构影响路径见图 4。

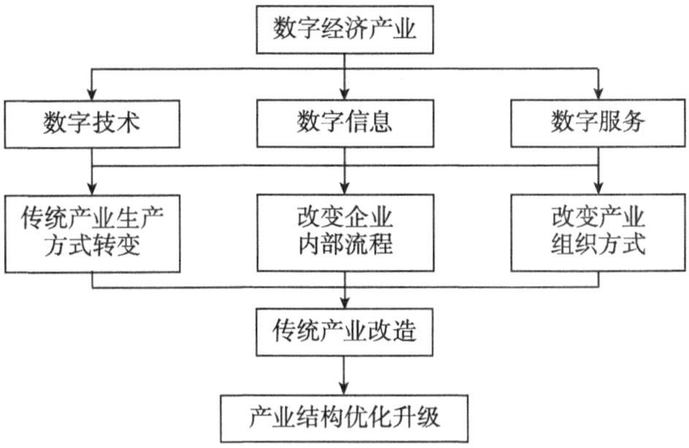

图 4　数字经济产业对传统产业结构影响路径

数字经济产业对传统产业的改造环节主要分为以下三个方面：①数字经济产业改变产业生产端口，使传统产业的生产线趋于智能化和迅捷化。数字技术和智能设备广泛应用于生产端，提升产品的生产效率和企业的社会经济效益，推动传统产业数字化、智能化、迅捷化发展。在工业经济时代，主要的生产方式是高产量、大规模、粗制造发展，考虑制造成本和生产效率，数字经济产业推进工业产品高质量、多规模、精制造发展。②数字技术简化传统产业内部流程，提升产业发展效率。随着新型电子商务交易平台的出现，消费者可以不设限制浏览产品、没有地点限制地获取产品，扩宽产业的交易范围，降低物品非定向运输产生的费用，提升产品的交易效益，加快资源流通速度，重塑企业流程。结合数字技术等应用，获取用户各方面的需求，整合整个产业链条的发展方向，使传统产业的生产、经营、销售各环节更能满足用户需求，推动传统产业发展，提高企业竞争力。③数字经济变革产业组织方式，驱动产业创新发展。随着数字经济产业的迅速发展，新型产业平台相继崛起，传统的链条式产业发展已经不能满足中小型企业的发展，必须将产业组织方式向网状式变革，推动网络协同式、分包和众包模式的发展，减少运营成本，拓宽商业渠道。

（二）数字经济产业促进新兴产业形成，带动产业结构优化升级

近年来，随着数字经济产业迅速发展，数字技术为产业之间的深度融合提供了条件。在数字技术创新和变革的大背景下，产业之间依赖性逐渐降低，产业模式出现一定分化，并通过数字技术进行重组，在数字经济产业的推动下，不断形成新业态、新服务、新产品、新模式，促进产业结构升级。图 5 为数字经济产业对新型产业结构影响路径。

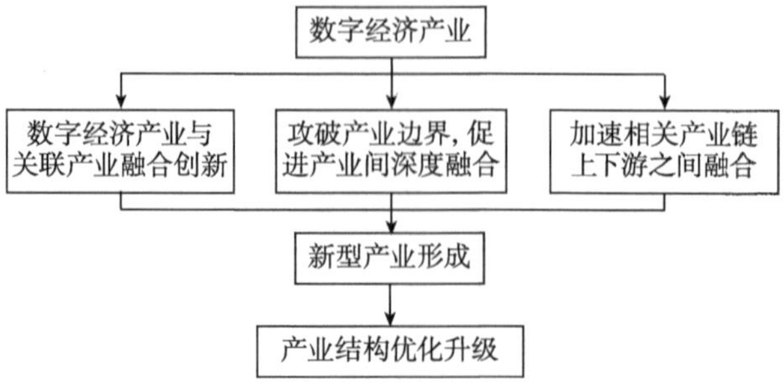

图5 数字经济产业对新型产业结构影响路径

数字经济产业促进新产业形成的途径有以下三个方面：①数字经济产业依靠其高创新、高渗透，加快相关产业的延伸和融合，推动新型产业的发展，促进产业结构调整。近年来，数字经济产业与其他产业互相融合，网约车、网上购物、网上排号等新模式、新业态相继出现，推动产业转型升级。②传统产业之间的产业棱角分明，数字技术磨合传统产业的边界，推动传统产业之间的延伸和融合。在传统模式下，农业生产是分散式发展，工业生产是规模化发展，数字技术通过智能化设备调控，促进产业之融合发展。③数码科技推动产业链上游和下游深度融合。数字技术运用数据编码功能对之前独立的商品进行记录，加快劣势分离，促进优势重组，替换不合时宜的产品服务。以智能监控为核心，严格控制产品链上游的产品输出，记录产品链下游产品的出场次数和顺序，智能化整个行业的产品流通动态，有利于扩大产业生产规模，提升产品供需效率，促进产业间的结构升级。

（三）数字经济产业重塑需求端，拉动产业结构优化升级

消费者端口的需求变动刺激产业结构转型，推动产业结构升级。数字经济产业对需求方的影响表现在以下两个方面：①数字技术简化消费者传统的消费习惯和消费行为，不限制时间和地点完成消费行为，重塑需求方，为相关产业提供巨大的市场需求，消费者需求的趋势变化推动产业的结构升级变化。在数字技术的影响下，改变了消费者的消费性质和消费习惯，农产品和工业产品的流通被实时记录，服务业的消费支付方式被简化，特别是依托于网络和电子科技的消费行为几乎都发生了改变，推动产业结构优化。②数字经济产业缩短产品的产出和流通耗材，缩减产品的生产成本，刺激消费者的消费欲望，增加产品的消费趋势，带动相关产业的结构变化。在消费循环发展下，数字消费需求推动数字经济产业的自身发展，作为新型的技术产业，它引领产业结构的转型升级。数字经济产业对需求端影响路径见图6。

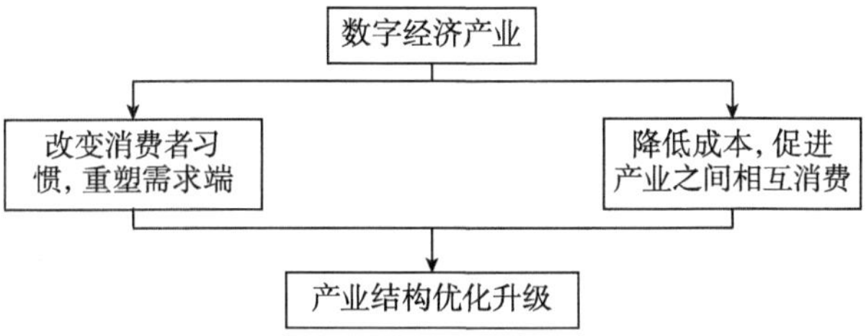

图 6　数字经济产业对需求端影响路径

四、数字经济产业助力三大产业优化升级

数字经济产业具有高渗透性和高创新性，数字技术推动各产业之间跨界融合，使产业的产出、流通和出售环节更加便利，产业发展的经济效益不断提升，产业规模不断升级，为产业结构升级提供巨大动力。

（一）数字经济产业促进农业优化升级

农业是社会经济发展的基础，是其他产业赖以生存的必要条件。农业关注农作物的气候条件、水质环境和微生物灾害等方面，通过计算机技术可以实时反映农作物的生存状态。数字经济产业在农业中的应用，一方面，通过计算机技术获取农作物生存的相应数据，将数据与产业的生产要素结合起来，促进农业产业配置适宜的发展环境，提升资源的有效利用率；另一方面，可以将数字技术应用于农业生产经营的全过程，搭建合适的农作物生长环境，提升农作物的产出率，运用计算机技术，估计产品相应的供应区间，使农业生产各环节都得到完善。数字经济产业对农业影响路径见图 7。

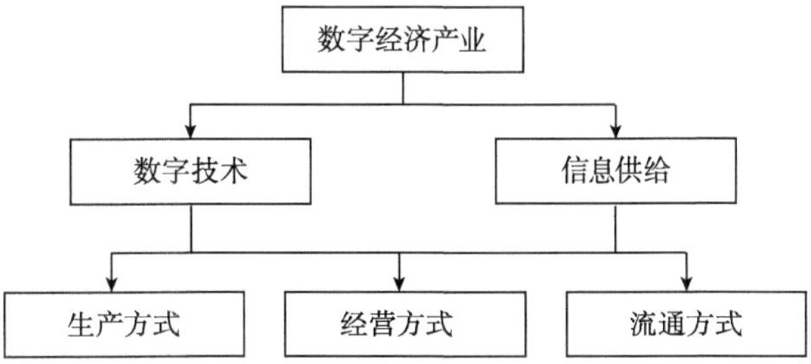

图 7　数字经济产业对农业影响路径

数字经济产业对农业的影响主要有以下三个方面：①在数字技术应用下，可以改善传统农业的生产方式，降低农业生产制造成本，提高土地生产率和社会经济效益。质检器、物联网等新一代信息技术能够准确获取农作物生活的基本特征，有针对性地改善农作物的生活环境，改善以往激进的举措，促进人力、物力和财力的有效结合，提升资源的经济效益。同时，智能化设备可以检测动植物的遗传规律，优化其基因结构，提升产量，驱动农

业发展整个流程自动化生产，促进农业优化升级。②互联网技术提升农业发展水平。互联网技术可以准确获取农业发展政策，了解适宜的销售渠道，针对农作物本身，可以实时获取当地的气候条件，规范化管理农业生产发展，通过网络了解市场信息、市场法规和最新的农产品培育技术，实现农业数字化发展。③数字经济产业优化农产品分配模式。农村电商发展打通偏远地区商品的流通效率，网络直播加快农产品的销售速度，提升农产品的经济效益。应用区块链技术，使得农产品的销售记录和分配数据公开透明，防止盗窃和伪冒。

（二）数字经济产业加速工业优化升级

工业经济一直是体现国家经济实力的重要组成部分，其产品价值的高低直接决定国民经济水平的高低。20 世纪 90 年代，工业发展一直趋向于高能耗、高消费，其产生的工业废弃物给我国的资源环境造成重要的影响，雾霾、粉尘给居民的呼吸道施加重大压力。在数字技术的应用下，刺激产业间的延伸和融合，不仅可以提升能源的使用效率，提高工业企业的社会效益，而且可以通过大数据技术为工业产品的流通与消费环节提供信息技术的支持，提升工业产品的社会经济效益，促进产业优化升级。数字经济产业对工业影响路径见图 8。

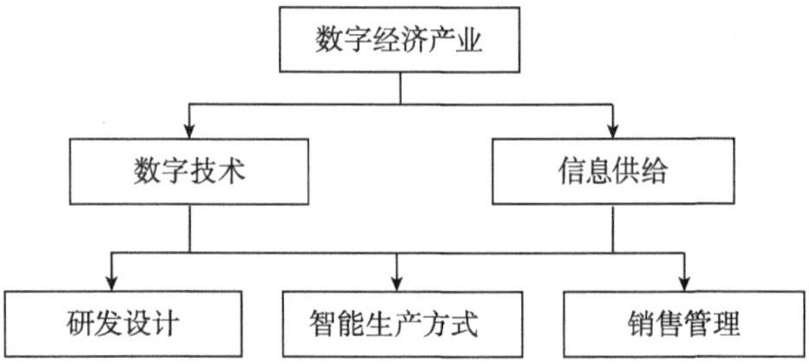

图 8　数字经济产业对工业影响路径

数字经济产业对工业的影响主要表现在以下三个方面：①在研发设计方面，通过去中心化技术提供产业链技术共享机制，为产业发展提供可靠的信息技术支持，实现工业产品数字化生产，工业发展模式的核心是大规模生产，数字技术将大部分的人力投入机械化，显著提升工业产品的生产效率，实现产业自动化生产，促进产业结构优化升级。②数字经济产业升级产业生产装备，开拓产业绿色化发展模式。在工业生产过程中，工厂的废水和废气对周围环境的影响一直是社会和民众关心的问题，应用数字技术，实时监控工业产品在生产过程中的转化效率，减少时间和人力资本的投入，实现集约型绿色发展，促进生产力结构和生产要素结构优化升级。③新型销售路径为工业产品创建友好的营商环境。集合大数据技术，了解当前工业产品的需求，使得供应链和需求链完美契合。通过电子商务的便利条件，在对应的平台上发布产品的销售信息，当地企业和民众可以不受时间和地区的限制进行购买，拓宽工业产品的销售渠道，降低产品的生产成本，提升产业的经济效益，促进工业优化升级。

（三）数字经济产业推动服务业优化升级

当前阶段，我国数字经济产业和服务业的融合程度最高。随着数字技术的不断发展，数字经济产业和服务业不断融合，产生新型的服务内容和服务层次，改善服务业新的业务模式，创新服务业新的业务形式。另外，数字技术可以快速响应市场需求的微观变化，通过线上和线下的模式融合，使消费者得到更大的满足感，促进服务业的转型优化升级。数字经济产业对服务业影响路径见图 9。

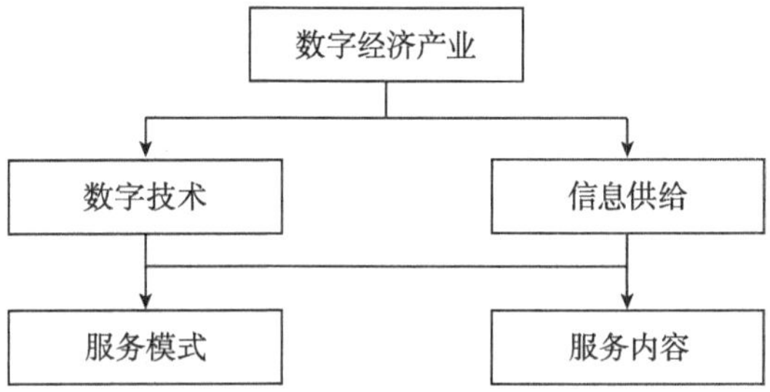

图 9 数字经济产业对服务业影响路径

数字经济产业对服务业的影响主要表现在以下两个方面：①服务模式创新。随着数字技术的不断渗透，新型网络服务模式不仅可以在线上为消费者提供相应的服务，而且可以记录消费者售后的用户体验，可以准确把握消费者的用户体验和需求，将传统服务模式和新型科技元素结合，制定个性化产品服务，促进服务业转型升级。②服务内容充实。通过大数据技术，促进数字经济产业与服务业的融合，了解消费者更多的消费需求，增加服务业消费内容，驱动传统服务业向数字化服务业创新发展，丰富服务内容，创新服务业发展模式，推动服务业优化升级。

中国网络创新指数研究[①]

汪小梅[②]　万映红[③]　岳英[④]　尚新燕[⑤]　杨茜[⑥]

摘要：随着传统经济的持续低迷，网络化创新及实践应用得以长足发展，不断为全球经济复苏和社会进步注入新的活力，逐步成为创新经济增长的强大引擎。为评价全国各省（区、市）的网络创新能力及发展水平，构建了网络创新指数评价体系，对全国各省域的网络创新发展水平进行整体评价和分指数评价，主要划分为东部、西部、中部和东北三省四个地区来进行分析，重点对陕西省及各地级市的网络创新水平进行深入分析。结果表明，全国各省域网络创新发展水平各有不同：东部地区处于网络创新发展的领先地位，西部地区还有很大的发展空间，中部地区是网络创新的中坚力量，东北三省则发展潜力巨大。而对于陕西省来说，陕西省整体发展水平一般，各地级市网络创新发展呈现不均衡现象。对此本研究从基础设施、人才发展、网络创新平台、成果转化等六个方面对陕西省网络创新发展提出建议。

关键词：网络创新；指数评价体系；创新发展

一、引言

2017 年第十九次全国代表大会报告强调指出，“要加快建设创新型国家”，“创新是引领发展的第一动力，是建设现代化经济体系的战略支撑”。同时，习近平总书记在 2018 年全国网络安全和信息化工作会议中再次强调，“信息化为中华民族带来了千载难逢的机遇，

① 来源于专著《网络创新指数》（机械工业出版社 2019 年版），第 3 至第 168 页。
② 汪小梅，西北工业大学管理学院。
③ 万映红，西安交通大学管理学院。
④ 岳英，西安理工大学经济与管理学院。
⑤ 尚新燕，西北工业大学管理学院。
⑥ 杨茜，西北工业大学管理学院。

我们必须敏锐抓住信息化发展的历史机遇，自主创新推进网络强国建设”。在以习近平同志为核心的党中央领导下，我国网络强国战略蹄疾步稳，互联网基础设施建设步伐加快，自主创新能力得到不断增强，信息经济蓬勃发展，互联网成为国家发展的重要驱动力。

与此同时，“互联网 +”战略，依托互联网科技创新技术与成果深度融合于传统经济实体，给其创新注入了前所未有的活力和能量，通过这种与实体经济相融合的方式，带动产业梯次转型过程中的经济创新发展。《中国“互联网 +”指数报告（2018）》显示，2017 年全国数字经济体量为 26.70 万亿元，较 2016 年同期的 22.77 万亿元增长 17.24%，占 GDP 比重也因此较 2016 年上升到 32.28%。过去一年，随着中国互联网产业发展加速融合，“互联网 +”持续助推传统产业升级。互联网、大数据、人工智能和实体经济从初步融合迈向深度融合的新阶段，转型升级的澎湃动力加速汇聚；数字经济成为经济发展新引擎，互联网和数字化助推传统经济向互联网经济升级和转型。

随着“一带一路”国家倡议的提出，我国加快形成陆海统筹、中西互补的全方位对外开放和全面发展新格局，为陕西经济的腾飞发展带来了前所未有的历史机遇。陕西作为国家“一带一路”、西部大开发战略的核心区，依靠创新驱动加快实现数字经济和实体经济同步发展，是陕西省转变经济发展模式的必然选择。因此，客观准确地衡量陕西省网络创新能力，精准分析陕西省网络创新水平在全国的地位，从而提出符合陕西省省情的合理化的意见建议是本文的研究主旨。

二、网络创新指数评价体系构建

（一）评价指标框架

网络创新指数反映一个国家或地区网络创新能力及发展总体水平。可以从国家或地区层面，通过综合评价与分析，揭示其创新活动方向、创新活动效率和能力水平。从这个意义上看，网络创新评价指标体系具有创新发展导向性，能体现国家网络战略目标要求和政策导向的目标需要，引导国家省（区）肩负起创新的责任和使命。互联网产业作为一个快速发展的高科技产业，其创新发展的要素和机制是一个全新的研究领域。本研究基于创新生态系统理论以及创新驱动路径研究成果，同时借鉴相关创新评价研究与应用成果，遵循“投入—产出”的效率/效益为基本评价基准，将创新过程和创新支撑驱动纳入同一框架体系，从而使得创新驱动“黑箱”进一步打开，最终形成网络创新评价指标体系的设计框架。该指数框架包括创新基础环境、创新资源投入、创新成果产生、创新知识驱动、创新产出绩效五个方面，相互间作用关系如图 1 所示。

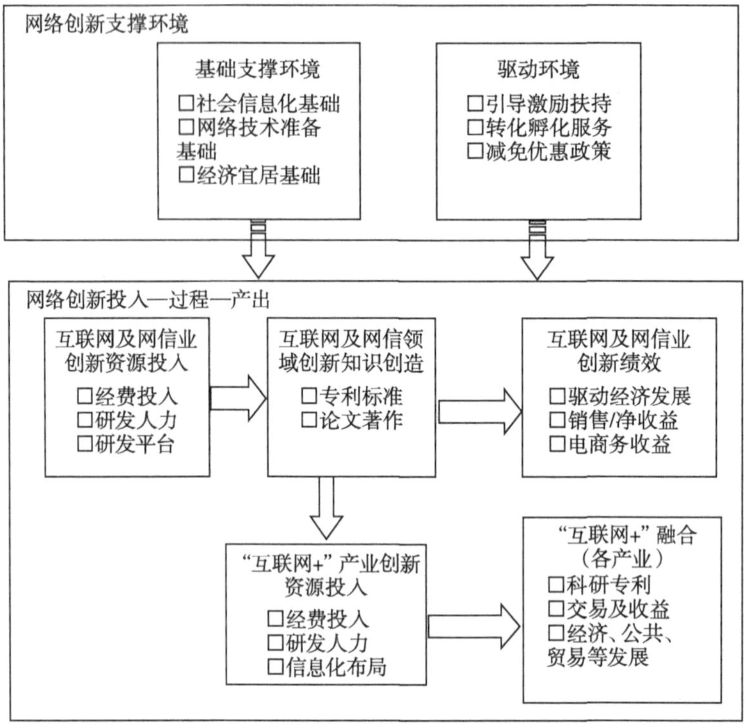

图 1　网络创新评价指标框架

网络创新评价指标框架的特点：

（1）框架体现基于系统基本特性要素及结构关系。网络创新是一个复杂的系统性过程，是由创新主体及协同体为核心的一系列有机联动活动的过程。系统的内生活动（创新主体）、外生活动（协同体）之间相辅相成、共同作用，最终达成网络创新系统的成效。

（2）框架体现区分知识技术创新成果、知识技术成果转化创新两种不同类型的产出绩效，以便于更加明确监测与评价这些活动过程的效率及其推进经济社会发展的成效。

网络创新是研发创新成果（知识）产生、创新成果（知识）转化应用两类循环往复的创新活动过程。创新成果必须将在经济上的运用纳入内涵中，只有实现其经济价值，才是创新根本。网络创新成果只有通过企业、技术市场和金融技术等政策服务驱动，才能转化为经济社会发展成效的具体指标，反映创新的能力与水平。

（3）框架体现营建创新环境，包括基础支撑环境、驱动环境两大方面。网络创新离不开协同的创新系统环境，提升创新环境能力及水平对于吸纳创新人才、促进创新成果产生与转化具有驱动与支撑作用。实践表明：一方面，创新人才是创新的灵魂，营造人文、技术、宜居的基础环境是吸引和留住人才的前提；另一方面，有效服务赋能及相关政策与引导举措，包括创新成果转化及交流平台、双创服务、政府专项激励、基金及补助减免税收政策等，对于驱动创新与转化的效率与效益具有正向的引导作用，有利于网络创新活动的顺利进行，有利于网络创新人才的培养和发展，有利于创新成果的传播和转化，能有效改善创新过程本身存在的“政府失灵”问题，是培育地区创新能力和核心竞争力的保障。

（二）评价指标体系

在对网络创新评价指标框架（见图 1）和对国内外创新评价指标框架及应用实践研究基础上，以创新过程中投入、驱动、产出、营建环境等活动环节的能力及水平作为评测指标设计基础，设置反映地区网络创新能力发展水平的指标体系，具体如表 1 所示。包括 5 个一级指标（网络创新基础支撑环境、网络创新资源投入、网络创新知识创造、创新知识转化赋能、网络创新产出绩效）、12 个二级指标（信息化社会氛围、网络化技术准备、经济宜居发展、创新研发财力资源、创新研发人力资源、创新研发平台资源、专利标准成果、科研知识成果、引导扶持政策、成果转化服务、互联网及网信企业绩效、“互联网 +”产业融合）和 36 个三级指标。

表 1　中国网络创新评价指标体系

综合指标	一级指标	二级指标	三级指标
网络创新能力	网络创新基础支撑环境	信息化社会氛围	人力教育素质
			互联网普及率
			社会网络化水平
		网络化技术准备	互联网宽带端口普及率
			两化融合水平
			网络信息安全水平
		经济宜居发展	生态宜居环境水平
			居民电子商务规模
			国民经济发展水平
	网络创新资源投入	创新研发财力资源	互联网及网信企业研发资金规模
			投资机构对互联网及网信业投资规模
			基金机构对互联网及网信业投资规模
			政府对科研项目基金资助规模
		创新研发人力资源	互联网及网信业从业人数规模
			互联网及网信业研发人员规模
			互联网及网信业高学历人才规模
		创新研发平台资源	产学研基地/平台规模
			高新技术产业区规模

续表

综合指标	一级指标	二级指标	三级指标
网络创新能力	网络创新知识创造	专利标准成果	互联网及网信业发明专利申请
			互联网及网信业发明专利交易
			互联网及网信业领域实用新型申请
		科研知识成果	互联网及网信业科研成果
	创新知识转化赋能	引导扶持政策	网络创新引导扶持政策
			网络创新税收优惠及减免政策
		成果转化服务	网络创新交流活跃度
			孵化器和众创空间规模
			政府网站绩效
	网络创新产出绩效	互联网及网信企业绩效	上市互联网及网信企业发展规模
			创建期互联网及网信企业发展规模
			互联网及网信企业示范应用规模
			互联网及网信企业净利润收益
		“互联网+”产业融合	iGPD
			+工业融合
			+商务融合
			+文化与科技融合
			+农业示范融合

（三）评价指数测算方法

评价指数测算方法主要包括数据预处理、评价指标体系赋权和评价处理流程三部分。

1. 数据预处理

网络创新评价指标的基础数据范围涉及中国内地（大陆）的31个省、自治区和直辖市（统计暂不包括中国香港、中国台湾和中国澳门）。基础数据的采集遵循稳定性、可信度、权威性、可追溯性、统一口径性的原则。

（1）数据标准化。评价指数测算首先要求各指标数据具备可比性。由于多数指标的测量单位不同，为了消除量纲影响，以及变量自身变异和数值大小的影响，需要将数据进行标准化，使不同单位或量级的指标数据能够进行比较分析。

采用离差标准化方法，将变量的极差线性变换到［0，1］，计算公式为：

$$x_{inew} = \frac{x_i - x_{\min}}{x_{\max} - x_{\min}}$$

式中，x_{inew} 是变换后的值，x_i 是待变换值，x_{max} 、x_{min} 分别为变量的最大值和最小值。

（2）数据重构。根据三级指标解释，有些指标属于复合指标，如经济宜居发展水平等。因此，复合指标值是基于多个采集指标及其数据，进行有效重构，如按照均值方法生成衍生变量值。

2. 评价指标体系赋权

网络创新评价指标体系是一个由多层级、多指标、多符合指标构成的指标体系，各项评价指标间的相对重要程度各不相同，因此，在用该指标体系对网络创新能力进行评价时，各指标间要确定权重。

（1）一级、二级指标赋权方法。采用熵权法分别对指标赋权重。熵权法是一种在综合考虑各因素所提供信息量的基础上，计算一个综合值的计算方法。这种方法求得的每个指标权重是独立地包含评价指标体系对评价结果的影响，扩大指标之间的差异性，从而能够显著区分指标的变化程度，同时避免主观干扰，其评价结果具有较强的科学理论依据。

（2）三级指标赋权方法。采用主成分分析法确立指标权重。第三级指标评价是以地区基础数据为依据。主成分分析法是将多个变量转化为少数几个综合变量（主成分），其中每个主成分都是原始变量的线性组合，这些主成分能够反映始变量的绝大部分信息。采用这种方法适用于克服单一指标不能真实评价对象实际情况的缺点，当引进多方面的指标，又将复杂因素归结为几个主成分，使得复杂问题得以简化，同时得到更为客观、科学、准确的评价结果。

3. 评价处理流程

采用自下而上的评价处理过程。

首先基于三级指标及其基础数据，运用主成分分析法计算得到第二级所属指标评分；其次以第二级指标评分为基础数据，运用熵权法对所在第二级指标赋权，并采用乘权求和方法得到一级所属指标的综合评分值；再次运用熵权法完成对第一级指标赋权，进而采用乘权求和方法得出地区网络创新综合评分值；最后对于各地区 i 综合评价分值 Y_i 中最高值 Y_{max}定为 100，其他地区评价分值的相对值（指数）为：

$$Z_i = \frac{Y_i}{Y_{max}} \times 100\%$$

由此得到各地区各层级评价 Z_i ，则可以针对各级指标的评价分按各指标对各地区做出排名。

三、全国地区网络创新发展水平评价

选取我国各省份2017年的相关数据，利用构建的网络创新指数评价体系进行测度。测度结果如表2和表3所示。

表2　省域网络创新指数排名

排名	省份	得分	排名	省份	得分
1	北京	82.96	17	河北	42.99
2	广东	69.23	18	河南	42.21
3	江苏	65.30	19	吉林	42.14
4	上海	64.14	20	黑龙江	41.63
5	浙江	59.74	21	内蒙古	40.20
6	福建	53.99	22	广西	39.98
7	山东	52.34	23	山西	38.81
8	天津	47.71	24	新疆	38.65
9	四川	47.43	25	甘肃	37.51
10	辽宁	46.94	26	云南	37.39
11	安徽	46.29	27	宁夏	36.86
12	湖北	45.84	28	西藏	36.66
13	重庆	44.54	29	海南	36.64
14	陕西	44.05	30	贵州	36.51
15	湖南	43.60	31	青海	35.94
16	江西	43.14			

表3　省域网络创新指数和分指数十五强榜

排名	网络创新指数	网络创新基础支撑环境	网络创新资源投入	网络创新知识创造	创新知识转化赋能	网络创新产出绩效
1	北京	北京	江苏	天津	北京	北京
2	广东	上海	广东	北京	广东	上海
3	江苏	浙江	北京	四川	上海	广东
4	上海	广东	浙江	安徽	福建	浙江
5	浙江	江苏	山东	江苏	江苏	江苏
6	福建	辽宁	上海	浙江	江西	福建
7	山东	天津	四川	重庆	山东	山东
8	天津	福建	湖北	湖北	吉林	西藏
9	四川	重庆	河北	广东	浙江	四川
10	辽宁	山东	江苏	天津	安徽	湖北
11	安徽	陕西	福建	山东	内蒙古	陕西

续表

排名	网络创新指数	网络创新基础支撑环境	网络创新资源投入	网络创新知识创造	创新知识转化赋能	网络创新产出绩效
12	湖北	新疆	辽宁	陕西	广西	安徽
13	重庆	四川	河南	上海	辽宁	辽宁
14	陕西	内蒙古	湖南	湖南	重庆	湖南
15	湖南	湖北	安徽	甘肃	黑龙江	重庆

（一）东部省域的网络创新发展水平

1. 东部省域处于网络创新发展的领先地位

北京、广东、江苏、上海、浙江、福建、山东、天津稳居前 8 位，遥遥领先其他地区。具体而言，东部地区在基础支撑环境、创新资源投入、创新知识创造、知识转化赋能及创新产出绩效分指标上，平均得分远高于其他地区的平均得分。

这些领先地区在网络创新方面的优势体现在：信息化社会氛围、经济发展水平、网络化技术准备以及科技研发基础较好；教育资源较丰富且高等教育较发达；市场经济和第三产业发展快速；对外开放程度较高，包括互联网及网信企业自身、政府财政、吸引各类投资机构投入创新研发资金较多；企业信息化程度较高，研发投入强度大；政府对于创新创业引导、扶持、税收政策方面力度较大，具有服务意识和成效；产学研合作水平较高。这些关键要素通过"基础支撑—资源投入—知识转化—融合示范"创新过程链条，要素间协同发展、相互促进和加强，不断完善呈现出可持续的创新生态体系的良好态势，共同造就了这些地区较强的网络创新水平。

2. 东部省域网络创新基础支撑环境发展与经济发展水平相一致

政府不断加强宽带建设、信息传输、软件及信息服务业等方面的投资力度，并不断改善电商及互联网相关行业发展水平，为网络创新的持续良性发展提供经济支持，促进网络创新绩效的产出效益。而这些绩效产出效益又强有力地推动了地区经济的发展，形成良性循环。这些基础支撑环境的不断完善，吸引各类投资机构、互联网及网信企业的创新资源投入，带动网络创新绩效提升及当地经济发展。

3. 东部省域网络创新发展各具特色

北京、广东、上海、河北在网络创新总指数及各分指标的排名大体一致，基础支撑环境、创新资源投入、创新知识创造、知识转化赋能及创新产出绩效等方面发展较均衡。江苏、山东、福建、天津则在网络创新某一分领域表现出色。海南省网络创新总体水平较低，是东部地区唯一排名靠后的省份。

（二）西部省域的网络创新发展水平

1. 西部省域在网络创新方面具有很大的发展空间

2017年西部省域在网络创新指数排名的榜单上相对靠后，与东部省域相比有较大差距，具有较大的发展空间。在基础支撑环境、创新资源投入、创新知识创造、知识转化赋能及创新产出绩效分指标上，西部省域的平均得分较低，整体发展水平不高。

西部省域的经济发展水平较低，地区的宽带建设水平相对较差，在信息服务、互联网及相关产业方面的投资力度还有待提高，而这些恰是促进地区经济发展及网络创新水平提高的重要因素。西部省域在科学技术方面的关注程度还不够，新型技术研发投入规模也相对欠缺，对地区经济及网络创新水平的支持力度不大。大部分省份教育资源相对欠缺，难以发挥高校、科研机构及企业研发活动的协同作用，其专利及科研成果在实际中进行应用存在较大阻力，软件、信息及互联网相关行业的企业、资金和人力等资源相对欠缺，甚至部分省份内互联网及相关行业的企业数量寥寥无几。这些因素均导致西部省域的网络创新发展低下，各方面均存在较大的提升空间。

2. 四川、重庆、陕西引领西部地区的网络创新发展，但具体指标表现分化严重

四川省在网络创新资源投入、创新知识创造方面优势明显。四川省高校云集，聚集了大量的高素质互联网人才，在创新资源投入方面表现相对突出。但其创新知识转化赋能方面表现相对较差，引导扶持政策和成果转化服务远低于全国平均水平。政府对互联网创新引导扶持政策、网络创新税收优惠及减免政策出台力度不够，网络创新交流活跃度、双孵化器和众创空间规模表现较差。

重庆市在网络创新基础环境、知识创造方面优势明显。但其创新资源投入方面表现较差，其中，创新研发财力资源、人力资源反差较大。

（三）中部省域的网络创新发展水平

1. 中部省域为网络创新发展的中坚力量

2017年中部省域在网络创新指数排名的榜单上，大部分省份位居第10至第20位，中部省域在网络创新指数上虽然与东部省域有一定差距，但总体呈现良性态势，是我国网络创新的中坚力量。

2. 中部省域在网络创新各方面均衡发展

中部省域在网络创新指数排名的榜单中，排名最高的安徽省的网络创新指数为46.29，

排名最低的山西省的网络创新指数为 38.81。在基础支撑环境、创新资源投入、创新知识创造、知识转化赋能及创新产出绩效等分指标上，中部省域的平均得分排名大部分处于中间位置，无明显落后“短板”。因此，中部省域网络创新各方面发展较为均衡，整体协调性较好。

3. 部分省份的网络创新发展独具特色

安徽省在专利标准成果及科研知识成果方面拥有较高水平，网络创新知识创造实力较强。

江西省在引导扶持政策和成果转化服务方面的优势突出。湖北省在网络创新资源投入、知识创造和产出绩效方面表现出色，凭借优质的教育资源，强化人才落地政策，扩大产学研基地规模，使得其知识创新实力增强，带动了互联网行业及其在金融、工业、农业等领域的产出绩效，互联网创新呈现出良好态势。

（四）东北三省的网络创新发展水平

1. 东北三省在网络创新方面发展潜力大

2017 年东北三省在网络创新指数排名上，辽宁省遥遥领先吉林省和黑龙江省。在网络创新基础支撑环境、资源投入、知识创造、知识转化赋能及产出绩效方面，东北三省的平均得分与东部地区的差距较大，在网络创新方面发展潜力较大。

2. 东北三省网络创新水平分别处于两个梯队

从对全国网络创新聚类分析结果来看，辽宁省位于第三梯队，吉林省和黑龙江省处于第四梯队。处于第三梯队的辽宁省网络创新总体水平较高。近年来，辽宁省加强对电信基础设施的支持力度，同时积极引进国内外高端人才，利用大学科技园、电子商务园区等有利条件，鼓励和引导各类投资机构加大对互联网项目的投资。

吉林省和黑龙江省处于第四梯队，网络创新水平较低。黑龙江省互联网及网信业科研成果和发明专利交易均不足全国平均水平的 60%，知识创造空间较大。可以鼓励科技人员创办“互联网 +”企业，鼓励省内高校完善“互联网 +”学科，加强教育与产业发展的链接，完善网络创新人才激励机制，提高网络创新知识创造能力。

四、陕西省网络创新发展水平评价

按照指标体系和指标测算方法进行测算，得到陕西省各地级市网络创新指数及分指数，测算结果如表 4 所示。

表 4　陕西各地级市网络创新指数、一级分指数及排名

城市	网络创新指数		网络创新基础支撑环境		网络创新资源投入		网络创新知识创造		创新知识转化赋能		网络创新产出绩效	
	得分	排名	得分	排名	得分	排名	得分	排名	得分	排名	得分	排名
西安	68.68	1	86.31	1	87.13	1	52.97	1	36.65	1	78.66	1
铜川	24.82	9	28.93	7	21.33	10	21.29	7	22.18	7	32.33	9
宝鸡	32.83	2	37.80	3	29.59	3	26.59	2	27.94	2	45.04	3
咸阳	31.31	3	36.05	4	34.76	2	22.38	4	26.87	3	38.49	7
渭南	30.15	5	33.47	5	29.28	4	22.48	3	26.85	4	41.58	4
延安	28.44	6	28.76	8	28.80	5	21.70	6	25.80	5	39.71	6
汉中	27.75	7	30.39	6	26.42	8	21.87	5	22.24	6	40.21	5
榆林	30.76	4	38.99	2	27.72	6	20.51	9	21.76	8	48.76	2
安康	25.15	8	25.35	10	27.17	7	20.85	8	20.67	10	32.74	8
商洛	24.32	10	26.43	9	24.85	9	20.44	10	21.26	9	29.71	10

陕西省网络创新总体发展水平一般，各分指标发展不均衡。经过数年重点发展，陕西在网络创新方面具备一定的实力，尤其是在电子信息产业、电子商务以及“互联网+”等方面更是形成了一定的产业集群，带动互联网经济及传统经济的协同发展。但在地区引导政策薄弱、基础支撑环境并不具备优势的情况下，陕西网络创新方面还需夯实基础，加强网络基础设施投入，营造良好的网络信息氛围，出台更有力度的扶持政策、税收优惠及减免政策，大力支持创客空间、创业孵化器、校企创新基地等网络化发展。

（一）西安市在网络创新方面具有绝对优势

西安市是陕西省政治、经济和文化中心，也是省内网络创新活动的先锋。2017 年西安市的网络创新总指数及分指数得分均遥遥领先于其他地级市。西安市集中了陕西省内优质的政策、科研、教育、技术和信息等方面资源，也是陕西省内资本运作的前沿阵地。这些优势造就了西安市的企业创新动力足，研发投入较高，产学研合作水平较高。因而，西安在网络创新方面占绝对优势。

（二）各地级市网络创新发展不均衡

在陕西省十大地级市创新指数排名中，西安市以超过宝鸡市 2 倍以上的得分遥遥领先。陕西省内各地级市之间网络创新发展水平差距过大，各地级市网络创新发展极度不均衡。西安市作为陕西省的中心城市远超其他地级市，环抱在西安市周围的如宝鸡市、咸阳市、铜川市等似乎并没有受到西安市发展进程带动，这似乎体现出省内资金、人才资源分

配不平衡的现状。

（三）各地级市网络创新梯队格局与其对外开放程度有一致性

众所周知，陕西省内根据其地理环境特性可被分为三个地区，分别是陕北地区、关中地区和陕南地区。陕北地区和陕南地区因其先天的地理环境因素而陷入较缓慢发展的状态，同时也并非对外开放的先锋队。陕西省内各地级市对外开放程度的层次与各地级市网络创新发展的梯度层次大致相当，在网络创新排序中，处于第一、第二梯队的地级市为西安市、宝鸡市、咸阳市、榆林市和渭南市。排名靠前的均位于关中地区，以西安市为引领，宝鸡市、咸阳市、渭南市以其环抱西安市的地理格局而相对其他地级市拥有较高水平的对外开放程度，同样，榆林市以自然资源为优势，也获得了较高的对外开放程度。其余地级市则在对外开放程度方面处于劣势。

（四）创新资源投入是落后地级市关键的“短板”

2017 年关中地区尤其是西安市，在创新资源投入方面表现突出，得分高达 87.13，远超第二名咸阳市 2 倍以上。其中，创新资源投入最高分与最低分相差 65.8，反映创新资源投入在陕西省内各地级市之间的分布极不均衡。创新资源投入的差距反映了不同城市的投资环境具有差异，这是大部分城市网络创新发展水平低的重要原因。要突破创新资源投入的关键“短板”，既需要提高城市政府投入的力度，也需要得到国家和省级政策及财政的帮助与支持，从而突破具有先发优势的城市形成的竞争限制。

综观陕西省内各地级市的网络创新发展状况，各地级市应当充分发挥自身的有利条件，因地制宜地提高自身网络创新水平。拥有丰富的矿产资源、旅游资源的陕北地区，环绕西安市能够与更多优质资本靠近的关中地区，拥有林业资源、旅游资源和优越生态条件的陕南地区，都可以利用自身的优势，通过不同途径、手段以达到提高网络创新水平的目的，同时，政府政策的支持力度不可或缺，各市也同样应当关注优质资本的招揽、高素质人才的引进。

五、陕西省网络创新发展建议

（一）完善网络创新基础设施

营造良好的网络创新环境，能够为网络创新良好发展提供坚实的基础和良好的条件。陕西省的网络创新基础环境较为优越，在西部地区省份中排名第二，人力教育素质、企业信息化水平略弱于东部地区，互联网宽带端口数仅达到全国平均水平的一半。陕西省可以依托“互联网+”行动的推动，落实好“宽带中国”战略，加强网络创新的基础建设。一是加大农村宽带网络建设力度，深入开展“百兆乡村”“宽带乡村”工程的建设；二是完善商业街区、旅游景点、医院等公共服务场所和热点区域的4G/WLAN无线网络覆盖，提升用户高速移动数据服务体验。强化网络信息安全，提升网络服务能力。同时深入实施知识产权战略行动计划，加快社会征信体系建设和社会信用立法工作，加大知识产权的保护，切实形成人人尊重知识产权、注重社会信誉和以诚信为荣的社会氛围，以保障从业人员和研究者保持创新活力。与此同时，发布并完善互联网安全标准，从技术安全和安全管理等方面，全面保护互联网用户个人敏感信息。

（二）深化网络创新人才发展

网络创新人才是核心竞争力，是竞争的根本。西部四川、陕西是网络创新人才储备大省，但是人才大量向北上广等地流失。相比其他省份，陕西省的网信业从业人数规模庞大，但是网信业高学历人才规模仅达到平均水平的52%。陕西省需要建起与全面创新改革相适应的人才制度体系，建立健全导向鲜明、激励有效、科学规范的人才培养、引进和使用模式。制定高层次人才特殊支持办法，提供各项资助与优惠政策；完善海外人才引进政策，简化行政手续，激发创新活力；鼓励互联网企业招聘应届毕业生，并提供政府补贴、培训费用和落户等政策。人才评价机制也需要与时俱进，由于互联网不同于传统行业，相较于技术、资金、观念、商业模式往往更加重要，需要制定更加完善的网络创新人才评价标准，逐步完善人才培育体系。通过各方努力，形成规模宏大、结构优化、布局合理、富有创新精神的高层次网络创新人才队伍，实现由人才大省向人才强省转变。

（三）加强建设网络创新平台

陕西省在互联网及网信业的发展上不如北京、广东、上海、浙江和江苏等省市，缺乏强有力的当地企业对资源进行整合，信息采集、交换、共享机制尚未建立，物流设施共用、信息共享机制尚未形成，难以形成良好的平台效应性。政府可以加大对网络创新平台的投入，大力扶持当地互联网企业，引进互联网领军企业，鼓励成立研究所、数据中心，打破信息孤岛，带动省域网络创新的发展。在服务平台建设期和运营初期，可通过提供办公场所、基础设施、资金和人才等进行扶持和引导。对于一些企业自建的网络创新平台，政府相关部门及行业协会可以调研、统计这些平台的效果，以指导企业更好地利用互联网平台。对于非互联网企业，政府应鼓励这些企业加入网络创新平台，提供专项资金来引导他们利用互联网、信息技术提升企业产品的内涵、进行产品升级换代。利用好网络创新平台，还能够把互联网和包括传统行业在内的各行各业有机结合起来，能够在新的领域创造一种新的生态，政府也应该关注这些模式新颖的企业，给予必要的扶持。形成良好的网络创新平台，有助于不断涌现出互联网领军企业，而平台的集聚性和规模效应有助于省域吸引创业创意、创业人才、创投企业、行业专家等资源，建立更为完善的互联网创业与投资服务体系，形成良性循环。

（四）大力推动网络创新成果的转化

陕西省在网络创新领域实力雄厚，网络创新成果丰富，基础完善，但是并没有诞生出许多优秀的网络企业，产业转型、企业提升还有待加强。这说明陕西省的科技创新成果缺乏良好的成果转化渠道，互联网及网信业的经济潜能没有完全发挥出来，陕西省的政府服务赋能在全国31个地区中排名落后。因此，陕西省政府需要为网络创新成果的应用提供动力。政府应当建立多元化、多渠道的投入体系，对重点网络创新项目进行大力支持，主动引领前沿“互联网+”重大工程，包括“互联网+”协同制造云服务支撑平台、工业机器人智能系统、物联网管理平台和物联网广域通信网络系统等工程；实施好大学生创业引领计划，支持其到互联网行业进行创业。政府的税收减免政策可以为网络创新驱动发展的全过程营造健康的发展环境。通过各项网络创新的税收抵扣或是具体减免税的政策法规，激励企业进行网络自主创新，应用网络创新成果，并降低区域内的创新壁垒，激发各个行业、各个地区的创新热情。

（五）推进互联网与实体经济的有机融合

促进实体经济发展是网络创新的重要一环。电子商务、网上支付实际上是实体经济初步网络化的结果，这仅仅是实体经济的网络营销，是实体经济的一个环节。对实体经济而言，决定性的要素仍是实体经济的内涵。陕西省制造业实力雄厚，在“互联网+”时代下，传统的制造业需要进行结构调整与转型，制造业企业要学会顺应潮流，积极开展网络创新。政府需要引导企业进行互联网和制造业的深度融合，除了基于互联网进行营销外，更重要的是借助互联网，加快转型升级，提升产品质量，降低生产成本和改善管理效率。陕西省政府可以加大对制造业与互联网融合发展的资金投入力度，充分发挥陕西省在制造业和网络创新方面的优势，采购云计算等专业化第三方服务；同时分区域、分行业建立评估体系标准，对企业的互联网融合进程进行评估，对于优秀的企业进行表彰和宣传，鼓励实体企业主动对接互联网，通过互联网进行制造和生产工艺的转型升级，促进生产、管理及营销等模式的创新，提高行业的竞争力和市场占有率，使得互联网与实体经济成为一个相辅相成的共同体，相互促进和发展，达到共赢，产生“1+1>2”的效果。

（六）政府积极引导网络创新方向

网络创新的发展过程中，市场无疑是最重要的导向与杠杆，但政府辅助推动的作用不容小觑。而互联网行业有别于传统行业，新的商业机会不断出现，往往不是“大鱼吃小鱼”，而是“快鱼吃慢鱼”，并且具有很强的先发优势。大部分中西部地区由于缺乏龙头企业的带领、经济基础薄弱等原因在网络创新活动中暂时落后，但在瞬息万变的信息化时代，实现“弯道超车”是十分有可能的。目前网络信息技术最重要的八大领域为柔性电子、人工智能、物联网、新型材料、数据科学、空间科学、能源科学、健康科学，这些领域都有可能出现技术拐点，实现颠覆性的科技创新。陕西省政府应当发挥自身优势，在人工智能、物联网等领域大力推进网络创新，同时在网络创新领域加强与领先省域的对接与沟通，通过政策、资金投入等方式，加大对网络创新的扶持力度，引导科研院校和企业迅速抢占“新机会”，占领新的技术和商业的制高点。

参考文献

[1]汪小梅，万映红，岳英．网络创新指数研究[M]．北京：机械工业出版社，2019(5).

[2]张贵，吕长青．基于生态位适宜度的区域创新生态系统与创新效率研究[J]．工业技术经济，2017，36(10)：12－21.

[3]李峰，庞玉萍，金萍．区域创新生态系统适宜度实证研究[J]．改革与战略，2017(9)：121－126.

[4]赵程程．区域创新生态系统适宜度评价及比较研究：上海、北京和深圳[M]．上海：同济大学出版社，2017：1－5，34－52.

[5]Athereye S. Competition, rivalry and innovative behavior[J]. Economics of Innovation & New Technology, 2001, 10(1): 5－11.

[6]Metcalfe S, Ramlogan R. Innovation systems and the competition process in the developing economies[J]. The Quarterly Review of Economics and Finance, 2008, 48(2): 433－446.

[7]陈宏伟，陈红．我国沿海发达省份创新能力测算比较[J]．科技与经济，2016，29(5)：25－29.

[8]黄澄清，张静，谢程利．中国互联网行业创新能力发展指数构建与评估研究[J]．汕头大学学报(人文社会科学版)，2016，32(6)：146－153.

[9]李庆东．技术创新能力评价指标体系与评价方法研究[J]．现代情报，2005，25(9)：174－176.

[10]田志康，童恒庆．中国科技创新能力评价与比较[J]．中国软科学，2008(7)：

155 - 160.

[11]冯静静. 甘肃省各地区社会经济发展指标体系的构建与实证分析[D]. 兰州:甘肃农业大学,2016.

[12]中国科学技术发展战略研究院. 国家创新指数报告2016—2017[M]. 北京:科学技术文献出版社,2018.

[13]柳卸林,高太山. 中国区域创新能力报告2014[M]. 北京:知识产权出版社,2015.

四川省数字经济高质量发展战略路径研究①

卢阳春② 高晓慧 岳新胜 杨伟 何利猛 王理③

摘要： 针对近年来四川省数字经济发展情况进行调查研究发现，四川省数字经济呈现出规模小、占比低的特点，数字经济总体规模与四川经济大省的地位不匹配，工业化信息化融合明显落后于全国平均水平，第二产业和生产性服务业数字化发展水平相对滞后，数字经济缺乏大型平台龙头企业带动等问题。对此，建议四川省加快出台数字经济发展规划、健全数字经济政策法规体系、提升数字经济配套基础设施、持续激发数字经济产业活力、构建数字经济开放合作机制、加强数字经济人才智力保障，以实现全省数字经济的高质量发展。

关键词： 数字经济；高质量发展；四川省

数字经济是依托大数据、云计算、物联网以及人工智能等新一代信息网络通信技术，以数据为关键要素、以平台为重要支撑、以技术为重要动力、以共赢为发展方向，能提高经济运行效率、优化产业结构的一系列经济活动。在研究数字经济发展历程、重要作用及发展规律等基础上，分析四川省数字经济发展存在的重要问题，借鉴国内外数字经济发展重要经验，提出四川省数字经济发展战略及实施路径，对四川省建设“5+1”现代产业体系具有重要意义。

当前，四川省数字经济呈现出规模小、占比低的特点，数字经济总体规模与四川经济大省的地位不匹配，工业化信息化融合明显落后于全国平均水平，第二产业和生产性服务业数字化发展水平相对滞后，数字经济缺乏大型平台龙头企业带动。针对上述问题，课题组提出加快出台数字经济发展规划、健全数字经济政策法规体系、提升数字经济配套基础

---

① 文本是对《四川省情》2019 年第 7 期论文《打好“组合拳”推动四川数字经济高质量发展》的完善与补充。

② 卢阳春，教授，成都师范学院成都融入双循环发展新格局研究中心。

③ 高晓慧、岳新胜、杨伟、何利猛、王理，硕士研究生，四川省社会科学院区域经济与城市发展研究所。

设施、持续激发数字经济产业活力、构建数字经济开放合作机制、加强数字经济人才智力保障等一系列政策建议。

一、四川省数字经济发展存在的重要问题

（一）数字经济发展规模和经济大省地位不匹配

当前，四川省数字经济呈现出规模小、占比低的特点，数字经济规模与四川经济大省的地位不匹配。从规模上看，2017 年全国数字经济总量达到 27.2 万亿元，四川省数字经济总量达到 1.09 万亿元，四川省数字经济总量占全国的 4.0%，位列全国第十、西部第一；从占比上看，全国数字经济占 GDP 比重达到 32.9%，而四川省数字经济占地区生产总值的比重为 29.4%，低于全国平均水平 3.5 个百分点，位列全国第十二，较 2016 年提高了 4 个百分点（见图 1、表 1）。但是，从增速上看，全国数字经济增速为 20.3%，四川省数字经济增速达到 25.4%，显著高于地区生产总值增速和全国平均增速，位列全国第四。如能进一步健全相关政策体系、优化营商环境等，保持数字经济较高增速，四川省数字经济将实现跨越发展，提升在全国的排位。

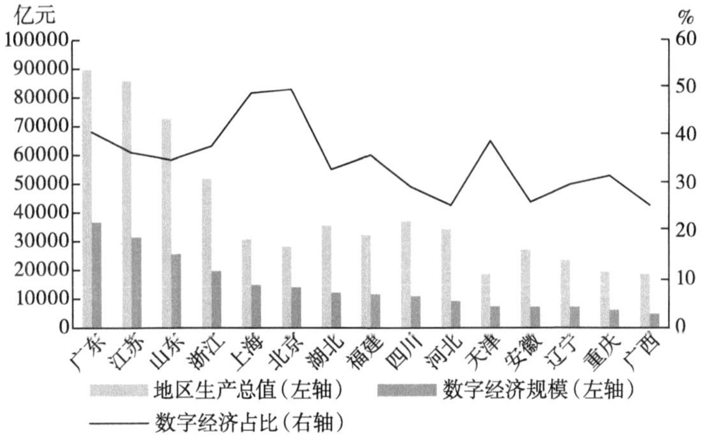

图 1　2017 年全国主要省份地区生产总值、数字经济规模和占比

表 1　2017 年分省（市）数字经济占 GDP 比重（前十五位）

排名	省（市）	数字经济占 GDP 比重（%）
1	北京	49.7
2	上海	48.9
3	广东	40.8
4	天津	38.9
5	浙江	37.8

续表

排名	省（市）	数字经济占 GDP 比重（%）
6	江苏	36.5
7	福建	36
8	山东	35
9	湖北	33
10	重庆	31.7
11	辽宁	29.9
12	四川	29.4
13	安徽	26.2
14	广西	25.5
15	河北	25.5

数据来源：《中国数字经济发展与就业白皮书（2018）》，中国信息通信研究院。

（二）工业化信息化融合明显落后全国平均水平

2017 年四川省两化融合发展水平位居全国第十（西部第二），进入全国第一梯队，成都市两化融合发展水平在全国 300 多个城市中排名第十二，四川省多项指标领跑西部地区，但整体融合水平仍然落后全国平均水平①（见表 2），尤其是与沿海地区的差距较大，在研发数字化、生产数字化、商务数字化、管理数字化四个方面全面落后于沿海发达地区。在四川省 3000 多家两化融合参评企业中，有 30.7% 处于起步建设阶段，达到单项突破阶段的企业占 50.9%，集成提升阶段的企业达到 14.3%，创新突破阶段的企业仅占 4.2%②，四川省两化融合水平较低，第二产业的数字化基础较为薄弱，还有极大的提升空间。

四川省两化融合发展水平较低存在两方面原因：一是工业数字化门槛较高，数字技术与传统产业的融合发展所需资金和技术投入大、改造升级成本高、追加信息化投资周期长、见效慢（数字技术从投入到产生正向经济收益的时滞为 3 ~ 10 年），因此传统工业自身利用数字技术的动力不足，并且在 L 型经济走势的大背景下，试错成本往往超出企业承受能力，试错风险也超出金融机构容错范围，专业人才资源稀缺使得优秀企业进行数字化“有心无力”。二是不少企业信息化基础较差，企业生产经营模式缺乏竞争力，技术创新发展基础比较薄弱，研发及应用数字技术能力不足，高技术设备组件主要依赖于进口③，企

① 数据来源：《中国两化融合发展数据地图（2017）》，中国两化融合服务联盟。

② 数据来源：四川省两化融合服务平台。

③ 2017 年四川集成电路及微电子组建进口额达 1131.3 亿元，占进口总额的 54.7%。

业内部管理也难以适应产业数字化产生的新组织模式。

表 2　2017 年四川两化融合水平排名

分项指标	四川在全国排名	四川在西部省份排名	备注
数字化研发设计工具普及率	13	2	—
关键工序数控化率	13	3	
重点行业骨干企业“双创平台”普及率	7	1	—
工业云平台应用率	8	1	—
工业电子商务普及率	9	1	—
网络化协同研制企业比例	9	2	27%； 低于全国平均水平 4 个百分点
开展服务型制造的企业比例	7	1	22.6%； 低于全国平均水平 1.7 个百分点
开展个性化定制的企业比例	4	1	9.1%； 高于全国平均水平 1.8 个百分点
智能制造就绪率	8	1	5.5%； 基本与全国平均水平持平

（三）第二产业数字化发展水平相对滞后

四川省数字经济的发展呈现出三二一产逆向融合的趋势，第三产业数字经济的发展较为超前，第二产业数字经济的发展则相对滞后，对制造业的融合覆盖范围不广、渗透力度不强、发展速度缓慢。在《2018 中国数字经济指数白皮书》中，四川省的数字经济服务指标（代表第三产业数字化程度）远远超过全国平均水平，仅次于粤、鲁、浙、苏四省，而第二产业数字化发展指标却落后全国平均水平①。2017 年四川省初步具备探索智能制造条件的企业仅占 5.5%，略低于全国平均水平，不到江苏省的六成②，制造业数字化发展水平不高，数字化服务业的高速增长缺乏产业基础的支撑，后劲略显不足。要利用数字经济实现四川全省的跨越式发展，就必须解决数字经济在产业上发展的不充分、不平衡问题，提升数字经济的协调发展水平。

（四）生产性服务业数字化发展相对滞后

四川省数字经济对服务业的融合也存在不协调的问题。四川省人口总量位居全国前列，为数字经济服务领域产业的发展提供了广阔市场，具备数字经济和服务业结合发展的

---

① 数据来源：工业和信息化部赛迪研究院《2018 中国数字经济指数白皮书》。

② 数据来源：中国两化融合服务联盟《中国两化融合发展数据地图（2017）》。

天然基础。近年来四川省成功将人口红利有效转变为消费红利，促进了全省数字经济蓬勃发展。目前，四川省数字经济主要体现在生活性服务业和公共服务领域，如电子商务、旅游、娱乐等服务业和交通、教育、医疗等公共服务，增速最快的领域为医疗服务、教育和文化娱乐。2017 年四川电子商务交易额达到 2.76 万亿元，增幅达到 30%，规模稳居全国第六、中西部第一；网络零售额对社销贡献率达到 46%，对四川生产总值贡献率约为 31.4%，成为拉动经济增长的重要动力①。全省在软件与信息服务等生产性服务业上也有较快发展，但总量不突出，2017 年四川省软件与信息服务业业务收入达到 2782 亿元，位居全国第七，不到广东省的 1/3。

（五）数字经济缺乏大型平台龙头企业带动

四川省缺乏本土大型数字经济平台企业。在 2018 全国 500 强企业榜单中，川企仅有 13 家入围，且排名大多靠后，涉及数字经济的企业较少，在四川大型企业百强榜单中涉及数字经济的企业占比也不大。在 2017 年中国电子信息百强企业榜单中，川企仅有绵阳的长虹、九洲电器入围；在 2017 年互联网企业百强榜单中，全省仅有成都的鹏博士上榜。全省 120 家上市企业中，有关数字经济领域的企业占比近四成，主要集中在智能装备、软件与信息服务、新一代网络技术和文化传媒这四个产业，但总体数字化水平较低，进入四川大型企业百强榜的较少，在川外竞争力也不突出。与沿海发达地区相比，四川省缺乏较大规模、能够带动数字产业发展的龙头企业和示范地区，大多处于低层次、小领域试水阶段，企业协同发展机制欠缺。近年来四川省经济发展水平较快，不少川外数字化大型平台企业逐步入驻四川，为四川数字经济发展提供了良好条件，但较多属于孵化型互联网公司或者轻资产企业，制造类数字经济公司较少，对四川工业制造企业数字化的带动作用并不明显，对全省两化融合的促进作用不突出，对智能制造产业人才的吸引能力不足。因此，四川在大力引进数字经济龙头企业的同时，也应注重培养可靠的本土数字经济大型平台企业、行业领军企业，为四川企业的转型发展、数字经济的融合发展提供支持。

二、四川省数字经济高质量发展战略

（一）发展思路

全面深入贯彻党的十九大和十九届一中、二中与三中全会精神，深入学习贯彻落实

① 数据来源：《四川数字经济与实体经济融合初探》（http://www.sc.stats.gov.cn/tjcbw/scsq/2018/201301_5943/cygc/201809/t20180911_266973.html）。

习近平新时代中国特色社会主义思想和习近平总书记对四川工作系列重要指示精神，按照高质量发展要求，统筹推进“五位一体”总体布局和协调推进“四个全面”战略布局，牢固树立创新、协调、绿色、开放、共享五大新发展理念，深入实施创新驱动发展战略，把发展数字经济作为四川省构建“5 +1”现代产业体系、推动四川高质量发展的重要战略部署之一。

大力引进和培育人工智能、大数据、云计算、物联网、区块链等新兴数字技术，推动数字技术在基础研究、关键技术、重点产品、行业示范应用和产业发展等方面取得重要进展。加快数字经济与实体经济融合发展，积极对实体经济进行数字化改造，激发实体经济新动能。抢占数字经济发展制高点，为推进全省经济社会高质量发展提供有力支撑。

（二）发展原则

——坚持统筹协调发展。立足四川省及各地区经济发展状况和产业基础，加强全省数字经济的统筹规划和顶层设计，聚焦重点领域，发展优势产业，综合协调各部门、各区域、各行业间的发展，实现立体化、差异化发展，培育具有鲜明特色的优势数字经济新业态。

——坚持深度融合发展。加快推动互联网、大数据、人工智能等新一代数字技术和实体经济深度融合，激发全社会的创新活力和创造潜力，充分发挥数字技术在产业转型升级中的作用，推动生产方式和发展模式变革，全面提升产业行业整体效能。

——坚持创新驱动发展。破除约束创新驱动发展的体制机制性障碍，整合创新要素资源，推动供给侧改革创新，促进数字经济产学研用协同创新，畅通创新成果转化渠道，加强知识产权保护，激发企业创新创业积极性，提升数字产业整体创新能力。

——坚持开放合作发展。充分吸引和利用全球数字创新资源，以全球视野推动数字经济开放以实现合作共赢，着力实施招大引优，把项目建设作为发展数字经济的重要抓手，加强与国内其他区域的分工合作，为数字经济发展提供充足的要素保障和发展空间。

（三）发展目标

围绕数字经济在生产生活各个领域的应用和发展，大力提高智能化生产、数字化管理和网络化服务水平，加快信息技术在三次产业中的融合应用，发挥数字经济的引领作用，为全省加快转型升级发展提供强大的动力支撑。力争到 2025 年，数字经济规模超过 2. 5 万亿元，推动经济数字化转型、社会数字化转型、政府数字化转型和人的数字化转型，超前谋划布局一批重量级产业，培育集聚一批具有竞争力的龙头企业。全力推动互联网、大数据、人工智能和实体经济深度的融合，建设一批工业、农业、物流、商务、旅游等领域的创新平台，打造电子商务生态最优区域，培育10个100亿元电商集群。按照“一干多支、五区协同”战略部署，高标准打造四川数字经济特色区域创新格局，以超常规的力度建设成为数字经济创新型区域。

——推进信息网络基础设施演进升级。建成高速、移动、安全、泛在的新一代信息基础设施，互联网省际出口带宽达40太比特每秒（Tbps），光纤入户用户占总宽带用户比率达90%，固定宽带家庭普及率达70%，移动宽带用户普及率达85%，行政村光纤通达率达到100%，全省农业新型生产主体信息化水平达60%，信息服务惠及90%以上涉农农户。4G网络全面通达，积极推动第五代移动通信技术（5G）商用，重点公共区域实现Wi－Fi全覆盖。宽带和通信资费水平不断降低，三网融合全省推广，物联网感知设施和云计算等数字基础设施趋于完善。

——推动产业融合重塑经济发展模式。加快数字经济向各行业各领域融合渗透，有力推动传统产业技术进步，促进三次产业创新转型和结构升级。推动O2O、分享经济等新形态持续涌现，智能制造、工业互联网等新业态快速兴起，精准农业、农村电商等新模式方兴未艾。全省信息化和工业化深度融合发展水平迈上新台阶，全省两化融合发展总指数达到93，位居中西部领先水平；企业关键工序数控化率达60%，数字研发工具普及率达80%。数字经济贡献能力显著增强，成为重塑经济发展模式的主导力量。

——大力发展数字产业培育新动能。加大招商引资和政策支持力度，大力引进和培育大数据、云计算、人工智能、电子商务以及数字创意等产业，推动数字产业资源集聚；着力打造“智慧城市”，着力推进社会、政务、民生领域的数字化转型；营造数字经济发展的良好环境，强化数字基础设施建设，完善信用和产权保护体系，加快建立适应数字经济发展的政策支撑。

——健全数字治理体系全面提升治理能力。发挥数字经济发展具有去中心化、跨区域和跨行业的特征，改变传统监管框架条块化与属地化分割的现状，运用大数据、云计算等数字技术手段，创新政府治理模式；推进数字政府及立法建设，提高政府服务能力和水平，建立健全创业创新政务服务体系；严厉打击互联网不正当竞争和网络违法犯罪行为，强化互联网交易监管。

到2030年，数字经济规模突破3万亿元，在重点行业领域形成3～5个具有全国影响力的企业，形成1～2家具备国际影响力的企业。数字经济总体发展水平进入国内领先行列，核心技术和产业核心环节创新突破，布局建设一批大数据、人工智能产业园区，做大做强数字经济产业支撑。深入推进产业数字化改造，实施工业互联网创新发展行动，推进企业上云计划，分行业、分领域培育工业互联网平台，建成中西部数字经济创新研发和产业化高地，让数字经济成为引领四川产业升级和经济转型的新动力。

表3为四川省数字经济发展主要指标。

表3　四川省数字经济发展主要指标

指标类别	类别说明	指标名称及单位	指标说明
数字基础设施	立足数字技术及基础设施，从硬件、网络、用户等的发展情况来反映支撑数字经济发展的基础能力	互联网省际出口带宽（Tbps）	指一定数量的用户汇聚在省内节点之上，这个节点与上层路由或者交换设备连接的带宽
		光缆密度（千米/平方千米）	光缆总长/面积
		固定宽带家庭普及率（%）	（使用宽带家庭数/全部家庭数）×100%
		移动宽带（3G/4G）用户占比（%）	3G/4G用户数/移动电话用户总数
数字融合应用	基于数字技术与实体经济的融合程度，反映数字技术对实体经济进行智能化改造，提升经济高质量发展的水平	两化融合发展总指数（%）	—
		农村电商平台数（个）	—
		企业关键工序数控化率（%）	规模以上工业企业关键工序数控化率的平均值
		数字研发工具普及率（%）	应用数字化研发设计工具的规模以上企业数量/规模以上企业总数量
		网络零售交易额占GDP比重（%）	—
数字产业发展	从数字产业自身视角，以相关主要产业营业收入、投融资、市场规模等的总体运行态势来反映数字经济发展的现状和潜力	电子信息制造业主营收入（亿元）	—
		软件与信息服务业主营收入（亿元）	—
		大数据投融资（亿元）	—
		云计算服务市场规模（亿元）	—
		人工智能产业规模（亿元）	—
数字治理转型	以政务办理、民生服务的相关指标反映公共服务效率以及数字技术与社会管理的结合应用程度	行政审批和公共服务事项网上全流程办理率（%）	行政审批和公共服务事项网上办理数/行政审批和公共服务事项总办理数
		社会保障卡普及率（%）	拥有社会保障卡人数/总人口
		电子健康档案城乡居民覆盖率（%）	电子健康档案总数/总人口
		电子诉讼占比（%）	电子诉讼数/总诉讼数

三、实施路径

（一）加快出台数字经济发展规划

数字经济具有很强的渗透性和融合性，是实体经济转型升级的“催化剂”和“加速器”。发展数字经济，以数字化丰富要素供给，以网络化提高要素配置效率，以智能化提升产出效能，能够助推新产业和新业态的形成，有利于加快推进供给侧结构性改革，形成经济增长新动能，激发创业创新活力。

四川是长江经济带的战略腹地和重要增长极，也是长江经济带和丝绸之路经济带联动发展的战略纽带。目前，四川省正在积极调整产业结构，转变发展方式。加快推进《四川省数字经济发展规范》的制定，有利于四川省经济发展由投资驱动、资源驱动向数字驱动、创新驱动转变。

（二）健全数字经济政策法规体系

——发挥政策引领作用。目前四川省正处于数字经济发展期，大部分行业、区域的数字经济发展还处于构思阶段和起步阶段，亟须相应的政策呼应，给予必要的支持和引导，特别是在资金支持、工商登记、税收、行业准入等方面，要结合数字经济发展的动态实践，不断地出台有针对性的政策措施，激发数字经济发展的创新性和灵活性。党的十九大报告中提出深化供给侧结构性改革、实施乡村振兴战略、实施区域协调发展战略等，从国家层面明确了政策方向；“一干多支、五区协同”“四向拓展、全域开放”等重大战略的制定，在省级层面给予了政策指导。具体到四川省数字经济发展具体领域，还需要针对相应区域、相应行业，加快政策出台步伐，加大政策引领力度。

——加强法律保障作用。保障四川省数字经济的良性发展，法律工具至关重要。首先要对基础法律关系进行调整。要适时出台统筹性、基础性法律项目，解决电信和互联网领域的基本法律关系问题，解决更广度的宏观数字经济领域的基本法律关系。其次要完善针对具体行为的法律法规。网络平台是数字经济活动的主要载体，未来要以网络平台为主要对象，规范网络环境的垄断、不正当竞争行为，同时出台或修订相应的立法项目，规范数字经济中各类主体的具体行为。最后要解决运营、资源、平台等层面的具体法律问题，通过法律、行政法规、规章在内的具体立法项目的出台和实施，来实现对具体问题的有效法律规制。此外，实现数字化建设还需要重点实现数字化形势下知识产权保护问题，在传统较为完善的知识产权保护体系下，出台符合数字经济特点的知识产权保护法律法规，以有效应对数字环境所带来的知识产权保护新问题。

（三）提升数字经济配套基础设施

以信息网络基础设施、大数据基础设施建设和城市基础设施数字化升级为着力点，继续全面建成高水平“网络强省”，建设第五代移动通信网络，完善和提升全省数字基础设施体系，为推动数字经济发展提供有力支撑。

——**完善信息网络基础设施**。扩容升级骨干网、城域网和接入网，优化互联网骨干网间的互联构架，加强全省通信管线、通信基站、机房等信息基础设施共建共享。加快构建高效骨干光纤网络，提高全省高速宽带占比，推进城市千兆光纤到楼入户，加快建设高水平全光网省。促进光纤网络和新一代移动通信网络融合发展，开展 IPv6 网络建设，提升 IPv6 用户普及率和网络接入覆盖率。促进全省 4G 网络城乡深度覆盖。抢先布局 5G 网络发展，充分发挥中国铁塔公司统筹作用，推动高可靠、低时延、广覆盖的 5G 网络共建共享，加快建设国际化区域通信枢纽。推动下一代广播电视网建设和有线无线卫星融合一体化建设，提升三网融合水平。推进移动号码资源携号转网，推动电信运营商网络基础资源共享。实施乡村信息基础设施振兴战略，提速光纤宽带，缩小四川省与发达地区的“数字鸿沟”。

——**统筹大数据基础设施**。统筹推进数据分块管理和集中管理，统筹省内云计算数据中心发展，探索跨区域共建共享机制和模式，重点建设一批公共服务、互联网应用服务、重点行业和大型企业云计算数据中心。有序推进绿色数据中心建设引导数据中心向泛在化、规模化、绿色化、智能化、高端化方向布局发展。建立健全与国家数据中心的互联机制，促进互联互通、数据共享。

——**加快城市基础设施数字化升级**。加快传感器技术、地理空间信息技术、卫星定位与导航技术、新一代信息网络技术在智慧城市建设中的应用。推进城市市政公用设施、环卫设施、地下管网、电网等基础设施改造与 5G 信息网络、传感技术融合建设，做到同步规划、同步设计、同步推进，构建市政设施管理感知网络系统。统筹传感设备、无线通信设备、控制设备和摄像头等图像采集终端和感知终端在交通、给排水、能源、通信、环保、防灾与安全生产等城镇公共基础设施的布局和应用，加快实现公共服务和管理基础设施数字化、网络化。加快建设广覆盖、大连接、低功耗窄带物联网（NB - IoT），推进 NB - IoT在公共服务、生产制造等领域的基础设施建设，加速孵化 NB - IoT 技术业务应用创新与产品研发，积极构建四川省 NB - IoT 应用产业链，推进全省物联网产业快速发展。

（四）持续激发数字经济产业活力

——**积极壮大市场主体**。面向国际高科技发展高地及京津冀、珠三角、长三角等国内高科技重点区域，针对强优高科技企业以及已经运用大数据实施融合升级的传统领域重点企业，制定专门招商政策，优化招商服务，推动引进一批世界500强、国内500强、中国民营500强企业，支持和推动企业在四川设立具有独立法人资格的分公司。推进与华为、腾讯、阿里巴巴、百度、京东等数字龙头企业战略合作，支持四川新一代信息技术产业发展和传统产业数字化转型升级。积极筹建四川省数字经济产业发展集团，将其打造成为四川省乃至全国龙头领军企业。发挥四川长虹、九洲等龙头企业优势，利用已经具备的云计算、大数据、物联网基础平台能力，加快建设一批“互联网＋”产业。围绕大数据、人工智能、云计算、共享经济等领域，大力支持正在起步、成长快速、极具潜力的企业及创新创业团队，培育四川未来的高科技“小巨人”和“独角兽”。

——深化产学研协同合作。围绕产业链体系化部署创新链，聚焦智能硬件、新型显示、大数据、物联网、云计算、人工智能等重点领域和军工电子装备、信息安全、集成电路、大数据及人工智能、无人机等优势领域，着力突破一批关键核心、自主可控的数字技术，形成一批关键数字技术研发成果，增强数字经济发展的核心驱动力。加强基础前沿数字技术攻关，形成一批技术成果。面向制造业、农业、服务业等传统产业，推动各类新兴数字技术的创新应用，提升产业数字化水平。加强产学研用协调，鼓励电子科技大学、四川大学、西南交通大学等高校与重点企业加强合作，开展关键技术研发和成果转化，促进技术成果产业化。围绕四川数字经济重点领域发展需求，聚焦省内一批数字产业和技术的关键环节和优势领域，统筹布局一批重点实验室、工程（技术）研究中心等技术研发创新基地（平台），加强数字技术前瞻性研究。支持多个企业共建协同创新平台和开展联合攻关，吸引大型企业、知名高校院所、行业研究机构等在四川设立数字经济研究院，组建省级、国家级产业创新中心。

（五）构建数字经济开放合作机制

——切实加强数字经济区域合作。深度融入长江经济带，积极对接粤港澳大湾区建设，依托泛珠三角、成渝经济区等区域合作平台，深化与京津冀、珠三角、长三角等重点区域和相邻省（区、市）在数字经济领域的合作与交流。依托资源、环境优势，以国家级、省级产业园区为载体，探索推动数字经济园区共建、共管等模式，积极承接东部沿海地区数字经济领域产业转移。

——积极参与数字经济国际交流。把握“一带一路”、网络空间命运共同体、中国欧盟合作、中国—东盟全面经济合作等战略机遇，开展数字经济领域国际合作。打造面向“一带一路”的信息枢纽服务体系，加快建成“一带一路”国际信息港。加强与美国、欧盟、英国、澳大利亚等数字经济发展先进国家和地区交流合作，共同研究探讨全球数字经济发展趋势和动向。在数据存储、数据资源流通、数字经济核心技术研发、投融资并购等领域，大力引进一批国际优质企业和资源，努力构建具备全球竞争力的数字经济创新发展体系。支持企业采用境外投资并购、海外参股、境外上市等方式“走出去”，参与全球市场竞争，积极开拓国际市场。

（六）加强数字经济人才智力保障

围绕数字技术创新、智能制造、互联网经济发展需求，大力引进具有国际视野和经验的高层次人才和团队。加强传统劳动力数字技能培训，提升数字化素养。推进数字经济学院、大数据学院、人工智能学院、网络安全学院建设，引进世界一流高校在四川省设立创新中心，在现有学科设置基础上增设大数据、人工智能、智能制造等专业和相关课程。推动省内外高校、企业开展产学研合作，创建企业对口实践基地，培养数字经济发展所需高层次研究型和应用型人才。

加强重大贡献荣誉激励。对制造业与互联网融合、工业互联网、大数据产业等领域的国家级试点示范企业（项目）给予一次性奖补，最高 300 万元。每年评选 10 个“天府数字经济先锋企业”，给予每家企业一次性奖补 200 万元；评选 10 名“天府数字经济领军人才”，给予其领导的团队一次性奖补 100 万元。

/第四篇/

产业战略

本篇由 6 篇文章构成。

《营商环境与产业生态：激发市场主体活力的重要着力点》指出激发市场主体活力是我国当前和今后一段时间经济工作的重点，围绕营商环境和产业生态对此进行了分析和探讨。良好的营商环境一般具有便利性、公平性、透明性、法治化和国际化等特征，优化营商环境可以降低市场主体的成本、增强市场主体投资激励和激发市场主体创新动力。产业生态良性循环表现为能够培育核心企业并不断产生系统整合报酬；促进产业生态良性循环可以提升企业能力、提高企业预期收益，对市场主体起到积极作用。

《创新驱动与区域产业集群发展研究》强调实施创新驱动发展战略，随着从发达国家引进技术难度增大，加强战略性新兴产业的自主创新，需要企业内部投资和外部激励政策的支持。以腾讯公司为例，腾讯由本企业创新驱动发展迅速演变为成熟的生态组织，继而成为新兴产业发展的引擎，从个人到行业加深了“互联网 +”的影响力，使得与其合作的所有行业都迎来了数字化转型。说明政府产业政策与企业创新驱动发展对区域产业集群发展的影响。

《出版业知识服务平台发展前景与创新运营方法》在国家文化发展规划纲要的引导下，出版业从传统的以“内容生产”为核心的产品提供商逐步转型升级成为以“知识运营”为核心的服务提供商模式，形成了全媒体阅读类、智能数据库类、专家智库平台类、行业知识分享类等创新的知识服务增值运营模式；并结合不同模式之间的产品形态差异、运营流程差异和盈利模式差异归纳为“开放型知识服务平台”“行业型知识服务平台”“自有型知识服务平台”三个主要类型，综合分析出版行业知识服务平台未来主要的发展前景以及创新运营方法。

《我国产业结构政策的变迁、测度与效果评估》以《产业结构调整指导目录》（以下简称《目录》）为例，系统梳理《目录》的历次修订要点，根据《目录》中鼓励类、限制类与淘汰类的分类方式，以及各类型产业中条目数量，提出产业结构政策的计数方法和赋值方式，以此得到“相对政策指数”，并利用中国工业行业的面板数据，实证检验产业结构政策对产业发展和创新活动的影响。研究发现，《目录》的修订为产业发展提供了合理指引与政策支持，支持力度的增加有效提升了产业总产值与总资产水平，极大地增加了产业研发人员与研发资金投入，有力地促进了产业创新，加快了各类资源在鼓励类产业的高效集聚，实现了产业结构政策的制定目标。

《京津冀协同发展背景下的农产品流通模式研究》指出农产品流通是京津冀协同发展战略的一个重要环节，目前，京津冀三地尚未建立起互利共赢、协同发展的农产品流通模式，流通渠道不畅、流通成本较高等问题依然存在，采取措施促进京津冀农产品流通模式协同发展势在必行。对京津冀地区包含的 13 个城市的农产品流通模式进行了系统聚类分析，并根据每类地区的特点提出相应的农产品流通模式，以优化京津冀农产品流通模式，推进京津冀地区经济协同发展。

《金融扶贫乡村产业的困境与对策》首先界定了金融扶贫乡村振兴的定义和性质，进一步通过研究湖北省金融扶贫乡村产业的现状，发现乡村产业的金融扶贫投入持续增强、支持产业发展力度加大、金融扶贫资源向深度贫困地区倾斜、金融扶贫产品和服务不断完善、扶贫地区基础金融扶贫服务水平提升的同时，存在贷款需求缺口、保险需求缺口、信贷资金风险、政策宣传乏力以及贷款增速放缓等问题，主要原因是资金供给结构不合理、资金有效需求不足和贷款后的资金风险较大等。因此，金融扶贫机构应该放宽金融扶贫约束、加大激励相容、制定分类帮扶和建立统一战线，同时国家需要调节贷款的价格、降低成本刺激需求，成立乡村基层组织加大监督力度以防止贷款风险。

营商环境与产业生态：激发市场主体活力的重要着力点①

吴汉洪　张崇圣②

摘要： 激发市场主体活力是我国当前和今后一段时间经济工作的重点，本文围绕营商环境和产业生态对此进行了分析和探讨。良好的营商环境一般具有便利性、公平性、透明性、法治化和国际化等特征。优化营商环境可以降低市场主体的成本、增强市场主体投资激励和激发市场主体创新动力。产业生态良性循环表现为能够培育核心企业并不断产生系统整合报酬；促进产业生态良性循环可以提升企业能力、提高企业预期收益，对市场主体起到积极作用。

关键词： 产业生态；营商环境；系统整合报酬；生态类比；系统分析

2020 年 12 月召开的中央经济工作会议，总结了 2020 年经济工作，分析当前经济形势，部署 2021 年经济工作。会议强调，要持续激发市场主体活力，让市场主体，特别是中小微企业和个体工商户增加活力。习近平总书记 2020 年 7 月 21 日在主持召开企业家座谈会时强调，市场主体是经济的力量载体，保市场主体就是保社会生产力。要千方百计地把市场主体保护好，激发市场主体活力，弘扬企业家精神，推动企业发挥更大作用实现更大发展，为经济发展积蓄基本力量。

以上论述表明，激发市场主体活力是当前和今后一段时间我国经济工作的一个重要方面。本文旨在对激发市场主体活力的着力点进行一些分析和探讨。

一、激发市场主体活力的重要性

关于激发市场主体活力的重要性，可以从以下几个方面来认识。

---

① 本文首发于《学习与探索》2021 年第 3 期。

② 吴汉洪、张崇圣：中国人民大学经济学院。

其一，党和国家高度重视。2020 年 10 月 29 日中国共产党第十九届中央委员会第五次全体会议通过的《中共中央关于制定国民经济和社会发展第十四个五年规划和二〇三五年远景目标的建议》（以下简称《建议》）第六部分第 20 条明确指出，激发各类市场主体活力。毫不动摇巩固和发展公有制经济，毫不动摇鼓励、支持、引导非公有制经济发展[1]。该部分强调，优化民营经济发展环境，构建亲清政商关系，促进非公有制经济健康发展和非公有制经济人士健康成长，依法平等保护民营企业产权和企业家权益，破除制约民营企业发展的各种壁垒，完善促进小微企业和个体工商户发展的法律环境和政策体系。弘扬企业家精神，加快建设世界一流企业。2020 年 12 月召开的中央经济工作会议又强调，要持续激发市场主体活力，让市场主体特别是中小微企业和个体工商户增加活力。2021 年 1 月，中共中央办公厅、国务院办公厅印发了《建设高标准市场体系行动方案》（以下简称《方案》），《方案》明确，为深入贯彻党中央、国务院决策部署，构建更加成熟、更加定型的高水平社会主义市场经济体制，进一步激发各类市场主体活力，就建设高标准市场体系制定行动方案，该方案包括总体要求、夯实市场体系基础制度、推进要素资源高效配置、改善提升市场环境和质量、实施高水平市场开放和完善现代化市场监管机制六个部分，共计 51 条。

其二，激发市场主体活力是满足人民美好生活需要和保证产业链、供应链稳定的客观要求。改革开放以来，我国逐步建立和不断完善社会主义市场经济体制，市场体系不断发展，各类市场主体持续增加。截至 2020 年 7 月底，我国登记注册市场主体 1.32 亿户，其中，企业 4110.9 万户，个体工商户 8843.8 万户。毫无疑问，数量庞大的市场主体是我国经济活动的主要参与者、就业机会的主要提供者和技术进步的主要推动者。《建议》提出了到 2035 年社会主义现代化远景目标。其中包括我国经济实力、科技实力、综合国力将大幅跃升，经济总量和城乡居民人均收入将再迈上新的大台阶，关键核心技术实现重大突破，进入创新型国家前列；人均国内生产总值达到中等发达国家水平，中等收入群体显著扩大，基本公共服务实现均等化，城乡区域发展差距和居民生活水平差距显著缩小；人民生活更加美好，人的全面发展、全体人民共同富裕取得更为明显的实质性进展。显然，实现上述目标离不开市场主体的支持和参与。此外，从畅通国内大循环的角度来看，一国经济得以顺利运行的一个前提条件就是其产业链、供应链稳定。只有保护和激发市场主体活力，才能保证产业链、供应链稳定。

其三，激发市场主体活力是应对风险挑战的有效之举。受新冠疫情的影响，我国一些市场主体面临的压力前所未有，遇到的困难和问题不可低估，稳就业保民生压力有所加大，在这种情况下，保护和激发市场主体活力非常必要而紧迫。习近平总书记在 2020 年 7 月 21 日主持召开的企业家座谈会上强调，市场主体是经济力量的载体，保市场主体就是保社会生产力。要千方百计把市场主体保护好，激发市场主体活力，弘扬企业家精神，推动产业发挥更大作用实现更大发展，为经济发展积蓄基本力量。

二、激发市场主体活力的着力点之一：优化营商环境

（一）对市场主体运营环境的考察

从经济学的角度来看，各类市场主体尽管其组织形式、规模、产品、地域和技术不同，但都从事同一基本活动，即将投入转变为产出（商品或服务），如图1所示。

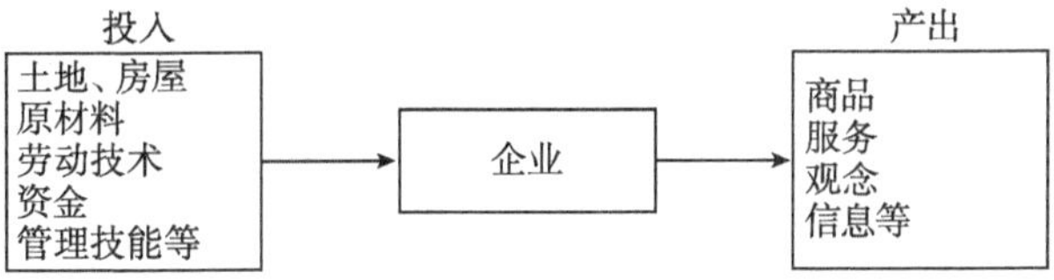

图1　作为转换系统的企业

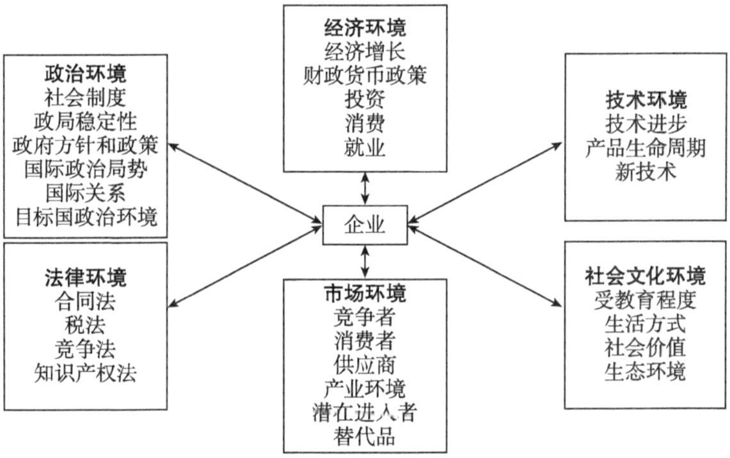

图2　影响企业的环境

企业外部环境是指影响企业的各种外部因素。它们大体上包括政治环境、法律环境、经济环境、市场环境、社会文化环境和技术环境（见图2）[2]。其中，政治环境既包括一个国家的社会制度、执政党的性质、政局的稳定性、政府的方针和政策等因素，也包括国际政治局势、国际关系和目标国的政治环境等。法律环境主要包括政府制定的对企业经营具有约束力的法律和法规等。经济环境是指企业从事经营活动时所面临的外部经济条件。经济环境主要包括国家经济形势、经济基础结构、经济发展水平、地区和企业的经济发展状况、宏观经济政策等。市场环境是指企业所处的市场中那些影响企业利益的因素总称。市场环境除了包括潜在进入者、替代品、消费者、供应商和在位竞争者外，还包括企业所

处产业的特征等因素。社会文化环境包括一个国家或地区的居民受教育程度和文化水平、宗教信仰、风俗习惯、审美观点、价值观等。技术环境大体上包括社会科技水平、社会科技力量、国家科技体制和科技政策。

简单地说，企业是一种转换系统，企业的外部环境是通过各种途径影响着企业活动。不仅影响转换过程本身，而且影响资源的获取过程、产出的创造和消费过程，如图 3 所示。

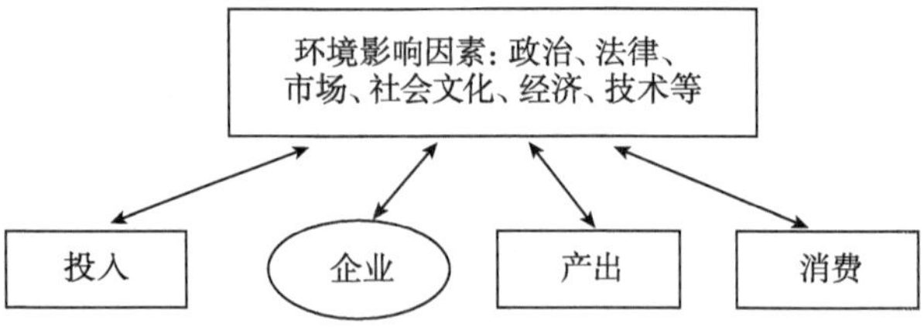

图 3　环境因素对企业的影响

企业外部环境的特点可以归纳为外部环境因素经常是相互关联的，企业外部环境因素的数量和种类很难穷尽，外部环境具有不稳定性。在投入转变为产出的过程中，企业在多层面的环境中运行，环境与企业的活动相互影响。环境通常是复杂的、不稳定的。了解外部环境及其对企业运营的影响，对研究和开展企业活动是至关重要的。

（二）对营商环境的考察和认识

大致说来，营商环境这一名词出自世界银行集团自 2003 年开始每年发布的《营商环境报告》，该报告对全球 190 个经济体的中小企业进行考察，对企业在生命周期中所适用的法律法规进行评估，通过收集并分析相关数据，对各经济体在不同时期的营商环境进行比较，该报告被世界银行视为旗舰拳头报告。世界银行发布的《2020 年营商环境报告》显示，中国的营商环境排名继 2018 年跃升 32 位后，2019 年又上升 19 位，升至全球第 31 位。世界银行称，中国“大力推进改革议程”，在推进各项改革、整治官僚主义、提高透明度、吸引投资、促进就业、利用信息技术提高竞争力等方面取得卓越成果，因此连续 2 年成为全球优化营商环境最大的十大经济体之一。在世界银行的报告中并没有给出营商环境的定义，一个经济体的营商环境是通过其营商环境指数来反映的。该指数要点如下：其核心是反映保障企业建立、运营、扩张和破产各阶段的制度环境和法治环境，其重点是营商的便利性、效率、成本和公平的市场环境，其对象是经济体中的中小型企业。

近年来，我国政府高度重视优化营商环境工作。2019 年 10 月，国务院总理李克强签署国务院令，公布《优化营商环境条例》，自 2020 年 1 月 1 日起施行。《优化营商环境条例》认真总结近年来我国优化营商环境的经验和做法，将实践证明行之有效、人民群众满意、市场主体支持的改革举措用法治制度固化下来，重点针对我国营商环境的突出“短板”和市场主体反映强烈的痛点难点堵点问题，对标国际先进水平，从完善体制机制的层面做出相应规定。2020 年 7 月 21 日，国务院办公厅发布《关于进一步优化营商环境更好服务市场主体的实施意见》。

根据《优化营商环境条例》，营商环境是指企业等市场主体在市场经济活动中所涉及的体制机制性因素和条件。笔者认为，这一表述具有两个明显特点：一是其外延比世界银行营商环境指数要广，世界银行的营商环境指数并未包括安全、市场规模、宏观经济稳定性和政商关系等方面；二是我国营商环境的定义具有高度的抽象性和概括性，基本上囊括了前面所述的市场主体运营环境的所有方面。按照上述营商环境的定义，如果企业等市场主体在市场经济活动中所涉及的体制机制性因素和条件与以前相比得到了改善或改进，则可称营商环境得到了优化（或改善）。

（三）良好的营商环境具有的特征

营商环境有好差优劣之分，可以从不同维度进行考察。笔者认为，良好的营商环境通常具有以下特征：

（1）便利性。营商环境的便利性是指市场主体从事营商活动的难易程度，一般可从市场主体办理相关事项的手续、时间和成本等维度进行衡量评价，如世界银行营商环境报告就是根据各经济体营商环境便利度来进行排名的，办事的手续越少、时间越短、成本越低，意味着便利度越高。便利化的营商环境，可使市场主体营商活动更加容易，增强活跃度，有效降低制度性交易成本。

（2）公平性。营商环境的公平性是指对各类企业一视同仁、平等对待，企业无论大小，属于何种类型，在市场经济活动中都能获得平等待遇，公平竞争，没有歧视性和差异化限制，一般可从权利平等、机会平等、规则平等维度进行分析，如实行市场公平准入、平等参与竞争、平等保护各类市场主体权益等。公平性强的营商环境，可保证市场公平竞争，优胜劣汰，激发各类市场主体的活力和创造力，提高资源配置效率。

（3）透明度。营商环境的透明度是指有关政策法规制度信息的公开透明程度，包括市场环境、政务服务、监管执法和法律法规等方面信息的公开知晓，没有隐性或显性的限制，可从参与法律政策制定、及时公布信息、查询获取信息方便等维度考察。透明度高的营商环境，可使各类市场主体都能获得相关信息，及时把握政策走向和市场机会，平等参与市场竞争，增强营商环境的可预期性。

（4）法治化。营商环境的法治化是指营商法律制度的完备程度，包括法律法规健全，法律面前各类市场主体一律平等，政府依法行政、市场监管统一，依法保护各类市场主体权益，司法保护公正等，可从立法、执法、司法等维度进行分析。法治化的营商环境，可为各类市场主体投资兴业提供法治保障，体现公平正义，使市场主体有稳定的预期。

（5）国际化。营商环境的国际化是指营商制度安排与国际规则的相通对接程度，包括与国际衡量标准相近、与国际通行规则或国际惯例对接、涉外投资贸易开放程度等，可从国际对标、法律法规、跨境投资贸易、对外开放度等维度进行考察和比较。国际化的营商环境，可提升营商环境的层次和水平，促进涉外投资贸易，增强市场吸引力和国际竞争力。

（四）优化营商环境对市场主体的作用

优化营商环境能够激发市场主体活力，主要是靠其对市场主体的积极作用来体现的。

（1）良好的营商环境能够降低市场主体的成本。我国颁布实施的《优化营商环境条例》至少在以下两个方面有效降低了市场主体的成本：一是市场准入和退出更容易。通过深化商事制度改革、推进证照分离改革、压缩企业开办时间、持续放宽市场准入等措施，为市场主体进入市场和开展经营活动破除障碍。进一步优化市场主体注销办理流程，精简申请材料、压缩办理时间、降低注销成本。二是税费成本更低。《优化营商环境条例》要求各地区、各部门应当严格落实国家各项减税降费政策，保障减税降费政策全面、及时惠及市场主体，并对设立涉企收费做出严格限制，切实降低市场主体经营成本。从经济学的角度来看，良好的营商环境会产生市场主体的外在经济，即由于市场主体的生产活动所依赖的外界环境得到改善而产生的积极的结果。在经济学理论上，外在经济可以使市场主体的长期平均成本曲线（LAC）发生向下方的移动，如图 4 所示。

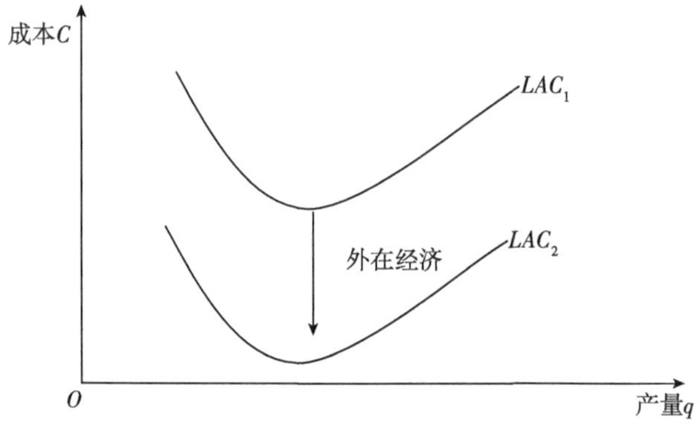

图 4　市场主体的外在经济效果

回到激发市场主体活力的话题上来。一般来说，市场主体最关心的是其经济活动带来的利润，而成本作为利润的重要组成部分，其高低直接影响市场主体利润的大小，进而影响市场主体生产经营的积极性，也就是市场主体的活力。可以用下面的流程说明优化营商环境对市场主体的意义：

优化营商环境→外部经济→市场主体成本下降→市场主体利润增加→市场主体生产经

营激励增加→市场主体活力增加

（2）良好的营商环境能够增强市场主体投资激励。这里考虑一个最普通的商业投资问题。设想一家大型跨国公司的经理正在考虑是否在国外开设一家子公司。一种评估这个投资项目的方法被称为成本—收益分析。按照该方法，需要计算项目的总成本和总收益，如果收益比成本更大，就进行投资。否则就不投资。

假设成立一个子公司需要一次性的开办成本 C。比如，建立子公司可能需要获得国内和国外的商业许可，以及要与国外的供应商和分销商签订商业合同等。

一旦子公司建立起来，假设只要它还开着，每年都会产生一定的利润。如果用 π 代表利润流的预期贴现值，那么 π 就是这个子公司的价值。

有了上述描述后，决定是否实施这个项目就变得很直接了。如果在子公司设立后，其商业价值大于它的开办成本，那么经理就会实施这个投资项目。经理的决策规则是：

$$\pi \geqslant C \rightarrow \text{投资}$$

$$\pi < C \rightarrow \text{不投资}$$

下面考察 C 和 π 的决定因素。先看 C 的决定因素。成立一个子公司，即使只是一个在国外开一家公司的动议，都需要很多步骤和环节，如选址和用电等。其中的每一步都可能为政府工作人员受贿或者政府收取许可费提供机会。在国外开一家公司的投资决策的成本会因以下两种情况而有明显的不同：一种是该国在相关领域具有明确的规则、法律和制度，该国可以提供一个有活力的商业环境，充满了投资和企业家，这就是本文所描述的具有良好的营商环境的国家，在这种情况下，开办子公司的成本通常是确定的，且数额较小。另一种是正好相反的营商环境，缺乏明确的办事规则，没有相关的法律和制度。一本教材描述了在苏联的外国投资问题："为了投资一家苏联公司，外国人必须贿赂涉及外国投资的每一个部门，包括外国投资办公室，相关的工业部、财政部、当地政府行政部门、法律部门、中央银行、国家资产管理局，等等。结果很明显，外国人不愿意投资于苏联。"[4]显然，在营商环境不大好的国家，开办子公司的固定成本会大于营商环境好的国家。再看 π 的决定因素。一般可将其分为三类，即市场规模、经济有利于生产而非转移的程度和经济环境的稳定性[4]。应该说，后两类因素与营商环境密切相关。经济环境的稳定性本身就是投资回报的一个重要决定因素。投资于一个规则和制度频繁变动的经济体是有风险的。尽管今天的政策是有利于一个经济的生产活动，但也许明天的政策就不是这样了。可以这样理解，一国的经济环境有利于生产或是转移的程度主要是由政府决定的，政府制定和实施法律为经济中的交易提供准则，也基本确定了所在国家的营商环境。良好的营商环境将鼓励人们从事商品和劳务的创造和交易，即鼓励生产财富的行为。不好的营商环境则鼓励将投资或财富转移。把上述论述进行概括，可以形成如下推理链条：

（i）良好的营商环境通常会使 π 增加和 C 下降；

（ii）在其他条件相同时，通常会使 $\pi \geqslant C$；

（iii）从投资决策分析的视角看，当 $\pi \geqslant C$ 时，市场主体会进行投资。

这意味着，良好的营商环境能够增强市场主体投资激励。

（3）良好的营商环境会激发市场主体的创新动力。党中央和国务院多次强调要深化“放管服”改革。“放”即简政放权，降低准入门槛；“管”即创新监管，促进公平竞争；“服”即高效服务，营造便利环境。概括地说，就是要给企业打造一个宽松的经营环境，政府更多地从管理者的角色转变为服务者的角色，更好地支持企业发展。在这样的举措推动下，作为技术创新主体的企业一方面出于加强自身竞争力，另一方面出于更好地满足客户需求等会加强自立创新的力度，从而也能推动“大众创业，万众创新”的局面出现。良好的营商环境，应该是一个公正的法治环境。只有有法可依、有法必依，才能形成公平竞争的市场秩序，让市场主体明确行为边界、形成稳定预期。进一步优化营商环境，应以保护产权特别是知识产权为基本导向。《优化营商环境条例》第十五条规定：“国家建立知识产权侵权惩罚性赔偿制度，推动建立知识产权快速协同保护机制，健全知识产权纠纷多元化解决机制和知识产权维权援助机制，加大对知识产权的保护力度。”2020 年 11 月 30 日，中共中央政治局就加强我国知识产权保护工作举行第二十五次集体学习。习近平总书记在主持学习时强调，知识产权保护工作关系国家治理体系和治理能力现代化，关系高质量发展，关系人民生活幸福，关系国家对外开放大局，关系国家安全。全面加强知识产权保护工作，促进建设现代化经济体系，激发全社会创新活力，推动构建新发展格局。习近平总书记在中央政治局本次集体学习时指出：“知识产权保护工作关系国家对外开放大局，只有严格保护知识产权，才能优化营商环境、建设更高水平开放型经济新体制。”“创新是引领发展的第一动力，保护知识产权就是保护创新。”以上论述表明，作为优化营商环境的一个重要方面，我国政府高度重视保护知识产权，进而高度重视保护和促进创新。笔者相信，加快打造市场化、法治化和国际化的营商环境，深化科技体制改革，完善符合创新规律的资源配置方式，确保各项鼓励创新的政策措施落地见效，能够充分发挥激发各类市场主体创新活力。

三、激发市场主体活力的着力点之二：促进产业生态良性循环

（一）对产业生态的考察和认识

产业生态学首先定义了产业生态。U. Ayres 和 W. Ayres（2002）指出，产业生态是指模仿生态系统的循环过程设计出来的一个复杂系统，如一个产业内的一组企业之间复杂的

交换网络就形成了一个产业生态[5]。U. Ayres 和 W. Ayres（2002）将产业生态学的研究内容界定为，通过生物类比研究产业生态，通过系统分析研究产业生态、技术变革在产业生态中的作用、企业在产业生态中的作用以及非物质化和生态效益及前瞻性研究和实践[5]。生物类比主要应用在产业生态的设施、地区或区域层面，借用生态学中关于生态系统中各种流动的概念，刻画设施与企业、企业与企业或行业与行业间的关系。Isaacs 和 Gupta（2010）指出，系统分析可以捕捉导致被研究系统变化的要素之间的一些相互作用[6]。从生态学视角分析企业的种群互动关系，可以较好地反映企业种群间协同或竞争的互动行为（陈万明和王圣元，2018）[7]。因此，我们将通过生物类比和系统分析两种方法给出本文中产业生态的分析框架。

李慧云等（2020）研究表明，企业信息披露受市场竞争程度影响的同时对整个市场的技术水平有显著的影响：信息披露质量与企业创新呈正相关，其中，信息披露的信息效应（降低信息不对称的程度，缓解企业融资的逆向选择问题）和监督效应所产生的积极影响起主导作用[8]。因此，信息在产业生态中不断循环往复形成的反馈机制对企业提升静态和动态能力（将在下文解释）起到关键作用，反映了企业所处产业生态的状态。

从信息循环的角度出发，类比奥德姆（2005）对生态系统的定义[9]，我们将构成产业生态的基本单位称为产业个体，即企业；同一行业内的产业个体组成的集合称为产业种群，如以苹果公司（核心企业）为主导，其代工厂和产业链中的供应商、销售商（其他企业）等与其共同形成一个产业种群，企业静态能力和动态能力的高低将决定其能否成为核心企业；一定区域内多个产业种群相互联结竞合形成产业群落，如某地工业园区中的所有企业构成一个产业群落；产业群落和产业环境（信息传递、反馈的外部条件）相互作用、不断动态演化而形成的系统被称为产业生态。

我们用图 5 表示产业生态的分析框架：

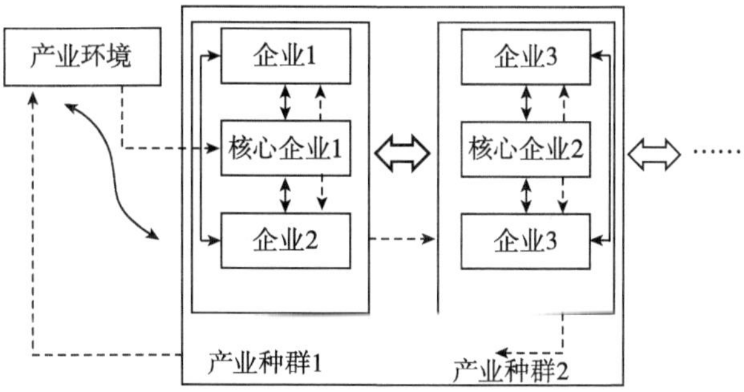

图 5　产业生态示意图

注：单向虚线箭头给出了产业生态中一个信息流的例子，实线和虚线箭头均表示信息传递的可能方向。

如图5所示，实心双向箭头反映了产业种群内部企业间信息的交流和反馈，如苹果公司在对iPhone定价时会考虑供应商提供的零件的成本，而不同型号的iPhone也对供应商提供的零件提出了不同的要求；空心双向箭头表示的是相关产业种群间的信息交流，如三星在显示器制造上的技术创新会使智能移动终端在设计时考虑该种新技术，智能移动终端设备的功能需求也会影响显示器制造业技术进步的发展方向；实心弯曲双向箭头表示的是一定区域内企业或行业与影响产业环境的部门（主要是政府）进行的信息交流，如企业会向政府提出从法律上保障契约条款强制实施的基本要求，政府的行政效率和政策稳定性影响企业获取政策信息的时效和对预期收益率的估计等。信息传递是否通畅、及时将会对企业决策和企业利润有很大影响。

我们在此处给出一个核心企业1实现技术创新的信息在产业生态内部循环的简单说明（图5中用虚线表示）。第一阶段，假设发生自核心企业1的技术创新的信息首先在产业种群1内部传递，其产业链中的供应商、销售商（其他企业）等会根据该信息做出反应，决定是否根据该技术创新改变生产、销售决策。第二阶段，与该技术进步相关的产业种群也会针对该技术创新做出最优反应，在核心企业先处理完该信息后，发生技术创新的信息最终会在各个产业种群内部成为共同知识，最终影响企业决策。第三阶段，通过产业环境会对该信息验证和反馈，核心企业1得知该技术创新是否可行、该区域对知识产权的保护程度高低以及其他企业获得该信息的渠道和时效等信息，决定对该技术创新大规模应用或进行修补，新一轮信息循环由此展开。信息循环是不断进行的，产业群落的各组成部分不断地进行着策略互动并传递信息。产业环境影响信息循环流动的速度和方式，对产业生态良性循环起重要作用，政府是打造良好产业环境的关键。

明确了产业生态的分析框架，我们再明确其中涉及的关键概念。第一，根据娄美珍和俞国方（2009）的划分[10]，本文考察的产业生态属于宏观视角的产业生态，在概念上与商业生态系统（Rong and Shi，2015）有交叉但分析框架不同[11]。第二，核心企业是能够引领一个商业生态系统不断演进并对整个商业生态系统存续和发展起决定性作用的企业，在产业生态的分析框架下，核心企业决定了产业种群的存续与发展。第三，根据杨瑞龙和杨其静（2005），本节将企业视为一个生产性知识和能力的集合，这属于企业能力理论（the approach of the capability）的视角[12]。企业能力理论主张企业竞争优势的内生性，强调企业成长的根源是内部知识和能力（静态能力）及对外部环境做出及时反应的能力（动态能力）的积累。因此，笔者认为，能够不断培育新的核心企业并支持和发展现有核心企业的产业生态是其良性循环的主要表现。

（二）产业生态良性循环的特征

当今，规模经济已不再像以前那样重要。因为在多数发达经济体，许多标准化产品的市场已经饱和，核心企业不同于传统的大规模企业（依靠规模经济获得更高利润的企业），它所产生的系统整合报酬（returns to systems integration）是现代企业发展的基础（U. Ayres and W. Ayres，2002）[5]。在本文的分析框架下，系统整合报酬指的是核心企业整合其他企业形成的产业种群所获得的额外收益。由于核心企业是形成该产业种群的基石，系统整合报酬中的绝大部分也被核心企业获得。从系统分析视角来看，系统整合报酬会使该系统的投入—产出比相对于核心企业单独生产更低，因此系统整合报酬是可以在产业生态中存在并维持的。

当前系统整合报酬日益重要的原因是在生产技术的其他维度和其他降低成本的战略中，还有迄今一直被忽视但更适合于满足当前市场需求的战略，如产业种群的闭合程度和产品的异质性等，这都是获得系统整合报酬的有效方式。在一定时期既定总投入规模下，一个企业生产（经济）系统的闭合程度可以体现其系统整合报酬的高低（樊海林和程远，2004）[13]，此外，产品和服务多样性——甚至是“定制”——本身就是有价值的（U. Ayres and W. Ayres，2002）[5]。简言之，一个由核心企业主导并整合多家上下游企业高效地提供大量异质性产品或服务的产业种群，将比一群依靠传统机器生产单一标准化产品的同质企业更有效率。

如前所述，核心企业的出现和发展是产业生态良性循环的表现，由于越来越多的核心企业出现并持续成长，产业生态内产生的系统整合报酬自然是越来越多。因此，笔者认为，产业生态良性循环的特征是能否产生更多的系统整合报酬。企业不断提升静态和动态能力正是为了成为核心企业并获得系统整合报酬，为此，则要求产业生态必须是良性循环的，否则企业既没有动机积累人力资本并提高内部管理效率（如产业生态内各组成部分信息循环不畅而导致无法有效形成产业种群，企业仍是在追求更大经营规模），也没有能力应对不断变化的外部环境（如恶劣的产业环境无法给企业反馈及时的信息），也就无法成长为核心企业。

显然，产业生态实现良性循环绝非一个“自然过程”。一个关键问题是如何促进产业生态良性循环，也就是说，如何使产业生态保持在良性循环的状态下。这里政府的作用是不可或缺或不可替代的，主要体现在打造良好的产业环境方面。政府应当引导、监管产业生态内部企业的经营活动，保障信息传递的及时性、准确性，实现信息循环的畅通有效。具体包括，整合官产学研用金等各方面资源，共同推进科技创新、产业链供应链完善、产业化等方面的工作；围绕前沿技术的商业转化，建设未来产业孵化器、加速器等众创载体，有效实现利润转化；加强知识产权保护，进一步完善统一的技术、数据等新型要素交易市场；引导产业资本、金融资本、社会资本支持未来产业发展；等等（李晓华和王怡帆，2021）[14]。

（三）促进产业生态良性循环对市场主体的作用

前文我们已经提到，企业是市场主体的重要组成部分，因此，增强企业经营积极性，促进潜在投资者投资兴办企业，就能达到激发市场主体活力的目的。促进产业生态良性循环对市场主体的积极作用，也体现在以下两个方面：

首先，促进产业生态良性循环能够不断提升企业的静态和动态能力，既能帮助中小企业健康生存，也能有助于培育出新的核心企业，成为新核心企业产生的系统整合报酬提高了现有企业的预期收益，增强企业经营积极性。帮助企业积累内部知识和能力对培育新的核心企业至关重要。在信息经济学中，知识可以通过信息来刻画（Maschler et al.，2020）[15]，这与我们产业生态的分析框架相一致。Prescott 和 Visscher（1980）把知识和信息看作组织资本的基本源泉，指出“知识和信息是企业的一种资产，因为知识和信息影响到企业的生产可能性曲线[16]。我们把这一企业的资产称为组织资本”。这种资产的不断积累能够提高组织（企业）对所承担的任务的协调能力和攻克技术难关的能力[12]，帮助企业成长为核心企业。提升动态能力也是在位核心企业的“必修功课”。国际市场上的优胜者（核心企业）始终是那些能够适时应对技术和市场环境变化，通过对企业内部和外部资源进行有效整合且能够进行快速和灵活的产品创新的企业，面对外部市场条件的快速变化，动态能力成为企业持续竞争优势的重要来源[12]。较好的动态能力是企业维持产业种群存续和发展、获得系统整合报酬的重要保障，而这一切都需要产业生态良性循环作为前提。我们再用图 5 加以说明，在一个良性循环的产业生态中，一个非核心企业能够跟随核心企业的发展方向、及时获得最新的政策信息及联系其他企业商讨合作事宜等，为了获得系统整合报酬，企业静态和动态能力不断积累，最终该企业联合其他企业形成新的产业种群或扩大原有产业种群的规模和功能，成为新的核心企业。

其次，促进产业生态良性循环产生的系统整合报酬不仅是对现有企业的激励，也是对潜在投资者的激励，它提振了投资者的信心，实现产业生态内部企业数量的增加和竞争程度的提高。竞争程度不断提高，最终有利于激发市场主体活力。市场竞争程度越高，为了生存，企业提升其静态和动态能力的激励就越强，不仅加快了企业成长为核心企业的进程，同时也使潜在投资者开始兴办新企业，追求系统整合报酬。新企业先是被纳入核心企业的产业种群中，当其成长为新的核心企业时又会整合其他新企业形成新的产业种群或者丰富原有产业种群的功能。这个正反馈的过程可以用图 6 来表示，是促进产业生态良性循环对市场主体积极作用的重要体现。

综上所述，促进产业生态良性循环也是激发市场主体活力的重要着力点，只有当产业生态处于良性循环状态时，知识和信息的传递才是通畅及时的，企业对外部环境的认知是

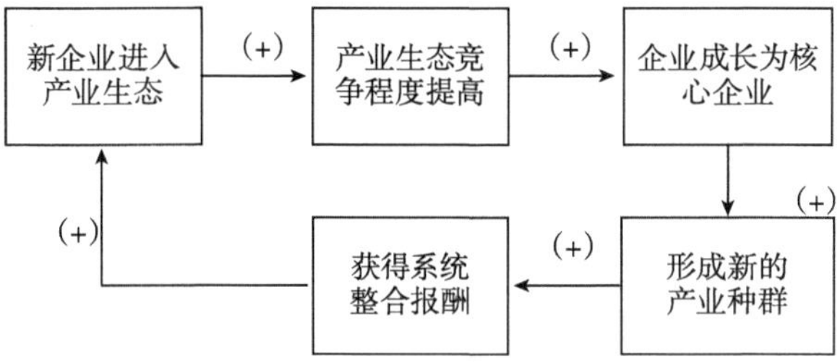

图6 促进新企业进入产业生态的正向反馈过程

准确的，从而帮助企业不断提升静态和动态能力并成长为核心企业，激励企业追求系统整合报酬，最终使产业生态内部核心企业数量不断增加，不断产生系统整合报酬。

四、结论

综合上面的论述，本文得出如下结论：

第一，营商环境是指企业等市场主体在市场经济活动中所涉及的体制机制性因素和条件。按照这一界定，我国的营商环境具有广阔的外延。良好的营商环境一般具有便利性、公平性、透明性、法治化和国际化等特征。

第二，优化营商环境是激发市场主体活力的一个重要着力点。优化营商环境可以降低市场主体的成本、增强市场主体投资激励和激发市场主体创新动力。

第三，产业生态是由信息传递、反馈的外部条件和发生策略互动的企业构成的信息循环系统。产业生态良性循环能够保证企业不断提高静态和动态能力，其重要特征是培育新核心企业并不断获得系统整合报酬。

第四，促进产业生态良性循环是激发市场主体活力的另一个重要着力点。促进产业生态良性循环可以帮助企业成长为核心企业并获得系统整合报酬、提高企业预期收益、增强潜在投资者兴办企业的激励，达到激发市场主体活力的目的。

参考文献

[1] 中共中央关于制定国民经济和社会发展第十四个五年规划和二〇三五年远景目标的建议[J]. 党建研究,2020(11):8-27.

[2] 伊恩·沃辛顿,克里斯·布里顿. 企业环境(第四版)[M]. 北京:经济管理出版社,2011:1-13.

[3] 高鸿业. 西方经济学:微观部分(第七版)[M]. 北京:中国人民大学出版社,2018:145.

[4] 琼斯,沃尔拉特. 经济增长导论(第三版)[M]. 上海:上海三联书店,2018:104-105.

[5] Ayres U. , Ayres W. A Handbook of Industrial Ecology[M]. Cheltenham: Edward Elgar Publishing Limited, 2002.

[6] A. Isaacs J. A. , Gupta S. M. . Economic Consequences of Increasing Polymer Content for the U. S. Automobile Recycling Infrastructure[J]. Journal of Industrial Ecology, 2010, 1(4): 19 – 33.

[7] 陈万明,王圣元. 产业内竞争、技术进步与增长收敛性测度——基于生态学视角[J]. 科技管理研究,2018(2):119 – 124.

[8] 李慧云,刘倩颖,欧倩. 产品市场竞争视角下信息披露与企业创新[J]. 统计研究,2020(7):80 – 92.

[9] 奥德姆·E. P. 生态学基础(第五版)[M]. 北京:高等教育出版社,2005:1 – 14.

[10] 娄美珍,俞国方. 产业生态系统理论及其应用研究[J]. 当代财经,2009(1):116 – 122.

[11] Rong K. , Shi Y. ,Business Ecosystems: Constructs, Configurations, and the Nurturing Process[M]. New York: Palgrave Macmillan, 2015.

[12] 杨瑞龙,杨其静. 企业理论:现代观点[M]. 北京:中国人民大学出版社,2005:146 – 171.

[13] 樊海林,程远. 产业生态:一个企业竞争的视角[J]. 中国工业经济,2004(3):29 – 36.

[14] 李晓华,王怡帆. 未来产业的演化机制与产业政策选择[EB/OL]. http://hfgga60aabc7d15084b00h99bv6pxfcxw56wcc. fhaz. libproxy. ruc. edu. cn/kcms/detail/50. 1012. F. 20210107. 1459. 004. html.

[15] Maschler M. , Solan E. , Zamir S. Game Theory[M]. Cambridge: Cambridge University Press, 2020.

[16] Visscher P. M. Organization Capital[J]. Journal of Political Economy, 1980, 3(88): 446 – 461.

创新驱动与区域产业集群发展研究[1]

张巍[2]

摘要：党的十八大明确提出“科技创新是提高社会生产力和综合国力的战略支撑，必须摆在国家发展全局的核心位置”。强调实施创新驱动发展战略，随着从发达国家引进技术难度增大，加强战略性新兴产业的自主创新，需要企业内部投资和外部激励政策的支持。以腾讯公司为例，通过腾讯由本企业创新驱动发展迅速演变为成熟的生态组织，继而成为新兴产业发展的引擎，从个人到行业加深了“互联网＋”的影响力，使得与其合作的所有行业都迎来了数字化转型。说明政府产业政策与企业创新驱动发展对区域产业集群发展的影响。

关键词：创新；产业集群；产业政策

一、创新驱动发展的时代背景

（一）引进技术难度增大

党的十八大明确提出“科技创新是提高社会生产力和综合国力的战略支撑，必须摆在国家发展全局的核心位置”，强调实施创新驱动发展战略。习近平总书记多次强调实施创新驱动战略，早在2012年在广东考察工作时指出：“国际经济竞争甚至综合国力竞争，说到底就是创新能力的竞争……我们要大力实施创新驱动发展战略，加快完善创新机制，全方位推进科技创新、企业创新、产品创新、市场创新、品牌创新，加快科技成果向现实生

① 本文系2020年中国政法大学科研创新项目资助“新时代创新驱动发展中的产业政策转型研究”（项目号：20ZFG79003）、中央高校基本业务科研业务费专项资金资助（supported by “the Fundamental Research Funds for the Central Universities”）的研究成果。

② 张巍，中国政法大学商学院教授。

产力转化，推动科技和经济紧密结合。”① 2015 年 3 月，中共中央、国务院出台文件《中共中央 国务院关于深化体制机制改革加快实施创新驱动发展战略的若干意见》，指导深化体制机制改革加快实施创新驱动发展战略②。文件指出，到 2020 年，基本形成适应创新驱动发展要求的制度环境和政策法律体系，为进入创新型国家行列提供有力保障。2018 年 4 月 26 日上午，习近平总书记在位于湖北武汉东湖高新区的烽火科技集团考察企业创新发展情况。“创新始终是推动一个国家、一个民族向前发展的重要力量”。③ 2019 年 3 月 5 日，国务院总理李克强在发布的 2019 年国务院《政府工作报告》中提出，过去一年，深入实施创新驱动发展战略，创新能力和效率进一步提升④。

改革开放以来，中国制造业通过引进技术装备，与外资合作走上了学习模仿的道路，工业技术水平大大提高。技术创新是后发国家实现持续经济增长并克服“中等收入陷阱”的关键。它已成为国际社会的普遍共识。传统观点认为，发展中国家具有技术创新的后发优势。只要增加对技术创新的投资和研发成功，就可以与发达国家分享垄断利润。通常较晚的发展中国家缺乏技术创新的动力，并且没有对大规模创新进行投资。传统观点中所谓的技术创新的后发优势是基于这样的假设：后发国家的技术追赶公司和发达国家的技术先进公司之间存在产量博弈，类似于古诺竞争或斯塔尔伯格竞争。但是这种假设过于理想化，与实际情况相去甚远。与发达国家的领先企业相比，后发国家的技术创新风险相对较高，难以获得预期的利润，因为发达国家的领先企业不会轻易放弃市场垄断地位、超额利润，并可能直接利用伯特兰的价格竞争，甚至掠夺性定价已经迫使新兴国家追赶企业挤出市场。即使增加了对技术创新的投入，它们仍然无法分享垄断利润，甚至可能投入大量的人力、物力和财力来促进技术创新，并陷入财务困境。从理性的角度来看，发展中国家的公司很容易预见到这一结果，因此通常很难下定决心要在技术创新上投入大量的财务和物质资源，因此往往难以下定决心投入大量财力、物力、人力进行技术创新，陷入了在技术引进和创新之间徘徊的困境。

值得一提的是，中国作为世界上最大的发展中国家，自 2013 年以来，研发总支出一直位居世界第二，但中国企业的科技创新势头并未跟上研发支出的步伐。根据《2014 年

---

① 习近平总书记在广东考察工作时的讲话在各地干部群众中引起强烈反响［EB/OL］. 新华社 . http://cpc. people. com. cn/n/2012/1212/c64387 – 19878300. html,2012 – 12 – 12.

② 深化改革加快实施创新驱动发展战略［EB/OL］. 新华社 . http://www. gov. cn/xinwen/2015 – 03/23/content_2837694. htm,2015 – 03 – 24.

③ 习近平四点意见为创新驱动发展战略“点睛”［EB/OL］. 央广网,2019 – 08 – 18. http://www. cac. gov. cn/2019 – 08/18/c_1124889685. htm,2019 – 08 – 18。

④ 李克强说,过去一年深入实施创新驱动发展战略,创新能力和效率进一步提升［EB/OL］. 新华社 . http://www. xinhuanet. com/politics/2019lh/2019 – 03/05/c_1124193635. htm,2019 – 03 – 05.

全国科技经费投入统计公报》的数据，2014 年我国研究与试验发展（R&D）总投资 13015.6 亿元，比 2013 年增加 1169 亿元，增长 9.9%。研发投入为 2.05%。其中，政府财政资金所占比例较高。2014 年，国家财政科技支出 6454.5 亿元，占研究与开发总支出的 49.6%，大大高于发达国家财政所占比例在 20% 以内的指标。科技支出 2899.2 亿元，地方财政科技支出 3555.4 亿元。如果考虑到工业企业税收减免、高新技术企业税收减免等优惠政策导致的企业科研经费的造假因素，财政支出占研发支出的 50% 以上，而企业研究费用则不到 50%，远远低于发达国家的私营部门研发投入水平，后者通常在 80% 以上。另外，中国的科研经费虽然很高，但许多大学、研究机构和科技公司的项目存在虚假的创新，这也解释了为什么科技创新投入如此之大，而科技成果转化率仅为 10% 左右，远低于发达国家的 44% 左右。

在日益复杂的技术背景下，中国需要以各种方式引进技术。但是，如何在技术引进过程中增强技术自主性，引导自主品牌发展，直接关系到本行业能否积极推动产业创新升级和抢占行业新的制高点。

随着与世界先进国家技术差距的缩小，以及与外资企业之间的技术与市场之间的竞争日益加剧，通过进口和许可证贸易方式进口技术变得越来越困难，而引进技术的成本却越来越高。因此，中国的工业技术发展战略需要从技术模仿型转变为技术创新型。尤其是随着全球制造服务化和智能化的迅速发展，企业完全依靠内部研发变得越来越困难，迫使中国企业获取外部知识并提高其创新能力。在企业之间的竞争已经演变为它所依赖的全球价值链竞争的情况下，技术引进不仅要针对某些环节，还需要以全球价值链为基础，以促进企业中所有环节的协调发展。为此，需要开发完整的国内价值链，为技术引进提供价值链支持和技术基础。

美国对中国的技术出口管制越来越严苛，中国从美国获得的技术逐渐减少。2001 年，中国从美国进口的高科技产品占中国进口的 16.67%，在 2015 年下降到 6.26%。美国的技术管制阻止中国直接从美国进口先进技术，也限制了中国从美国西方盟友进口技术产品。对技术的过度依赖实际上导致国家发展战略的被动。在消除了制度性因素（对中国经济发展的主要障碍）之后，增加知识研发，特别是自主技术创新的重要性日益明显。

（二）以市场换技术是特例

中国以市场换技术最成功的案例是高铁。进入 21 世纪以来，发展高速铁路的要求更加迫切。从 20 世纪 80 年代初期开始逐步形成“以市场换技术”战略。“市场”是指国内需求，让出“市场”是指允许外资企业满足一定的国内需求。只有外资企业具有相对技术优势的产品供给的“市场”才能拿来换，这样才不会对本国企业构成威胁。“技术”必须是我国没有的技术，其可以用来生产我们在中国需要的高、精、尖产品。20世纪80年代，中国的铁路引入了大规模技术。长春客车厂引进了英国和加拿大的部分火车。但是，由于国内制造技术的落后和缺乏管理经验，效果不是很好，没有很好地消化引进的技术。为此，在“九五”期间，国家启动了重点科技项目“高速铁路试验工程前期研究”，致力于提高自主技术能力。2000年启动了“中国之星”项目，尽管该项目没有达到目标，但积累了很多经验和人才。

自21世纪初以来，高速铁路的发展变得更加紧迫。一方面，世界铁路进入了高速时代，高速铁路已经成为促进国家和地区经济快速发展的动力。另一方面，由于火车运行速度低，中国的铁路已成为严重制约经济发展的“瓶颈”。尽快发展大容量、低能耗、少土地的高速铁路已成为符合中国基本国情的需求。自2004年以来，中国积极引进了先进的高速列车制造商，如西门子（德国）、川崎重工（日本）和阿尔斯通（法国）。这全都归功于每年230亿美元市场的“诱惑”，甚至一度为它们提供了70%的市场。于是，为了增加市场份额，这些西方公司不得不勉强将技术转让给中国合作伙伴，而中国很快就消化并吸收了这些技术。转让的技术越多，外国公司的市场份额就越低。外国公司的市场份额最终跌至20%以下。根据技术引进合同，特别是基于特定项目合作而非股权合作的合同，中国高铁产业价值链的领导者在项目合作过程中获得了九项核心技术：动车组、车身、转向架、牵引变压器、牵引变流器、牵引电动机、牵引控制系统、火车网络控制系统和制动系统。由于高铁是非消费性产品，因此其品牌影响力较弱，产品更换速度也较慢。为了获得核心技术，当地的领先公司不断吸收技术，然后改进创新。最后它们将有足够的时间进行自主创新。此外，合同还规定必须引入和本地化10项配套技术，即空调系统、马桶、门、窗户、座椅、挡风玻璃、吊钩系统、受电装置、辅助电源系统和车内装饰材料。基于全球价值链的技术引进，不仅增强了龙头企业的技术能力，而且提高了配套企业的技术水平，形成了更加完整的分工，并与以当地品牌汽车为主导的大量当地供应商进行了合作。这为资源的扩散和共享提供了渠道和方式，有利于在“极化效应”形成的基础上进一步创造“扩散效应”，促进了高铁行业不同环节的协同创新，从而增强了整个价值链的自主创新能力。

中国高铁模式的成功有其独特的特点。如铁路具有自然垄断的特征，巨大的市场利润对外国技术转让者非常有吸引力，因此中国在博弈中占主导地位。高铁的成功经验很难推广。时任加利福尼亚州州长施瓦辛格在访问上海时说，他希望中国能参与建设加利福尼亚高速铁路的投标。对此，《金融时报》表示，这对跨国公司来说是一个教训。这些公司一直在向中国合作伙伴转让或出售技术，以换取市场准入。但回报却是在中国市场的份额逐年缩小，中国公司已经成为他们的强大竞争对手。

（三）技术引进的路径依赖抑制企业创新

一家跨国公司与一家国内品牌公司合资公司后，其核心技术研发已在国外基本完成，然后将主要产品模型引入合资公司。因此，一方面，由于核心技术仍在外方手中，本地公司的技术溢出效应和学习效应有限，导致自主创新能力相对较弱；另一方面，汽车和其他产品作为消费品，升级速度更快，导致本地公司面临新产品开发的状况，并可能由于跨国公司的创新和升级速度加快而被淘汰，从而降低了他们对市场的期望研发和抑制其创新动力。

多数本地公司与跨国公司的合资企业被边缘化，有的甚至被搁置。这极大地影响了本地品牌公司的技术和品牌自主发展，导致本地企业领导者在产业价值链中的竞争力较弱，无法通过核心价值链和基本设备供应商的主导价值链来协调发展。核心零部件的形成有赖于国外进口或外资企业的参与，中低端环节中本地零部件供应商的过度竞争提高了中国的国内制造能力，但整个价值链的研发能力却不尽相同，仍然很弱。

外国对技术的依赖程度是反映国家对技术引进的依赖程度的指标，是国家技术安全的核心指标，也是建设创新型国家的四个总体指标之一。长期以来，中国实施的“技术换市场”战略为工业化奠定了良好的基础，但其自主创新能力并未得到有效提高。中国的科学技术发展一直处于引进、落后和重新引进的状态。对外国技术的平均依赖程度约为60%，与国际创新国家的30%的水平仍相去甚远。对国外技术的过度依赖已成为阻碍中国自主创新能力提高的重要“瓶颈”。

（四）战略性新兴产业必须依靠自主创新

战略性新兴产业不仅是转型期国家的主导产业，也主导产业的发展方向。战略性新兴产业的发展主要依靠关键核心技术，关键核心技术的研发只能依靠自主创新，而不能依靠技术引进和模仿。从发达国家的发展实践来看，战略性新兴产业都是由大量资本投资驱动的自主创新发展而成的。例如，美国在新能源、基础科学、生物科学和航空航天领域的研发投入约占GDP的3%。韩国已经在绿色能源发展方面投资了约6万亿韩元。日本已经在能源和环境技术的研发上投资了数千亿日元。英国不仅启动了“数字国家”战略，而且大力投资生物医学研究。为了提高信息和通信的竞争力，德国提出了“2020年信息和通信技术创新研究计划”。因此，为实现战略性新兴产业的可持续发展，有必要增强战略性新兴产业的自主创新能力，促进经济增长方式从主要依靠物质资源消耗向主要依靠技术进步的转变，改善管理，提高工人素质。

为了加强战略性新兴产业的自主创新，需要企业内部投资和外部激励政策的支持。但是，目前我国战略性新兴产业的科研投资存在区域不均衡的问题，欠发达地区战略性新兴产业的研究投资显然不足。例如，一些研究表明，欠发达地区吉林省战略性新兴产业的多项科学技术投资指标低于全国平均水平，而技术改造和技术引进等重要指标则远远低于全国平均水平。战略性新兴产业的自主创新明显不足。区域科研投入的不平衡，不仅会进一步拉大区域之间的鸿沟，而且不利于欠发达地区产业结构的升级，甚至会影响全国战略性新兴产业的布局。同时，战略性新兴产业实施激励政策存在不同程度的问题，促进自主创新的外部环境令人担忧。大多数战略性新兴产业是高科技产业，其资本投资要比劳动力投资大得多。高科技研发需要大量的人力、物力和财力，因此充足的资金是成功完成企业科研的重要保证。这些研发资金不能仅由企业本身筹集，当前研发资金短缺已成为制约战略性新兴产业自主创新的重要因素。造成这一结果的重要原因是各地区战略性新兴产业的税收优惠政策、激励政策和融资政策被搁置，存在实施不力的问题，限致了战略性新兴产业的发展。

除了高铁行业的相对体系化，其他产业都处于成长阶段。高端装备制造业的战略意义十分突出。除了中国相对成熟的高铁行业有完善的产业体系外，其他行业仍处于成长期，个别产业处于试验阶段。一旦正式实现大规模量产，商业价值将是巨大的。

二、腾讯公司及各类高科技企业形成区域产业集群

从中国高新技术企业发展实践来看，与传统企业近似，头部公司的带动作用明显，无论是杭州的阿里巴巴还是深圳的腾讯，围绕头部企业短时间内形成区域高新技术产业集群。以深圳为例，统计数据显示，2020 年上半年，深圳市重点发展的战略性新兴产业涵盖新一代信息技术、高端装备制造、绿色低碳、生物医药、数字经济、新材料、海洋经济产业，实现增加值 4498.16 亿元，增长率较第一季度回升 8.7 个百分点。新一代信息技术、高端装备制造业增加值分别增长 0.6%、0.8%，分别比第一季度回升 9.3 个、14.1 个百分点①。深圳已成为中国战略性新兴产业最大、集聚最强、技术创新最活跃的城市。

腾讯公司于 1998 年 11 月产生于中国深圳，是中国最大的综合互联网服务提供商之一，也是中国最大的互联网公司之一。目前，腾讯公司的各类业务涵盖社交、金融和其他领域。它的开放生态带动了数千万的就业机会，相关创业公司的估值已达数千亿美元。在 2018 年 6 月 20 日发布的《中国 500 最有价值品牌》分析报告中，腾讯公司排名第二。

腾讯由本企业创新驱动发展迅速演变为成熟的生态组织。早期的腾讯组织也非常封

① 上半年深圳七大战略性新兴产业实现增加值 4498 亿元[EB/OL]. 人民网. http://sz.people.com.cn/n2/2020/0804/c202846-34203459.html,2020-08-04.

闭。腾讯的封闭性使外部竞争者难以成长，内部竞争越来越激烈。一些公司的内部软件和增值服务变为混乱竞争和低效竞争，如果不及时解决就会阻碍企业发展。当时苹果智能手机已全面进入中国，为中国互联网用户打开了通往新世界的大门。2011 年移动互联时代到来，快速发展的腾讯公司抓住机遇，腾讯发布了微信，并相继推出了语音对话、朋友圈、微信公众平台、微信支付和游戏等功能。腾讯公布的报告显示：2019 年首季微信及 WeChat 的合并月活跃账户数达 11. 12 亿。"微信之父"张晓龙说过：移动互联网时代一定是图片为王的时代。微信不仅帮助腾讯成功获得了移动互联网时代的"平台票"，而且帮助腾讯改变了创新的定义。

腾讯积极进军并购其他互联网公司，投资购买 Riot Games 的大部分股份，战略投资滴滴、搜狗；与京东（JD. com）、大众点评（Volkswagen Reviews）和 58 同城建立了战略合作伙伴关系。2013 年，马化腾率先提出了"连接一切"和"互联网 +"的新思路。腾讯平台的开放不再是简单的用户数量，而是用户之间的关系链。只要它是符合腾讯要求的产品，就可以享受腾讯的平台资源。通过开放战略，腾讯成功地将产品竞争演变为生态系统竞争。腾讯继而采取新的战略措施，即公司不介意失控，微信的主要负责人张晓龙在管理和制定微信操作系统时遵循失控原则，除了对产品结构制定一些简单的规则，其余的不加管制，在微信用户界面上使用和体验取决于用户自主决定，这一创新产生了良好效果。

腾讯成为新兴产业发展的引擎。随着移动互联网的不断发展，以人工智能、云计算和大数据为代表的新一代信息技术已经进入人们的视野。腾讯从个人到行业加深了"互联网 +"的影响力，所有行业都迎来了数字化转型的浪潮。通过微信的巨大流量支持，腾讯开始在云计算等新技术方面做出创新研发。2015 年，腾讯考虑如何将其创新产品融入新的滨海大厦办公楼装修；2012 年，成立了专门从事人脸识别技术的优图实验室；腾讯的觅影为早期筛查肿瘤提供了很大的帮助。腾讯公司开始通过自己独特的大规模数据流量渗透各个领域。在推进智慧城市建设的过程中，腾讯就像高速引擎一样，引领着深圳新兴科技产业的飞速发展。在交通运输领域，乘车码使用率居全国之首。政务系统和医疗领域，让深圳市民体会到就医办事的快捷；在零售领域，腾讯授权大型超市和品牌商店扫码支付，扫码付费已成为深圳市民的首选；2017 年年底，拥有一系列"黑科技"的滨海大厦面世，成为国内智能建筑的先驱。

2019 年 9 月底，腾讯宣布启动新一轮战略升级，将云计算和智能产业提升到战略水平。作为深圳的七个战略性新兴产业之一，腾讯领导深圳的新兴技术公司在云和智能领域进一步发展，腾讯与深圳市国家高新技术产业创新中心（以下简称"创新中心"）和福田区政府达成战略合作，发起"腾讯云全球创新大赛"，并发布"香港高校联合实验室""人工智能未来学院"两个载体，共同帮助建立深港科技创新合作区，由腾讯带动深圳实现了区域产业集群发展。

三、政府产业政策对企业创新驱动发展的促进作用明显

腾讯在深圳的崛起不是偶然的。深圳是我国自主创新最活跃的城市，创新发展与人才储备方面占优。深圳是首个国家创新型城市、首个以城市为基本单元的国家自主创新示范区和首个国家知识产权示范城市。深圳的战略性新兴产业引领全国之先。2019 年 8 月 18 日，中共中央、国务院发布《关于支持深圳建设中国特色社会主义先行示范区的意见》①明确提出，将支持深圳率先建设体现高质量发展要求的现代经济体系。在党中央、国务院的大力推动下，深圳 5G、人工智能、网络技术、生物医药、通信高端器件等行业发展迅猛。根据深圳市政府 2019 年 1 月的《政府工作报告》，2018 年，深圳的全社会研发投入占 GDP 比重、PCT 国际专利申请量均全国领先，国家级高新技术企业数量居全国第二，数字经济发展也走在全国前列。以被称为“中国硅谷”的深圳市南山区为例，据统计，目前注册地址在深圳南山区的 A 股上市公司有 114 家，且多为高新技术行业。与之对应的是北京海淀区有 116 家、上海浦东新区有 19 家。南山区这 114 家上市企业中，包含医药生物 6 家、信息设备 18 家、信息服务 19 家、电子 21 家。而位于南山区中心的粤海街道，面积仅有约 20 平方千米，GDP 高达 2509 亿元，占了南山区的半壁江山。在中美贸易摩擦中先后被美国政府针对的中兴、华为、大疆等企业，均发源于此。

在深圳的基础上粤港澳大湾区的建设是中央领导亲自策划、部署和推广的国家战略。中共十九大报告指出，有必要支持港澳地区融入国家总体发展，重点是建设粤港澳大湾区，粤港澳合作、泛珠三角区域合作、全面推进内地与港澳互利合作。改善政策和措施以促进香港和澳门居民在内地的发展。粤港澳之间的合作已从过去数十年之前的前店后厂的贸易结构升级为最重要的城市集聚示范区，集金融中心、科技创新中心、先进技术于一体，从制造业到现代服务业、从区域经济合作到全面开放。科技创新是提高社会生产力和综合国力的战略支撑。粤港澳大湾区是世界上最经济可行的城市群之一，拥有自己的优势。它借鉴并发展了世界上其他重要海湾地区的发展经验，结合了自己的创新能力，并进一步突破了体制障碍。加强体制机制创新，建立高层决策机制和政策协调机制，构筑粤港澳新型合作平台，继续推进重大基础设施建设，出台促进交流的措施。为了实现全球科技创新，三地之间的人员、资金和物资聚集在粤港澳大湾区，以帮助建设世界级的海湾地区城市群。

---

① 中共中央、国务院关于支持深圳建设中国特色社会主义先行示范区的意见，新华社 . http://www.gov.cn/zhengce/2019－08/18/content_5422183.htm，2019－08－18.

参考文献

[1]习近平总书记在广东考察工作时的讲话在各地干部群众中引起强烈反响[EB/OL]. 新华社. http://cpc. people. com. cn/n/2012/1212/c64387 - 19878300. html,2012 - 12 - 12.

[2]深化改革加快实施创新驱动发展战略[EB/OL]. 新华社. http://www. gov. cn/xinwen/2015 - 03/23/content_2837694. htm,2015 - 03 - 24.

[3]习近平四点意见为创新驱动发展战略"点睛"[EB/OL]. 央广网. http://www. cac. gov. cn/2019 - 08/18/c_1124889685. htm,2019 - 08 - 18.

[4]李克强说,过去一年深入实施创新驱动发展战略,创新能力和效率进一步提升[EB/OL]. 新华社. http://www. xinhuanet. com/politics/2019lh/2019 - 3/05/c_1124193635. htm,2019 - 03 - 05.

[5]上半年深圳七大战略性新兴产业实现增加值 4498 亿元[EB/OL]. http://sz. people. com. cn/n2/2020/0804/c202846 - 34203459. html,2020 - 08 - 04.

[6]中共中央、国务院关于支持深圳建设中国特色社会主义先行示范区的意见[EB/OL]. 新华社. http://www. gov. cn/zhengce/2019 - 08/18/content_5422183. htm,2019 - 08 - 18.

出版业知识服务平台发展前景与创新运营方法[①]

毛增余[②]　余静宜[③]

摘要： 近年来，知识服务体系建设已上升为国家战略。自“十一五”期间，国家新闻出版总署提出国家知识资源库工程，之后“十二五”“十三五”国家文化发展规划纲要中对于建设行业化、专业化的知识服务体系，以知识服务带动产业创新驱动和人才技能提升的重要意义和实施路径进一步明确了方向和政策引导。其中，各类专业类、行业类的出版机构纷纷开始顺应潮流，从传统的以“内容生产”为核心的产品提供商逐步转型升级成为以“知识运营”为核心的服务提供商模式。依托于多年成熟的出版发行渠道和作者组织资源将各类出版物不仅仅作为一个简单的商品，而进一步形成一个以产品为用户流量入口的增值服务延伸通道。形成了全媒体阅读类、智能数据库类、专家智库平台类、行业知识分享类等创新的知识服务增值运营模式。在C端知识付费领域、行业知识库应用领域、企业职工培训领域和职业技能学习领域等众多知识服务需求快速增长的具体服务场景中都形成了很多有价值的实践案例。本文对这些知识服务模式进行了总结归类，结合不同模式之间的产品形态差异、运营流程差异和盈利模式差异归纳为“开放型知识服务平台”“行业型知识服务平台”“自有型知识服务平台”三个主要类型，综合分析出版行业知识服务平台未来主要的发展前景以及创新运营方法。

关键词： 知识服务平台；知识服务运营；知识服务模式创新；知识付费

---

① 本文是“文化名家暨‘四个一批’人才工程”项目课题阶段性成果。

② 毛增余：中国经济出版社编审。

③ 余静宜：中国经济出版社编审。

一、出版业知识服务平台发展综述

（一）出版业知识服务平台发展方向

近年来，出版业知识服务转型已经成为共识。对出版业而言，知识服务带来的不仅是新的经济增长点，更是出版业自身的发展升级。通过深耕细分领域，瞄准小众需求，为用户提供更加完备、专业、多元的知识产品。传统出版机构需不需要转型已经不是一个问题，问题是应该如何转型。随着知识经济时代的到来，面对庞杂无序的信息与知识，人们对准确获取和利用信息资源的需求，已经逐渐转变为需要一种个性化、专业化、定制化的产品或服务，由此又衍生出一种新的服务方式——知识服务。越来越多的专业出版机构开始迈向以消费者需求为导向，通过为消费者提供知识产品，将发展重心转向知识服务提供商。

（二）知识服务平台商业变现核心逻辑

知识服务商业变现核心逻辑是利用优质内容建设精准用户流量池，然后利用对应增值服务进行变现。这个核心逻辑说明知识服务变现是一种典型的互联网变现模式，知识服务本身并不是一种商品，而是一种可以建立精准用户流量的服务，这也是相对于传统出版通过内容产品销售进行变现的核心区别，一种是通过产品销售进行变现，一种是通过用户服务进行变现，甚至整个融合出版转型的目标也可以描述成“从单一的产品销售模式向多元的用户服务模式”进行转型。互联网变现思维的最主要特征就是“流量经济”，可以说一切互联网模式的商业变现都是围绕着“获取流量”而进行的。融合出版以“知识服务”作为流量入口，然后通过延伸增值服务变现。互联网时代只见过没有流量倒闭的公司，没有见过一个公司有大量流量但是不知道怎么变现而倒闭的公司，只要有高质量的流量，就一定能通过增值服务延伸出各种变现模式来。

那么通过知识服务建设的流量入口相对于其他方式有什么优势呢?

知识服务可以建设高精准度流量入口。互联网流量经济进入下半场以来，单纯的“流量大”已经没有机会和通道了。一方面千万级以上用户流量池基本被各大互联网巨头把持，各个领域和模式都已经完成覆盖。另一方面单纯的大流量客户价值也在急速降低，在开放互联网日益成熟的背景下，大规模覆盖用户所带来的实际价值不断被稀释降低。所以目前真正能变现的流量都是高度精准垂直的“私域”型流量，如“怀孕的人群”“孩子正在上高三的人群”“患有糖尿病的人群”等这样高度垂直精准的用户流量获取渠道才是新的价值高点，而知识服务先天对于类似的高精准流量就有很好的获取能力，无论是相对应的图书产品、课程产品或者作者自媒体账号都有直接获取用户的能力。

知识服务可以建设高持续性流量入口。比用户的“准度”更有价值更难以建设的是用户的“黏度”，让用户访问一次不难，难的是怎么让用户一直持续访问。之前无论是直播时代的“花椒”“映客”还是目前短视频时代的“抖音”“快手”都面临很严重的用户来得快去得也快的问题，一个热点账号生命平均周期越来越短，直接导致平台入驻账号收益降低、价值分散的问题，但是反之，各类“知识型”账号的客户持续访问能力优势显著，虽然相比“娱乐型”内容账号的客户短期增长速度和绝对用户数量差距明显，但是却更加受目前各大内容服务平台的青睐与重视，政策倾斜和各类补贴不断。这是因为内容服务平台本身已经进入下半场大背景，以抖音为例，当抖音早期扩张阶段，平台的诉求主要是“最短的时间获取最多的用户”，所以大众类的、娱乐类的内容会占主要份额。但是当各大平台布局完毕均已完成用户数量指标后，平台的诉求转变为“如何让一个用户创造 10 元的价值变成一个用户创造 100 元的价值”，这个阶段开始后整个互联网向“知识型”的优质内容供给方产生了巨大的需求，知识服务在互联网平台的变现能力显著提高。

知识服务可以建设高转化率的流量入口。知识服务一个很重要的特点是可以利用知识影响和引导用户的心智模式。这种信任关系的建立是销售型或关系型商业模式所无法建立的。用户之所以会相信知识服务提供者所推荐的产品或服务前提是获取了正确有效的知识指导，而基于这种“顾问式”客户关系的建设模式成为知识服务变现高用户转化能力的核心保障。

（三）出版社建设知识服务平台的独特优势

第一，流量获取优势。用户购买图书的行为从本质来讲就是典型的知识付费行为，出版行业传统地把知识印在纸上进行传播和把知识变成富媒体形式通过网络进行传播本质上没有任何区别，载体和形式不同而已，但是出版的本质一直都是更加高效精准地传播信息与知识。在这个过程中用户用自己的图书购买行为为自己贴了非常精准的标签，不仅包括用户需求知识的强度、需求知识的类型，甚至很多工具书和教材可以直接判断一个购买者的身份、行业以及具体的消费需求。在某种意义上，图书对用户的覆盖能力对互联网有很强的补充和强化作用。可以这样说，出版物可以到达的地方其实就是用户可以触达的地方，只要在实体的图书上提供相对应的网络增值服务马上就可以形成各种精准流量的入口和客户来源，图书是目前国内尚未被开发的最大精准流量入口和用户增值服务对接桥梁，在这个流量经济为王的时代，出版行业一开始就拥有最核心的优质资源。

第二，作者资源优势。相对于互联网平台的作者审核和作品发布门槛，传统出版行业明显在作者的资质、内容的质量和发行的要求等方面具有更高的标准和更完善的体系。这使得出版行业本身就聚集了优质知识内容创作群体中最为高端和专业的人群。

首先出版行业更容易和作者建立信任优势。我国出版行业本身的国有化体制优势和出版审核的严格要求，使得作者对于出版社在版权保护、商业运营、作者 IP 保护方面具有明显强于其他第三方互联网公司的信任基础，同时很多作者和出版社编辑通过多年的合作早已建设了非常稳固的合作关系，这使得出版社在和作者共同构建知识服务联合运营体系的过程中往往可以获得更多的授权和更深入的合作条件，以独家经纪服务或者推广服务形式与出版社进行知识服务运营合作模式的作者越来越多，出版行业也逐步从传统的作品运营向附加值更高的作者运营上进行更多尝试探索。

其次出版行业更容易和作者建立整合优势。和互联网公司与作者建立的完全线上化的“集市”与“店铺”的商业关系不同，出版社和作者的知识服务运营项目往往是以本身已经成熟的图书发行业务为基础的。换言之，互联网公司提供的主体业务对出版行业而言其实是一项增值业务。这使得无论是出版社还是作者在合作进行知识服务运营的过程当中可以利用不同业务的交叉整合关系系统化地降低成本和提升价值从而获取竞争优势。比如，内容可以是对本身已经发行的图书内容进行整理和剪辑从而降低内容建设成本，获利也可以通过线下图书销售而获取价值，从而实现多种业务形态的综合价值提升。

最后出版行业更容易和作者建立服务优势。随着越来越多的优质内容创作者在开放的互联网平台进行知识服务业务拓展，平台对于入驻作者缺乏系统化的服务与支持的痛点就一直没有得到有效解决。不要说出版行业编辑与作者的伙伴式合作关系了，很多作者进入头条、抖音、微博等平台几年时间甚至连客服都没联系过。自身知识服务账号从开通管理到内容的策划设计再到用户的推广营销完全靠作者自己一个人完成，很多作者因为缺乏相关专业知识或者时间精力而放弃了努力运营很久的业务成果。而出版社在和作者合作运营的过程当中，一是服务的作者少而精，本身没有用户太多而服务不过来的限制。二是本身就拥有大量的内容设计和发行策划专业人才，尤其是近年来出版行业在编辑转型创新的能力培养上有了长足的进步，很多年青一代编辑对于互联网和新媒体的认知和操作技能都有大幅度提升，使得出版社对于作者的综合服务运营能力优势更加显著。

第三，行业资源优势。出版行业在国内的发展是具有鲜明特色和体制优势的，很多垂直领域和专业领域的出版业务具有明显的导向性和针对性。比如，农业领域的知识服务平台由农业相关出版社运营，交通领域知识服务平台由交通相关出版社运营的“各司其职”模式广泛存在，其他平台或者互联网公司很难组织相应的资源和能力进行垂直性强、专业度高的知识服务平台建设运营，只能开拓大众性和开放性的知识服务运营领域。甚至可以这样说，行业性和专业性的知识服务平台几乎就是专门留给出版行业的主阵地，只有从事具体垂直领域的出版机构才有参与和发展机会。

首先出版机构具有数字资源建设优势，作为专业型或者行业型知识服务平台必然会涉及很多相关领域的文献、数据、学术资料甚至知识图谱数据库等底层数据资源建设。这部分资源往往为领域内的垂直出版机构独有，形成排他性竞争门槛。

其次出版机构具有专家资源聚合优势，在专业型或者行业型知识服务平台进行内容生产和知识服务运营的作者往往十分重视选择专业对口的出版机构进行合作，这样可以最大化帮助作者将自身著作在特定人群中进行推广和提高著作的权威性。所以相关领域的出版机构和对应作者有着更为紧密稳定的合作关系，形成独占性作者资源获取优势。

最后出版机构具有渠道资源对接优势，在专业型或者行业型知识服务平台的运营实践中，大部分平台的使用用户和相应出版机构往往隶属同一个部委或集团管理，相对于第三方平台更加容易建立信任关系和充分了解平台使用用户的实际需求，从而在客户渠道资源对接能力上获得领先。

二、出版业知识服务平台商业应用模式研究

（一）开放型知识服务平台商业应用模式研究

1. 开放型知识服务平台的定义和特点

开放型知识服务平台，即平台的用户为开放式的社会化不特定人群为主要使用用户的知识服务平台类型。特点是开放型知识服务平台的运营主体主要为具有大量社会化开放市场用户的各类机构。代表性的有出版社为自身读者提供的知识服务平台、银行为自身储户提供的知识服务平台、房地产商为自身业主提供的知识服务平台、厂家为自身消费者提供的知识服务平台等。这类平台的用户都是属于开放性的社会大众人群，但是都在使用运营机构的某种产品或服务，而运营机构的主要目的就是利用为自身客户提供定制化的知识服务从而实现激活用户转为线上活跃用户，进而进行各类线上增值业务运营实现价值转化的目的。这类平台除了出版机构对于自身读者群体的服务以外，往往还会和其他各类拥有大量自有客户的机构进行联合运营，因为很多机构缺乏为自身客户提供高质量知识服务的能力，所以会联合与自身用户群体密切相关的出版机构进行联合运营，这类知识服务平台出版机构的合作或者服务对象以拥有大量自有用户的商业化机构为主。

2. 开放型知识服务平台的盈利模式和运营路径

开放型知识服务平台的盈利模式主要为用户增值服务变现，即以知识服务为入口进行用户激活成为在线平台会员，再通过用户对特定知识的学习行为形成对用户的需求分析和心智模式管理，从而最终实现把客户引导到与对应知识关联的产品或服务场景中进行付费

实现盈利。

开放型知识服务平台的运营路径分为四个阶段：

第一阶段为用户的触达阶段，这个阶段最主要的运营目标是尽可能短时间、大范围地让目标用户群体知晓对应知识服务平台的存在并对平台提供的服务内容有基本的认知。对于大量私域流量运营主体机构而言，相对于纯粹的互联网引流模式，自身最大的优势即在于无须通过线上传播，仅通过自身的服务或产品营销过程中加入针对性服务就能完成用户的高效触达。

第二阶段为用户的激活阶段，这个阶段的运营目标是尽可能让被触达的用户产生平台的注册和使用行为。这里需要对用户的刚性需求存在针对性服务能力作为支撑。而一个需求是否为刚性需求有三个判断标准。首先是否降低了用户的使用成本？其次是否提升了用户的使用效率？最后是否优化了用户的体验？平台提供的服务在三个方面的作用越明显，则用户的激活率就会越高。

第三个阶段为用户的持续服务阶段，这个阶段最主要的运营目标是尽可能提升用户对于平台的使用次数和累计时长指标。最有效的实现方式有三种：第一，保持内容更新的频次。经过大量互联网运营数据分析，同样的知识内容一次性发布和少量高频次分批发布对于用户的持续访问能力体现差距巨大。第二，强化内容的交互体验。为内容增加评论、打分、讨论、弹屏等交互设计后，用户对内容的重复观看次数和在线时长总数可以明显增长。第三，提升内容推送准确性。根据用户的实际需求和行为分析进行智能化的主动内容推送会明显延长用户每次在线时间。

第四个阶段为用户的价值转化阶段，这个阶段最主要的运营目标是最大化提升付费用户的转化比例，付费重复能力和付费平均值。主要受三个关键因素影响：第一，用户的精准程度，目前互联网整体从“大流量”时代进入了“准流量”时代，核心原因即在于越是定位精准的用户，付费的转化比例就会越高。第二，服务的匹配程度，用户的最终付费行为一定和前期的引导性服务高度匹配，即是一定通过服务创造出用户自然付费的场景。第三，产品的优质程度，精准的用户定位和匹配的服务场景最终都需要优质的产品完成最后的转化，产品本身的价格、质量、品牌等优势必须在原有体系中就具备明确优势才能最大化提升用户的重复付费能力。

3. 开放型知识服务平台的市场前景

开放型知识服务平台的市场应用前景极为广阔，一方面，大型私域流量主体机构对于自身用户的激活和服务需求越来越高，不仅金融机构有客户在线服务平台，电信行业、交通行业、能源行业、医疗行业等涉及社会化大众服务的商业机构几乎都有自身的在线用户服务平台。这些平台以积分商城、在线业务柜台、会员服务主站等形式广泛存在，但是基本全部面临严重的用户服务不足和访问频次低下的问题，甚至很多用户不到平台年底兑换积分或者领取福利的时候根本不登录，更不用说引导客户持续消费了。另一方面，很多传统的大众消费品厂商和服务机构纷纷瞄准了私域流量增值服务的蛋糕，不仅要把产品卖出去，更要把购买的消费者转化为在线的会员用户创造更持续的消费能力。这点从出版行业也可以得到验证，因为图书本身也属于大众消费品的一种，近年来不断有观点提出图书不仅是一种商品，更是一个高附加值的流量激活运营渠道。同样的道理，目前很多教育产品、健康产品、科技产品、文化产品都在基于相同目标而进行大量成本投入，使得内容服务市场规模屡创新高，尤其是进入新冠疫情以来，很多传统线下客户营销场景和服务形式受到严重影响，各类机构对于线上用户服务体系的搭建更是进入高速扩张阶段。而在各种在线用户激活的持续服务的模式中，内容服务以边界成本低、持续黏性好、消费转化高、用户画像准等一系列突出优势成为最为主流的私域流量用户激活运营模式受到市场追捧。拥有优质知识内容建设能力，标准化服务平台研发能力和行业优质内容创作者整合能力的机构极度稀缺，而出版行业由于自身业务特点和资源优势先天就具备运营次类业务的巨大潜力，是未来融合出版在大众服务市场上商业模式的重点开拓创新方向。

（二）行业型知识服务平台商业应用模式研究

1. 行业型知识服务平台的定义和特点

行业型知识服务平台的定义，即平台的用户为相同行业或专业领域的垂直人群为主要使用用户的知识服务平台类型。主要特点是垂直性强、专业性高、用户精准和服务需求明确。行业型知识服务平台是目前出版行业实施最多并且独占性最强的一种知识服务运营模式，很多行业垂直领域的知识搜索平台、专家智库平台、智能知识数据库平台等类型知识服务平台都是行业出版机构的独占项目。这种平台的主要运营主体包括部委出版社、专业科技出版社、行业核心期刊、学术期刊等，其中也包括各类行业协会、专业学会、行业会展运营商等机构与出版机构共同合作的知识服务平台项目。目前主要应用在能源、交通、教育、农业、医疗、金融、通信等专业密集型行业领域，尤其是近年来在传统产业转型创新进程中真正能解决问题、分享智慧和聚合资源的知识服务平台正处在一个高速发展和规模化创新的阶段。

2. 行业型知识服务平台的盈利模式和运营路径

行业型知识服务平台的盈利模式主要为精准营销推广变现。不同于大众市场的产品生产商或服务提供商，垂直行业专业生产商和服务商对于客户的精准营销推广渠道极为匮乏，依靠传统的互联网大众媒体模式是无法解决行业化精准用户营销推广问题的。比如，医疗器械厂商对医院的推广、教育装备厂商对学校的推广、安防监控厂商对公安部门的推广等行业性用户精准营销推广都是很难通过大众媒体起到很好的效果的，往往需要各种上游厂商自行投入巨大成本开展各类高峰论坛、专业研讨会、行业科技成果展示会等形式进行地面端对端的客户营销模式。这种模式投入大、周期长、效率低、客户体验差，甚至很多行业型论坛展会因为太过频繁泛滥而导致参会企业严重不足，厂商无法达成营销推广目的。而行业型知识服务平台的出现正好解决了这类企业营销推广难的问题，从业务形态对比来看，其实一个个不同的行业型知识服务平台就是一个个永不落幕的行业在线高峰论坛。从业人群不仅打开手机就能随时参与，而且可以对业内专家进行持续性订阅和一对一咨询从而大幅度提升用户体验，而随着用户的增长和黏性的提升，过去行业上游厂商的赞助费、广告费、展位费等形式的营销推广费用都可以转化为在线的媒体宣传、精准投放、社群活动等平台收入，形成以知识服务为入口的行业营销资源撮合平台而实现盈利。

行业型知识服务平台的运营路径分为三个阶段：

第一阶段为专家自媒体专栏入驻阶段，行业型知识服务平台相对于其他知识服务平台形式更加要求专家的权威性和专业性。但是行业型专家相对于大众知识领域的内容创作者而言普遍缺乏自媒体形式的知识服务内容创作习惯，所以对于行业型知识服务平台的专家配套服务要求更高，需要配套全流程的专家内容选题制作培训，后期内容加工制作等深度服务手段，一般采取先期提供标准化集中服务为全平台入驻专家提供内容制作范例讲解、热点话题选题推荐、运营策略分析指导等服务，后期根据平台入驻专家的内容更新频次、质量、关注度等指标遴选出少数示范性专栏进行深度代运营和辅导服务形成头部自媒体专栏账号，然后带动整个平台入驻专家进行借鉴和优化，最终形成平台整体内容调性。

第二阶段为平台用户激活和黏性建设阶段，相对于其他知识服务平台模式，行业型知识服务平台的用户更加注重平台知识内容的实际应用价值和业务指导意义。所以必须建设实用性强、针对性高和更新率快的用户服务体验。这就要求前期平台运营过程中必须由平台运营方直接策划和参与制作用户关注度高的相关主题专栏，前期在第三方专家内容供应尚不稳定的早期阶段加大平台直接签约专家和自有专栏的内容建设比例，首先确保早期的用户对于内容质量和更新率的要求，后期随着第三方专家内容的日趋完善和丰富，再逐步降低平台自有内容供应比例。

第三阶段为行业上游合作商引入阶段，行业型知识服务平台的主要收入来源即来自上游厂商的媒体赞助及营销推广服务。而上游厂商的入驻最重要的决策依据就是平台是否存在大量行业从业用户实际使用，所以为用户创造良好的产品应用体验从而持续对用户进行留存是关键，这就要求对于平台入驻厂商必须以联合运营的形式建立合作关系，不能把厂商的投入力度作为业务推荐依据，更不能把平台变成广告宣传平台。而是要求入驻厂商必须具备结合自身的产品或服务积极组织自有专家形成对客户有实际使用和指导价值的知识服务能力。厂商和平台是一起为行业提供智慧分享和专家辅导咨询服务的，哪个入驻厂商的知识内容更新率高、专业性好、关注用户多，那么平台就会将更多客户资源推广向谁。同时，行业型知识服务平台更加注重对行业从业用户的覆盖比例和占有规模，所以一般不会和其他知识服务平台一样存在大量C端用户需要付费才能订阅或者购买的内容，各类行业型知识服务平台大多数针对C端用户是免费服务为主的。

3. 行业型知识服务平台的市场前景

行业型知识服务平台以其独特的专业性高、封闭性强、市场规模集中等优势发展迅速，尤其是对于各类专业出版社、期刊社、高校社等行业作者资源和用户资源集中的出版机构优势明显。这类知识服务平台大众类互联网公司很难涉及，本身面对的竞争环境相对宽松，可以最大化发挥出版机构的资源优势。近年来，专门针对医疗器械领域的、智慧教育领域的、能源化工领域的行业型专家知识分享与智慧服务等各类形式知识服务平台集中出现，结合国家整体产业转型创新发展的需求不断出台各类引导性及扶持性利好政策，使得行业型知识服务平台能够真正与万亿级别实体产业整体融合发展相结合，创造出巨大的市场空间。

（三）自有型知识服务平台商业应用模式研究

1. 自有型知识服务平台的定义和特点

自有型知识服务平台的定义，即平台的用户为某机构或企业的自有职员或职工人群为主要使用用户的知识服务平台类型。主要特点是用户使用行为具有强制性，登录稳定并且无须解决用户注册导流问题。自有型知识服务平台的主要服务对象是各类国家部委、党政机关、央企及大型国企的内部职工群体，所以对于部委直属出版机构和央企直属出版机构业务发展价值巨大，同时很多大型国企和上市公司等机构也会通过服务采购的形式与出版社合作建设对于自有员工的知识服务平台。主要平台形式包括党建及工会学习培训平台、技能学习及业务培训平台、经验分享及专家咨询服务平台、大众阅读平台及文化服务平台、知识库搜索及问答百科平台等。

2. 自有型知识服务平台的盈利模式和运营路径

自有型知识服务平台的盈利模式主要为职工专项培训预算采购。行业部委和大型央企国企近年来不断加强职工在线学习相关投入。在整体培训费用支出强化管理、优化服务的大背景下，线上职工学习及培训的预算比例持续提升，有些机构的培训费占比在线服务预算5年来提升了近一倍，从早期的不足10%提高到了目前接近20%的水平，同时相对于早期主要集中在服务器带宽网络资源等硬件体系建设和学习系统开发等软件建设投入占主要比例的情况，目前以及未来几年的建设方向明显更加倾向于优质学习内容建设和平台服务运营服务体系建设。相对应的预算采购模式也随之显著变化，以往主要采用的按技术服务开发或富媒体数字版权制作等按项目一次性采购的模式越来越多地被“系统＋内容＋运营”按服务持续性采购模式替代。出版机构不仅从内容产品销售商向整体解决方案集成商转型升级，同时按年按账户进行服务收费的模式也逐步替代了传统的按产品销售收费的模式，提高用户依赖性的同时产生了营收规模更大并且持续能力更强的盈利模式。

自有型知识服务平台的运营路径分为三个阶段：

第一阶段为统一运营服务中台建设。和其他两种知识服务平台一般为单一用户平台所有用户都使用一个产品前端不同，自有型知识服务平台往往具有多个运营前端。这是由于目前大多数政府机构及企事业单位习惯于按不同部门和业务需求建立不同前端应用形成的。比如，很多单位基本党建学习一个前端、技能培训一个前端、图书阅读一个前端等，甚至很多大型机构或企业员工使用的不同教育学习类前端应用高达十几种之多，而且每种前端彼此之间从用户登录、数据分析、内容资源等方面完全隔离。这种烟囱式前端产品建设手段一方面严重降低了用户的使用体验；另一方面使得有限的用户流量和内容服务资源被分化稀释，反而进一步增加了运营的成本。但是从业务实际需求角度来看，这些前端是不能简单合并的，必须以单独形态进行各自用户需求的针对性运营。所以越来越多的自有型知识服务平台采用了前端独立中台统一的产品设计架构来应对现有模式中的运营“瓶颈”。通过建设统一的用户登录中台、资源共享中台和数据服务中台等产品架构模式，用户可以使用一套登录信息即可访问各种前端服务，并且可以根据统一的用户行为数据分析进行精准用户画像并跨终端匹配针对性知识内容推荐或者服务响应。

第二阶段为平台内容建设维护阶段。相对于其他知识服务平台模式，自有型知识服务平台由于不是以商业运营为驱动的平台，所以一直存在内容形式单一、更新速度缓慢的问题。最好的运营解决方式是一方面将传统的封闭式内容生产向开放式联合内容生产进行转型，鼓励和吸引更多的专家和优质从业者以第三方自媒体专栏的形式入驻平台共同生产知识内容。另一方面大幅度增加直播、短视频、问答等生产周期短、传播能力强、互动体验好的知识服务内容建设比例。从而对用户的使用频次和服务体验形成有效提升。

第三阶段为用户社群建设运营阶段。自有型知识服务平台进行社群运营既是刚需，同时也具备独特优势。刚需是因为主管机构或企业单位对平台运营提出了强化职工参与，发动用户讨论、调研、分享的实际要求。优势在于相对另外两种知识服务平台形式，自有型知识服务平台的用户先天即为同事关系，本身存在强社交关联，所以参与互动的积极性和门槛都很低。所以自有型知识服务平台相对而言更加需要对各类用户可以参与的互动活动进行规划、组织和服务相关运营配套。并且通过积分、奖励和评选等各种方式让用户获得互动行为的参与回报，进一步提升用户黏性。

3. 自有型知识服务平台的市场前景

自有型知识服务平台是未来几年强化职工思政、宣传建立数字化文化服务阵地的重要发展方向，其重要性甚至超过平台承载的学习培训和职工素质综合提升功能本身。原因是目前几乎所有的部委央企等机构都将自身职工的思政宣传和文化服务能力建设作为一项十分重要的工作来抓。而实施过程中存在的最大问题就是虽然这些机构企业都有很多在线服务工具，但真正既能够覆盖内部全体职工用户，又能够让职工具备比较好的登录能力和服务黏性的在线平台极为匮乏。而自有型知识服务平台除了本身的学习培训职能外，更加重要的是以知识服务为入口建立真正有效的集中式流量池，为机构或企业内部提供思政宣传平台和文化服务抓手。尤其是受到新冠疫情影响，很多传统的、习惯于线下开展的职工培训活动也逐步转向线上实施，2020 年下半年以来各类内训平台和相关服务资源采购就呈现出爆发式增长的势头，客观上加速了整体自有型知识服务平台的普及进程和业务发展速度，未来会成为部委直属类和企业直属类出版机构最为重要的融合出版市场突破方向。

三、出版业知识平台创新运营方法总结

（一）从“人与信息链接”升级到“人与人链接”

在传统的数字出版内容展示和使用场景中，知识是一种静态的信息。用户获取知识内容的体验是单向的，经常会出现找不到最合适的知识信息而耽误大量浏览时间，或者是对于知识信息的含义或应用方法存在疑惑不能得到解答，因为信息是固定的，而用户的学习需求却是发展和变化的，静态的知识信息从丰富性、准确性和及时性上都无法为用户提供最佳的使用体验。而新兴的知识服务信息运营则具备明显的可交互性，知识不再是一种简单的内容产品，而是一个可以连接优质的知识提供者和相对知识学习者之间的桥梁。比如，过去数字出版产品形式中存在很多词条检索或者知识百科类型的产品，过去用户使用这些产品的时候最终触达的就是静态信息的查看和搜索，而采用知识服务产品设计模式后，一个词条可能是被若干专家进行过编辑和定义的，这个词条被检索的时候也可以看到是谁提供了这条信息并且通过点击链接直接到达这个知识内容提供者的自有专栏并以订阅或问答的形式对作者本身进行关注，从而实现了从人与信息的链接升级到人与人的链接，知识服务平台不再是一个简单的信息资源库，而是一个知识服务供需双方的对接平台，从而创造出更好的用户使用体验和产品附加值。

（二）从内容的“生产能力”升级到“服务能力”

传统的数字出版内容制作发布流程更加接近“连续剧”式的知识内容生产运营模式，就是按照既定的选题和规划一次性将知识内容进行制作和发行。这种知识内容营销模式在很多政策导向强、市场变化快、创新要求高的领域越来越受到新兴融合媒体形式的冲击。新的“综艺节目”式的知识内容生产运营模式快速兴起。比如，现在各个行业都在实践和落地的“高质量发展”战略实施，用传统的方式把相关知识内容编成一本书或者录成一套课都是很难满足市场需求的。因为这个政策本身就处于持续深化和快速实践中，新的试点案例分析、热点事件解读、重要讲话学习和新政策方向讲解等需求不断更新，传统的一次性生产和低频次迭代模式明确缺乏快速响应用户学习需求的能力。这时候知识内容的营销其实更加需要的不是生产制作能力而是服务运营能力。可以像综艺节目一样按期制作，随时根据市场变化和用户需求快速进行选题、筹备、制作、发布流程。对于混合图文、短视频、直播等生产周期短、传播能力强的知识服务表现形式更加紧密地同作者深度服务，联合运营。逐步实现知识内容营销的以生产为导向向以服务为导向转型升级。

（三）从“内容产品销售”升级到“服务入口聚合”

传统的数字出版内容运营的主要目标是把知识作为一种产品，然后通过对产品的销售而实现商业收入。而未来知识服务平台的运营过程中，知识内容除了作为一种可销售的产品以外，更加重要的作用是成为一个用户增值服务的入口。而这个入口的商业变现模式不是以产品为核心而是以用户为核心的。换言之，只要是通过知识服务运营而产生的用户衍生增值服务需求其实都是可以作为变现手段的。这种增值服务可以是消费、可以是媒体、可以是大数据增值运营，也可以是行业资源撮合。而正是因为变现模式的极大丰富，也使得传统出版不仅要考虑自身服务边界，还要考虑更加安全高效的开放式第三方服务聚合生态体系建设能力。出版行业不可能完全依靠自身运营就实现用户增值服务链条闭环，除了做好自身内容产品销售以外，要更加积极地扮演一个流量分发平台和资源整合平台的新型运营角色定位，从而最大化地挖掘自身商业模式创新潜力。

我国产业结构政策的变迁、测度与效果评估

——以《产业结构调整指导目录》为例

杜雯翠　毛赢①

摘要：经济高速增长离不开配套产业结构政策的精准制定和有效运用，本研究以《产业结构调整指导目录》（以下简称《目录》）为例，系统梳理《目录》的历次修订要点，根据《目录》中鼓励类、限制类与淘汰类的分类方式，以及各类型产业中条目数量，提出产业结构政策的计数方法和赋值方式，以此得到“相对政策指数”，并利用中国工业行业的面板数据，实证检验产业结构政策对产业发展和创新活动的影响。研究发现，《目录》的修订为产业发展提供了合理指引与政策支持，支持力度的增加有效提升了产业总产值与总资产水平，极大地增加了产业研发人员与研发资金投入，有力地促进了产业创新，加快了各类资源在鼓励类产业的高效集聚，实现了产业结构政策的制定目标。不过，未来以产业结构政策引导产业发展的空间会变得越来越小，如何在产业结构逐渐趋于合理化和高度化的前提下，激发产业发展的内驱动力，实现产业持续稳健增长才是发展的核心与关键。

关键词：产业结构政策；政策评估；创新；《产业结构调整指导目录》

一、引言

改革开放40多年来，中国经济发展取得了令人瞩目的成就，其中最显而易见的就是我国宏观经济保持了近30年的高速增长。在“坚持以经济建设为中心，不断解放和发展社会生产力”的指导思想下，中国经济持续、稳定发展，过去40多年实际国内生产总值（GDP）年均增速达到9.3%，远高于同期世界经济的年均增速水平。实际GDP从1978年的2269.3亿元增长到2020年的91120.7亿元（以2015年的价格为基期），占全球GDP的比重由改革开放之初的1.8%提高至17%左右。随着中国特色社会主义建设进入新时代，

① 杜雯翠、毛赢，首都经济贸易大学经济学院。

我国已成为世界第二大经济体、制造业第一大国、货物贸易第一大国。2020 年，包括我国在内的世界各国宏观经济遭受新冠疫情的外生负向冲击（蔡昉等，2021），随着国内疫情的平稳，中国宏观经济呈现出全面复苏的积极稳定态势，成为全球主要经济体中实现正增长的唯一国家。

经济高速发展离不开符合国情的产业政策（林毅夫，2017），原因在于推动积极发展所需的技术创新与产业升级既需要企业自身努力，同时也需要政府进行相关支持与引导。改革开放以来，我国在各主要经济发展领域均出台了相应的产业政策，旨在促进产业发展，提升其国际经济竞争力，优化产业结构，使其适应长期发展需要。总体来看，我国产业政策主要分为产业技术、产业组织与产业结构三大类，并且政策导向也随着发展历程的改变而逐步调整。以产业技术政策为例，由政策初期的鼓励技术进步逐渐改变为促进企业自主创新，以适应后发优势缩小的现状。同时，政策的制定也考虑了产业类型的差异，如在制定产业结构政策时，对新兴产业、落后产业与区域主导产业均有不同的细分规定。

在众多旨在调整产业结构的产业政策中，由国家发展改革委出台的《产业结构调整指导目录》（以下简称《目录》）具有一定的引领作用，《目录》将各项产业划分为鼓励类、限制类与淘汰类三种，并进行了详细的条目阐述，对产业结构的调整方向做出了细致刻画。同时，《目录》的持续时间较长，更新频率较高，自 2000 年出台以来已更新五次，紧跟经济发展和变迁趋势，最大限度地反映了我国对产业发展调整的最新动向。因此，本文以《目录》为例，测度并分析我国产业政策的效果及其经济影响，以期对我国产业结构政策的变迁和效果做出客观评估。

本文其余部分安排如下：第二部分为制度背景与文献综述，回顾历次《目录》的修订重点，刻画产业结构调整政策变迁历程，综述有关产业政策与经济发展的相关文献并提出研究假设；第三部分为产业结构政策的测度方法与结果比较，手工计算五次《目录》中每个两位数行业的鼓励类、限制类、淘汰类项目数量，分别赋予不同权重，以此评价《目录》对每个两位数行业的支持力度，得出“相对政策指数”；第四部分为产业结构政策的效果评估，利用 2006—2012 年中国工业行业的面板数据，实证检验产业结构政策对行业发展和创新活动的影响；第五部分为主要结论与政策建议，总结全文。

二、制度背景与文献综述

（一）《目录》的出台背景与制度变迁

由于产业结果政策的种类多、范围广，为方便分析，本研究以《目录》为例，研究近年来我国产业结构政策的制度变迁。为推进经济结构的战略性调整，促进产业升级，提高竞争力，我国先后出台了五次产业结构调整指导目录（见表1）。2005年及以后的五次《目录》将产业划分为鼓励类、限制类、淘汰类三类，以此作为各地区产业调整的指导方向，引导产业优化调整，鼓励先进产业发展，加速落后产能淘汰，最终实现经济持续发展。因此，本研究主要关注2005年、2007年、2011年、2013年、2019年这五版《目录》。

表1 历年《产业结构调整指导目录》概况

出台日期	发布部门	政策名称	主要内容
2000年8月	国家发展计划委员会、国家经济贸易委员会	《当前国家重点鼓励发展的产业、产品和技术目录（2000年修订）》	重点鼓励28个领域，共526种产品、技术及部分基础设施和服务的发展
2005年12月	国家发展和改革委员会	《产业结构调整指导目录（2005年本）》	鼓励类共涉及26个行业、539个条目；限制类共涉及17个行业、190个条目；淘汰类中的淘汰落后生产工艺装备类共涉及15个行业、252个条目，淘汰类中的淘汰落后产品类共涉及11个行业、147个条目
2007年12月	国家发展和改革委员会	《产业结构调整指导目录（2007年本）》	鼓励类共涉及33个行业、620个条目；限制类共涉及16个行业、255个条目；淘汰类中的淘汰落后生产工艺装备类共涉及14个行业、285个条目，淘汰类中的淘汰落后产品类共涉及11个行业、188个条目
2011年4月	国家发展和改革委员会	《产业结构调整指导目录（2011年本）》	鼓励类共涉及40个行业、750个条目；限制类共涉及17个行业、223个条目；淘汰类中的淘汰落后生产工艺装备类共涉及17个行业、289个条目，淘汰类中的淘汰落后产品类共涉及12个行业、137个条目
2013年2月	国家发展和改革委员会	《产业结构调整指导目录（2011年本）（修正）》	鼓励类共涉及40个行业、761个条目；限制类共涉及17个行业、207个条目；淘汰类中的淘汰落后生产工艺装备类共涉及17个行业、288个条目，淘汰类中的淘汰落后产品类共涉及12个行业、136个条目
2019年10月	国家发展和改革委员会	《产业结构调整指导目录（2019年本）》	鼓励类共涉及47个行业、821个条目；限制类共涉及16个行业、215个条目；淘汰类中的淘汰落后生产工艺装备类共涉及18个行业、286个条目，淘汰类中的淘汰落后产品类共涉及12个行业、155个条目

资料来源：作者根据历年《产业结构调整指导目录》整理获得。

2005年12月，为推进经济结构的战略性调整，促进产业升级，提高竞争力，国家发展和改革委员会发布《产业结构调整指导目录（2005年本）》，并宣布同时废止《当前国家重点鼓励发展的产业、产品和技术目录（2000年修订）》。国家发展改革委要求各地区根据本地区的实际情况，认真分析国内外市场需求和供给条件的变化，从实际出发，量力而行，选择《目录》内有可能形成本地比较优势的领域发展，避免盲目重复建设。

2007 年 12 月，国家发展和改革委员会发布关于征求对《产业结构调整指导目录（2007 年本）》的函件。函件肯定了《产业结构调整指导目录（2005 年本）》自 2005 年 12 月发布实施以来，对促进产业结构调整发挥的积极作用。并指出，根据《国务院关于发布实施〈促进产业结构调整暂行规定〉的决定》要求和第 112 次国务院常务会议精神，适应产业结构调整和宏观调控的新要求。2006 年以来，国家发展改革委就着手进行《产业结构调整指导目录（2005 年本）》的修订工作，在初步征求各省（自治区、直辖市）、国务院有关部门以及有关行业协会意见的基础上，形成了《产业结构调整指导目录（2007 年本）》。

2011 年 4 月，为加快转变经济发展方式，推动产业结构调整和优化升级，完善和发展现代产业体系，国家发展和改革委员会根据《国务院关于发布实施〈促进产业结构调整暂行规定〉的决定》（国发〔2005〕40 号），会同国务院有关部门对《产业结构调整指导目录（2005 年本）》进行了修订，形成了《产业结构调整指导目录（2011 年本）》，同时宣布废止《产业结构调整指导目录（2005 年本）》。

2013 年 2 月，为更好地适应转变经济发展方式的需要，国家发展和改革委员会根据《国务院关于发布实施〈促进产业结构调整暂行规定〉的决定》，会同国务院有关部门对《产业结构调整指导目录（2011 年本）》有关条目进行了调整，形成了《国家发展改革委关于修改〈产业结构调整指导目录（2011 年本）〉有关条款的决定》，在 2011 年基础上更改部分条目语言表述并进行了少数条目的增减，此次修订对条目内容进行了较大程度的细化，具体到产品、规格和技术参数，同时对部分限制类和淘汰类条目也提高了规格参数要求。

2019 年 10 月，自 2013 年《目录》发布至 2019 年共 6 年，我国产业发展取得了历史性成就，规模不断扩大、结构持续优化，由于我国经济已由高速增长阶段转向高质量发展阶段，上一版《目录》已经无法适应新形势、新任务、新要求。此次修订紧跟时代趋势，将制造业高质量发展提升到更为突出的位置，同时，再次适度提高了限制与淘汰标准，这一版本的条目阐述更加清晰、可操作，对三类条目尽可能明确指标参数，而对方向上不明确的新产业形态，仅作方向性描述。

之所以选择《目录》，是因为《目录》自 2005 年发布至今已经修订五版，每次修订都延续了对鼓励类、限制类、淘汰类项目进行分类指导的结构，适应当前新形势、新任务、新要求进行调整修订。自《目录》2005 年发布实施以来，政策实施效果显著，对加强和改善宏观调控、引导社会投资方向、指导政府管理投资项目、促进产业结构调整和优化升级发挥了重要作用。

（二）文献综述与研究假设

从宏观角度看，产业政策是政府调控产业间资源分配的重要手段（李雯轩，2021），主要通过政府补助、政策性贷款、税收优惠等方式运行（王克敏等，2017），对经济发展与产业结构调整产生了显著作用。一种观点认为产业政策并不必然促进经济增长与技术进步。例如，Lee（1996）发现产业政策虽然通过税收激励的方式促进了产出与资本积累，但总体并没有带来全要素生产率的提升。同时有研究认为，产业政策的扶持仅促进了整体工业化发展，没有带来相关产业的快速增长（Powell，2005），更有研究论证产业政策对于目标部门的规模收益同样不存在促进作用（Richard and Weinstein，1996）。舒锐（2013）同样认为我国产业政策虽然促进了产出增长，但是对生产效率没有促进作用，仅仅是加速了产业发展。但与之相反的观点则认为产业政策有助于提升总体生产率，并且针对政策重点关注的企业有着更强的正向作用，同时可促进地区产业转型（宋凌云和王贤彬，2013）。李骏等（2017）认为政策向高竞争性行业的倾斜将有效提升全要素生产率，产业政策起到的促进行业竞争效果也加速了生产力的进步（Aghion et al.，2012）。杨兴全等（2018）认为即使不受产业政策支持的企业也可以通过多元化经营涉足受政策支持行业，促进生产率提高。韩永辉等（2017）发现产业政策显著促进了省区层面产业的合理化与高级化，但该效果与地方政府的效率和能力高度相关。进一步地，有效的产业政策也可对提高国际产业分工地位起到积极作用（宋文月和任保平，2018）。基于此，本文得出如下相对研究假设：

研究假设1a：产业政策的实施有助于促进产业发展。

研究假设1b：产业政策的实施并不会促进产业发展。

从微观角度看，产业政策的出台不仅在宏观层面影响着相关产业的发展前景以及产业结构调整，同时在微观层面也影响着企业行为。余明桂等（2016）的研究发现，产业政策显著促进了企业发明专利数量与研发投入的增加，而促进机制主要在于税收减免与财政补贴的支持。黎文靖和郑曼妮（2016）的研究发现受产业政策激励的公司专利申请数量显著增加，但申请方面更偏向于非发明专利。诸竹君等（2021）同样认为，对生产率和研发水平较高的行业实施战略性新兴产业政策可以有效增加专利申请量。但不可忽视的是，受政策激励的行业在研发投资方面也出现了明显分化，研发实力较强的企业投资增速更为明显（刘井建等，2021）。除创新行为外，产业政策同样对企业投融资行为有所影响。黎文靖和李耀淘（2014）发现产业政策显著刺激了民营企业的投资强度，原因在于受产业政策支持的企业相对可以获得更多银行贷款。另有研究从官员晋升激励的角度考察了产业政策与企业投资之间的关系，发现地方政府官员往往更加青睐受政策支持的产业，从而降低了该类产业的融资难度，增加企业投资，但同时降低了投资效率（王克敏等，2017）。何熙琼等

(2016) 则认为产业政策的出台使地方政府向受支持企业提供了更多的信贷资源，降低了融资难度，并在一定程度上提升了其投资效率。孙早和席建成（2015）同样发现晋升激励对产业政策的落实具有重要影响，当中央考核目标向产业政策的执行倾斜时，地方政府官员会增加落实产业政策的投入。祝继高等（2015）发现不受产业政策支持的企业更有意愿建立银行关联，平抑长期借款的波动性，以应对产业政策对长期借款的限制。张新民等（2017）发现受产业政策支持的企业降低了融资门槛，但强外部性的存在使得实际融资难度上升了。基于此，本文从创新入手，得出如下研究假设：

研究假设 2：产业政策的实施有助于促进企业创新。

三、产业结构政策的测度方法与结果比较

（一）产业结构政策的测度方法

《产业结构调整指导目录》对于产业的划分相对较粗，为了对《目录》进行产业归类，需要对照我国标准的产业分类方法。我国在 1984 年首次发布了产业分类国家标准，即《国民经济行业分类与代码》（GB 4754 - 1984），并先后在 1994 年、2002 年、2011 年以及 2017 年进行了修订，即《国民经济行业分类与代码》（GB/T 4754 - 1994，GB/T 4754 - 2002，GB/T 4754 - 2011，GB/T 4754 - 2017）。这些产业分类国家标准对产业分类采用 4 位编码方法，即门类、大类、中类、小类，并对各小类所包括的产业经济活动作了比较详细的说明。按照《国民经济行业分类与代码》（GB/T 4754 - 2017）对产业划分的国家标准，可以对《目录》进行归类。首先，将《目录》中的项目内容和小类中的产业经济活动相对照，以此可以将《目录》中的项目归类到各小类中。而后，再将各小类归于相应的大类。这样，实际上就以大类（2 位数产业代码）作为分类依据，对《目录》进行产业归类。考虑到产业结构调整指导目录的相关产业主要存在于制造业中，因此，我们仅对《目录》中的制造业项目进行归类，而将其他产业的调整项目排除在外。

由于 2019 年的指导目录自 2020 年开始实施，相应的实施效果无法完全观测到，因此我们主要关注 2005 年、2007 年、2011 年以及 2013 年的目录调整及其政策意义。在这四次《目录》中，都将产业结构调整项目划分为鼓励、允许、限制和淘汰四类，其中允许类不在指导目录中列出，相应的政策细节见表 2。我国政府主要通过优惠政策、淘汰计划来对地方政府的产业选择进行控制。由于允许类项目未在投资目录中列出，所以，我们在为各政策类别赋予权重时，不考虑允许类。这样，按照各种政策类别所对应的审批程序，我们对鼓励类、限制类、淘汰类项目分别赋予 2、1、0 的权重。在将《目录》按照产业分类标准进行归类以后，以一个产业的各种政策类别的项目数量分别乘以其权重，再相加，就

可以得到该产业的政策指数。

表 2　四次产业结构调整指导目录的类别和相应政策细节

年份	鼓励类	限制类	淘汰类
2005	未注明	未注明	条目后括号内年份为淘汰期限，淘汰期限为 2006 年是指应于 2006 年年底前淘汰，其余类推；有淘汰计划的条目，根据计划进行淘汰；未标淘汰期限或淘汰计划的条目为国家产业政策已明令淘汰或立即淘汰
2007	未注明	未注明	条目后括号内年份为淘汰期限，淘汰期限为 2008 年是指应于 2008 年年底前淘汰，其余类推；有淘汰计划的条目，根据计划进行淘汰；未标淘汰期限或淘汰计划的条目为国家产业政策已明令淘汰或立即淘汰
2011	未注明	未注明	条目后括号内年份为淘汰期限，淘汰期限为 2011 年是指应于 2011 年年底前淘汰，其余类推；有淘汰计划的条目，根据计划进行淘汰；未标淘汰期限或淘汰计划的条目为国家产业政策已明令淘汰或立即淘汰
2013	未注明	未注明	条目后括号内年份为淘汰期限，淘汰期限为 2014 年是指应于 2014 年年底前淘汰，其余类推；有淘汰计划的条目，根据计划进行淘汰；未标淘汰期限或淘汰计划的条目为国家产业政策已明令淘汰或立即淘汰

资料来源：作者根据历年《产业结构调整指导目录》整理获得。

（二）产业结构政策的测度结果

根据《国民经济行业分类与代码》（GB/T 4754－2011）对产业的划分，将四次产业结构调整指导目录中有关制造业的行业归类到每个 2 位数行业下面，结果见表 3。

表 3　四次产业结构调整指导目录归类

制造业产业分类	2005 年			2007 年			2011 年			2013 年		
	鼓励类	限制类	淘汰类	鼓励类	限制类	淘汰类	鼓励类	限制类	淘汰类	鼓励类	限制类	淘汰类
农副食品加工业	1			2			3	2	2	3	2	2
食品制造业	1	4	3	1	3	4	3	8	3	3	8	3
饮料制造业		2	1	2	2	3	1	3	5	1	3	5
烟草制品业		1			1			1			1	
纺织业	3	1	29	2	1	29	9	17	23	9	17	23
纺织服装、鞋、帽制造业	1			1			1			1		
皮革、毛皮、羽毛（绒）及其制品业		2	1	2	2	1	1	2	1	1	2	1

续表

制造业产业分类	2005 年			2007 年			2011 年			2013 年		
	鼓励类	限制类	淘汰类	鼓励类	限制类	淘汰类	鼓励类	限制类	淘汰类	鼓励类	限制类	淘汰类
木材加工及木、竹、藤、棕、草制品业	3	1	2	1	1	2		1			1	
家具制造业												
造纸及纸制品业	2		2	2	2	1	2		6	2		6
印刷业和记录媒介的复制	1		62			62			36			36
文教体育用品制造业												
石油加工、炼焦及核燃料加工业	5	41	29	16	39	34	15	10	7	15	10	7
化学原料及化学制品制造业	23	1	5	28	14	7	24	7	6	24	7	6
医药制造业	17	7	6	17	8	7	8	7	8	8	7	8
化学纤维制造业	5		1	7			4			4		
橡胶制品业	1	1			1							
塑料制品业	5	1		4	3	2	4	3	3	4	3	5
非金属矿物制品业	19	17	29	31	22	34	32	20	27	32	20	27
黑色金属冶炼及压延加工业	24	14	30	13	19	34	17	20	44	17	20	44
有色金属冶炼及压延加工业	17	12	14	8	45	26	5	8	26	5	8	26
金属制品业		5	4	1	2	3	3	3	4	3	3	4
通用设备制造业	19	32	9	68	32	9	44	57	26	46	57	26
专用设备制造业	46	9	7	12	9	5	15	9	5	23	10	5
交通运输设备制造业	27	2		25	2		44		2	44		2
电气机械及器材制造业	1	7		2	9	1	6	2	1	6	1	1
通信设备、计算机及其他电子设备制造业	45	2		44	2		44	2		44	2	
仪器仪表及文化、办公用机械制造业	4	10		2	9		4	2		4	2	

续表

制造业产业分类	2005 年			2007 年			2011 年			2013 年		
	鼓励类	限制类	淘汰类	鼓励类	限制类	淘汰类	鼓励类	限制类	淘汰类	鼓励类	限制类	淘汰类
工艺品及其他制造业												
废弃资源和废旧材料回收加工业												
合计	270	172	234	291	228	264	289	184	235	299	184	237

资料来源：作者计算获得。

表 3 中详细列举了四次《目录》调整中各 2 位数行业的鼓励类、限制类与淘汰类条目数量，但总体来看，表 3 中数据过于繁杂，不利于具体分析，因此本文从总量与行业两个方面进行平均产业政策指数的计算，以期从均值层面对产业政策的作用效果进行初步阐述，表 4 展示了总量上《目录》对于三大类行业的作用程度及其年份变化趋势。

表 4　四次产业结构调整指导目录归类后数据汇总

类别	公式	2005 年	2007 年	2011 年	2013 年
鼓励类项目数量	(1)	270	291	289	299
限制类项目数量	(2)	172	228	184	184
淘汰类项目数量	(3)	234	264	235	237
项目总数量	(4) =(1) +(2) +(3)	676	783	708	720
鼓励指数	(5) = (1) × 2	540	582	578	598
限制指数	(6) = (2) × 1	172	228	184	184
淘汰指数	(7) = (3) × 0	0	0	0	0
总指数	(8) =(5) +(6) +(7)	712	810	762	782
平均指数	(9) = (8) ÷ (4)	1.05	1.03	1.08	1.09

资料来源：作者计算获得。

由表 4 可以看出，2005 年国家产业政策的平均指数为 1.05，鼓励指数为 540，限制指数为 172，淘汰指数为 0。2007 年国家产业政策的平均指数降低至 1.03，鼓励指数为 582，限制指数为 228，淘汰指数为 0。2011 年国家产业政策的平均指数提高至 1.08，鼓励指数为 578，限制指数为 184，淘汰指数为 0。2013 年国家产业政策的平均指数再次提高至 1.09，鼓励指数为 598，限制指数为 184，淘汰指数为 0。由于 2013 年相对于 2011 年仅进行了部分条目的修订与调整，因此各指数区分不大，平均指数的增加主要来自鼓励类中公共安全条目下项目的大幅增加。

值得注意的是，2007 年的国家产业政策平均指数偏低，这主要源于 2007 年限制类项目和淘汰类项目数量偏高。与 2007 年相比，2005 年、2011 年以及 2013 年的限制类项目数量与淘汰类项目数量相对稳定。可以看出，2007 年我国产业政策相对严厉，限制并淘汰了一批产业项目，以此调整产业结构。2007 年，我国加大了产业结构调整力度，这主要通过淘汰落后产能、发展战略性新兴产业实现。与此同时，国家出台了一系列淘汰落后产能的国家政策。2007 年 11 月，国务院同意国家发展改革委、统计局和环保总局分别会同有关部门制定的《单位 GDP 能耗统计指标体系实施方案》《单位 GDP 能耗监测体系实施方案》《单位 GDP 能耗考核体系实施方案》《主要污染物总量减排统计办法》《主要污染物总量减排监测办法》《主要污染物总量减排考核办法》，对淘汰落后产能任务完成情况进行考核，提高淘汰落后产能任务完成情况的考核比重，将淘汰落后产能目标完成情况纳入地方政府绩效考核体系，上述系列方案与办法使 2007 年国家产业政策从表面看来相对严苛，但却促进了产业结构调整与升级。

进一步地，本文计算了不同年份各两位数行业的“相对政策指数”，计算方法为某一具体行业的政策总指数除以项目总数量，以 2005 年纺织业为例，其鼓励类项目为 3，限制类为 1，淘汰类为 29，故其总指数为 7，总项目数为 33，相除可得相对政策指数为 0. 21。表 5 汇总了历年各行业“相对政策指数”。

表 5　四次产业政策制造业 2 位数产业分类“相对政策指数”

2005 年		2007 年		2011 年		2013 年	
制造业产业分类	指数	制造业产业分类	指数	制造业产业分类	指数	制造业产业分类	指数
印刷业和记录媒介的复制	0. 03	印刷业和记录媒介的复制	0. 00	印刷业和记录媒介的复制	0. 00	印刷业和记录媒介的复制	0. 00
纺织业	0. 21	纺织业	0. 16	有色金属冶炼及压延加工业	0. 46	有色金属冶炼及压延加工业	0. 46
金属制品业	0. 56	食品制造业	0. 63	造纸及纸制品业	0. 50	造纸及纸制品业	0. 50
饮料制造业	0. 67	金属制品业	0. 67	饮料制造业	0. 56	饮料制造业	0. 56
皮革、毛皮、羽毛（绒）及其制品业	0. 67	黑色金属冶炼及压延加工业	0. 68	黑色金属冶炼及压延加工业	0. 67	黑色金属冶炼及压延加工业	0. 67
石油加工、炼焦及核燃料加工业	0. 68	木材加工及木、竹、藤、棕、草制品业	0. 75	纺织业	0. 71	纺织业	0. 71
食品制造业	0. 75	有色金属冶炼及压延加工业	0. 77	金属制品业	0. 90	金属制品业	0. 90
非金属矿物制品业	0. 85	石油加工、炼焦及核燃料加工业	0. 80	食品制造业	1. 00	塑料制品业	0. 92
黑色金属冶炼及压延加工业	0. 91	饮料制造业	0. 86	烟草制品业	1. 00	食品制造业	1. 00
烟草制品业	1. 00	非金属矿物制品业	0. 97	皮革、毛皮、羽毛（绒）及其制品业	1. 00	烟草制品业	1. 00

续表

2005年		2007年		2011年		2013年	
制造业产业分类	指数	制造业产业分类	指数	制造业产业分类	指数	制造业产业分类	指数
造纸及纸制品业	1.00	烟草制品业	1.00	木材加工及木、竹、藤、棕、草制品业	1.00	皮革、毛皮、羽毛（绒）及其制品业	1.00
有色金属冶炼及压延加工业	1.07	橡胶制品业	1.00	医药制造业	1.00	木材加工及木、竹、藤、棕、草制品业	1.00
电气机械及器材制造业	1.13	电气机械及器材制造业	1.08	非金属矿物制品业	1.06	医药制造业	1.00
木材加工及木、竹、藤、棕、草制品业	1.17	仪器仪表及文化、办公用机械制造业	1.18	塑料制品业	1.10	非金属矿物制品业	1.06
通用设备制造业	1.17	皮革、毛皮、羽毛（绒）及其制品业	1.20	通用设备制造业	1.14	农副食品加工业	1.14
仪器仪表及文化、办公用机械制造业	1.29	造纸及纸制品业	1.20	农副食品加工业	1.14	通用设备制造业	1.16
医药制造业	1.37	塑料制品业	1.22	石油加工、炼焦及核燃料加工业	1.25	石油加工、炼焦及核燃料加工业	1.25
橡胶制品业	1.50	专用设备制造业	1.27	专用设备制造业	1.34	专用设备制造业	1.47
化学原料及化学制品制造业	1.62	医药制造业	1.31	化学原料及化学制品制造业	1.49	化学原料及化学制品制造业	1.49
专用设备制造业	1.63	化学原料及化学制品制造业	1.43	电气机械及器材制造业	1.56	电气机械及器材制造业	1.63
化学纤维制造业	1.67	通用设备制造业	1.54	仪器仪表及文化、办公用机械制造业	1.67	仪器仪表及文化、办公用机械制造业	1.67
塑料制品业	1.83	交通运输设备制造业	1.93	交通运输设备制造业	1.91	交通运输设备制造业	1.91
交通运输设备制造业	1.93	通信设备、计算机及其他电子设备制造业	1.96	通信设备、计算机及其他电子设备制造业	1.96	通信设备、计算机及其他电子设备制造业	1.96
通信设备、计算机及其他电子设备制造业	1.96	农副食品加工业	2.00	纺织服装、鞋、帽制造业	2.00	纺织服装、鞋、帽制造业	2.00
农副食品加工业	2.00	纺织服装、鞋、帽制造业	2.00	化学纤维制造业	2.00	化学纤维制造业	2.00
纺织服装、鞋、帽制造业	2.00	化学纤维制造业	2.00	家具制造业	—	家具制造业	—

续表

2005年		2007年		2011年		2013年	
制造业产业分类	指数	制造业产业分类	指数	制造业产业分类	指数	制造业产业分类	指数
家具制造业	—	家具制造业	—	文教体育用品制造业	—	文教体育用品制造业	—
文教体育用品制造业	—	文教体育用品制造业	—	橡胶制品业	—	橡胶制品业	—
工艺品及其他制造业	—	工艺品及其他制造业	—	工艺品及其他制造业	—	工艺品及其他制造业	—
废弃资源和废旧材料回收加工业	—	废弃资源和废旧材料回收加工业	—	废弃资源和废旧材料回收加工业	—	废弃资源和废旧材料回收加工业	—

资料来源：作者计算获得。

由表5可见，从横截面上看，我们可以根据“相对政策指数”将各产业划分为三类。第一类行业的“相对政策指数”小于1，主要包括印刷业和记录媒介的复制，纺织业，金属制品业，饮料制造业，皮革、毛皮、羽毛（绒）及其制品业，石油加工、炼焦及核燃料加工业，食品制造业，非金属矿物制品业，黑色金属冶炼及压延加工业，烟草制品业，造纸及纸制品业，这些行业大多属于劳动密集产业或“两高一资”产业，对经济发展的带动作用相对有限，且会产生大量污染，所以国家采取相对限制的产业政策。第二类行业的“相对政策指数”在1～1.5，主要包括有色金属冶炼及压延加工业，电气机械及器材制造业，木材加工及木、竹、藤、棕、草制品业，通用设备制造业，医药制造业，橡胶制品业，这些行业大多属于资金密集产业，国家采取相对鼓励的政策态度。第三类行业的“相对政策指数”大于1.5，主要包括化学原料及化学制品制造业，专用设备制造业，化学纤维制造业，塑料制品业，交通运输设备制造业，通信设备、计算机及其他电子设备制造业，这些行业大多属于技术密集产业，是国家鼓励发展的主要产业。

从时间序列上看，这三类产业划分在三次产业结构调整指导目录中表现出了一致性。除少数产业的“相对政策指数”变化较大外，如皮革、毛皮、羽毛（绒）及其制品业的“相对政策指数”由2005年的0.67上升至2007年的1.20，石油加工、炼焦及核燃料加工业的“相对政策指数”由2005年的0.68和2007年的0.80上升至2011年与2013的1.25，大部分产业的“相对政策指数”变化不大，说明这三个年份的《目录》均较清晰地反映了我国产业结构调整的目的。

四、产业结构政策的效果评估

（一）模型设定、变量定义与数据来源

1. 模型设定

为检验产业结构政策对产业发展和创新的影响，建立如下回归模型：

$$Industry_{it} = \beta_0 + \beta_1 Policy_{it} + \chi Control_{it} + Year_t + \mu_{it} \tag{1}$$

其中，i 与 t 代表 t 时期的产业 i，因变量 *Industry* 为产业发展，自变量 *Policy* 为产业政策，用以衡量我国产业结构政策的变化，*Control* 为一系列控制变量，*Year* 为年份固定效应。β_0 为常数项，β_1 与 χ 分别为产业政策及控制变量的估计系数。

2. 变量定义

被解释变量为产业发展（*Industry*），为了得到更加丰富的结论，从不同角度验证产业政策的效果，分别用各制造业行业的总产值（*Output*）、总资产（*Asset*）、创新投入（*Innovation_in*）、创新产出（*Innovation_out*）表示。总产值（*Output*）用各行业的工业总产值表示，单位：亿元；总资产（*Asset*）用各行业的总资产表示，单位：亿元；创新投入（*Innovation_in*）用各行业的 R&D 全时人员数量、R&D 资金投入表示，单位分别为人、万元；创新产出（*Innovation_out*）用各行业的专利申请量、专利拥有量表示，单位均为个。由于各行业的产值与资产总额相差较大，为尽可能避免异方差问题致使的回归偏误，对上述变量进行了对数化处理。

解释变量为产业政策（*Policy*），用文章第三部分计算的各行业相对政策指数表示，取值范围为 0 到 2，取值越大，表明行业受到《目录》的鼓励程度越高，反之越低。由于《目录》出台的年份间隔较大，因此，对 2006 年至 2007 年的产业政策数据赋予 2005 年《目录》所计算的相对政策指数，对 2008 年至 2011 年数据赋予 2007 年《目录》所计算的相对政策指数，对 2012 年数据赋予 2011 年《目录》所计算的相对政策指数。

为了控制其他可能影响产业发展的变量，选取如下控制变量：企业数量（*Num*），用该行业的企业数表示，单位：个，以此控制行业规模对产业发展水平的影响。能源消耗量（*Energy*），用该行业的煤炭燃烧量衡量，单位：万吨，以控制能源投入对于产业发展的贡献。国有资产占比（*National*），以国有企业数量占行业企业总数量的比值来衡量，用以控制产业中产权结构对产业发展的影响。环境规制（*Regul*），以工业废气治理设施本年运行费用衡量，单位：万元，近年来随着各级政府对生态环境保护的高度重视，环境规制强度逐渐增强，对重污染行业的治理力度也逐年加大，为了控制环境规制对产业发展的影响，

特加入这个控制变量。同样，除比例变量外，上述变量都进行了对数处理。

3. 数据来源与说明

本文的研究对象为2位数制造业行业。2005年出台的《目录》自2005年12月2日起开始实施，故选定数据的起始年份为2006年。又自2013年起，《中国统计年鉴》不再详细披露制造业的工业总产值，为了保证统计口径的一致性，故本文选取数据区间为2006—2012年，共获得30个2位数制造业行业连续7年的样本，最终有效样本为210个。本研究的数据来源有两个，产业政策数据来自本研究第三部分计算获得的“相对政策指数”，其余数据来自历年的《中国统计年鉴》和《中国工业统计年鉴》。

（二）描述性统计

表6为主要变量的描述性统计结果。可以看出，无论是以总产值、总资产、创新投入还是创新产出衡量行业的发展程度，其均值水平与离散程度大致相似，这在一定程度上确保了回归结果的可信性。

表6　主要变量的描述性统计结果

变量名称		样本量	均值	标准差	最小值	最大值
产业发展（*Industry*）						
总产值（*Output*）		210	9.26	1.00	6.04	11.07
总资产（*Asset*）		210	8.90	1.03	5.24	10.90
创新投入（*Innovation_in*）	R&D全时人员数量	210	9.81	1.34	6.77	12.85
	R&D投入	210	13.06	1.45	10.07	16.18
创新产出（*Innovation_out*）	专利申请量	210	7.46	1.81	3.61	11.32
	专利拥有量	210	7.06	1.47	4.13	11.33
产业政策（*Policy*）		210	1.16	0.46	0.00	2.00
企业数量（*Num*）		210	8.94	1.13	4.91	10.59
能源消耗量（*Energy*）		210	7.64	1.46	5.01	10.99
国有资产占比（*National*）		210	23.79	21.86	0.77	99.31
环境规制（*Regul*）		210	10.40	1.84	6.57	14.92

（三）产业政策影响产业发展的实证结果

以工业总产值和总资产额表征产业发展，分别利用混合OLS估计方法，对模型（1）进行估计，结果见表7。表7中第（1）列、第（2）列以工业总产值为被解释变量，第（3）列、第（4）列以总资产为被解释变量。可以看出，产业政策（*Policy*）的估计系数在第（1）列回归中为0.3363，并在5%的水平下显著，说明受到产业政策扶持程度越高，该产业的工业总产值越高，研究假设 1a 得到验证。在第（2）列中，产业政策（*Policy*）的估计系数仍然显著为正，证明了结论的稳健性。产业政策（*Policy*）的估计系数在第（3）列回归中为0.3451，并在5%的显著性水平下显著，说明《目录》对某产业的鼓励程度越大，产业总资产越多，同样说明产业结构政策有助于促进产业发展，研究假设 1a 再次得到验证。这一结论充分证明了以《目录》为代表的产业结构政策的实施效果，《目录》通过明确产业领域的鼓励类、限制类、淘汰类条目，为产业转型升级指明了方向，加大了产业淘汰的力度，为增加有效供给腾出了空间，实现了资源优化配置，提高了产业发展效率，对产业高质量发展发挥了重要作用。控制变量的估计结果也有一定启示，企业数量（*Num*）的估计系数在两列回归中均显著为正，说明一个行业中企业数量越多，产业规模越大，发展情况越好，这也说明产业发展需要一定的规模效应。

表7 产业政策与产业发展

	(1)	(2)	(3)	(4)
	总产值		总资产	
产业政策（*Policy*）	0.3363 ** (0.1412)	0.1825 * (0.0976)	0.3451 ** (0.1395)	0.1916 * (0.0989)
企业数量（*Num*）		0.4676 *** (0.0595)		0.4538 *** (0.0728)
能源消耗量（*Energy*）		-0.1024 (0.0788)		-0.1134 (0.0807)
国有资产占比（*National*）		-0.0224 (0.0631)		-0.0328 (0.0636)
环境规制（*Regul*）		0.0031 (0.0023)		0.0042 * (0.0025)
常数项	-284.0654 *** (66.1370)	735.7196 (1.1e+03)	-197.6827 *** (68.8894)	1029.0061 (1.2e+03)
行业固定效应	YES	YES	YES	YES
年份固定效应	YES	YES	YES	YES
N	210	210	210	210
R^2	0.1100	0.4920	0.0640	0.4320

注：***、**、* 分别表示估计系数在1%、5%、10%的水平下显著；括号中为稳健标准误。

（四）产业政策影响创新行为的实证结果

产业政策虽然在一定程度上提升了行业产值与资产水平，但创新与自主技术研发才是能够长期对行业发展起到核心促进作用的关键，已有部分研究证实，政府的产业政策将会对行业研发投入产生影响。因此，本文将被解释变量替换为创新活动的衡量指标，并从“先验”与“后验”两个角度进行考察，其中先验代表着创新活动的投入，以 R&D 全时人员数量与 R&D 资金投入衡量，后验代表了创新活动产出，以专利申请量与专利拥有量衡量，回归结果见表 8。可以看出，无论以 R&D 全时人员数量、R&D 资金投入、专利申请量、专利拥有量中任何一种反映创新水平的指标来衡量产业创新水平，产业政策（*Policy*）的估计系数均显著为正，说明《目录》会显著促进行业创新投入和产出水平的提升，促进产业创新，这一结论再次证明了以《目录》为代表的产业结构政策的实施效果，研究假设 2 得到验证。产业结构政策的实施既是一种信号，也包括一系列措施。对于鼓励类产业而言，《目录》释放出的利好信号不仅有助于这类行业更加便利地获取各类资源，还会成为吸引资本的重要因素。政府相关部门在财政税收、技术创新、空间布局等各方面的政策支持将进一步促进要素在鼓励类产业的集聚，集聚产生规模效应和技术扩散效应反过来进一步加大了鼓励类产业发展，形成良性互动与优化循环。对于限制类和淘汰类产业而言，《目录》释放出的消极信号会加速资本等要素从限制类和淘汰类产业向鼓励类产业的流动，加之政府相关政策的限制，进一步抑制了该行业的研发投入，加速了被淘汰行业的淘汰速度。

表 8 产业政策与产业创新

	(1)	(2)	(3)	(4)
	R&D 全时人员数量	R&D 资金投入	专利申请量	专利拥有量
产业政策（*Policy*）	0.5626***	0.5649***	0.4343**	0.3477*
	(0.1664)	(0.1796)	(0.1804)	(0.1955)
企业数量（*Num*）	0.5264***	0.4688***	0.5489***	0.4914***
	(0.0519)	(0.0525)	(0.0676)	(0.0522)
能源消耗量（*Energy*）	−0.0488	−0.1454	−0.0623	−0.0284
	(0.1062)	(0.1143)	(0.1160)	(0.1221)
国有资产占比（*National*）	0.0054	0.0043	0.0096**	0.0083*
	(0.0042)	(0.0044)	(0.0048)	(0.0044)
环境规制（*Regul*）	−0.1043	−0.0532	−0.1012	−0.1133
	(0.0813)	(0.0860)	(0.0891)	(0.0933)
常数项	−1693.2793	−1246.6725	−4706.1686***	−1173.2059
	(1.7e+03)	(1.9e+03)	(1.5e+03)	(1.9e+03)
行业固定效应	YES	YES	YES	YES
年份固定效应	YES	YES	YES	YES
N	210	210	210	210

续表

	(1)	(2)	(3)	(4)
	R&D 全时人员数量	R&D 资金投入	专利申请量	专利拥有量
R^2	0.433	0.403	0.681	0.440

注：***、**、*分别表示估计系数在1%、5%、10%的水平下显著；括号中为稳健标准误。

五、主要结论与政策建议

产业结构政策是产业政策的重要组成部分，是一国政府依据本国情况确定重点发展战略产业、重点淘汰落后产业的规划政策，现有研究普遍认为日本、韩国等国家的经济发展应当归功于产业结构政策的精准制定和有效运用。改革开放40多年以来，中国政府出台了各类产业结构政策，为中国经济高速增长带来了不可忽视的作用。在众多产业结构政策中，《产业结构调整指导目录》具有高度的权威性与时效性，是近年来最为重要的产业结构政策之一。本研究以《目录》为例，系统梳理《目录》的历次修订历程，根据《目录》中鼓励类、限制类与淘汰类的分类方式，以及各类型产业中条目的数量，建立产业结构政策的计数方法和赋值方式，以此得到相对政策指数，利用中国工业行业的面板数据，实证检验产业结构政策对产业发展和创新活动的影响。

研究发现，《目录》的修订与发展历程紧紧跟住了国家经济发展趋势，为产业发展提供了合理指引与政策支持。由产业政策的测度结果可以看出，尽管经过多次修订，但除少数行业外，《目录》对三类产业的划分保持了高度一致性，而对于以通信设备、计算机及其他电子设备制造业为代表的高技术行业，政策扶持力度逐次递增，极大地促进了相关产业发展。此外，支持力度的加大有效提升了产业总产值与总资产水平，极大地增加了产业研发人员数量与研发资金投入，还大大促进了产业创新，加快了各类资源在鼓励类产业的高效集聚，实现产业结构政策的制定目标。

产业发展往往伴随着技术的革新与结构动能的转换，是经济增长的重要源泉，而产业发展离不开产业政策的扶持与引导。尽管在过去的40余年中，产业政策已成为中国经济发展的良好助力，但我们仍应清醒地认识到，未来以产业结构政策为引导实现产业发展的空间会变得越来越小，如何在产业结构逐渐趋于合理化和高度化的前提下，激发产业发展的内驱动力、实现产业持续稳健增长才是发展的核心与关键。

参考文献

[1]蔡昉，张丹丹，刘雅玄．新冠肺炎疫情对中国劳动力市场的影响——基于个体追踪

调查的全面分析[J]. 经济研究,2021(2):4-21.

[2]程俊杰. 中国转型时期产业政策与产能过剩——基于制造业面板数据的实证研究[J]. 财经研究, 2015(8):131-144.

[3]诸竹君,宋学印,张胜利,等. 产业政策、创新行为与企业加成率——基于战略性新兴产业政策的研究[J]. 金融研究,2021(6):59-75.

[4]何熙琼, 尹长萍, 毛洪涛. 产业政策对企业投资效率的影响及其作用机制研究——基于银行信贷的中介作用与市场竞争的调节作用[J]. 南开管理评论, 2016(5):161-170.

[5]韩永辉, 黄亮雄, 王贤彬. 产业政策推动地方产业结构升级了吗? ——基于发展型地方政府的理论解释与实证检验[J]. 经济研究, 2017(8):33-48.

[6]林毅夫. 产业政策与我国经济的发展:新结构经济学的视角[J]. 复旦学报(社会科学版),2017(2):148-153.

[7]黎文靖,李耀淘. 产业政策激励了公司投资吗[J]. 中国工业经济,2014(5):122-134.

[8]黎文靖,郑曼妮. 实质性创新还是策略性创新? ——宏观产业政策对微观企业创新的影响[J]. 经济研究,2016(4):60-73.

[9]李雯轩. 新中国成立70年产业政策的研究综述[J]. 产业经济评论, 2021(2):25-35.

[10]李骏,刘洪伟, 万君宝. 产业政策对全要素生产率的影响研究——基于竞争性与公平性视角[J]. 产业经济研究, 2017(4):115-126.

[11]刘井建,徐一琪,李惠竹. 产业政策对研发投资的激励是否一视同仁——投资增长效应与行业内部差距[J]. 科学学研究,2021(7):1176-1187.

[12]彭飞,金慧晴. 区域产业政策有效性评估——基于中国资源型和老工业城市的证据[J]. 产业经济研究,2021(3):99-111.

[13]宋凌云, 王贤彬. 重点产业政策、资源重置与产业生产率[J]. 管理世界,2013(12):63-77.

[14]宋文月, 任保平. 改革开放40年我国产业政策的历史回顾与优化调整[J]. 改革, 2018(12):42-53.

[15]舒锐. 产业政策一定有效吗? ——基于工业数据的实证分析[J]. 产业经济研究, 2013(3):45-54,63.

[16]孙早, 席建成. 中国式产业政策的实施效果:产业升级还是短期经济增长[J]. 中国工业经济, 2015(7):52-67.

[17]王克敏, 刘静, 李晓溪. 产业政策、政府支持与公司投资效率研究[J]. 管理世界, 2017(3):113-124+145+188.

[18]杨兴全, 尹兴强, 孟庆玺. 谁更趋多元化经营:产业政策扶持企业抑或非扶持企

业？[J]. 经济研究，2018(9):133－150.

[19]余明桂，范蕊，钟慧洁. 中国产业政策与企业技术创新[J]. 中国工业经济，2016(12):5－22.

[20]祝继高，韩非池，陆正飞. 产业政策、银行关联与企业债务融资——基于A股上市公司的实证研究[J]. 金融研究，2015(3):176－191.

[21]张新民，张婷婷，陈德球. 产业政策、融资约束与企业投资效率[J]. 会计研究，2017(4):12－18＋95.

[22]Aghion P, Cai J, Dewatripont M, et al. Industrial Policy and Competition[J]. American Economic Journal: Macroeconomics, 2015, 7(4):1－32.

[23]Beason R, Weinstein D E. Growth, Economies of Scale, and Targeting in Japan (1955－1990)[J]. Review of Economics and Statistics, 1993, 78(2): 286－295.

[24]Lee J W. Government Interventions and Productivity Growth[J]. Journal of Economic Growth, 1996, 1(3):391－414.

[25]Powell B. State Development Planning: Did it Create an East Asian Miracle?[J]. Review of Austrian Economics, 2005, 18(3－4):305－323.

京津冀协同发展背景下的农产品流通模式研究①

车卉淳②　阙娇阳③　付旋④

摘要：农产品流通是京津冀协同发展战略的一个重要环节，目前，京津冀三地尚未建立起互利共赢、协同发展的农产品流通模式，流通渠道不畅、流通成本较高等问题依然存在，采取措施促进京津冀农产品流通模式协同发展势在必行。本文对京津冀地区包含的13个城市的农产品流通模式进行了系统聚类分析，并根据每类地区的特点提出相应的农产品流通模式，以优化京津冀农产品流通模式，推进京津冀地区经济协同发展。

关键词：京津冀；农产品流通模式；协同发展

一、引言

2015年，“京津冀协同发展”战略同“长江经济带”战略和“一带一路”倡议一起，作为我国三大主要区域发展战略被首次提出。京津冀区域经济协同发展需要流通先行，流通业协同发展是推动京津冀协同发展的主要动力。京津冀地区经济发展迅速，在发展农产品流通方面具有得天独厚的优势，然而，行政体制上的各自为政、功能定位上的分工不清以及中心城市辐射带动作用不强等因素，制约了京津冀区域农产品流通的整合与发展。因此，探索和创新京津冀协同发展背景下农产品流通的新模式，对于促进京津冀三地农产品产供销一体化，深化区域合作，降低流通成本，提高流通效率，推进京津冀地区经济协同发展具有重要的现实意义。

---

① 本文首发于《商业经济研究》2019年第2期。

② 车卉淳，北京物资学院经济学院教授。

③ 阙娇阳，北京物资学院研究生院。

④ 付旋，北京物资学院研究生院。

二、京津冀农产品流通模式及其存在的主要问题

目前，京津冀三地尚未建立起彼此协作发展、优势互补的农产品流通模式，现存的农产品流通模式以农产品批发市场为主，其他流通模式为辅。具体来说，包括以下五种农产品流通模式。

（一）“农户 + 批发市场 + 零售终端”流通模式

“农户 + 批发市场 + 零售终端”的流通模式是我国传统的也是应用最广泛的农产品流通模式，其运营主体是批发市场，包括产地批发市场和销地批发市场。产地批发市场模式是指农产品的规模种植形成产业集群；销地批发市场模式是由小商贩中间多次少批量收购农户的农产品，再转卖给批发市场的批发商或由批发商直接去田间地头收购，之后批发商再转卖给零售商。

在“农户 + 批发市场 + 零售终端”的流通模式中，农户数量较多且分散，组织化程度低，每次进入批发市场都需要重新找合作伙伴，交易成本高；由于缺少机制维护和契约约束，农户在批发商面前处于弱势，议价能力不强，利益没有保障；流通环节多，农产品受损率高，降低了流通效率且农产品的质量安全难以保障。

（二）“订单农业”流通模式

“订单农业”流通模式的交易双方是农户和龙头企业，双方以签订契约的方式进行定期交易。农户与龙头企业签约订单，农户根据订单生产农产品，由龙头企业定期向农户收购，然后加工、包装农产品及产成品，再转售给下级批发商和零售商。这种交易避免了农户单独进入批发市场的不稳定性，充分发挥了龙头企业的规模优势。缺点在于加深了农户对龙头企业的依赖，农户的全部交易都依赖于龙头企业，而龙头企业却有足够多的同质农户选择。订单农产品的价格是固定的，一旦市场价格过高或过低，对龙头企业或农户存在利益风险。

（三）“农户 + 合作社 + 龙头企业 + 零售终端”的流通模式

“农户 + 合作社 + 龙头企业”模式是订单农业模式的完善和发展。“农户 + 合作社 + 龙头企业”的流通模式是指由分散的农户聚集成立农民合作社，农民合作社代表农户与龙头企业进行谈判并签订合同订单，合作社再把订单分配给农户并监督农户的生产种植，农产品收购季时由合作社协调组织收购农产品，把农产品统一销售给龙头企业，最后把所得收入分发给每家农户。“农户 + 合作社 + 龙头企业”流通模式的优势是由于农民合作社在

农户和龙头企业之间起到了沟通和桥梁作用，从而稳定了农户、合作社和龙头企业的关系。目前存在的主要问题在于农民合作社的管理水平有待提高。

（四）“直采直供”农产品流通模式

“直采直供”农产品流通模式是零售终端直接深入农户或农业合作社，就地确定产品与数量，签订长年采购协议以稳定货源。“直采直供”农产品流通模式包括“农超对接”“农企对接”“农校对接”以及“农餐对接”等模式，其中比较成功、应用较广泛的是“农超对接”模式。2007 年，北京的“家乐福”超市率先开启“农超对接”项目，如连续 6 年从河北采购皇冠梨和雪花梨，与多家合作社签订长期采购协议等。由于鲜活农产品的易腐易损等特性，农业合作社在选择对接的超市时需要考虑选址距离问题，同时对运输过程中的冷链要求也要考虑在内。

（五）“电子商务”农产品流通模式

“电子商务”农产品流通模式是通过电商平台实现直接销售农产品的流通模式。目前，京津冀区域的“电子商务”农产品流通模式主要包括以下两种：一种是利用京东、阿里等电商平台，积极发展线下零售终端，如“京东到家”“天猫超市”等；另一种是生鲜电商平台的独立运作形式，如“沱沱工社”等。“电子商务”农产品流通模式配送时效高，通过物流冷链保证了产品质量，但同时运输过程中的冷链要求加大了成本，提高了价格，从而限制了服务群体的范围。

三、京津冀协同发展农产品流通模式的优势条件和制约因素

京津冀三地在地理位置、产业结构以及交易市场等方面存在优势，为京津冀协同发展农产品流通模式提供了可能，但仍然面临着行政体制分割、物流冷链不均衡等许多制约因素，阻碍了京津冀农产品流通模式的协同发展。

（一）京津冀协同发展农产品流通模式的优势条件

（1）优势鲜明的地理位置和成熟的交通体系为京津冀农产品协同发展提供了便利的运输通道。京津冀都市圈涵盖北京和天津两个直辖市和河北省一个农业大省，具备建设郊区农产品产业园的条件，同时也为河北提供了优势资源平台，促进三地优势互补。在交通运输方面，国道、省道、县级和乡镇公路相互连接成为有层次的公路交通体系，公路与铁路运输共同为京津冀农产品流通提供了便利的运输条件。

（2）产业结构互补优势是京津冀农产品流通协同发展的前提。2006 年至 2015 年，北

京、天津、河北的三大产业在三地生产总值中所占比重表明，三地产业呈现明显的互补性特征。河北省作为京津两地的“菜篮子”，为京津两地农产品提供了稳定的供给条件。近几年，京津冀三地的常住人口逐年增加，耕地面积逐年减少，但人均农产品产量仍在逐年增加，农产品供给可以维持人口增长和经济发展的需要。

（3）农产品交易市场的发展为京津冀农产品流通提供了平台优势。2016 年，京津冀共有 140 个农产品交易市场，占全国农产品交易市场总量的 9.3%；京津冀农产品交易额达到约 3346 亿元，占全国农产品交易额总量的 13.8%，而且交易额逐年增加，可见京津冀农产品交易市场在全国具有较高的地位。

（二）京津冀协同发展农产品流通模式的制约因素

（1）京津冀三地行政体制分割、各自为政是阻碍京津冀协同发展农产品流通模式的首要问题。从 2004 年“廊坊共识”中首度提出京津冀都市圈，到 2014 年提出京津冀协同发展，京津冀一体化的进程迄今已有 10 余年，但是三地协同发展的步伐依然缓慢。京津冀三地行政体制上各自为政，在追求自身利益最大化的驱使下，难以达成一致、互利共赢的发展策略，以至于协同发展受到阻碍。

（2）物流冷链设施的滞后是制约京津冀农产品流通发展的重要因素。我国是世界上最大的水果、蔬菜生产国，庞大的生鲜市场的发展带动了冷链产业的发展，但就目前冷链产业发展的情况来看，仍不能充分满足人们日益增长的需求，冷链产业的发展滞后于农产品流通产业的发展。京津冀三地的冷链物流产业严重不均衡，河北省的冷链物流设施远远落后于京津两地，阻碍了京津冀协同发展农产品流通模式的步伐。

（3）河北省农产品品牌少、种类不齐全，制约了河北省农产品与京津市场的有效对接。2016 年，河北省有效农产品商标总数达到 6.12 万个，涉农中国驰名商标 65 个，河北省著名商标 781 个，“三品一标”产品 2216 个。虽然品牌数量在不断增加，培育了“武安小米”“迁西板栗”以及“平泉香菇”等一批价值大、市场广、特色明显的区域公用品牌，但是从全国来看，河北省农产品知名品牌少，初级产品多，高端产品少，不能满足京津消费者的高质量、品牌化消费，阻碍了河北省农产品对接京津市场。

四、京津冀农产品流通模式聚类分析

（一）京津冀协同发展农产品流通模式区域聚类分析

本文的研究对象是京津冀都市圈的 13 个城市，这 13 个城市在经济、交通、信息资源、农业水平以及流通设施等方面差别较大，根据研究对象的这一特点，并考虑到数据的可获得性，本文选取了10个指标进行聚类分析，如表1、表2所示。

表1　京津冀协同发展农产品流通模式指标体系（1）

地区	地区生产总值（万元）	城镇居民可支配收入（元）	农林牧渔业总产值（万元）	农产品总产量（万吨）	农业产值（万元）
北京	230145900	48458	4012000	459.00	2051014
天津	198381900	39101	4274400	611.49	2287400
石家庄	54405900	23762	9215670	2145.40	5015375
唐山	61030600	29272	9205764	2407.60	4928784
邢台	17657300	20896	5006171	999.70	3070805
承德	13587300	20505	3863677	775.20	2050313
邯郸	31454300	25630	7619969	1714.50	4060351
保定	30003400	26663	7806610	1621.20	4812865
沧州	33204300	26350	6959868	1239.86	3821966
廊坊	24738600	20152	3833320	881.10	2331652
张家口	13635400	23841	4294254	1018.84	2153290
衡水	12204500	20615	4117502	1053.80	2406802
秦皇岛	12504400	25158	3246618	610.43	1410746

表2　京津冀协同发展农产品流通模式指标体系（2）

地区	公路货运量（万吨）	互联网宽带接入用户数（万户）	公路里程（千米）	电信业务收入（万元）	总人口（万人）
北京	19044	492	21885	9233637	2171
天津	33724	1205	19549	2617672	1571
石家庄	36954	233	18700	835497	1070
唐山	36358	139	17959	529455	755
邢台	18711	98	14320	290448	780
承德	4152	49	18725	211022	382
邯郸	38704	123	19976	535850	943
保定	20331	195	18600	669914	1034
沧州	19942	103	15525	429328	774
廊坊	9918	95	10621	321963	456
张家口	9218	58	19600	251208	442
衡水	6454	72	13379	203909	443
秦皇岛	5276	64	9031	239557	307

如图1所示，运用SPSS22.0统计分析软件对13个城市标准化后指标数据的聚类谱系图显示，当$\lambda=10$时把京津冀区域13个城市分成三类较为合适：第一类包括1号北京和2号天

津；第二类包括3号石家庄、4号唐山、7号邯郸和8号保定；第三类包括5号邢台、6号承德、9号沧州、10号廊坊、11号张家口、12号衡水和13号秦皇岛，统计结果如表3所示。

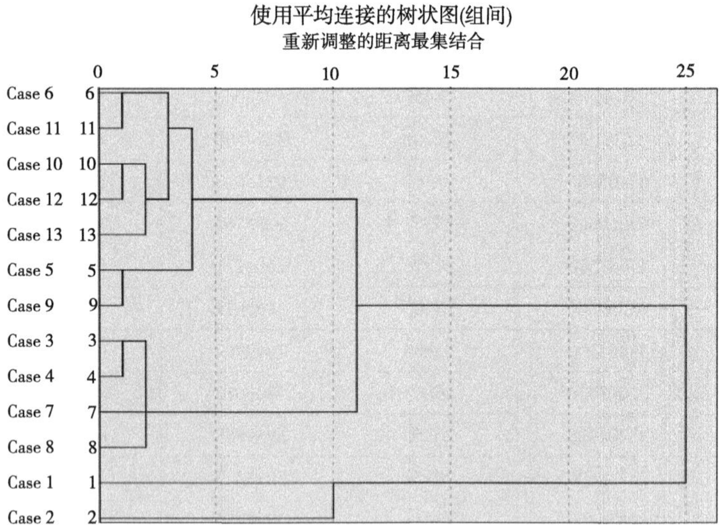

图1　聚类过程谱系图

表3　京津冀协同发展农产品流通模式区域聚类分析规划

第一类	北京、天津
第二类	石家庄、唐山、邯郸、保定
第三类	衡水、沧州、秦皇岛、张家口、邢台、廊坊、承德

（二）根据每个区域的特点，构建差异性的农产品流通模式

通过系统聚类分析，并结合京津冀区域13个城市的地理位置和经济发展水平，可以将京津冀这13个城市分成三个区域，并根据每个区域的特点，采取差异性的农产品流通模式，以促进京津冀农产品流通模式的优化和协同发展。

（1）京津地区采取电子商务与“农超对接”相结合的农产品流通模式。北京市和天津市在地区生产总值、城镇居民可支配收入、互联网及交通运输、物流条件等方面占有绝对优势，但农产品产量相对不足。同时，京津地区的消费者中年轻的白领等高收入群体占大多数，他们生活节奏快，消费观念超前，追求较高的生活质量，网购现象较普遍；而中老年群体仍然延续传统的消费观念，喜欢亲自到超市等实体店挑选农产品。因此，京津宜采取电子商务与“农超对接”等直采直供相结合的农产品流通模式。

（2）石家庄、唐山、邯郸和保定等城市采用“农超对接”“农企对接”等直采直供的农产品流通模式。上述几个城市的农产品产量、农林牧渔业总产值和农业产值占据了京津冀总量的50%以上，同时在交通和物流设施等方面也占有绝对优势。因此，这类区域适合采用“农超对接”“农企对接”等直采直供农产品流通模式，以及“农户＋合作社＋龙头企业＋零售终端”的模式。批发市场农产品流通模式对于这类综合性优势区也有一定的必要性。在疏解非首都功能的背景下，这些地区一方面要做好京津批发市场的转移承接工作；另一方面要升级改造原有的农产品批发市场，从而对京津冀农产品流通协同发展起到重大的支撑作用。

（3）邢台、承德、沧州、廊坊、张家口、衡水以及秦皇岛等城市采用“农户＋合作社＋龙头企业＋零售终端”的农产品流通模式。这些城市虽然农产品产量丰富，但在物流设施、信息渠道、资金支持等方面明显不足，落后于石家庄、唐山等综合性优势区。因此，这类区域主要适合“农户＋合作社＋龙头企业＋零售终端”模式，以应对小批量、分散的消费格局。在此基础上，协同发展“农超对接”等直采直供模式和批发市场模式。在农产品产量丰富而基础设施条件较差的地区，传统的“农户＋批发市场”模式仍然具有不可替代的地位。

五、京津冀农产品流通模式协同发展的优化对策

目前，京津冀地区的农产品流通模式协同发展程度还不够，缺乏地区间的交流合作。根据现存的问题，应该从以下几个方面着手，采取相关对策，优化完善农产品流通模式，推进京津冀地区协同发展。

（一）“农户＋批发市场＋零售终端”模式的优化对策

合理优化京津冀批发市场布局，有序将北京农产品批发市场疏解到近郊及周边地区，将部分仓储、初级加工等非核心业务疏解到津冀区域，根据第二类区域和第三类区域的资源条件，合理规划其功能定位，形成以大中型批发市场为骨干、区域型批发市场为辐射地、专业型批发市场为补充、产地批发市场为基础的京津冀农产品批发市场格局。2015年，北京市新发地批发市场正式启动保定市高碑店新发地项目，旨在全面承接北京冻品、水产等全业态大型农产品批发业务，并实现和“一带一路”以及天津自贸区的有效对接。

（二）“农户＋农民合作社＋龙头企业＋零售终端”模式的优化对策

京津冀三地成立农民合作社和联合社是大势所趋。依托京津人才技术等优势资源，解决第二类区域和第三类区域资金短缺、管理机制不成熟等问题，引进新技术，培育新品种，提高农产品质量，达到三地优势互补、共求发展的目的。2015年，河北省怀来县、涿鹿县与北京市延庆县以及天津市7家农民合作社成立了“京北五彩园艺联合社”，引进资

金500万元，利用北京科研院所人才资源和技术优势，成功申请切花红掌项目，为迎接2019年世园会做准备，打造新品牌知名度。这一举措为京津冀其他农民合作社走联合发展之路起到了示范作用。

（三）“农超对接”等直采直供农产品流通模式的优化对策

建立各方直采直供联盟，即实现京津冀超市、企业、学校以及批发市场、物流公司、农业合作社等的联盟，由市场经营平台根据需求统一向农民合作社或龙头企业采购农产品，由物流公司完成配送。同时，鼓励大型连锁超市利用河北土地和劳动力资源，建设自有冷库和仓储基地。2016年，“京客隆”超市在廊坊建设生鲜配送中心，占地面积约4000平方米，未来3年旨在满足廊坊10家大中型超市及20家便利店的配送需求。此外，第二、第三类区域要加强互联网平台建设，打造特色品牌，形成品牌优势，推进直采直供联盟模式的实行。

（四）“电子商务”农产品流通模式的优化对策

提倡电子商务流通模式与“农超对接”“农民合作社＋龙头企业＋零售终端”等模式配合协作，可以达到开拓销售渠道的目的。此外，加快农产品物联网建设，建成集监测、管理、销售、物流等多功能于一体的综合服务平台，实现农产品质量安全的全程追溯，有效保证信息渠道的畅通。

创新物流促销方式，如“满减”“京津冀包邮”等福利政策，京津冀三地快递业协同联动，扩大销量实现规模经济，弥补物流成本，实现京津冀农产品“1小时新鲜直达”和“环首都1小时农产品流通圈”，有效促进京津冀农产品流通协同发展。

参考文献

[1] 张永强,高延雷,等.“互联网＋”背景下农产品电子商务两种典型模式分析[J]. 黑龙江畜牧兽医,2015(11).

[2] 杨蕾. 京津冀都市圈农产品物流系统优化研究[D]. 保定:河北农业大学,2011.

[3] 孙芳,刘立波. 京津冀农业协同发展区域比较优势分析[J]. 中国农业资源与规划,2015(2).

[4] 王娟. 京津冀城市群协同发展农产品流通模式研究[J]. 天津经济,2015(8):9－10.

[5] 王印华,王双进,等. 河北省鲜活农产品对接京津市场流通的问题及建议[J]. 农村经济与科技,2015(26).

金融扶贫乡村产业的困境与对策①

——以湖北省为例

包莉丽②

摘　要：乡村振兴一直是各界关注的焦点，然而，新冠疫情给乡村产业的发展造成极大冲击，金融作为实体经济的血液，理应助力乡村产业。本文在界定金融扶贫乡村振兴的概念和性质的基础上，描述了湖北省金融扶贫乡村产业的现状，发现湖北省金融扶贫乡村产业具有投入持续增强、支持产业发展力度加大、金融扶贫资源向深度贫困地区倾斜、金融扶贫产品和服务不断完善、扶贫地区基础金融扶贫服务水平提升五方面优点的同时，还存在贷款需求缺口、保险需求缺口、信贷资金风险、政策宣传乏力以及贷款增速放缓五个方面的问题，进而从资金供给视角分析主要原因是资金供给结构不合理、资金有效需求不足和贷款后的资金风险较大，最后提出金融扶贫机构应该放宽金融扶贫约束、加大激励相容、制定分类帮扶和建立统一战线，国家层面需要采取调节贷款的价格、降低成本刺激需求，以及成立乡村基层组织加大监督力度以防止贷款风险等应对措施。

关键词：金融扶贫；乡村产业；困境与对策

一、引言

经济全球化一方面带来经济增长，另一方面导致贫富差距扩大，国家间的差距主要体现在南半球与北半球的经济差距进一步扩大，国内的差距表现在东中西部地区、城乡之间的贫富差距不断扩大。不平等现象的加剧会带来世界不稳定，“9·11”事件的发生是典型的例子。因此，缩小贫富差距、解决贫困问题成为世界各国要考虑的重大问题，中国政府也一直在致力于贫困问题的研究。

---

① 本文基金项目：教育部青年基金（17YJC790200）；武汉商学院博士基金项目（2019KB006）；武汉市社科联项目（WHSKL2020142）；湖北省商务服务发展中心项目（2020H05）。

② 包莉丽，中南财经政法大学会计学院，武汉商学院经济学院。

2020 年是中国决战决胜脱贫攻坚的收官之年和全面建成小康社会实现之年，然而，受新冠疫情的影响，2020 年第一季度 GDP 下降 6.8%，其中，畜牧业降幅为 10.6%，农产品滞销，导致部分贫困地区农民的收入明显降低。3 月 6 日国家召开了《决战决胜脱贫攻坚》座谈会，分别讨论如何进行产业扶贫、教育扶贫、健康扶贫、金融扶贫等，提高农民积极性，并制定了战略部署。

湖北省委召开的十一届七次全会向全社会发出了加快推进疫后重振、奋力夺取疫情防控和经济社会发展“双胜利”的号召，为脱贫攻坚指明了方向。金融扶贫工作对巩固脱贫成效意义重大。然而，什么是金融扶贫？疫情后湖北省金融扶贫存在哪些问题？又要如何应对？

二、金融扶贫的概念与性质

（一）金融扶贫的概念

关于金融扶贫的含义目前没有定论。有学者把金融扶贫分为广义和狭义，广义的金融扶贫是指金融扶贫系统所开展的与扶贫开发相关的行为合集。狭义的金融是指通过运用各种金融扶贫工具，为贫困地区提供金融扶贫需求，帮助贫困人口脱贫致富，以促进贫困地区的经济社会发展。[①] 这个定义仅从目的角度给金融扶贫下定义，没有体现其本质。

金融是市场行为，而扶贫属于政府政策，要更好地界定金融扶贫，需要在政府和市场之间进行合理的界定，到底是以金融机构为主体，还是以政府为主体，作为营利性机构的金融企业要帮助政府扶贫是一个内在的矛盾体，就好像民主集中制，到底是民主为主还是集中为主，还是各占一半，很难界定清楚。

本文认为金融扶贫是指在扶贫办和银保监局等政府部门的引导和金融机构的主导下，开发信贷、保险和证券期货等不同金融扶贫工具，利用市场的信息优势，从资金、技术、科技、市场和管理等全方位帮助贫困人口和贫困地区脱贫致富。

（二）金融扶贫的性质

首先，金融扶贫具有可行性。金融扶贫发展是金融扶贫交易规模的扩大和金融扶贫产业的高度化过程带来的金融扶贫效率的持续提高。一方面，金融扶贫促进企业资本积累和推动技术创新，进而促进经济增长，缓解贫困；另一方面，良好的金融扶贫能降低乡村贫

---

① 星焱：《改革开放 40 年中国金融扶贫工具的演化》，《四川师范大学学报（社会科学版）》2018 年第 6 期，第 36 至 44 页。

困家庭的信用约束，使他们取得投资资格，以此改善最低收入阶层的收入，降低不平等和贫困率。①

其次，金融扶贫具有社会性。有学者认为金融扶贫机构及监管部门在金融扶贫中存在把金融扶贫等同于提供低息贷款，把金融扶贫看作金融扶贫机构的义务，这些仅仅是从贷款的成本视角出发，当贷款成本提高就提高利息是纯粹的市场行为；从扶贫的社会责任视角，金融扶贫机构是以社会公民的身份介入提供帮助，而不是以资金市场的贷款供给者的身份介入。例如，疫情中考虑口罩的成本而涨价就是纯粹市场行为，不顾及企业的社会责任将被行政处罚。

最后，金融扶贫具有政治性。公平正义作为重要的原则，是社会得以运转的重要指挥棒，贫困作为经济不平等的表现方式，破坏了社会的公平原则，政府为了维护国家政权的稳定和维持公平正义，有必要对市场造成的贫富差距的扩大进行纠偏。因此，金融扶贫是政府对市场负外部性的改善，具有政治性。

三、疫情时代金融扶贫的问题分析——以湖北省为例

（一）湖北省金融扶贫乡村产业现状

2019 年，湖北省金融扶贫系统深入贯彻落实党中央、国务院、省委省政府关于打赢脱贫攻坚战的系列决策部署，按照《2019 年湖北省金融扶贫支持脱贫攻坚工作要点》相关要求，切实增强责任担当，持续加大资源投入，为全省脱贫攻坚工作提供了有力金融扶贫支持，同政府部门、社会力量共同构筑形成全社会扶贫的强大合力。

一是金融扶贫投入持续增加。银行机构方面，在 2018 年全省 17 个贫困县摘帽的背景下，金融扶贫资源仍持续向贫困地区倾斜，截至 2018 年年底，全省贫困县银行业金融扶贫机构机具服务实现 100% 覆盖。保险方面，全省农业保险基本实现了贫困县全覆盖，各类健康保险项目覆盖全省 73 个县，覆盖率为 70. 89% 。贷款方面，截至 2019 年年末，全省金融扶贫精准扶贫贷款余额 1958. 8 亿元，较年初增长 15. 2% ，高于全部贷款增幅 1. 1 个百分点，全省累计发放扶贫小额信贷 213. 12 亿元，帮助 46. 33 万贫困户获贷，保持 100 亿元贷款规模，将逾期率压降至万分之六，实现“户贷企用”贷款零逾期。乡村产业方面，贫困地区 1150 家企业在武汉股权托管交易中心挂牌，18 家企业在新三板挂牌，累计融资 42. 2 亿元。

二是支持产业扶贫力度加大。产业扶贫是贫困人口脱贫和有效防止返贫的主要途径，

---

① 王鸾凤、朱小梅、吴秋实:《农村金融扶贫的困境与对策 ——以湖北省为例》,《国家行政学院学报》2012 年第 6 期。

也是金融扶贫支持脱贫攻坚的重要着力点。各金融扶贫机构立足自身特色，推出一系列有针对性的产品，较好支持贫困地区产业发展。产业扶贫贷款方面，截至2019年年末，全省产业带动精准扶贫贷款余额534.8亿元，较年初增长29.9%，是全省各项贷款平均增速的2倍多。农村建档立卡方面，截至2018年年底，全省银行业建档立卡贫困户扶贫小额信贷余额144.14亿元，同比增长39.15%，支持贫困户近40万户；全省37个贫困县全部摘帽，4821个贫困村全部出列，建档立卡贫困人口由2013年年底的581万减少到2019年年底的5.8万，贫困发生率由14.4%下降到0.14%，区域性整体贫困基本解决。扶贫开发贷款余额710.73亿元，其中，2018年新增643.69亿元。

三是金融扶贫资源向深度贫困地区倾斜。人民银行政策性资金向深度贫困地区倾斜，截至2019年年末，9个深度贫困县，扶贫再贷款余额19.5亿元，占全省扶贫再贷款余额比重为44.9%，较上年末提升6.8个百分点。农行、省联社、邮储行积极对口帮扶深度贫困县，如农行与9个深度贫困县政府签署《金融扶贫支持深度贫困地区脱贫攻坚备忘录》，达成91亿元信贷项目合作意向。

四是金融扶贫产品和服务不断完善。各金融扶贫机构紧紧围绕支持和带动贫困人口脱贫，持续完善金融扶贫产品和服务，有效满足脱贫攻坚金融扶贫服务需求。银行方面，银行机构通过扶贫小额信贷、产业扶贫贷款、项目扶贫贷款等信贷产品精准对接贫困户、扶贫企业、扶贫项目融资需求，全年新增金融扶贫精准扶贫贷款259亿元。保险方面，保险机构积极推进农业保险、医疗保险、融资保险等产品，筑牢脱贫攻坚风险保障网，通过对9个深度贫困县实施农业保险减费让利工程，到2018年年末7个政策性保险平均降费幅度达32%，其中棉花保险费率降幅35.7%，通过降低大病保险起付线，提高报销比例，大病患者医疗费用实际报销比例达55%，总体报销水平提高11个百分点，减轻了贫困群众医疗费用负担。证券方面，证券机构通过“一司一县”对口帮扶、直接融资辅导等方式，积极扶贫贫困地区脱贫攻坚，全省累计发行扶贫类债券8只，融资14亿元。易地扶贫搬迁贷款方面，通过实施易地扶贫搬迁对接计划，截至2018年年底，各银行机构发放贷款315.8亿元，惠及全省约108万搬迁贫困人口，其中，2018年惠及人口新增58万。

五是贫困地区基础金融扶贫服务水平提升。据统计，截至2019年年末，全省贫困地区共设银行网点1338个，证券机构26家，保险机构539家，小额贷款公司76家；银行机构在全省贫困地区布设ATM机具4631台、POS机具80296台、其他银行卡受理终端398台、助农取款服务点15704个；全省已建立4795个金融扶贫精准扶贫工作站、18336个村级惠农金融扶贫服务站。湖北银保监局两个驻村工作队投入精准扶贫，近3年累计筹集帮扶资金600余万元。2018年，帮助华家村实现村集体收入8.8万元，贫困户人均收入4900元，协调银行向华家村发放生产性贷款642.9万元，推动华家村305户贫困户享受产业奖补金额 29.5 万元；帮助荣玉村新建 120 平方米村级卫生室和 800 平方米文化广场，帮扶 25 万元新建 450 平方米的党员群众服务中心，帮助实现茶叶生产销售 1800 多斤，茶叶、蜂蜜等农产品销售收入 132 万元，实现村集体收入近 40 万元。①

（二）湖北省金融扶贫乡村产业面临的问题

中国最贫困的人口主要集中在广大农村地区，与东部相比，中部省份湖北是农业大省，近些年，扶贫取得了显著成效。

这些扶贫成绩的取得不仅仅是经济作用的因素，也离不开金融扶贫手段的支撑。

但是，新冠疫情的发生导致金融扶贫工作面对新问题。通过对新冠疫情期间湖北省扶贫办、银保监局和人民银行武汉分行等相关部门的调研，金融扶贫扶持乡村产业现状如下：

（1）贷款需求缺口。在放贷上，“湖北扶贫小额信贷”还有 60 亿元缺口以及存在“变相提高贷款门槛、缩短贷款年限”的行为。

（2）保险需求缺口。各类健康保险（不含大病）项目覆盖率达 70.89%，大病报销比例仅为 55%。

（3）小额信贷风险。2020 年 1 月至 2 月，湖北省扶贫小额信贷逾期率陡增至 3.7%。在信贷资金的用途上，存在 11.49 亿元“户贷企用”贷款。

（4）贷款增速下降。9 个深度贫困县各项贷款增速均低于全省平均增速，金融扶贫与乡村振兴金融扶贫服务存在“两张皮”的现象。

（5）政策宣传乏力。存在农民对晦涩的金融扶贫政策难以理解，在实践中，政策宣讲会、村民代表大会、院落会、发放宣传资料、短信等作用微弱，很多培训“只培不训”，流于形式，培训很难让没有金融扶贫知识的广大贫苦农民真正了解金融扶贫政策。

四、理论模型及成因分析

（一）理论模型

1. 可贷资金市场模型

可贷资金市场模型表示如下（见图 1）：

一是可贷资金的供给曲线。该曲线是向右上方倾斜的，表示利率越高，金融扶贫部门愿意供给的贷款资金越多，供给量会随着利率的提高而增加，因此，可贷资金供给是利率的递

① 中国人民银行武汉分行调研数据。

增函数。

二是可贷资金的需求曲线。该曲线是向右下方倾斜的，表示利率越低，资金的需求方对贷款的需求越多，此时需求量会随着利率的降低而增加，因此，可贷资金需求是利率的递减函数。

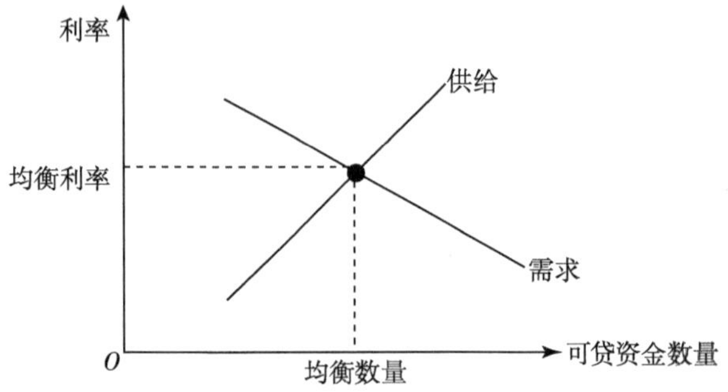

图 1　可贷资金市场模型

2. 贷款供求双方的非合作博弈

非合作博弈是指在策略环境下，非合作的框架把所有的人的行动都当成个别行动。它主要强调一个人进行自主的决策，而与这个策略环境中其他人无关。通常也就是我们字面上博弈的意思。然而，博弈并非只包含了冲突的元素，往往在很多情况下，既包含了冲突元素，也包含了合作元素，即冲突和合作是重叠的。

非合作博弈的均衡也称纳什均衡，是以约翰・纳什命名。在一个博弈过程中，无论对方的策略选择如何，当事人一方都会选择某个确定的策略，则该策略被称作支配性策略。如果任意一位参与者在其他所有参与者的策略确定的情况下，其选择的策略是最优的，那么这个组合就被定义为纳什平衡。一个策略组合被称为纳什平衡，每个博弈者的平衡策略都是为了达到自己期望收益的最大值，与此同时，其他所有博弈者也遵循这样的策略。

金融扶贫的效率不仅仅取决于各个行为主体的高效运转，更取决于各个行为主体间的相互联系和合作，本文运用博弈论模型分析金融扶贫机构和乡村企业的动力机制问题，分析各方参与主体的动力及其限制因素，并以此提出相应的措施建议。

（二）成因分析

从资金流向和供求角度结合以上数据分析，非合作博弈的金融扶贫在对乡村产业振兴的支持中存在如下问题。

1. 资金供给问题分析

一是资金供给方的“恐贷”心理。从放贷从业人员看，银行内部的不尽责处分，尽职调查和抵押登记的流程太复杂；从银行的机会成本看，其资本资源有限和稀缺，乡村产业占用资源，则其他企业资源变少；从国家金融扶贫政策看，激励政策过于单一，难以激励相容，尽管监管从宽，支持和给予配套奖励的激励力度仍显不足。

二是金融扶贫约束太强。例如，监管机构要求银行的不良资产率低于5%，而国际标准为10%，加上信息不对称导致的道德风险和逆向选择，银行没有抵押物不愿意贷款，否则“无法收回贷款”会影响放贷业务员和整体员工的利益和绩效。

2. 资金需求问题分析

贷款成本高导致有效需求不足。首先，金融扶贫约束太强导致很多用户不符合贷款的条件，实践中，资金流向是“银行—影子银行—企业”，企业的银行贷款30%，影子银行的贷款占比高达70%；其次，“短借长用”导致“过桥资金”成本太高；最后，银行严格按照政策执行，没有政策则不作为，导致企业面临债务危机时，难以债务重组，银行和企业可以利益共享，却无法风雨同舟。

3. 资金贷出后存在的问题分析

资金贷出后存在风险。首先，“户贷企用”反映“贫困户”没有按照合同约定使用贷款，难以让资金增值；其次，贫困地区交通不便、基础设施不足、信息闭塞，农业“靠天收”和“季节性”特点导致还贷风险增加；最后，必要的农业金融扶贫保险和农村信用担保体系缺乏，抵押担保物范围狭窄，且实际价值较低。

五、对策分析

疫情时代，根据资金供给、需求和贷出后的风险等问题，提出如下针对性的建议：

（一）增加资金供给

通过改革金融扶贫机构内部政策和贷款的外部环境，增加资金的供给。

从金融机构的内部政策来看，金融机构需要放宽金融扶贫约束，增加信贷政策效果评估标准和细化各类贷款产品的概念。

（1）放宽金融扶贫约束。对农村企业债务危机进行灵活处理和应对。当前，金融扶贫约束太强，监管机构要求银行的不良资产率低于5%，而国际标准10%是国内的2倍，道德风险和逆向选择导致银行没有抵押物不愿意贷款，否则“无法收回贷款”会影响放贷业务员和整体员工的利益和绩效。

（2）增加信贷政策效果评估标准。加大金融扶贫政策监管可以新增“贫困帮扶数量和质量”考核，并对银行制定扶贫现金、职务晋级奖励和扶贫不作为的惩罚政策。例如，通过外部的职位晋升（几级）、物质奖励（金额）和精神鼓励（奖状和讲座推广），内在的社会主义核心价值观（同情贫困人口，熟悉乡村乡情）的培育等措施引导和激励扶贫放贷的基层从业人员，扩大相关人员队伍建设。

（3）细化各类贷款产品的概念。例如，通过对已经成功经验的梳理，形成案例库，明确扶贫贷款的含义、性质、类别和等级，为后期操作提供指南针；再如，金融扶贫的尽职认定标准和内嵌操作流程的细化，为将来有可能发生的问题设定有利于从业人员的兜底条款，以鼓励从业人员开展金融扶贫工作。

从外部环境来看，银行可以大力兴建农村新基建，免费开展农村成人教育和技术培训，对贫困群体进行分类贷款，建立扶贫统一战线，形成合力成立一个总的协调部门和创新贫困人口培训模式。

（1）大力兴建农村新基建，免费开展农村成人教育和技术培训，为银行贷款提供好的外部环境。包括道路交通、免费5G网络、合格的自来水，乡村图书馆（营养类、经济类、健身类等科普读本）、普及乡村成人教育和技术培训（夜校、网校等），提高贫困地区的硬件、软件配置，增强创新创业能力，为“造血”式扶贫开辟道路。

（2）对贫困群体进行分类贷款。对具有一定收入来源和信用的贫困人口的贷款主要由商业型银行提供，如招行、民生等银行，确保了扶贫和盈利的双重功能；而对老弱病残等没有收入来源的贫困人口的贷款主要由注重扶持和改善贫困地区的经济发展和贫困人民生活水平的政策性银行和相关扶贫机构提供。借鉴疫情期间“结对帮扶湖北省”的模式，采取金融扶贫机构和贫困地区结对帮扶政策。

（3）建立扶贫统一战线，形成合力。成立专门用于深度贫困地区扶贫的金融扶贫机构，增强工行、中行、建行的参与度，强化金融扶贫机构的社会责任感，将基金、保险等机构纳入战线，借鉴疫情期间的做法，通过各类微信群，成立扶贫互助小组，建立长效扶贫模式。

（4）成立一个总的协调部门。授权专门协调“监管机构、扶贫办和银行机构”，授权协调“中央政策和地方政策”的对接。杭州建立的“城市大脑”对城市治理的作用显著。可借鉴成立“大脑”，协调“手、脚和眼”，确保金融扶贫机构的信息对称，排除各自为政和沟通壁垒。财税激励和风险补偿支持，形成有效的政策协调配合，共同打好脱贫攻坚战。

（5）创新贫困人口培训模式。一方面，要培养数字能力。后疫情时代，数字经济相比传统行业而言优势明显，如非排他性、规模经济性和机器人赋能性特征等，长期来看，农村发展的方向也要向数字农村转变，以面授方式培训农村留守的妇女、老人和村干部等在互联网使用（如如何开网店，如何网销农产品，如何挖掘、网销和推广当地各类资源）方面的使用能力显得十分必要。另一方面，建立长效的培训评估机制，实践中，很多培训“只培不训”，学习几天后拿个证书一走了之，培训是否能与职业挂钩、应用于职业中显得十分重要。此外，将成功产业贷款和成功创业的学习榜样作为培训讲师，现身说法，鼓励农民用农民自己的语言互相交流和学习，提振和提炼农村的文化资本。

（二）降低贷款成本，提高有效需求

央行通过实行降息免息政策降低贷款成本，银行等机构加大贷款的说理力度，提高融资方面的培训活跃度和坚持有申必贷政策相结合。

（1）实行降息免息政策。疫情期间，从国家层面看，央行需要降息降准，增加信贷支持，避免信贷收缩，保障国有大银行资金供给充足。为了防止因疫返贫，地方银行实行免息贷款。实践中，农商行专门针对农业的贷款通常执行政策允许的上限，农户贷款一般要高出基准利率，极大地降低了农民贷款的积极性，抑制了农村合理的信贷需求。

（2）加大说理力度和提高培训的活跃度。首先，多说理少宣传。宣传通常是针对内部同志进行的，并且通常具有一定的强制性，因此，需要通过说理的形式“动之以情，晓之以理”地说服广大贫困群众。金融扶贫机构、村干部和村民之间的关系很难确定为内部关系，因此在宣传手法上，培养贫困人口的内部同志参与十分重要。其次，注重语言的转换。用农民听得懂的语言解释“免担保免抵押、基准利率、财政贴息”等较晦涩的金融扶贫词汇。例如，借鉴疫情期间的做法，招募和成立志愿者小组，并进行简单培训，加大广大贫困地区金融扶贫政策的宣传；通过疫情建立的“农村微信群”和“扶贫日”活动等宣传“5 万元以下、3 年期以内、免抵押免担保”等政策。最后，提高培训的持续性。现在的培训大部分是以听讲座的形式进行，时间也比较长，理论比较多。采取真实发生的案例中的脱贫人口现身说法效果或许更好。

（3）坚持“有申请必贷款”的政策。实践中，由于基层村干部负责落实贫困地区建档立卡识别，“寻租”现象在所难免。例如，一些不符合贫困标准的非贫困户获得了建档立卡，而真正的贫困户却无法享有福利，因此，要保证真正的极端贫困群众受到资助。

（三）有效防范资金贷出后的风险

乡村贷款的各个主体要加强自我监督，减少道德风险，可以涉及担保连带小组，创新金融产品以及通过保险将风险在源头化解掉。

（1）设立小组民主自治的村银行形式，加强贷款的使用监督，降低“户贷企用”的作风问题。一是建立监督自治组织。小组担保是在自愿的基础上形成，通过对内强制执行合同，小组成员之间彼此监督达到降低违约率的目的。二是采取不同形式。对贷款用途全

程监督，或者通过项目报销的形式监督贷款的使用。三是防止“户贷企用”。户贷企用的实质是资金的利差和“输血式”扶贫，难以长期改善贫困农户的贫困问题。贷款前对贷款的用途进一步深入了解和调查，农村互助小组的监控有利于监督农民的贷款用途，有利于及时纠偏。

（2）创新金融扶贫产品和模式。实践中，贫困地区银行的主要金融扶贫产品都集中在小额贷款范围内，难以满足广泛需求。例如，黄冈罗田县农行推出“羊羊得益”产品，咸宁通山县开办养殖综合保险。例如，政府主导的杠杆式、贴息和民生扶贫模式，金融扶贫机构主导的担保改变模式，产业扶贫模式，其他模式包括互联网扶贫、电商平台＋金融扶贫、国际金融扶贫组织参与、社会扶贫组织的各类扶贫、网格化扶贫等。再如，“基本医疗＋大病保险＋医疗救助＋补充医疗保险”四位一体的健康扶贫新模式。

（3）加强保险公司对农户的风险保护，贷款的同时，保险也要跟上。保险主要功能是保障已经脱贫的人口返贫，充分利用保险机制，堵住返贫的各类漏洞。

六、结束语

新冠疫情给乡村产业带来极大冲击，为了巩固产业振兴的成果，要因地制宜地开拓新的乡村产业，乡村产业振兴是一个生态的、可持续的和系统性的工程。改变“输血式”扶贫，打造“造血式”扶贫，需要在金融扶贫的主导下，利用政府的引导优势和市场的信息优势，从资金、技术、科技、市场和管理等全方位提供服务，打造大金融扶贫。